ANALYSE

DE

L'HISTOIRE ASIATIQUE

ET DE L'HISTOIRE GRECQUE

TOME PREMIER

ANALYSE
DE
L'HISTOIRE ASIATIQUE
ET DE L'HISTOIRE GRECQUE

PAR E.-G. ARBANÈRE

MEMBRE DE PLUSIEURS SOCIÉTÉS SAVANTES

TOME I

HISTOIRE ASIATIQUE

PARIS

IMPRIMÉ PAR AUTORISATION DU ROI

A L'IMPRIMERIE ROYALE

M DCCC XXXV

dacieux, entraînés de même par cette puissante excitation, ceignent le globe dans leur cours, et apprennent à la foule étonnée les cieux, les paysages et les êtres tout nouveaux des pôles et de la zone équatoriale; mais les lettrés, à qui le genre humain doit les plus grands bienfaits, sont ceux qui agrandissent dans l'homme l'existence, qu'il sent, hélas! si rapide et si courte, en la faisant commencer par la pensée au premier jour du monde et la prolongeant jusqu'aux dernières limites de l'avenir; ils semblent ainsi donner à l'individu toute la vie de l'espèce. Animés du génie de l'histoire, ils offrent à nos regards une perspective immense. Nous assistons ainsi au berceau des nations; nous pouvons nous rendre citoyens de celle pour laquelle nous sentons de la sympathie, vivre dans son sein, partager ses espérances, ses succès, jouir de ses talents, nous glorifier de ses trophées; nous voyons les nations croître, se multiplier, se fondre les unes dans les autres, apparaître chacune sur le théâtre de l'univers sous un costume, une physionomie, un esprit différents; nous offrir en passant leurs découvertes, leurs arts, leurs monuments, et surtout les grandes leçons de leurs malheurs.

A l'aspect de ces vastes catastrophes, qui ne sent que l'histoire doit être la première étude des rois? Cette vérité est évidente, mais elle est si importante qu'elle doit être sans cesse répétée. Les peuples n'ont que trop souvent à gémir d'avoir des chefs indignes. Leur impéritie a semblé long-temps condamner les nations à parcourir sans cesse le même cercle de sottises et d'infortunes. L'expérience, pour les rois, s'acquerrait sans doute mieux avec les hommes qu'avec les livres : c'est l'idée fondamentale du bel ouvrage de Fénélon; mais un prince seul, Pierre le Grand, a réalisé la sublime fiction du Télémaque. Fénélon montre surtout comme idée principale que l'adversité est la meilleure école des princes. Les annales grecques, si fécondes en grandes leçons jusque dans leurs fables, nous en offrent un exemple frappant dans Achille. Il fut trempé dans les eaux du Styx, et son nom remplit la terre. Mais comme l'adversité pour les princes se lie toujours à de grands malheurs pour les peuples, nous ne voulons point dire qu'on doive la désirer pour eux dans le but de les former, ce serait acheter bien cher un bon souverain, mais seulement que, fictive dans une adolescence toute remplie de fatigues et d'actions bien dirigées, elle est le meilleur moyen d'éducation. Cependant sans se livrer à cette vie active du héros de Fénélon, qui demande une âme forte, un corps robuste, que les douceurs efféminées du trône rendent si rares chez les princes, ils pourraient trouver dans les livres une instruction facile et prompte.

Évidemment encore les annales du genre humain peuvent être de la plus grande utilité pour les premiers dépositaires du pouvoir. Ils ne peuvent se maintenir sur leur place élevée que par la sagesse. Premières victimes des révolutions, ils doivent savoir les prévenir. Et ne sont-ils pas encore comptables devant Dieu des malheurs de leurs subordonnés! Ainsi ils doivent constamment méditer le passé pour en faire le régulateur de l'avenir.

Pleins de la lecture de l'histoire, l'artiste, le littérateur évoquent les ombres fameuses, et rendent alors avec une vérité frappante ou leur physionomie ou leurs accents.

Le philosophe, le publiciste y trouvent la base de leurs connaissances spéciales. La morale et les lois qui régissent le présent ne doivent point être des spéculations hasardeuses, mais reposer sur les faits du passé, en dériver comme de justes conséquences.

Il suffit d'énoncer pour ces hommes la nécessité de la connaissance de l'histoire. Il serait oiseux de prouver l'évidence, mais au premier abord elle semble étrangère aux intérêts du simple citoyen Motivons pour lui l'importance de cette étude.

Sous le même rapport que l'artiste, il doit la connaître. Quel tiède intérêt il prendrait aux lettres et aux arts, s'ils étaient pour lui comme nés d'hier; s'il ignorait quels lieux, quelles époques les ont vus éclore, fleurir, disparaître et briller de nouveau! Comment pourrait-il juger les imitations, si les sujets originaux ne sont point dans sa pensée?

De même encore, sans revêtir le manteau du philosophe, il a un égal avantage d'être éclairé et sage. Le génie de l'histoire paraît ici comme une divinité bienfaisante qui enlève le voile des préjugés par lequel ses yeux étaient couverts de ténèbres.

La pleine soumission à l'autorité consacrée naîtra de l'étude de l'histoire, chez le simple citoyen, par la conviction du devoir. Il verra que l'obéissance aux lois écrites fait la force du gouvernement, que celle aux lois de l'opinion, qui constituent les mœurs, fait la vertu publique, le bonheur général. Il se rend à ces grandes considérations; alors il n'est point mû comme l'animal par son conducteur, mais comme un être intelligent, qui dans l'agent du pouvoir voit celui qui veille à son intérêt.

Il est un nouveau fruit de l'histoire, et le plus doux peut-être pour ces hommes des classes moyennes et lettrées qui forment la base de la population des états. Le voici : elle leur fera apprécier leur bonheur. Après le spectacle de cette longue tragédie, l'homme obscur jouit mieux de sa sécurité. La douceur d'une telle existence serait méconnue de son possesseur sans le contraste de ces scènes immenses et sanglantes. Il est ainsi dans la position de cet homme dont parle Lucrèce, qui, du rivage, voit un vaisseau battu de la tempête et menacé de la mort. Non qu'il doive être insensible aux malheurs des hommes, retracés sous mille formes dans ce tableau du monde ; mais après que l'âme a été agitée de terreur, de pitié, d'indignation, on goûte mieux la paisible influence de ses pénates. Oh ! qu'il est doux, au coin de son foyer, pressé de sa femme, de ses enfants, de songer que tous ces êtres chéris sont à l'abri des vicissitudes qui ont porté le ravage et l'anéantissement chez tant de familles de souverains ; de voir que, par l'état de la civilisation, les nations ne sont plus exposées à ces changements subits qui les plongeaient dans la misère, l'esclavage ou la mort ! On se félicite ainsi d'un sort obscur, de sa nation, de son siècle, et l'âme est pleine d'un contentement intime et permanent.

Pourquoi nous arrêter si longtemps sur les avantages particuliers de l'histoire pour le simple citoyen, lorsque l'étude en est pour lui un devoir? Élevons-nous à des considérations plus importantes. Oublions cet égoïsme des avantages particuliers, et songeons à l'intérêt de la société, qui est l'intérêt le mieux calculé de chaque citoyen. Les hommes, après avoir éprouvé toutes les formes de gouvernement, esclaves d'un despote en Asie, républicains factieux dans la Grèce et à Rome, guerriers indisciplinés dans les forêts celtiques, ont enfin recueilli les fruits tardifs de l'expérience des siècles. Un roi, aidé de deux conseils composés des élus de la nation, paraît le gouvernement le plus favorable aux grandes sociétés. Les citoyens appelés à élire les députés de la nation doivent connaître, pour faire de bons choix, quels hommes, quels événements seraient possibles et quels en seraient les effets. Où prendraient-ils cette expérience hâtive, si ce n'est dans les tableaux du passé? Il se présentera toujours des Gracchus, qui appelleront, pleins de projets ténébreux, le peuple à la révolte par l'appât des lois agraires. Il se présentera toujours de vils courtisans qui, dans le congrès, traîtres à la patrie et à leur conscience, tendront à inspirer au monarque la passion fatale du despotisme en lui offrant pour moyen leurs suffrages mercenaires. Les citoyens doivent donc savoir choisir les hommes qui peuvent prévenir ou neutraliser ces grands maux.

Jeunes par les ans, mais sages vieillards par l'expérience facile et sans malheurs que donne l'histoire, ils sauront, dans les révolutions où les peuples les plus calmes peuvent être livrés par des événements extraordinaires, nés en leur sein ou par les contre-coups des révolutions des peuples voisins, ils sauront, dis-je, se déterminer pour le parti le plus favorable à la cause publique. L'ignorance est la cause première des malheurs des peuples comme de ceux des particuliers. Apprenons donc dans l'histoire la science du bien public.

Cette étude est surtout nécessaire aux Français. Elle seule peut leur donner cette maturité que les siècles écoulés n'ont point encore développée en eux, qui fait que les nations ont une attitude fixe, imposante, des plans bien calculés et une constance énergique dans leur accomplissement. De plats écrivains ont longtemps vanté dans nous, comme les traits distinctifs du caractère national, une légèreté, une frivolité qui nous rendaient la risée et les dupes des autres peuples. Ils nous applaudissaient lorsqu'un ballet nouveau était la grande affaire publique, et que deux musiciens étrangers divisaient la nation en deux folles cabales. Ils voulaient sans doute, pour faire la cour à un monarque absorbé par la volupté, à une Roxelane capricieuse, à des ministres grands eunuques, diriger sans cesse notre attention vers des hochets, pour nous empêcher de juger leurs fautes immenses. Par imbécillité ou par bassesse, ils nous condamnaient à être éternellement les enfants de l'Europe. Aussi, tandis que tous les autres peuples navigateurs, pleins dans leurs efforts de la constance de l'âge mûr, ont peuplé de lointaines contrées de leurs enfants, nous, animés de cette frivolité stupide et barbare, nous avons abandonné au joug ennemi nos frères de la Nouvelle-France, de l'Acadie, de la Louisiane, et perdu les trésors inépuisables qu'assurait à la métropole la possession de ces régions sans limites.

Tels sont les principaux fruits de l'histoire, mais c'est en faisant abstraction de la manière vicieuse de beaucoup d'historiens que nous avons loué ainsi cette science.

L'histoire dans les uns n'est souvent qu'une biographie des rois : les nations ne semblent que de viles machines. Ils ne regardent que le moteur et les effets, c'est-à-dire, des intrigues de cour et des armées en mouvement aux frontières. Ces ouvrages peuvent être très-bons pour les antichambres des palais.

D'autres, loin de la grotte de la vieille sibylle de

Cumes, du trou méphytique de Delphes, du temple de Jupiter bélier, de l'étable du bœuf Apis ou de la tour de Bel, semblent aussi absurdes que les fripons et les dupes qui environnaient ces antres de mensonges. Par une interprétation forcée d'un texte religieux ils veulent dépasser les limites que la Providence a assignées sur la terre aux divers pouvoirs et apporteraient ainsi le trouble au lieu de l'ordre et de la paix. On sent bien que ces faux interprètes du ciel doivent être mauvais juges des institutions humaines.

Des compilateurs, se disant historiens, prennent successivement l'esprit des auteurs qu'ils traduisent. Ils louent avec Tite-Live et Salluste les massacres universels des Romains, avec Quinte-Curce, la course sanglante d'Alexandre. Ils semblent croire que le genre humain est abandonné par l'ordre de Dieu à l'épée dévorante des conquérants, prônés dans les auteurs dont ils se font les échos. Leur âme flexible change avec les climats : ils sont esclaves et fatalistes chez les Orientaux, républicains en Grèce et à Rome, monarchiques chez les modernes Européens. Les nations se choquent, se confondent, se chassent, reviennent ; ils semblent s'applaudir de cette sanglante fluctuation par l'abondance des matériaux pour leurs narrations. Loin d'avoir la dignité d'un juge pour les grands personnages, ils paraissent s'incliner servilement devant leur ombre menaçante. La société serait comme une forêt infestée d'assassins, si les individus se conduisaient dans leurs rapports réciproques d'après les principes que ces indignes écrivains apprennent aux rois ou qu'ils excusent en eux. L'histoire n'est sous leur plume qu'un vain amas de faits, un chaos sans lumière.

Ces défauts repoussants que je viens de signaler dans des historiens naissent des vices de l'âme des auteurs; d'autres tiennent seulement à l'âge. Le jeune homme peut chanter sa maîtresse, exalter les guerriers, peindre les scènes de la nature. Sa vive imagination se porte tout entière sur chacun de ces objets, et le grandiose de ses idées fait le charme de ses ouvrages. La justesse là serait un défaut : c'est l'excès dans le sentiment qui vivifiera son style, et c'est surtout dans le style qu'il doit placer son succès. Mais l'histoire veut avant tout la vérité. Le jeune homme n'écrira que des panégyriques ou des satires. C'est l'âge mûr qui seul peut avoir cette exactitude, cette précision dont les âges qui le précèdent ou le suivent manquent par excès ou par défaut. C'est lui qui, doué des idées éminemment sociales que donnent les qualités d'époux et de père, peut seul bien juger les actions des hommes. La dénomination vulgaire d'*homme fait* caractérise en un seul mot tous les avantages de cet âge. Le jeune homme ardent est souvent l'ennemi de la société. Comment s'intéressera-t-il aux lois et aux mœurs qu'il foule sans cesse aux pieds? Mais l'homme fait est le vrai centre de la société. La vérité ne peut être que le rapport exact de toutes les choses avec lui. Il est donc seul appelé à juger tout ce qui, sur la grande scène de l'histoire, intéresse l'humanité, puisqu'il en possède les caractères dans leur plus grande perfection.

Il est aussi d'autres défauts chez les historiens, qui naissent de l'influence de la robe, je veux dire des préjugés attachés au rang, à la profession. Frédéric II veut, dans son avant-propos de l'*Histoire de mon temps*, que l'historien occupe une place à la cour. Il n'a point peut-être achevé sa pensée, c'est-à-dire, qu'il fût roi, pour excuser, comme il le fait en termes généraux, quelques-unes de ses actions qu'il sentait illégitimes selon les vieilles notions d'équité, souvent importunes. Il donne là avec méthode et franchise comme règle du juste et de l'injuste pour un souverain son intérêt présent.

Nous trouvons dans un écrivain un système vicieux fondé sur une fausse analogie de l'histoire avec les sciences morales. Volney[1] veut que l'on com-

---

[1] *Leçons d'histoire prononcées à l'école normale*, p. 78.

mence l'étude du genre humain par l'histoire de sa cité, de son pays, et ainsi « de proche en proche on « prendrait une connaissance suffisante de l'Eu- « rope, de l'Asie, de l'Afrique et du nouveau « monde. » Cette manière excentrique ne peut s'appliquer qu'aux sciences qui peignent le développement de l'âme, comme l'idéologie, la morale. Elles peuvent être représentées par des rayons qui s'étendent toujours à une plus vaste circonférence. Mais les sciences de faits sont nécessairement asservies à une chronologie, autrement les effets seraient souvent présentés avant les causes.

Enfin l'historien n'a point seulement à se défendre des préjugés qui peuvent être donnés par sa position, mais encore des erreurs des écrivains originaux. Quels contes d'enfants ne nous donne-t-on point gravement sur les peuples anciens comme leur histoire ! Ainsi Hérodote divague sur les Scythes. Ici et sur d'autres choses semblables nous observons que son ignorance était fort excusable ; comment savoir les choses d'une nation sans annales, sans littérature, sans relations avec les étrangers, chez laquelle on ne pouvait voyager et qui ne voyageait point ? Mais dans cette entière incertitude, il fallait se taire et ne point écrire l'histoire sous la dictée de quelque pilote jaseur, qui n'avait vu que de loin leurs côtes inhospitalières, ou qui n'avait conversé que par signes avec quelques individus, et donnait ses observations superficielles et les rêves qu'il avait eus ensuite comme l'histoire de cette nation. C'est comme si Cook eût rédigé les annales des peuples de l'intérieur de la Nouvelle-Hollande d'après l'apparition de quelques indigènes sur le rivage et ses échanges avec eux. Mais il faut se souvenir que la saine critique et le goût sont les fruits d'une longue élaboration, et que dans tous les genres le génie créateur est allié à des puérilités.

Diodore, postérieur de plus de trois siècles, est par cette raison plus coupable qu'Hérodote dans les contes qu'il débite sur l'Inde, dans sa croyance à ceux d'Iambule sur l'île de Ceylan, dans sa chimérique histoire des Gorgones et des amazones d'Afrique. Les moyens d'investigation étaient si rares, si difficiles alors, qu'on ne doit pas s'étonner de trouver dans la transmision des faits l'influence de l'imagination plus que celle de la raison. Le globe était à cette époque divisé en deux parts, l'empire romain et les régions étrangères. Ces deux mondes étaient sans communications réciproques; c'est en dehors des limites romaines que Diodore place les théâtres de ses étranges drames, ce qui le rend plus excusable.

Les anciens n'ont point connu comme les modernes la dignité de l'histoire et son but principal, le perfectionnement de l'espèce humaine. Hérodote à son début se propose pour objet principal *de sauver de l'oubli les actions des hommes.* Thucydide donne pour motif de son travail qu'il a pensé que la guerre du Péloponèse serait considérable *et plus digne de mémoire* que toutes celles qui l'avaient précédée. Justin, dans sa préface, loue Trogue Pompée d'avoir procuré aux Latins par son ouvrage l'avantage de lire les actions des Grecs dans le langage de Rome. Ces auteurs ne paraissent regarder l'histoire que comme un récit pour amuser les hommes de la même manière que les contes amusent les enfants. Ils ne montrent pas avoir en vue pour objet principal de leur travail une leçon générale pour l'espèce humaine, ils n'auraient pu dédaigner le perfectionnement des hommes. Leur silence sur une grande fin de moralité dans l'étude de l'histoire s'explique parce qu'ils n'avaient point l'idée du perfectionnement des hommes ou n'y croyaient pas. Le genre humain était-il alors trop jeune pour qu'ils aient pu apercevoir en lui des progrès? Le sentiment de la patrie excluait-il de leur âme celui d'une bienveillance universelle? Le rapprochement de ces écrivains avec les bons historiens modernes prouve que, dans ces derniers, la science et l'homme ont acquis de la maturité.

De plus, ces auteurs, pour plaire à leur nation, ont présenté quelquefois sous un aspect défavorable les peuple de l'Asie et de l'Afrique. Le patriotisme grec et romain est devenu une cause de partialité. Ainsi les ravages du temps, la flatterie, l'ignorance, l'amour du merveilleux, l'orgueil national, une foi ardente et aveugle, les faux systèmes de politique, ont concouru à rendre les annales du genre humain pleines de lacunes et d'erreurs.

Deux cours d'histoire seraient nécessaires et sont à faire encore. Dans le premier il ne faudrait rassembler que tout ce que l'on sent être la vérité, c'est-à-dire tout ce qui, dans les faits présentés, est conforme à la nature humaine et au cours des choses physiques; l'autre, qui serait beaucoup plus volumineux, comprendrait toutes les contradictions absurdes, toutes les niaiseries qu'on nous donne pour les annales du genre humain; celui-là il faudrait le lire une fois seulement, pour voir à quel point certains hommes ont poussé l'impudence, et la foule la crédulité.

Je pense donc que l'historien doit être homme fait, indépendant par son caractère et sa fortune, sans aucun de ces costumes qui semblent façonner l'esprit des hommes comme leur corps, et connaissant assez les sciences naturelles pour juger les machines d'opéra que quelques écrivains anciens ont mises dans l'histoire. Je me le représente placé dans la société comme est le hardi voyageur au sommet des Alpes, entouré des flots d'une lumière pure, goûtant le calme auguste des régions éthérées, tandis que les hommes, les vents et le tonnerre grondent au loin sous ses pieds.

Il me reste enfin à parler du plan de cet essai; l'examen sévère que je viens de faire des défauts des historiens rendrait embarrassante cette tâche, si je m'offrais pour leur successeur. C'est loin de mes forces et de ma pensée. Je leur dois même ici d'atténuer ma critique par l'exposition des difficultés du genre. La vérité n'a qu'une source, l'erreur en a mille; la première est une, l'autre est multiple à l'infini. Cette observation doit faire de l'indulgence la première vertu. Quelles immenses connaissances doit embrasser l'historien! étudier l'homme en soi-même pour discerner les moteurs des actions des hommes; lire dans leur langue tous les écrivains originaux; reconnaître la vérité dans leurs fables, et leurs contradictions personnelles et réciproques; savoir toutes les divisions géographiques de siècle en siècle; posséder assez les sciences exactes pour fixer par les faits astronomiques transmis et par les monuments divers l'obscure chronologie des peuples anciens; avoir sur les peuples vivants toutes les notions données par les voyageurs, pour les comparer à l'histoire des peuplades antiques qui ont vécu sur le même sol, voir ainsi dans les traits communs l'influence du climat, de la race primitive, de toutes les causes locales, et vérifier de la sorte pour certaines choses immuables ce qu'on nous dit du passé sur ce qui est présent : voilà les traits généraux, et la connaissance complète d'une seule de leurs subdivisions absorberait la vie de l'homme doué de la plus vive intelligence. A cet aspect le découragement incline le front et glace le désir de l'homme studieux; mais après ces pénibles impressions, l'exemple des succès dans d'autres carrières aussi épineuses le ranime. Nous ignorons ce que c'est que le mouvement, l'espace, la matière, et l'astronome fixe aux corps célestes leur route, leur poids, toutes leurs révolutions. Nous ignorons les causes premières les plus répandues, comme l'élasticité dans les corps, et cependant, maniant cette propriété occulte, le mécanicien mesure par elle le temps, et par elle notre âme est ravie des voix d'instruments harmonieux. Ainsi de même pour l'histoire, qui paraît d'abord un espace infini, l'homme est savant des pensées de ses frères, ses devanciers. Ces secours font sa force, son génie et ses espérances. Ainsi des hommes éminents ont fait pour l'historien les études préliminaires, et il n'a plus qu'à se pénétrer des résultats de leurs savantes recherches et à les combiner dans son esprit. Locke et Condillac ont analysé pour lui l'entendement humain et les principes de nos actions. Des traductions parfaites lui adoucissent le regret d'ignorer les originaux; Danville et d'autres savants offrent à ses yeux la figure des états aux diverses époques. Usher, Newton, Fréret ont débrouillé le chaos de la chronologie, et il n'a qu'à choisir et adopter les supputations les plus vraisemblables. Ainsi l'entreprise de l'historien, qui paraissait d'abord disproportionnée avec la brièveté de sa vie et de son intelligence, devient avec ces alliés, possible, quoique restant toujours audacieuse. Mais les hommes, en réunissant leurs bras, ont construit les pyramides; de même en accordant leurs pensées, ils peuvent faire dans les sciences de grands ouvrages.

L'adolescent croit les premiers écrivains qu'il lit; il les suppose animés des sentiments de bienveillance et de sincérité dont son cœur est plein. Bientôt le conflit des opinions diverses forme dans sa tête un chaos insupportable; il avance dans sa carrière, et sans cesse des voix nouvelles viennent l'endoctriner et augmenter le trouble de ses esprits. Cependant il approche du terme et il est plus incertain sur toutes choses qu'au moment du départ. Alors effrayé de la rapidité de la vie, l'homme mûr sent qu'il doit se hâter avec mesure de voir, de connaître et de juger; autrement, si l'on était mû par le désir d'une perfection absolue, la vie tout entière serait employée dans l'examen du premier fait historique, scientifique ou littéraire et dans la correction de la première page. Il laisse tous ces dissertateurs inconciliables dont les opinions sont dictées souvent par les motifs fallacieux qui ont été précédemment indiqués; il sent que pour connaître l'homme il doit l'étudier dans son propre cœur; il se fixe alors sur ses droits et ses devoirs. Ces vérités simples reconnues lui servent ensuite de règles pour apprécier tous les personnages qui figurent sur le vaste théâtre de l'histoire; dès lors il n'est plus pour eux un spectateur passionné et aveugle, mais un juge calme et impartial, qui rapporte toutes les actions au code de la raison éternelle, et dispense sur eux l'éloge ou le blâme selon que ces actions respectent ou blessent cette loi immuable dans l'observation de laquelle est le bonheur du genre humain.

Volney veut trop atténuer la croyance à l'histoire. La conséquence immédiate de tous les motifs de suspicion qu'il présente serait de faire douter de l'histoire entière. Ainsi le genre humain à l'époque actuelle, ne serait pas plus en position de se guider par les leçons du passé qu'à la première génération. Volney exige trop dans l'examen des faits une précision mathématique ou judiciaire que l'historien ne peut y mettre. Un scepticisme extrême est pour tout le néant. L'histoire hors des temps fabuleux est toujours, même dans ses erreurs, calquée sur la nature humaine; elle nous offre ainsi dans le développement des faits quelques résultats qui nous servent; ils sont une leçon toute faite pour éviter ou pour imiter les causes qui les ont produits. Il me semble que dans les opinions politiques on peut demander à chaque citoyen qu'il se prononce, comme Solon l'exigeait de chaque Athénien, dans le trouble de la cité par le choc des partis. L'isolement n'est point toujours inspiré par la sagesse : il l'est souvent par l'égoïsme, la paresse, la peur. En se prononçant tous ainsi on voit se former les majorités distinctes, et l'opinion dominante n'est plus un objet de doute. J'observe que je veux laisser à chaque homme la liberté de conscience, et que dans cette nécessité d'une décision on ne lui impose point de croire, mais de *choisir* un parti ou d'*émettre* un vote pour remplir dans toute son étendue son rôle de citoyen, qui doit être nécessairement actif et non contemplatif. Le choix entre deux partis politiques est toujours possible : ce n'est qu'une décision relative et non absolue ; de la sorte nul citoyen n'est hors de la société ; on donne un rôle actif à tous les hommes pensants qui, pour le plus grand nombre, s'isolent dans la méditation, et le corps social gravite avec plus de rectitude vers le perfectionnement.

Celui qui sent dans son cœur le noble sentiment de l'amour des hommes peut se croire digne de juger les personnages de l'histoire ; en éclairant les morts du grand jour de la vérité, les vivants sont avertis, et cette vive et pure lumière se projetant sur l'avenir doit aussi y faire éclore la vertu et la félicité.

Voilà la série de mes idées, mes motifs et mon but. Je pourrai me tromper dans mes jugements, mais jamais dans les sentiments qui me les inspireront, et peut-être ils me feront pardonner mes erreurs par les lecteurs qui partageront ces sentiments de philanthropie. Ce que j'aurai cru vérité ne le sera point pour eux, mais ils verront du moins que je l'ai cherchée de bonne foi.

L'histoire, dans les diverses formes sous lesquelles on la présente, est un récit. Les mémoires des acteurs, les narrations des écrivains originaux sont reproduits, remaniés, amplifiés par les compilateurs subséquents. Ces écrivains sont tous asservis à une règle déterminée, la liaison chronologique des faits, et, malgré la différence de talents, de principes, cette identité de forme semble donner à tous ces ouvrages un air de ressemblance les uns avec les autres. Ces faits historiques partout reproduits sont ainsi généralement connus.

Par ces considérations j'ai voulu m'écarter de la large voie où se précipite la foule des étudiants sur les pas de la foule des historiens. La connaissance des faits est un labeur de collége; ici je les suppose tous connus du lecteur, et je commence mon travail au point où d'autres ont terminé le leur. Cet ouvrage n'est point le tableau des faits, mais celui de leur impression sur moi. La chimie décomposant les corps les plus compliqués les réduit à leurs éléments et fait ainsi pénétrer dans leur connaissance intime. De même j'ai cherché à analyser cet admirable agrégat qu'on appelle une nation, à me rendre compte de l'influence du gouvernement, du culte, des sciences, des lettres, des arts, du commerce, de la navigation sur le bonheur des hommes. La physionomie d'une nation se compose de l'ensemble de ces traits. Toutes ces causes agissent les unes sur les autres comme les éléments de la nature dans une région; après les avoir saisies et observées séparément, il faut étudier leurs actions réciproques et compliquées. Le résultat final de ces recherches, où la synthèse succède et se combine avec l'analyse, sera de nous fixer sur le degré de civilisation et sur le genre de bonheur des nations qui figurent dans l'histoire, et sur les améliorations dont est susceptible la destinée actuelle des peuples.

En s'habituant donc à voir, à apprécier les masses, on peut comparer une nation à une autre nation, comme un siècle à ceux qui l'ont précédé ou suivi, et, en formant toujours des groupes plus considérables, une portion du globe à une autre. Certes la conséquence la plus importante de ces rapprochements doit être de montrer combien le sort des hommes est amélioré depuis les premiers empires, quelles choses font présager encore un avenir plus heureux, et d'animer tous les esprits de ces fécondes espérances, au lieu de les attrister par ce système absurde et cruel qui voudrait condamner le genre humain à rouler dans un cercle étroit de sottises renaissantes et de malheurs. Sans l'idée de la perfectibilité du genre humain, quel serait donc le moteur du philosophe? Se bornerait-il à n'espérer de ses efforts qu'un bien passager, qu'une distraction légère pour ses semblables? Serait-il animé d'une constance infatigable, s'il croyait ses ouvrages destinés à s'évanouir sans résultat dans l'air comme de vaines vapeurs? Les travaux des gens de lettres, à leurs propres yeux comme à ceux des observateurs, ne sont grands et précieux qu'en se fondant sur l'idée de la perfectibilité humaine. Ainsi, malgré tous les traits des esprits frivoles et l'aridité repoussante des cœurs méchants, le philosophe espère le perfectionnement des hommes et travaille pour ce noble but.

Le moment est prochain où les rois reconnaîtront combien sont salutaires pour leur bonheur et la conservation de leur dynastie, ces barrières qu'une constitution sage établit contre le penchant naturel et fatal du pouvoir au despotisme, où les peuples reconnaîtront le danger des innovations précipitées, et où des expériences terribles et trop répétées leur auront appris de même à apprécier tous ces charlatans qui, sous de folles et perfides théories, qu'ils offrent comme des leurres à la révolte, cachent leur seul moteur, une ambition effrénée. Alors les grandes discussions des congrès éclaireront les peuples sur leurs vrais intérêts, des guerres impolitiques ne seront plus excitées par le ressentiment d'un trait malin échappé dans une cour éloignée, les peuples seront liés par des rapports sûrs, et les états, après tant de fluctuations, reconnaîtront enfin comme sacrées ces limites naturelles que posa Dieu dans sa prévoyance, dès l'origine des temps, et dans lesquelles les peuples jouiront avec sécurité de tous leurs avantages divers. L'étude de l'histoire se présente donc comme le premier élément de la sagesse publique, et, par une conséquence évidente, comme l'un des plus sûrs moyens du bonheur des nations.

ANALYSE
DE
L'HISTOIRE ASIATIQUE
ET DE L'HISTOIRE GRECQUE.

HISTOIRE ASIATIQUE.
ANCIENNE ASIE.

CHAPITRE PREMIER.

ORIGINE DES PEUPLES ASIATIQUES.

Un beau ciel, un sol riche des plus heureuses productions, des mers paisibles qui permettaient des relations faciles entre les riverains, ont, dès les premiers temps, favorisé dans l'Asie le développement de la civilisation. Aussi voyons-nous ses doux fruits, les lois, les sciences, les arts, éclore sur ces beaux rivages, et suivre en d'autres climats leurs florissantes colonies. Bien plus, les doctrines religieuses, qui alors et depuis ont régi les hommes dans toutes les parties du monde, sont nées sur cette terre féconde en tous genres. Quel nouveau motif d'attention à l'histoire de ces contrées, où nous trouvons ainsi l'origine de tout ! Les peuples asiatiques ont eu les premiers des annales, et sont encore sous ce rapport supérieurs aux sauvages des autres régions, leurs contemporains. Ils paraissent ainsi la branche aînée de la grande famille humaine, et sur eux se fixent d'abord les regards de l'historien.

Toutes ces nations asiatiques, par une rivalité réciproque, s'efforcent, dans leurs récits, de placer leur berceau bien haut sur le cours du temps. Ici nous reconnaissons un des grands traits de la nature humaine. L'homme faible et passager a toujours senti le besoin d'augmenter son importance et sa durée, en faisant remonter son existence à une longue suite d'aïeux. Nous verrons combien ce sentiment est fécond en utiles résultats politiques et moraux.

Ces notions sur l'origine des peuples plaisent à l'imagination : elles servent d'aliment à ce désir inextinguible de connaître les causes des grands faits en pénétrant par la pensée dans le lointain du passé ; elles paraissent des découvertes dans l'histoire. Il semble qu'elles apprennent à mieux étudier une nation, en montrant dans les actes antiques d'une tribu-mère les germes de toute la vie religieuse et politique du peuple dont s'occupe l'historien. L'observation de cette filiation ascendante des diverses tribus, faisant remonter le cours du temps, paraît devoir amener le hardi explorateur à la souche du genre humain. De la sorte les nations ne sont plus les produits spontanés du sol comme les races de végétaux et d'animaux. Cette famille primitive fut nécessairement l'ouvrage immédiat de la Divinité : cette origine ennoblit l'espèce humaine. Aussi tous les auteurs de cosmogonies ont établi ce fait pour base de leurs narrations. La vraisemblance brillante suppléait ici au manque de notions positives.

Les recherches des savants modernes sur l'origine, la filiation, les mélanges des peuples asiatiques sont bien dignes d'estime, mais jusqu'à présent elles ne nous ont point offert des résultats décisifs.

Les Anglais explorent depuis 1785, par la Société asiatique de Calcutta, le vaste dépôt des écrits et des monuments indous; mais il n'y a point encore fixité, identité dans les résultats. L'étude du sanskrit les initie dans la connaissance des Vedas et des Pouranas, monuments de la religion et de l'histoire de ces peuples; mais il reste encore à comparer ces documents avec ceux des Thibétains, des Chinois, des Tartares et des peuples de l'Indo-Chine. Il faut, par une longue étude, dégager dans les dépositions de tous genres les vérités mélangées avec des fables, ou déguisées sous des formes allégoriques. L'amplification orientale, l'esprit de caste, les ravages du temps et de la guerre ont altéré ou tronqué ces matériaux. Ces premières notions historiques des Indous sont dans le genre des contes arabes, et souvent ne les valent pas. Ainsi les Mémoires de la Société asiatique qui les reproduisent, quoique dignes d'une haute estime par le zèle des savants rédacteurs, n'offrent pour la science que des résultats encore bien incomplets.

M. de Bailly place l'origine des sciences chez un peuple situé vers le lac Baïkal, au 50° degré de latitude, d'où elles auraient été apportées par des colonies dans les contrées méridionales. Nous trouverions alors sur les plateaux élevés de la Grande-Tartarie la source commune des grandes nations asiatiques qui figurent dans l'histoire.

Ce système est fondé sur ces idées principales, que chez les nations asiatiques on découvre par l'examen les débris d'une vaste science incohérents et mélangés d'absurdités, plutôt que les éléments homogènes d'une étude ascendante; que, vu l'isolement connu des peuples méridionaux de l'Asie, ces notions scientifiques et d'autres traditions n'ont pu se propager par une communication réciproque, et qu'elles proviennent donc de la radiation d'un foyer unique.

Cette théorie, produit d'une vaste érudition, offre dans les images et les idées accessoires un charme de poésie et de vertu qui rehausse le prix de la science. Ce système, comme en général tous les systèmes, annonce dans l'auteur une grande force de conception, mais surtout une imagination impatiente de conclure. L'auteur a-t-il bien vérifié tous les faits dont il n'offre souvent que quelques témoignages peu satisfaisants? Ses dépositions ne sont point d'ailleurs entièrement conformes à celles des écrivains originaux de l'antiquité, notamment d'Hérodote.

CHAPITRE I.

D'autres objections résultent de l'examen d'une grande circonstance physique qui n'a point été encore assez observée et pesée parmi les causes qui agissent sur la civilisation d'une nation. La latitude et la nature du sol ne constituent point seules les dispositions physiques et morales d'une nation; il est une autre cause, peut-être plus importante, sans laquelle les deux premières, dans toute leur faveur, ne produisent point d'effet : c'est la position géographique. Celle-ci détermine seule le degré de facilité des rapports avec les peuples voisins, cause principale du développement de la civilisation.

A quelque époque que nous remontions dans l'histoire positive, les Scythes nous sont représentés comme ignorants et féroces; cependant le quart de cette région, à partir des frontières nord de la Perse et de l'Inde, dans une longue bande de l'ouest à l'est, jouit d'un climat semblable à celui de la Grèce et de l'Italie. Une zone immédiate et égale en largeur, s'étendant également de la Caspienne à la mer Orientale, est dans les mêmes circonstances physiques que la France et l'Allemagne; de plus, ces portions de la Tartarie offrent tous les avantages des régions montagneuses pour la santé et l'intelligence. Cependant les habitants de ces beaux pays ont toujours été inférieurs en civilisation aux autres peuples placés aux mêmes latitudes.

L'influence d'une position géographique fatale a neutralisé l'action propice de la température et du sol. Nous voyons dès les premiers temps les tribus scythes adonnées à l'éducation des troupeaux. La variété des sites et les incidents des déplacements semblent remplir l'âme dans la vie nomade et lui tenir lieu des lettres et des arts, besoins moraux des nations agricoles. Ces tribus, disséminées sur un vaste sol, sans démarcations naturelles, sans limites précises, après avoir épuisé leurs pâturages, se portaient dans la sphère d'activité de leurs voisins, leur nuisaient, et par conséquent excitaient la haine, provoquaient la vengeance. Ces passions furibondes se transmettaient en héritage et s'accroissaient par les mêmes causes, toujours subsistantes, de génération en génération. Cette disposition hostile était un obstacle permanent à la délicatesse des sensations et à la réflexion absolument nécessaires pour réussir dans les lettres et dans les arts. Faut-il s'étonner que les Scythes, toujours armés contre les autres tribus de leur race, fussent redoutés, à cause de leur cruauté, par les peuples des frontières? Aussi la haine et la terreur élevaient partout, à la circonférence de cette immense région, la muraille de la Chine. Cette répulsion des nations limitrophes ajoutait encore à l'isolement de la masse compacte et méditerranée de leur région.

Les rivages des mers, le cours naturel des embarcations par les grands fleuves mettent un peuple en contact avec tous les peuples navigateurs, toujours les plus instruits. Alors les produits des sciences et des arts s'introduisent avec ceux de l'agriculture et de l'industrie; mais les Scythes n'avaient de rivages étendus que ceux de la mer Glaciale ou ceux de la Caspienne sans issue, et leurs fleuves ne coulaient que vers ces bords stériles pour le commerce. Pouvons-nous croire que des peuples placés dans une position géographique si défavorable, toujours reconnus bruts et féroces, aient répandu chez les nations riveraines et florissantes de l'Asie les sciences et les lettres? Dans les annales de l'histoire, ils n'ont jamais porté au delà de leurs limites que l'incendie, le pillage, l'épouvante, l'esclavage et la mort.

Nous trouvons sur le globe des traces de peuples antéhistoriques; mais ces traces semblent appartenir à la période qui précéda immédiatement l'âge chronologique.

L'Italie et la Morée offrent des ruines qui ne ressemblent à aucune des constructions usitées dans les époques de l'histoire. Les murs de Cossa, dans la Toscane, sont entièrement construits de pierres d'une grosseur démesurée, polies à l'extérieur, taillées en polygones irréguliers de cinq ou six côtés, et jointes fortement ensemble sans le secours de la chaux ou du ciment. Ce travail est aussi remarquable par sa solidité que par les peines qu'il dut coûter. Les restes des murs de l'ancienne Preneste, de Cora, d'Alatri, de Ferentium, de Segni, de Norba et d'Albe, sont dans le même genre de construction. Les murs de la citadelle de l'ancienne Epidaurus Limera, aujourd'hui Napoli de Malvoisie, offrent une semblable fortification. Comme ces monuments présentent l'idée d'une force surhumaine, on les a nommés, par figure, *cyclopéens*. Toutes les conjectures portent à attribuer ces constructions aux Pélasges, ce peuple errant dont les migrations dans la Grèce, la Thrace, l'Italie sont les premiers faits attestés de l'histoire. Ce peuple semble être l'aïeul des Latins et des Grecs. Son origine est soupçonnée orientale. L'admission de cette donnée expliquerait les rapports que des savants modernes ont vus dans le latin et le grec avec le sanskrit.

Cet art de soulever des blocs énormes et de calculer leur position réciproque n'implique point l'idée d'une haute civilisation, car nous retrouvons un art semblable chez les Péruviens. Tout porte à penser que ces derniers ne se servaient, pour amener les blocs à leur place, que de talus de terre qui croissaient graduellement de hauteur avec l'élévation de la construction. Nous pouvons croire à l'existence du même procédé chez les Pélasges. Une nombreuse population peut suppléer à l'art par la force brute; l'irrégularité de la construction, l'imperfection présumable des outils et des machines font penser que ces ouvrages ne sont que les ébauches d'une civilisation naissante, et que ces tribus à demi sauvages sont, dans l'échelle des temps, à un degré voisin des peuples historiques.

D'autres traces paraissent appartenir à des peuples placés dans la période historique, mais dont les annales sont englouties avec la race dans le même tombeau, ou dont l'existence a été sans connexion avec celle des peuples connus. Ainsi un peuple industrieux paraît avoir existé sur les bords de l'Irtisch, de l'Énisseï et sur les versants des monts Altaiks. Ce peuple, nommé Tchodaki par les Russes de Sibérie, n'a point laissé de descendants identiques. Les Tchoudakis, dits aussi Tchouds, ne se servaient que d'outils de cuivre. Ils ne sont donc point provenus des races scythiques ou tartares, puisque celles-ci ont connu de tout temps le fer. Ce peuple paraît avoir été implanté par une migration au milieu de ces tribus étrangères. Les tombes garnies d'or et de choses précieuses, autrefois si nombreuses dans les montagnes de l'Énisseï, prouvent que ces contrées étaient le principal séjour ou campement de ce peuple nomade. Le docteur Pallas hasarde la conjecture suivante qui ne ferait pas paraître les Tchouds bien anciens sur ce sol : « Sont-ce des Parthes tombés dans « l'oubli? Les mineurs allemands, si expérimentés et re- « gardés avec raison comme les pères de la minéralogie, « descendent-ils de ce peuple? »

Toutes les données précédentes ne sont que l'avant-scène de l'histoire. Nous n'y voyons ni faits certains, ni chiffres chronologiques. Nous pouvons seulement en induire cette conséquence, que rien n'annonce dans ces documents une antiquité bien antérieure aux premières dates positives.

L'imagination est presque le seul moyen d'investigation pour étudier ces peuplades inconnues. Nous verrons les historiens se servir encore longtemps de ce moyen brillant mais fallacieux au début des annales de peuples dont l'existence est constatée.

Les premiers qui se présentent sont ces Égyptiens pères des sciences et des arts. Malgré les divisions géographiques, toutes les considérations nous portent à les ranger parmi les peuples asiatiques. Hérodote, Diodore,

Justin sont pleins d'obscurité sur l'origine de ce peuple extraordinaire qui, dans des temps bien antérieurs à ces historiens, fit ces monuments qui semblent annoncer une puissance supérieure à celle des Romains. Comment ce grand peuple n'a-t-il point pris des mesures assez sûres pour constater son origine, pour la confier à la mémoire comme il confiait la conservation de ces monuments à l'éternité?

Les Français ont trouvé dans les hypogées de Thèbes des manuscrits sur papyrus; mais le sens de ces caractères a fui avec les sons de la voix de ceux qui les tracèrent. Les obélisques, les palais, les temples nous offrent sur toutes leurs faces les annales religieuses et politiques des Égyptiens. Les dieux, les hommes et le temps sont fixés ensemble sur le granit. Mais ces caractères mystérieux n'ont point encore été complétement interprétés, et les monuments de ce peuple antique sont semblables à ses momies, qui restent dans un profond silence sur leur sort devant le jour et des témoins curieux.

A la vue de ces ruines amoncelées, composées de la pierre la plus dure qu'ait jamais maniée la main des hommes, le découragememt vient resserrer le cœur. L'Égypte entière offre la plus grande leçon à l'orgueil humain. L'homme se sent là comprimé par le bras terrible du temps qui détruit tout, les nations, leurs monuments et le nom même de leurs créateurs. Mortel pour les ouvrages des hommes, il est vivifiant au contraire pour la nature, qui produit autour de ces décombres des végétaux aussi frais que lors de leur fondation.

CHAPITRE I. 11

Que sont auprès de ces monuments en ruines tous les projets de gloire et d'éternité pour l'homme? De vains songes. A cette pensée, je ne sais comment le pinceau ne tombe pas de la main de l'artiste qui veut conserver en toile légère les images des choses qui n'ont pu résister en blocs de marbre et de granit, et comment le publiciste ne jette pas aux flammes l'écrit où il expose des conjectures sur un peuple dont l'origine et les révolutions ne peuvent être fixées même par les monuments qu'il a élevés.

Malgré le manque de notions positives sur l'origine des Égyptiens, présumons les antécédents d'après les faits connus de l'histoire.

On trouve encore à Axum, au 14e degré de latitude boréale, des constructions semblables dans leur forme comme dans les caractères qui les couvrent à celles des grandes ruines en aval. Ainsi un même peuple habita sur toute cette chaîne de montagnes qui borde la mer Rouge. Livré de prédilection à l'astronomie, ainsi que l'attestent toutes les sculptures de ses monuments, il devait rechercher comme observatoire les hautes sommités. Il dut occuper longtemps l'Abyssinie et la Nubie avant de descendre en Égypte, qui, tous les ans submergée, devait effrayer par ce spectacle les colonies aventureuses qui s'approchaient de ses bords.

Ce passage d'Hérodote, « Pour moi j'estime que les « Colchidiens sont une colonie d'Égyptiens, parce qu'ils « ont comme eux les cheveux crépus et la peau noire » (Hér. liv. II), a fait penser à Volney que les anciens

Égyptiens étaient de vrais nègres. Mais les figures des harpistes peints à fresque dans les sépulcres de Thèbes et copiées par Bruce n'ont aucun des caractères de la race nègre : les sommets des joues saillants, les lèvres épaisses, le nez épaté. Ces peintures sont de la période entre Ménès et la première guerre des pasteurs, temps où les Égyptiens, sans mélange avec aucun autre peuple, devaient avoir tous les traits de la race primitive. Toutes les gravures du palais de Thèbes dans le grand ouvrage sur l'expédition d'Égypte offrent dans les profils des figures un nez effilé et non l'épatement du nez des nègres. Volney fonde son opinion sur cette observation, « que par la vive lumière le sourcil se fronce, la pomme « des joues s'élève, la paupière se serre, la bouche fait « la moue, et que cette contraction perpétuelle a dû de- « venir le caractère propre de la figure des nègres. » Mais si le climat avait ainsi façonné en tête de nègre la tête des Égyptiens, pourquoi les Arabes, leurs voisins à l'orient, n'ont-il pas les mêmes traits? Pourquoi cette race à l'ouest dans la même position climatérique que les Égyptiens, connue sous les noms de Berbères, de Numides, de Gétules, enfin de Maures, qui des confins de l'Égypte s'étend jusqu'à l'Atlantique, offre-t-elle constamment tous les traits de la souche caucasienne? La même question pourrait aussi s'appliquer à tous les peuples placés à la même latitude que les Égyptiens. D'ailleurs ce n'est pas seulement par la différence de couleur du tissu réticulaire que les nègres offrent un autre aspect que la race circassienne ou européenne :

CHAPITRE I. 13

l'anatomie démontre que chez eux le trou occipital n'est point percé de même, ce qui détermine la position en avant de leur tête. Enfin, pouvons-nous croire que nos maîtres dans les sciences et dans les arts appartiennent à cette race évidemment inférieure en intelligence? Si Hérodote, dont s'appuie Volney, parle de cheveux *crépus* des Égyptiens, cette expression peut-elle être prise pour la peinture de cette laine hideuse des indigènes de Guinée? Nous pensons donc, non par mépris pour cette espèce d'hommes, mais par déférence pour la vraisemblance, que les Égyptiens, pareils à tous les peuples de l'ancienne Asie par le génie, la religion, les mœurs, leur ressemblaient aussi par les traits, en un mot qu'ils n'étaient point nègres.

D'autres savants placent ailleurs qu'en Éthiopie le berceau des Égyptiens. Williams Jones, président de la Société asiatique de Calcutta, affirme dans les mémoires de ce corps savant que les Égyptiens avaient incontestablement la même origine que les naturels de l'Inde. Le savant orientaliste Langlès exprime une opinion semblable.

D'une autre part, les dissections anatomiques de Blumenbach, professeur distingué de l'université de Gœttingue, tendent encore à prouver les rapports de famille des anciens Égyptiens et des Indous. Il a disséqué plusieurs momies égyptiennes. Il résulte de ses observations que les crânes de ces momies appartiennent à trois différentes races d'hommes, savoir, 1° la race éthiopienne; 2° la seconde race, qui porte le caractère des

Indous, et la troisième, qui est mixte et participe des deux premières. L'imagination s'empare de ces faits et en développe les conséquences. Ces Indous ne seraient-ils pas les compagnons du savant Hermès? Ils apportèrent les sciences et les arts aux bords du Nil, et, par mépris ou par ambition, ne communiquèrent aux autochthones, plongés dans le fétichisme et l'ignorance, que quelques notions vagues et incohérentes. Cette caste habile et dominatrice se servit des bras du peuple docile et robuste pour élever les grands monuments.

Antérieurement à ces savants, un antiquaire distingué, M. de Guignes, a prétendu que les Chinois étaient une colonie égyptienne. Il donne comme l'un des motifs de son opinion la similitude de l'illumination de Saïs avec la fête des Lanternes, établie de temps immémorial à la Chine. Cette origine supposerait chez les Égyptiens, dans les temps reculés, une vaste navigation.

Nous voyons dans ces divergences d'opinions des savants sur l'origine des Égyptiens la difficulté de se fixer sur ces faits antiques, faute de documents précis. La même incertitude existe chez ces érudits pour l'origine des autres grands peuples de l'Asie. On sent ainsi qu'il est inutile d'examiner leurs hypothèses contradictoires; chacune a les apparences de la vérité sans que l'on puisse constater d'une manière positive qu'elle est la vérité elle-même. Les efforts des érudits pour assigner l'origine de tout sont fort estimables, ils répondent à ce besoin de connaître les causes qui tourmente sans cesse l'homme, même pour celles qu'il sait être impénétrables à son investigation. Ces efforts de patience et de sagacité sont presque toujours stériles. L'imagination, qui aime le mystère et l'inconnu, compose une origine sur des caractères sans suite et à demi effacés, tracés sur la tombe des premières générations : son œuvre est l'avant-scène romanesque de l'histoire.

L'empire d'Assyrie s'offre le premier dans la haute Asie, rival en antiquité comme en puissance de celui d'Égypte ; mais comme au premier temps de son apparition il déploie déjà la vigueur de l'âge mûr, il est probable qu'il avait succédé à d'autres dont les noms mêmes nous sont inconnus. Il en fut pour les Assyriens peut-être comme pour les Perses, qui remplacèrent les Mèdes en se fondant avec eux, et les révolutions de ces empires ne présentaient qu'un même peuple sous des noms divers.

Les écrivains de l'antiquité ressemblent quelquefois à des enfants : ils répètent à l'envi les mêmes fables. Nous accorderions cette licence aux poëtes, la fiction est leur élément ; mais nous devons trouver étrange que de graves historiens nous présentent des faits qui, étant évidemment contre le cours ordinaire de la nature, ne peuvent pas plus avoir existé loin d'eux pour le lieu et pour le temps, qu'à leur époque et dans leur voisinage. Ainsi doit être classée au nombre des contes la relation des Amazones des bords du Tanaïs et du Thermodon par Hérodote, et des Gorgones belligérantes par Diodore. Nous croirons à l'histoire des Amazones lorsque des voyageurs auront découvert une contrée où la femme sera supérieure en taille, en force, en santé, en courage, à l'homme. Jusque-là nous penserons que les maladies périodiques, le repos nécessaire à la gestation, les charges de la maternité, l'infériorité de la taille, la mollesse de la constitution plus facilement engorgée de sucs lymphatiques, la timidité inspirée par la nature, font de la maison le principal asile de la femme, et des soins domestiques sa carrière. On a vu chez des tribus barbares les femmes combattre avec leurs maris, leurs frères, mais elles n'étaient sur le champ de bataille et dans le camp que comme des auxiliaires. Les sauvages forcent les femmes aux travaux pénibles de l'agriculture et du transport des fardeaux; mais elles restent toujours plus faibles, sont toujours dépendantes, et le maître de la case, qui fume nonchalamment ou dort, se réserve, par un instinct de courage et d'orgueil, la chasse fatigante et dangereuse contre les bêtes des forêts, ou la guerre plus terrible contre le pire des animaux féroces, l'homme.

La femme, naturellement tendre et voluptueuse, n'aurait pas sacrifié ces doux penchants et les plaisirs qu'ils promettent et donnent, pour ne sentir que le pénible orgueil des succès belliqueux. Ses mains légères et délicates sont faites pour les travaux gracieux, les caresses, et non pour se tremper dans le sang de l'homme.

Aux preuves physiques et morales qui résultent de la faiblesse native et de l'instinct aimant de la femme pour contester l'existence des Amazones, nous ajouterons les preuves historiques. Diodore, continuant sur ce chimérique sujet, se complaît à raconter les exploits et les conquêtes de Myrine, reine des Amazones de la partie occidentale de l'Afrique. Elle soumet les Arabes, les Syriens, les peuples de l'Asie mineure et plusieurs îles comme celles de Lesbos et de Samothrace. Mais les habitants postérieurs de ces pays n'ont pas conservé de souvenir du passage de cet ouragan. La conquête, qui bouleverse tout, laisse des traces ineffaçables sur le sol et dans l'esprit des vaincus. Or, nul monument n'est resté de l'établissement triomphant de ces Amazones dans l'Asie, et les peuples ont gardé le silence. Voudrait-on dire que ce silence résulte d'un accord pour cacher leur honte aux races futures? Cet accord serait bien plus merveilleux que l'histoire des Amazones; mais c'est trop longtemps disserter sur un rêve.

Inachus, Cadmus, Cécrops, Danaüs, Tirrhène, les Phocéens partis des beaux rivages de l'Asie, fondèrent des colonies qui, comme les nations mères, sont couvertes de ténèbres à leur origine. La ville de Didon seule offre, dès son commencement, une sorte de certitude historique. Ces colonies, souvent en guerre avec les sauvages leurs voisins, ou livrées à l'agriculture, au négoce, ne songèrent que bien secondairement à leurs annales. D'ailleurs, l'importante découverte de l'imprimerie manquait encore pour consacrer à jamais le souvenir des faits. Les tablettes de cire, le papyrus, le parchemin connu plus tard, ne pouvaient, même pour l'écriture, suppléer au papier qu'on devait longtemps ignorer. Des peuplades naissantes ne s'occupent que de leur conservation. Sans monuments, sans archives, leur histoire est tout orale, et les faits anciens sont chassés de la mémoire par les faits nouveaux. Un peuple enfant se soucie peu du passé et de l'avenir, il est absorbé par le sentiment du présent, incertain, périlleux. Mais après la consolidation de la cité, l'orgueil se développe dans le cœur du peuple adolescent. Nous observerons, pour cette passion comme pour l'énergie vitale, les mêmes développements dans un peuple que dans un individu. Alors des imposteurs paraissent et fabriquent, pour flatter la tribu, des annales pleines de merveilleux. Ces hommes à demi bruts, qui ignorent presque leur bisaïeul, goûtent ce passé fantastique, et les fripons reçoivent des dupes, en échange de leur encens, des dignités et des trésors. Voilà l'origine de ces généalogies fantastiques des Égyptiens, des Assyriens, des Indous et de toutes les colonies parties de la crédule Asie.

Il n'est, dans l'histoire du monde, qu'un seul fait d'un peuple naissant et tout à coup mûr et sage, c'est l'établissement des colonies anglo-américaines. Sans antiquité merveilleuse, sans contes de nourrice, ces hommes ont transporté sur un sol vierge les arts, les sciences, la civilisation de la vieille Europe. Un jour pur aura éclairé ces nations dès leur berceau. C'est ce contraste remarquable qui, me faisant franchir l'amas des siècles qui les séparent, m'a fait rapprocher les nébuleuses nations asiatiques des brillants établissements européens dans le nouveau monde. Voilà, malgré les détracteurs de l'espèce humaine, un des beaux effets du perfectionnement de la civilisation.

Si nous examinons la question actuelle dans ses résultats, nous devons avoir peu de regrets de notre ignorance sur les premiers temps des peuplades asiatiques. Qu'est-ce que l'histoire? La série des expériences qu'a subies le genre humain par toutes les circonstances de sol, de climat, d'institutions, des relations de tous genres, dans tous les siècles et dans toutes les régions. Ce qui nous importe, ce sont les leçons à déduire des épreuves diverses et non des données obscures ou incertaines sur l'origine des peuples et qui n'ont aucune influence sur ces résultats positifs.

CHAPITRE II.

SYSTÈME DE MOYSE SUR L'ORIGINE DE LA TERRE ET DES NATIONS.

Les peuples précédents n'appuient leur lointaine origine que sur des fables ; ils se taisent sur les grands faits de la création de la terre et des modifications qu'elle a subies. La vanité et l'ignorance de l'homme nous sont évidentes dans ces assertions et ce silence. Il semble que les circonstances particulières à cet animalcule sont assez importantes pour que tout s'efface devant elles, Dieu et l'univers, pour qu'elles remplissent seules l'espace et le temps. Dans ce chaos il n'y a de certain que les contradictions dans les dépositions.

Un autre peuple se présente, et, différent en tout des peuples précités, assigne les époques de la création, fixe la date de sa propre origine, et, ce qui est plus remarquable encore, l'origine des autres nations ; enfin, pour nouveau titre à notre intérêt, les opinions de ce peuple nous régissent.

Les hommes qui faisaient de l'incrédulité un système ont nié la mission divine de Moyse et l'existence même de ce législateur. Ils s'inscrivent contre les dépositions d'une nation encore vivante, et, ce qu'ils ignoraient, contre les dépositions de la nature. Mais leur audace surprend moins encore que la frivolité de leur ton. Ce n'est point avec une légèreté indécente et niaise que l'on doit parler d'un législateur dont l'empreinte sur sa nation a été si forte, que les terribles agitations de trente-trois siècles ne l'ont point altérée.

Les découvertes de la science sont venues appuyer la Genèse en montrant l'accord des faits de la nature avec le récit de Moyse : les noms de Newton, de Pascal, de Deluc, de Kirvan, de Cuvier doivent donner un grand poids à toutes les notions qui prouvent cette concordance. Tous ces hommes étrangers à l'ordre sacerdotal ne pouvaient avoir d'autre intérêt que la manifestation de la vérité; leurs recherches sont les plus précieux commentaires de la Genèse [1].

La série des créations dans la cosmogonie mosaïque est admirablement conforme à toutes les dépositions récentes de la géologie. Les jours de Moyse sont des périodes indéterminées de temps dans lesquelles se sont passées ces immenses transformations qui amenèrent notre globe du tumulte du chaos à l'état où il était lors de la première apparition de l'homme. Toutes les données de l'astronomie, toutes les hypothèses des astronomes sur la formation du système solaire et sur celle

---

[1] M. Chaubard, dans un ouvrage tout récent qu'il a modestement intitulé *Éléments de géologie*, donne des preuves nouvelles de la concordance de la Genèse avec les découvertes de la géologie. Ce travail est plein de faits bien coordonnés et de déductions lumineuses. La science est dans une bonne voie, une voie fructueuse sous tous les rapports, en cherchant à prouver l'identité de la narration mosaïque et de la nature.

de l'univers peuvent ainsi concorder avec les dépositions de Moyse.

L'homme est dans la Genèse le dernier ouvrage de Dieu : les recherches de tous les géologues ont constaté de même que nul débris humain ne se trouve dans les premières formations géologiques. Le célèbre Cuvier, qui, par son étude des fossiles et par les conséquences qu'il en déduit, a fait de la géologie une science toute nouvelle et immense, prouve que le sol de nos continents a été couvert et abandonné trois fois par la mer ; que nous sommes au milieu d'une quatrième succession d'animaux terrestres, et que les couches antérieures au *diluvium* ne présentent aucun fossile qui puisse faire croire à l'existence de l'homme avant l'âge actuel.

La coïncidence la plus frappante de la révélation avec l'histoire naturelle est dans le grand fait du déluge. Dieu dit à Noë : « Je détruirai les hommes et la terre avec eux. » Tout prouve que nos continents actuels sont un ancien fond de mer : l'océan les abandonna, et submergea les terres qui servaient de demeure à la race humaine. Tous les faits géologiques prouvent que cette révolution fut lente. Le déluge aussi dure un an dans la Genèse. L'arche s'arrête en touchant des montagnes, qui, étant des îles dans l'ancienne mer, se trouvent ainsi pourvues de toutes les choses nécessaires à la vie de la famille de Noë et à celle des animaux qui sortirent de l'arche. La difficulté de renfermer et de faire vivre dans l'arche les animaux des climats divers n'existe que pour les esprits inattentifs. Dieu avait fait mettre dans l'arche ce qui pouvait y servir à Noë durant son séjour et à sa sortie ; mais la lettre du texte ne porte point à penser que l'arche renfermât des couples de toutes les espèces d'animaux. Dieu dit à Noë, au chapitre ix, versets 9 et 10 : « Je vais faire alliance avec vous et avec « votre race après vous, et avec tous les animaux vivants « qui sont avec vous, tant les oiseaux que les animaux « ou domestiques ou de la campagne, qui sont sortis de « l'arche, *et avec toutes les bêtes de la terre.* » Cette dernière phrase explique l'existence hors de l'arche d'une foule d'animaux, qui furent sauvés en différents points du globe sur des terres qui échappèrent à la submersion. Ainsi se résout une des difficultés opposées au récit de Moyse sur le déluge.

Moyse n'était point naturaliste ; eût-il même été initié dans toute la science de son époque, il ne pouvait connaître les faits géologiques qui tiennent à l'étude récente de nos continents. La géologie est née d'hier et Moyse ne pouvait avoir la prévision de la doctrine scientifique qui résulte d'un amas d'observations faites dans diverses parties du globe et même dans des régions dont l'existence devait être longtemps ignorée après lui.

La science géologique de Moyse n'a pu évidemment être chez lui qu'une inspiration. Et pourquoi voudrions-nous, faibles atomes d'un instant, mettre des entraves à la toute-puissance de Dieu, sonder ses desseins, leur assigner des bornes, en repoussant dans Moyse la mission divine. Si nous réduisons Moyse aux facultés de l'humanité, nous tombons dans une contradiction insoluble ; nous ne pouvons plus comprendre qu'il mentionne avec justesse des faits physiques que nous connaissons, seulement depuis peu d'années, par les voyages de nombreux savants.

Un autre caractère évident de la mission de Moyse est dans la simplicité de ses moyens. Il se présente seulement comme narrateur; il expose les grands faits du passé, sans préparer à leur compréhension et sans en déduire des conséquences.

L'obscurité de la Genèse, dans la partie scientifique, peut être justifiée. Dictée pour la masse ignorante, elle devait envelopper de voiles les vérités que la foule ne pouvait comprendre; elle devait contenir une physique à sa portée, c'est-à-dire consigner les illusions des sens telles que la rotation du soleil autour de la terre. Mais elle est aussi le livre des savants par quelques révélations que seuls ils peuvent saisir et développer.

Moyse et son auditoire sont également ignorants de la science. L'un accomplit un ordre sacré en racontant; les autres écoutent avec foi, et sans faire de questions ni opposer des doutes sur des faits hors de toute similitude avec ceux de leur époque. Est-ce ainsi que des ambitieux ont ailleurs travaillé les nations pour les façonner à l'obéissance ? Non. Tout ce qui manque d'art humain, de moyens de captation dans le rôle de Moyse, est précisément ce qui prouve la main divine qui le pousse à parler, à agir sans plan préalable, et qui assure son succès.

CHAPITRE II.

Un autre caractère surnaturel est dans la durée de son œuvre. Moyse jette les Israélites bruts dans le moule de ses fortes conceptions, et la nation en sort comme les statues de bronze des mains d'un grand artiste, empreinte de formes éternelles. Les législateurs qui brillent dans l'histoire présentent-ils un semblable résultat? Cette durée est-elle le caractère des œuvres de l'homme?

Si nous ne considérions dans Moyse que le pontife et le législateur, nous pourrions regarder comme une belle conception poétique le titre pour lui d'envoyé de Dieu. Il est en effet inspiré de la Divinité, l'homme qui crée une nation, l'instruit, au milieu des peuples plongés dans les superstitions les plus grossières, du dogme sublime de l'unité de Dieu, et lui donne le code de morale le plus propre à faire son bonheur. Si nous ôtons l'intervention divine, le génie de Moyse s'agrandit hors de toutes les proportions humaines. Dans ce sens, l'apparition au Sinaï serait la fiction la plus brillante et la plus féconde en biens qui soit jamais éclose dans l'entendement humain; il est impossible de comprendre dans Moyse sa connaissance des faits physiques sans admettre l'inspiration. Il y a plus, l'aspect moral que nous venons de présenter annonce également en lui une anticipation d'expérience que nous ne pouvons expliquer sans une révélation surnaturelle. Moyse, liant intimement la morale au culte, paraît plein de cette pensée, résultat pour nous de trente siècles d'épreuves subies par le genre humain, que l'homme ne peut trouver un frein à ses passions que dans un code fortifié de la sanction divine.

Après un vaste exorde astronomique, géologique, Moyse expose l'histoire de sa nation. Ce récit part de l'apparition du genre humain sur le globe pour arriver, par une filiation non interrompue, à cette multitude errante avec lui dans les déserts d'Horeb. Les annales d'aucune nation ne présentent un ensemble aussi complet. Les auditeurs qui, par la tradition, devaient connaître quelques-unes des générations antérieures ne contestent point la fidélité de l'historien sur cette filiation. Ils admettent également l'origine et la filiation des autres nations asiatiques, circonstances épisodiques du récit de Moyse, mais de la plus haute importance pour nous, comme témoignages historiques.

Les traits sous lesquels Moyse peint les peuples asiatiques sont peu nombreux, mais frappants de vérité. Ils s'accordent avec tout ce que les faits postérieurs de l'histoire nous apprennent sur le caractère et les mœurs de ces peuples : nous en retrouvons quelques-uns dans l'époque présente. L'Égypte est encore pour les Orientaux le pays de Misr ou Misraïm : les Arabes regardent Ismaël comme leur premier aïeul. Bruce a constaté l'existence en Abyssinie de tribus d'origine chananéenne, et qui conservent quelques-uns des traits présentés par Moyse.

Cette généalogie des peuples par Moyse est contraire à cette antiquité merveilleuse que ces peuples s'attribuent, ou que les historiens étrangers leur départent bénévolement.

Deluc a exploré pendant trente années le sol de notre

continent; il prouve par les faits que l'époque de son émersion s'accorde avec la chronologie de Moyse. Or, ces nations asiatiques n'ont pu exister avant le sol qui devait leur servir de berceau. Elles appuient vainement sur des calculs astronomiques leurs prétentions à une immense antiquité. Cuvier prouve que les faits cités sont faux, ou que les conséquences qu'on en déduit sont forcées.

Nous voyons, en effet, partout en Grèce, en Orient, dix à douze siècles avant Jésus-Christ, les signes caractéristiques de l'enfance chez les peuples : des traditions absurdes pour histoire, des rêveries monstrueuses pour théologie, des contes pour sciences. L'imagination, cette faculté prédominante des adolescents, semble régner exclusivement sur les jongleurs et sur leur auditoire. Bien postérieurement à l'époque indiquée, les rêves des philosophes grecs ne nous montrent-ils pas les efforts naissants de la raison pour comprendre et expliquer l'homme et la nature?

Ainsi l'examen des peuples asiatiques, sous toutes les faces, fait connaître la vanité et l'absurdité de leurs prétentions : tout les dément, le ciel, la terre et la nature de l'homme. Leur origine, leur histoire réelle rentrent, avec tous les caractères de la vraisemblance, dans le vaste cadre présenté par Moyse.

CHAPITRE III.

CHRONOLOGIE.

§ 1.

Tout fut longtemps mystère dans la région d'Isis. Un fleuve immense la couvrait de ses ondes fertilisantes, et il arrivait en Égypte inconnu. Le grand législateur Hermès, le créateur des sciences et des arts, venu dans la même direction que le Nil, était de même ignoré dans son berceau. La nation tout entière, descendue des brillantes contrées du Midi, semblait avoir perdu toute trace de son origine; enfin quelques faibles souvenirs s'étaient conservés dans l'ombre des temples et sur les murs énigmatiques bâtis par les premiers fondateurs de la nation. Le fer des conquérants avait dès longtemps détruit les prêtres, leurs traditions, leurs mystères symboliques; le temps rongeait aussi les caractères et les figures allégoriques des monuments, lorsque les Européens aux yeux perçants, à la vive intelligence, ont tenté d'exhumer du sein des ténèbres cette nation célèbre, et de rendre la voix à ses papyrus, à ses monuments, à ses momies, qui avaient traversé, dans un profond silence, des siècles nombreux.

CHAPITRE III. 29

Mais c'est seulement depuis quelques jours que nous sommes sur la route de la vérité. Les peintres français de l'expédition d'Égypte ont couvert de nuages, dans leurs tableaux des monuments, les places où le temps a détruit les sculptures; l'histoire du peuple égyptien, ainsi longtemps semblable aux nuages de ses édifices, pour une foule de faits perdus, pour d'autres obscurs, vagues, invraisemblables, recevait encore des commentateurs modernes une nouvelle obscurité.

Un jour l'explication des hiéroglyphes nous donnera une nouvelle histoire de l'Égypte. Oui, sans doute, le granit parlera; mais, avant ses dépositions, hasardons quelques conjectures, en examinant les témoignages des historiens originaux du Nil.

Tous rejettent dans un immense lointain les premières époques de l'existence des Égyptiens. Hérodote, le plus ancien, après avoir parlé des grands prêtres qui régnèrent trente-trois mille cent quarante ans, nomme Ménès comme le premier homme, hors de la classe sacerdotale, qui régna sur la nation. De là jusqu'à Mœris il compte, d'après la déposition formelle des prêtres de Memphis, trois cent vingt-neuf rois. Mœris, d'après le calcul de Larcher, vivait l'an 1424 avant notre ère; ce qui ferait remonter à 34,564 avant J. C. le premier moment de l'existence formelle des Égyptiens. Hérodote dit positivement, livre II, que les prêtres de Thèbes lui montrèrent les statues colossales en bois de tous les rois qui avaient précédé.

Hérodote met de la simplicité et de la bonne foi dans

la narration de ses fables; il semble vouloir, par les formes dubitatives de son style, avertir le lecteur de ne point s'abandonner à une excessive crédulité. Ainsi nous voyons l'imposture dans son récit candide sur les trois cent quarante et un rois, les trois cent quarante et un grands prêtres correspondants; et pour rendre cette série plus remarquable, tous ces rois et ces prêtres répondent à trois cent quarante et une générations de la nation depuis le premier roi d'Égypte jusqu'à Séthos. Sans doute le fait n'est pas impossible, comme l'Iliade peut être le produit du jet fortuit des caractères d'imprimerie; mais il y a tant de millions de chances contre un tel résultat que nous devons regarder cette concordance comme imaginée; nous y retrouvons la jactance orgueilleuse et l'ineptie qui sont les caractères des corporations exclusives et privilégiées. Comme dans ces corporations l'examen n'est point permis, une crédulité stupide devient une maladie permanente de l'esprit.

Diodore, au temps d'Auguste, voyagea en Égypte et composa son histoire des Égyptiens sur les traditions encore vivantes au bord du Nil. Selon sa chronologie, Ménès, premier roi, occupa le trône l'an 14940 avant J. C., et il compte après, jusqu'à Amasis, quatre cent soixante et dix rois indigènes, quatre éthiopiens et cinq femmes.

Il affirme (livre I, § 14) que les prêtres d'Égypte trouvaient vingt-trois mille ans depuis le règne d'Osiris jusqu'au passage d'Alexandre en Asie; quelques-uns, moins accoutumés à ce charlatanisme, expliquaient la durée du règne des premiers dieux portée à douze cents ans, en présentant ces années comme des années lunaires ou d'un mois de l'année solaire, ce qui réduisait ces règnes à cent ans.

Enfin, Manéthon, grand-prêtre de Sebenuyte, et greffier des archives sacrées, composa, par ordre de Ptolémée Philadelphe, une histoire d'Égypte extraite, selon lui, des livres sacrés d'Hermès Trismégiste. Il paraît aussi qu'il prit pour matériaux les inscriptions gravées sur les piliers de plusieurs temples égyptiens. Il fixe trente et une dynasties, depuis Ménès jusqu'à quinze ans avant Alexandre. Leur somme, sans faire entrer dans le calcul les règnes des dieux et demi-dieux, c'est-à-dire de leurs prêtres, va à plus de cinquante-trois mille ans. Cette antiquité est une fable monstrueuse inspirée par l'orgueil national.

Le P. Petau, regardant sans doute comme des fables indignes de son attention les origines et les dynasties des Égyptiens, n'en dit pas un mot dans son Canon chronologique.

Voilà les principaux auteurs originaux de l'histoire d'Égypte. Ils varient tous dans leurs narrations et dans leurs systèmes chronologiques.

Marsham, n'employant pas ce système facile d'une dénégation absolue, imagine le système ingénieux des dynasties collatérales, et conserve ainsi les rois d'Hérodote et de Diodore en les éparpillant sur la face de l'Égypte; il resserre la durée totale de leurs règnes avec la même liberté que leur puissance.

Les auteurs originaux cités débitent des contes. Ces historiens sont tous postérieurs à l'irruption des Perses, et alors les mensonges et l'erreur durent être plus abondants dans les récits des prêtres, lorsque ceux-ci, dépouillés de leurs archives par Cambyse, furent dans la nécessité de composer de mémoire de nouveaux fastes. Je dis tout ce qui peut atténuer l'absurdité de leurs dépositions. Condillac explique l'existence des grandes monarchies de l'Asie dans les temps reculés en représentant Ninive, Babylone, Thèbes comme des bourgades, aux époques de Ninus, de Sémiramis et de Ménès. La connaissance que nous avons de l'exagération orientale, et du goût du merveilleux chez les Grecs, doit nous faire penser en effet que l'histoire des premiers temps est mélangée de fictions.

Ainsi l'homme impartial voit dès l'abord que les disputes des chronologistes embrouillent encore les dépositions tronquées et mélangées d'erreurs des auteurs originaux, qu'il n'existe aucun système de chronologie qui concilie clairement toutes ces contradictions, qu'espérer trouver une lumière pure dans ce chaos serait une présomption téméraire, qu'un être surhumain pourrait seul nous fixer sur la vérité, et qu'il faut nous résigner à ce vague général pour les premiers temps des empires de l'Asie. Mais si la raison nous dit de jeter un coup d'œil indifférent sur les dates de ces siècles des ténèbres, elle nous défend aussi de nier leur existence, quoique couverte de nuages. Nous devons même nous consoler de ces disputes des chronologistes, car elles sont peu intéressantes pour la foule des lecteurs, et ne peuvent empêcher les fruits de l'histoire. Cherchons seulement à nous fixer sur les faits principaux sur lesquels roule l'histoire d'une nation, et laissons la discussion des autres aux érudits pointilleux.

Nous devons, pour l'histoire des premiers peuples, agir comme les artistes sur les débris de leurs monuments. Quelques blocs, quelques lignes leur suffisent pour se représenter l'édifice dans sa première magnificence. De même l'imagination sur quelques notions éparses et confuses, se livrant à sa puissance de création, évoque les peuples de leurs tombeaux et les suit depuis leur jeune âge dans toutes les vicissitudes de leur sort. Cette faculté merveilleuse semble douée de la révélation du passé et de la prescience de l'avenir; elle pénètre dans les temps comme un puissant télescope dans l'espace.

Nous pouvons, dans un système conciliatoire et vraisemblable, attribuer les premières périodes des auteurs originaux à cette nation éthiopienne qui colonisa l'Égypte, et les deux mille ans environ avant J.C., où l'on fixe l'existence de Ménès, marquent peut-être le moment de son entrée dans la vallée du Nil, après les cataractes de Sienne. Ce bas pays, annuellement sous les eaux, n'a dû être peuplé que par l'exubérance des peuples voisins.

En effet, toutes les institutions des Égyptiens présentent cette maturité et cette fixité qui n'est point d'une nation naissante, mais d'une colonie, essaim d'un peuple antique. Ce grand législateur tant révéré sous les noms de Thaut, d'Hermès, qui fit tout éclore de son cerveau, les sciences, les arts, la religion, les principes de gouvernement, toutes les castes, enfin la nation entière, tout empreinte de vieillesse et de gravité dès le premier jour, ne pouvait être que le conducteur de la colonie qui transmettait à ses compagnons les leçons qu'il avait recueillies de l'expérience des siècles dans la première capitale. Un homme aussi supérieur ne se forme point seul et inopinément. L'apparition d'Hermès en Égypte prouve seule l'antiquité de la nation mère. Depuis, la reconnaissance et l'amour du merveilleux, inné chez tous les hommes, ont représenté la science du législateur comme une inspiration du ciel.

La bibliothèque d'Osymandias, un des premiers rois après Ménès, n'est-elle point encore une preuve évidente que les Égyptiens arrivèrent dans la Thébaïde une nation toute formée? Un peuple naissant, entièrement occupé de défrichements, de constructions, aurait-il pu assez cultiver les sciences pour former cette pompeuse bibliothèque? L'inscription sublime qu'elle avait, *remèdes de l'âme*, eût-elle été imaginée par des hommes bruts doués seulement de l'activité physique nécessaire pour dompter la nature et qui n'auraient pu ainsi éprouver ces besoins moraux, effets d'une longue civilisation et auxquels s'appliquait l'inscription de la bibliothèque?

D'un autre côté, les monuments des Égyptiens ne présentent point cette succession de progrès qui annonce le développement d'esprit chez un peuple : tous offrent le même genre d'architecture et les mêmes caractères de majesté. On dirait, à cette similitude, qu'ils ont tous été élevés la même année. Nous ne voyons donc point sur ce sol les ébauches d'un peuple enfant, mais la forte empreinte d'une nation arrivée, pour ainsi dire, en cheveux blancs dans un pays nouveau.

L'élection des capitales successives de la nation forme les principales époques de son histoire, prouve son origine éthiopienne, et la puissance irrésistible des choses utiles, malgré les préjugés qui les contrarient. Cette nation, venue des hauts monts de l'Abyssinie, s'éloignait sans cesse de l'intérieur de la sauvage Afrique, pour se rapprocher de la Méditerranée et des peuples policés de l'Asie. Sa première capitale, Axum, était depuis longtemps oubliée ; et malgré ses majestueux monuments, la deuxième capitale, Thèbes, devint subordonnée à Memphis, lorsque les deux objets les plus importants, le roi et le bœuf Apis, furent fixés dans cette dernière ville. Cette tendance des Égyptiens à approcher leur capitale des embouchures du Nil, fondée sur des intérêts majeurs, éclate encore sous une autre dynastie.

Les Ptolémées, en plaçant leur trône à Alexandrie, suivaient cette impulsion qui naît partout de l'expérience des siècles, et par laquelle un peuple instruit de ses vrais intérêts recherche enfin les moyens convenables de les atteindre. Les Égyptiens, rendus navigateurs par cette position, pouvaient alors faire un échange avantageux des productions de leur sol et de leurs sciences avec les autres peuples, et s'intéresser à tous les mouvements politiques de l'Europe et de l'Asie. Ainsi les Égyptiens, qui avaient d'abord la mer en horreur, personnifiée dans leur Typhon, finirent par balancer dans le golfe d'Actium la puissance de l'Occident et la fortune d'Octave. Il est vraisemblable que dans cette lutte mémorable leurs vaisseaux eussent assuré l'empire du monde à Antoine, sans le caprice inconcevable de Cléopâtre.

Sésostris, comme le plus puissant des monarques de l'Égypte, forme par son règne une des époques principales des fastes égyptiens : c'est celle que les chronologistes ont cherché avec la plus grande attention à fixer ; mais la divergence de leurs opinions laisse encore les lecteurs dans l'incertitude. Marsham prétend que Sésostris est le Sézac de la Bible, et son opinion a été adoptée par Newton et Bossuet. Ces grands noms semblent devoir entraîner à une conviction subite ; mais il ne faut déférer dans l'histoire qu'aux faits. Voici quelques doutes sur cette opinion. Sézac envahit la Judée, la cinquième année du règne de Roboam, 971 avant J. C. Voyons si les faits de l'histoire des autres peuples contemporains concordent avec ce que les annales égyptiennes rapportent de Sésostris. Ce conquérant atteignit dans sa course triomphante l'Indus et le Pont-Euxin ; ainsi tous les princes de ces régions furent anéantis devant lui. Mais nous voyons, au contraire, au temps de Sézac, Tyr florissante sous Astartus, le royaume de Damas soumis à Tabrimon, qui le transmit sans obstacle à son fils, le puissant Benhadad 1er. Il n'est fait aucune mention dans l'histoire des peuples de Phénicie et de Damas de l'irruption d'un conquérant ; et cependant le roi d'Égypte, pour envahir l'Asie, devait nécessairement assujettir d'abord ces nations. Déjà, depuis plus d'un siècle, les Éoliens d'Argos, les Ioniens s'étaient établis sur les côtes de l'Asie mineure ; les Doriens, venus plus tard, bâtissaient Larisse, Gnide au temps même de Roboam ; cependant l'histoire de ces peuples se tait sur le conquérant égyptien. Il eût facilement anéanti des villes naissantes, ou les eût enceintes de chaînes ; sa présence ou le seul bruit de sa marche éloignée eût laissé chez ces peuples un profond souvenir ; mais rien de cela. Ainsi le silence des peuples de la Syrie et de l'Asie mineure me semble prouver évidemment que Sésostris fut très-antérieur à l'époque mentionnée. Diodore de Sicile place Sésoosis ou Sésostris 12,338 avant notre ère; Rollin, d'après Ussérius, fixe son règne l'an 1491 avant la même époque ; Larcher, analysant Hérodote, met Sésostris mille trois cent cinquante-six ans avant J. C.; F. Strass, dans son Tableau du cours des temps, a suivi cette dernière supputation. On voit que l'apparition la plus récente de Sésostris, d'après ces chronologistes, serait trois cent quatre-vingt-cinq ans avant l'invasion de Sézac. Dans ce temps où ils placent Sésostris, l'histoire garde un profond silence sur les autres peuples de l'Asie mineure. De plus, selon la chronologie d'Hérodote, l'empire de Ninus n'était point fondé à cette époque. Si rien ne constate alors en Asie la présence des vainqueurs égyptiens, rien aussi ne la dément. Ainsi dans ces siècles vides, nous pouvons admettre sans aucune opposition le passage des guerriers du Nil. Avant et après Sésostris, on nous présente cent fables qu'on décore du nom d'histoire. Il faut les voir une fois, se fixer sur les faits principaux de ces siècles obscurs, et puis se hâter d'arriver aux temps où les historiens écrivent pour des hommes, et non pour des enfants qu'il faut bercer par des contes.

La vérité sans mélange hétérogène se montre dans l'histoire égyptienne au règne de Psammétichus. Les Grecs, alors en relation avec le Nil, en deviennent les historiens; et dès lors cessent les faits monstrueux qu'enfantaient dans les annales l'ignorance et l'amour du merveilleux, et peut-être la fourberie des prêtres archivistes.

La nation entière semble expirer avec son dernier roi Psamménite sous le fer des Perses. En effet, elle n'eut plus ensuite, si ce n'est dans de courts moments d'une rébellion impuissante, cette indépendance qui constitue une nation. Ainsi, depuis Ménès, placé deux mille cent soixante-quinze ans avant J. C., jusqu'à Psamménite, cinq cent vingt-cinq ans avant J. C. (*Cours des temps*, de F. Strass), la monarchie égyptienne offre mille six cent cinquante ans de durée.

Nous hasarderons en quelques mots la série des grands faits de l'histoire égyptienne : nous ne donnons point ces assertions comme des vérités positives, mais comme des probabilités, comme un résumé analytique et nécessaire à l'esprit pour se reposer du vague et de la discordance de dépositions si multipliées et si diverses.

PREMIÈRE PÉRIODE.

Le règne des dieux est une fiction astronomique que les prêtres, par orgueil national et sacerdotal, voulurent donner pour une réalité.

SECONDE PÉRIODE.

Thèbes embellie par plusieurs rois. Existence de la première Memphis à la rive droite du Nil. Morcellement de l'Égyte en petits royaumes.

TROISIÈME PÉRIODE, VERS 1800 AVANT J. C.

Invasion des pasteurs arabes. Destruction des archives du pays conquis, l'une des causes de l'obscurité de l'histoire égyptienne.

La longue oppression produisit les émigrations qui répandirent les germes des sciences, des arts et du système religieux des Égyptiens dans la Grèce et dans l'Étrurie.

QUATRIÈME PÉRIODE, DE 1600 ENVIRON, A 670 CERTAINS.

Les Égyptiens du Delta et de la Thébaïde, mus par la souffrance et le sentiment de nationalité, chassèrent enfin les étrangers après une longue lutte. L'Égypte réunie en une monarchie parvient, sous Sésostris, à son apogée de puissance et de gloire.

Alors s'élèvent les temples colossaux de Thèbes et la Memphis nouvelle, où à l'occident du Nil, sous Uchorcus, Mœris fait creuser le grand canal qui amène le superflu du Nil dans la concavité naturelle du Faïoum. Chéops et Chepren élèvent les pyramides.

HISTOIRE ASIATIQUE.

CINQUIÈME PÉRIODE, DE 670 A 525.

Temps vrai de l'histoire d'Égypte, de Psammétik à Psamménite, ou à la conquête de l'Égypte par les Perses.

SIXIÈME PÉRIODE, DE 525 A 331.

Règne des Perses.

§ II.

Nous venons de voir l'histoire d'Égypte couverte de nuages à son origine, comme les sources de son fleuve fameux. Les ténèbres qui couvrent l'Assyrie sont encore plus intenses. Ici même, les auteurs anglais de l'Histoire universelle ne discutent point les faits : ils les nient contre le témoignage de Ctésias et l'adhésion des auteurs qui l'ont suivi. Ainsi cette monarchie de Ninus qui finit à Sardanapale, et qui comprend un cours de quatorze siècles, est présentée par eux comme une longue rêverie. Ces auteurs, ailleurs fort respectables par la clarté de leur plan, par leur érudition, et la gravité mâle de leur style, se laissent ici trop entraîner à l'esprit de système. Ils font commencer l'histoire d'Assyrie à Phul, 771 avant J. C. Ainsi Ctésias se serait moqué de tous ses contemporains, en leur donnant ses rêves pour l'histoire d'un grand peuple. Diodore de Sicile, qui l'a suivi, Eusèbe et Syncellus, qui ont formé d'après lui des tables des rois d'Assyrie, auraient partagé, ou son impudence, ou l'erreur générale. Non, Ctésias a pu exagérer, mais non tout inventer. A l'époque où il écrivait, vers 400 avant notre ère, il devait encore rester des archives et des traditions qui durent lui servir de fondement. Si son histoire n'eût été qu'un mensonge, le mépris et la contradiction de tous ses contemporains l'eussent anéantie, et cependant les auteurs anglais ne citent point de critiques contre lui.

Enfin le texte hébreu (livre IV des Rois, chap. xv, verset 19) ne présente point Phul comme le premier roi des Assyriens. Il parle de l'entrée de ce prince dans la terre d'Israël, des mille talents d'argent que lui donna Manahem pour le désarmer, et de son retour en Assyrie. Où donc les auteurs anglais ont-ils vu que Phul a été le fondateur de la monarchie assyrienne? Le silence des Hébreux sur les faits antécédents des Assyriens prouve-t-il leur non existence? Il est facile de concevoir que les Israélites n'ont dû parler des guerriers d'Assyrie que lors de leurs rapports avec eux.

Comment, dans de belles contrées, d'une fertilité supérieure à la terre d'Égypte et arrosées par deux grands fleuves navigables, ne se serait-il formé qu'aussi tard un grand empire? Déjà Troie avait brillé et succombé; l'Égypte était riche de monuments et des leçons du temps; Israël, dans une terre ingrate, comptait des siècles d'existence, et les rives florissantes de l'Euphrate et du Tigre auraient été condamnées au silence du désert! Les auteurs anglais oublient ici que la Bible même place la fondation de Ninive et de Babylone fort peu de temps après le déluge; ces villes auraient donc existé sans peuple et sans roi jusqu'à Phul, si postérieur à cette fondation? Ils oublient encore que le livre des Juges (chap. III) fait mention d'un Chusan-Rasathaïm, roi de Mésopotamie, qui tint les Israélites assujettis pendant huit ans. Ils furent ensuite délivrés par Othoniel, 1459 avant J. C. Ce Chusan-Rasathaïm est nommé au verset 8 roi de Mésopotamie, et au verset 10 roi de Syrie. Si, comme il est vraisemblable, les Hébreux entendaient par Syrie le pays de l'Euphrate, nous devons regarder Chusan-Rasathaïm comme un des prédécesseurs de Phul sur le même trône.

Enfin ces mêmes auteurs, dans leur assertion sur la naissance de l'empire assyrien, ne contredisent point seulement Ctésias et Diodore, mais encore Hérodote, que cependant ils font hautement profession d'estimer et de croire. Cet auteur dit positivement que les Assyriens étaient les maîtres de la haute Asie depuis cinq cent vingt ans lorsque les Mèdes commencèrent les premiers à se révolter. L'époque constatée chez tous les chronologistes de cette révolution est l'an 747 avant notre ère. C'est le point de départ de l'ère de Nabonassar, ou de la délivrance de Babylone. Ainsi, en remontant cinq cent vingt ans, nous trouvons, d'après Hérodote, que nous devons placer la naissance de la monarchie assyrienne l'an 1267 avant J. C. Plusieurs auteurs [1], commentant le texte d'Hérodote, ont pensé que cet historien, dans l'appréciation qu'il donne de la durée de l'empire assyrien, n'a voulu parler que du temps de sa plus grande

---

[1] Larcher, *Essai sur la chronologie d'Hérodote*, page 245. — Bouhier, *Recherches et dissertations sur Hérodote*.

gloire, sans rien dire du temps qui l'avait précédé. L'éclat de l'empire d'Assyrie à sa naissance nous fait présumer des temps antérieurs de civilisation dans les mêmes lieux. Un grand empire ne se forme pas inopinément. Celui d'Assyrie avait été précédé probablement par d'autres empires dont les noms mêmes nous sont inconnus. Hérodote n'aurait ainsi nombré que les années de sa virilité; combien donc pouvons-nous en préjuger encore pour son enfance et son adolescence, et combien ces idées plausibles font paraître faux et petit le système des auteurs anglais sur la chronologie de l'empire assyrien !

Les auteurs anglais, et d'autres comme eux, ne pouvant débrouiller ce chaos, admettent tout et nous donnent une double histoire de Ninive et de Babylone, l'une selon les Grecs, et l'autre selon les Hébreux. L'histoire des Grecs commence par Bélus, Ninus, et finit à Thonos Concoleros, ou Sardanapale. La table d'Eusèbe comprend trente-six rois et mille deux cent quarante années; celle de Syncellus, quarante et un rois et mille quatre cent soixante ans de durée. Voilà des différences bien grandes.

Puis des débris de la monarchie assyrienne on forme le royaume des Mèdes sous Arbaces, et celui de Babylone sous Bélésis dit Nabonassar. Ce dernier, suivant Ptolémée, dure deux cent dix ans et offre vingt rois. Les vainqueurs de Sardanapale « rasèrent Ninive de fond en comble. » Cette destruction, dans Ctésias, s'accorde peu avec la captivité bien positive des dix tribus d'Israël à Ninive, sous Salmanazar, vingt ans après cette époque. Cette expression n'est sans doute qu'hyperbolique et pour peindre la rage des vainqueurs; mais nous voyons, dans le doute ou l'absurdité qu'elle présente, une forte leçon aux historiens pour le caractère de leur style. Pour les faits, l'expression propre; les mots, dans le sens littéral : ils ne doivent se permettre les figures que dans leurs réflexions.

Les hauts faits des fondateurs de Ninive et de Babylone sont merveilleux dans Ctésias. Après cette activité, qui dévorait le temps et l'espace, l'indolence léthargique de leurs successeurs, durant trente générations, est un fait encore plus remarquable. On devrait nous dire, pour expliquer l'existence de l'état sous ce gouvernement frappé de catalepsie, que les nations voisines étaient plongées dans le même sommeil. L'homme ami de la vérité est impatient, après un long examen, de sortir de ce dédale, où l'on ne trouve le plus souvent que ténèbres au début des nations, que des apothéoses monstrueuses, que rêveries absurdes dans les mythologies, que bouffissure ridicule dans les faits, que variations sans fin dans les noms, que désordre dans les dates, ou, plus justement, absence totale de chronologie.

Ctésias ne cite qu'un seul fait remarquable de ces trente rois fainéants, c'est le secours envoyé par Teutamus, vingtième roi d'Assyrie depuis Ninias, à Priam, en qualité de son suzerain. La haute Asie est représentée par Memnon au siége de Troie. L'épithète poétique que lui donne Homère de *fils de l'Aurore* annonce, relativement à la position géographique d'Ilion, la contrée originaire du guerrier; le résultat de cette guerre était un présage de l'asservissement de l'Asie qui devait avoir lieu sept siècles plus tard après une plus longue lutte entre les mêmes peuples.

L'histoire assyrienne, selon les Hébreux, commence à Pul ou Phul, qui eut pour successeur à Ninive Tiglath-Pilésar, et donna Babylone à son second fils Nabonassar. Mais comme les Assyriens de Ninive portèrent leurs armes en Palestine, et qu'ils durent alors traverser la Chaldée, on est, par cette circonstance, forcé de représenter Babylone comme vassale de Ninive. Les auteurs anglais, après avoir traité Ctésias d'imposteur, adoptent un système de conciliation, et voient dans Nabonassar son Ninus, comme dans Phul le fondateur Bélus. Voilà pour les mêmes personnages des noms et des faits bien divers et des époques bien distantes.

Cette incertitude sur les noms, la filiation et les dates des rois de Ninive et de Babylone, existera sans doute toujours, car nous n'aurons pas de nouveaux documents pour nous fixer sur la vérité entre ceux connus qui se contredisent. Une des causes de l'obscurité de cette histoire des peuples de l'Assyrie est dans la diversité des noms donnés par différents auteurs au même personnage. Les Grecs, par euphonie, ou pour définir l'objet par l'appellation, changèrent sans scrupule les noms des lieux et des hommes. Ainsi ils désignèrent Istarch, ou Estakar, capitale des Perses, par Persépolis; Kiresh devint Cyrus, Darab, Darius, etc. Tous les noms des rois orientaux dans Ctésias, dans Hérodote, sont ainsi grécisés dans leurs terminaisons ou même purement grecs. Les Hébreux, en parlant des rois d'Assyrie, ont sans doute aussi plié leurs noms à leur langue, à leur goût. De là, pour nous, une des grandes causes de l'obscurité de l'histoire de l'ancienne Asie. Le même nom dévié et travesti dans deux langues différentes, ne nous offre plus, sous ses aspects nouveaux, la moindre apparence d'identité. Ces causes des différences de noms ont été augmentées encore pour les anciens, sans doute, par les fautes des copistes successifs.

Plus on observe les Assyriens et plus les ténèbres s'épaississent sur eux. De toutes les parties de l'histoire très-obscure de l'ancienne Asie, celle-ci est la plus vague et la plus embrouillée. Voltaire dit nettement à ce sujet[1] : « J'avoue que je ne comprends rien aux deux empires « de Babylone et de l'Assyrie. »

Bossuet, pour concilier l'existence de ces deux empires, dont l'un n'existe que dans les historiens grecs ou latins, l'autre que dans les historiens juifs, et tous les deux différents d'époques et de souverains, dit que les auteurs tels que Ctésias, Diodore et son copiste Justin, qui donnent aux *premiers Assyriens* plus de douze siècles de durée, ont leur fondement dans l'antiquité de la ville (Ninive); que les autres, comme Hérodote et les Juifs, ne parlent « que de la durée de l'empire que les Assyriens « ont commencé sous Ninus, fils de Bel, à étendre dans

---

[1] *Essai sur les mœurs et l'esprit des nations*, in-8°, tome I, page 45, édit. de Kehl.

« la haute Asie. Ninus ne fit qu'orner et embellir Ni-
« nive. »

Mais Bossuet ne nous explique point pourquoi Hérodote et les Juifs gardent le silence sur cette longue suite de souverains qui précédèrent Ninus sur le même trône. Les hypothèses chronologiques, dénuées de faits, ne rendent jamais vraisemblable qu'une face de la question, mais non la question tout entière.

Tous les témoignages de l'histoire indiquent que les Assyriens prirent naissance, ou placèrent d'abord le centre de leur puissance sur le haut Tigre. Ces montagnes de l'Arménie, ces rivages féconds de la Caspienne, semblent le berceau commun de tous les conquérants de l'Asie, comme le prouvent les histoires des Mèdes et des Perses et surtout les annales des écrivains orientaux, dont nous parlerons dans un instant. La fertilité prodigieuse des plaines de la Chaldée dut donner un prompt développement aux premières peuplades descendues des sources des deux fleuves, et Babylone s'éleva bientôt rivale en magnificence de Ninive. Une cause puissante favorisa cette cité à laquelle tout souriait. Cette cause, voilée chez les historiens, paraît cependant avoir eu constamment la plus grande influence dans les mouvements des peuples d'Orient; mais on nous montre les effets sans le principe : cette cause fut le commerce antique et constant de l'Inde avec l'Asie occidentale et l'Europe. Je prouverai plus loin son existence et son importance.

Ainsi, Babylone enrichie par son ciel fécondateur,

par son sol d'alluvion, et par ce commerce plus puissant encore que ces causes prospères, l'emporta bientôt en population et en richesse sur Ninive placée dans des contrées montagneuses, toujours ingrates; alors avec ces forces nouvelles dut naître dans la cité vassale la pensée de s'affranchir de sa souveraine. Voilà comment nous pouvons expliquer la prédominance postérieure de Babylone.

Il paraît, par des faits positifs, que l'empire de Babylone se bornait à la Chaldée, et que ses peuples furent toujours plus occupés à s'affermir qu'à s'étendre. Nous voyons que Nériglissar, dans une guerre avec les Mèdes, appelle à son secours tous les peuples de l'Asie mineure. Ils ne lui étaient donc pas soumis? Leur système fut la concentration. Leurs conquêtes à l'Occident furent toujours plutôt une irruption dévastatrice qu'une possession continue.

Lorsque Babylone succombe sous Cyrus, les historiens nous disent qu'elle fut détruite par ce prince; mais par ce mot de destruction, nous devons entendre seulement le déplacement du trône, car Babylone exista après Cyrus, puisqu'elle fut assiégée par Darius Hystaspes, et qu'Alexandre en fit son séjour, comme étant la ville d'Asie la plus magnifique.

Pour les temps antérieurs à l'affranchissement total de Babylone, Voltaire dit (*Essai sur les mœurs et l'esprit des nations*) : « Plusieurs savants, qui ont voulu por-
« ter quelques lumières dans ces ténèbres, ont affirmé
« que l'Assyrie et la Chaldée n'étaient que le même em-

« pire gouverné quelquefois par deux princes, l'un rési-
« dant à Babylone, et l'autre à Ninive. Ce sentiment rai-
« sonnable peut être adopté jusqu'à ce qu'on en trouve
« un plus raisonnable encore. » Ce système commode
pourrait expliquer plusieurs difficultés; mais n'est-ce
pas écrire l'histoire avec des conjectures? Ce système
de partage est-il bien d'accord avec l'esprit ombrageux
et jaloux du despotisme indigène et permanent en Orient,
avec le caractère connu de tous les princes asiatiques,
qui, comme les lions des déserts de l'Afrique, ne pouvaient souffrir de rival dans leur horizon? Il est plus
simple encore de convenir du manque des documents
et de notre ignorance sur ces vieux temps.

Nous venons d'expliquer la puissance de Babylone
par le commerce; mais la difficulté de concilier les annales grecques et hébraïques reste encore tout entière.
Les premières finissent où les autres commencent, et
chaque histoire garde le silence sur les faits exposés par
l'autre. Nous pourrions, dans un système de jonction,
voir dans le Sardanapale des Grecs le Pul des Hébreux.
Sur le tombeau de Sardanapale, qu'on assure avoir
existé près d'Anchiale, ville de Cilicie, était cette inscription : « Sardanapale bâtit Tarse et Anchiale en un
« jour, mais il est mort à présent. » A cette épitaphe d'un
sens profond d'autres ajoutent quelques mots qui l'at-
ténuent singulièrement. « Passant, mange, bois et te ré-
« jouis, car le reste n'est rien. » Quoi qu'il en soit de ces
deux épitaphes, il paraît certain, par l'érection de ces
villes et par le tombeau, que Sardanapale ou Pul était

maître de la Cilicie. Cette position explique son entrée dans la Palestine, pays voisin qu'il rançonna au temps de Menahem.

Cette hypothèse est un cadre pour tous les systèmes sur les peuples de la haute Asie avant les Perses. Nous pouvons expliquer par elle le silence des Grecs sur le second empire assyrien à Ninive. Le premier, tout-puissant, détruit, ils n'ont plus rien vu à Ninive, affaiblie et dégradée, tandis que cette ville, dès lors terrible pour Israël, est tout pour les Hébreux.

§ III.

Les historiens ne s'accordent pas mieux sur la chronologie des Mèdes. Diodore, d'après Ctésias, parle d'un roi Phraortès en Médie, lors de l'invasion de Ninus. Tout ce qui le précède et le suit pendant quatorze cents ans est pour nous la nuit même. Diodore fait ensuite commencer l'existence des Mèdes, comme nation indépendante, à Arbaces, qui, de concert avec Bélésis, avait enseveli le premier empire assyrien sous les cendres du palais de Sardanapale. Puis, suivent six rois sur lesquels Hérodote garde un profond silence. Cet auteur n'offre que quatre souverains des Mèdes : Déjocès, Phraortès, Cyaxare, Astiages; et dans ceux-ci il coïncide avec Diodore. Le silence d'Hérodote sur les six premiers de Diodore, Arbaces, Mandauce, Sosarmus, Articas, Arbacyne, Arteus, prouve-t-il leur non existence ou le mépris qu'ils inspiraient à l'historien qui, par cette

CHAPITRE III. 51

raison, n'aurait pas daigné les nommer? Volney (*Chronologie d'Hérodote*, vol. IV, p. 454) croit avoir trouvé la raison de cette étrange discordance, en supposant que Ctésias, l'original de Diodore, a doublé à dessein la liste d'Hérodote pour les rois mèdes, afin de faire coïncider le règne de Teutane, roi d'Assyrie, et la prise de Troie, contemporaine, avec la date de 1184 avant J. C., correspondante aux calculs chronologiques des Grecs sur cet événement. Mais comment Ctésias a-t-il révélé ce dessein à Volney? Les meilleurs esprits s'égarent dans ce dédale.

Les courts renseignements d'Hérodote semblent inférer que les Mèdes vécurent après leur affranchissement des Assyriens en tribus indépendantes. Ils vivaient, dit-il, dispersés en bourgades. Cette expression indique l'état d'isolement de ces tribus qui, voisines des Scythes à l'orient de la Caspienne et des peuplades sauvages du Caucase, vivaient, comme eux, éparpillées par la force de l'imitation et peut-être aussi par celle du sang; car il est probable que ces peuples, sans limites fixes, se mélangeaient sans cesse; mais cette anarchie leur devint enfin insupportable : il faut des déserts entre des tribus à demi sauvages pour qu'elles puissent trouver la paix, comme compensation de leurs nombreuses privations. Nous voyons que les tribus américaines, arabes et tartares ne peuvent exister paisibles que loin de toute autre société humaine : alors elles savourent cette liberté farouche comme leur premier et leur unique bien. Mais les Mèdes, trop resserrés, étaient tourmentés sans doute à la fois par les divisions intestines des bourgades et par la guerre avec les tribus voisines ; alors ils sentirent la nécessité des lois générales et d'un chef suprême qui les réunît sous un sceptre paternel en une seule famille. Déjocès, reconnu le plus juste parmi tous les juges des divers cantons, fut enfin élu roi grâce à son intégrité, et par l'effet de sa politique artificieuse.

Hérodote n'a-t-il vu Déjocès que comme le premier chef tout-puissant, et n'a-t-il point nommé les six précédents de Diodore, parce qu'ils n'étaient à ses yeux que des chefs partiels, dont le pouvoir, dans leur tribu, était borné et précaire? Nous ne pouvons, dans l'absence de tout document positif, que proposer des questions sur ces difficultés sans en prononcer la solution.

La dynastie des souverains d'Hérodote offre cent cinquante ans de durée; celle de Diodore deux cent quatre-vingt-deux : toutes les deux finissent au même instant, lorsque Cyrus, maître de Babylone, héritier, par sa mère Mandane, du trône de Médie, réunit en un seul empire les états des Mèdes, des Assyriens et des Perses, l'an 531 avant J. C. La forme despotique du gouvernement dès l'origine de la monarchie des Mèdes, dans Hérodote, est invraisemblable. Un peuple sauvage, tel que les habitants des versants méridionaux du Caucase, ne pouvait passer tout à coup de la licence et de l'anarchie sous un joug pesant : un juge hypocrite n'eût pu les dompter. Les barbares ne se soumettent qu'à la puissance physique du fer et non à celle des sentences. Le cérémonial des rois assyriens ne pouvait être copié tout à coup chez de farouches montagnards : la difficulté des communications séparait la Médie de la Grèce au temps de la fondation de cette monarchie, plus que l'Europe ne l'est aujourd'hui de la Chine. Ce fait rend Hérodote plus excusable pour le fabuleux de l'histoire médique qu'il ne l'est pour celles de Lydie et d'Égypte.

§ IV.

L'empire persan, successeur des premiers empires asiatiques, leur ressemble par l'obscurité de son origine. L'histoire des Hébreux nous offre un Chédorlaomer, roi d'Elam ou de Perse, qui, au temps d'Abraham, vient pour conquérir les rives de la mer Morte.

L'histoire garde ensuite le plus profond silence depuis Chédorlaomer jusqu'à Achemenès, aïeul, suivant Hérodote, du conquérant Cyrus, ou, suivant d'autres, jusqu'à Persès.

L'existence indépendante des Perses, comme nation contemporaine, semble impossible dans le voisinage de l'empire babylonien. Cette contradiction entre le fait et la vraisemblance ne peut s'expliquer que par la pauvreté des Perses. La riche Babylone dédaigna de tenir enchaînée cette tribu pauvre et sans doute peu nombreuse. Cette indigence des Perses fut le principe de leur puissance, en les rendant robustes et intrépides.

Quelques usages semblent indiquer l'origine des Perses. Nous trouvons chez eux comme chez leurs prédécesseurs, les Assyriens et les Mèdes, la coutume d'emmener les femmes et les enfants à la suite de l'armée. Cet usage était constant chez les Scythes comme il l'est encore chez les Tartares, leurs descendants. D'un autre côté, nous voyons que Zerdust professa sa doctrine à Balch, voisine de la Scythie, et sans doute le centre de la nation. Les Perses seraient-ils donc, comme tous les conquérants modernes de l'Asie, descendus de ces nomades belliqueux?

Il semblerait que l'histoire du fondateur de l'empire persan, déjà si rapprochée, dût être dépouillée de ces nuages qui obscurcissent les premiers empires; mais par une fatalité déplorable, les ténèbres qui ont pour nous couvert l'Asie jusqu'à ce moment ne sont point encore dissipées, et tout est incertain de Cyrus, et sa vie et sa mort. Hérodote le présente comme un chef intrépide de brigands; Xénophon, comme un prince plein de modération. Mais Platon et Cicéron ont adopté Hérodote; ils avaient, par les traditions et d'autres écrits qui nous manquent, les moyens de se fixer sur la vérité. Leur jugement sur le fabuleux de la Cyropédie de Xénophon est donc concluant. Xénophon, en ami des hommes, a fait un tableau touchant pour qu'il soit le modèle des princes. Ce beau roman inspire de la reconnaissance pour l'auteur, mais ne doit point être regardé comme de l'histoire. Ne trouvant dans aucun autre prince d'Orient cette modération que Xénophon prête à Cyrus, nous pouvons la croire fictive; le Cyrus d'Hérodote est bien plus conforme à son temps. Dans Hérodote, Cyrus offre pour excitant à ses soldats le butin et les plaisirs : voilà le texte des harangues de tous les chefs des tribus barbares. En effet, des soldats grossiers ne s'arment que pour la vengeance ou le pillage. Une nation est déjà dans un degré avancé de civilisation lorsque la gloire est le mobile de ses entreprises. Les qualités ne sont appréciées que selon les circonstances. Cyrus avec les vertus de Télémaque serait resté confiné dans les frontières de la Perse, et ses sauvages sujets auraient été sans admiration pour lui. Avec les vices brillants d'un Romulus, ils le regardent comme l'ami des dieux, et ils le suivent pleins de confiance dans le cœur et de louanges dans la bouche. Mais l'historien réforme ces arrêts de l'ignorance et de l'intérêt, et ses jugements, dictés par la raison éternelle, réduisent chaque homme à sa juste valeur. Cyrus, perfide envers Astiages, injuste envers les Massagètes, cruel avec Crésus, qu'il condamne au bûcher, ressemble trop à ses successeurs, dans les mêmes lieux, les Timur, les Othman, pour ne point mériter la même réprobation.

D'après Xénophon, Cyrus meurt paisiblement dans son lit. D'après Hérodote, vaincu par Tomyris, sa tête est plongée dans un vase de sang, comme dans son élément.

Les auteurs anglais adoptent Xénophon. Leur principal argument contre Hérodote est que Cyrus ne peut avoir été tué par les Massagètes, puisque son empire a subsisté après lui, et que son tombeau se voyait à Pasargada. Mais ne peut-on répondre qu'une victoire ne suffisait pas pour rendre les Scythes maîtres de l'empire persan;

que ces peuples savaient vaincre et non conquérir, et qu'enfin les Perses ont pu racheter le corps de leur général ou lui élever au lieu désigné un tombeau honorifique? Justin est d'accord avec Hérodote sur la mort en Scythie de Cyrus, et ce témoignage est puissant.

Le sort des peuples sous un sceptre despotique est incertain. Dans la race le sang se transmet et non l'âme. Le brave et habile Cyrus eut pour fils un fou, et sa dynastie naissante s'abîme avec lui. Par un rapprochement singulier, l'un des traits les plus frappants de l'inconstance de la fortune, le fondateur et le conquérant de l'empire des Perses ne peuvent, moins heureux que le paysan possesseur d'une humble cabane, transmettre leur domaine à leur race. Un étranger succède à Cyrus et à Alexandre. Un mage usurpateur du nom et des droits de Smerdis fut mis à mort par sept conjurés. Ici nous devons admirer la pénétration merveilleuse des historiens pour voir les événements les plus cachés. Hérodote décrit avec un soin scrupuleux toutes les circonstances de l'événement; mais tant de fidélité sur des choses qui échappaient même aux regards du soleil nous inspire de l'étonnement. Darius Hystaspes aurait pu seul révéler ces détails à Hérodote. Les historiens sont souvent comme les poëtes qui décrivent les scènes de l'Olympe. Vertot, en se créant l'ingénieur du siége de Rhodes, imitait dans sa liberté tous ses devanciers.

L'empire persan avait dépassé toutes les limites des premiers empires de l'Asie, mais la scène s'agrandit encore par la qualité des hommes avec qui va lutter ce colosse. Ce ne sont point des peuples sauvages comme les Scythes, ou efféminés comme les peuplades asiatiques : ce sont des hommes dont le corps est de fer et l'âme de feu, les Grecs enfin. Non certes les Athéniens n'eurent point tort en secourant les Ioniens, leurs frères, quoique l'incendie d'Athènes en semble la conséquence. Ceux qui leur en font un reproche ne voient donc pas que cette guerre était inévitable d'après le système de conquête des Perses? Ne seraient-ils pas venus plus tard, comme ils avaient déjà fait à Amyntas de Macédoine demander aux Athéniens, à la Grèce entière, sans motifs de vengeance, la terre et l'eau?

Malgré quelques échecs, l'empire persan, dans un peu plus d'un demi-siècle, atteignit son apogée sous Xercès. Cette rapidité de croissance dans les empires semble correspondre en Asie à la végétation toujours hâtive sous ce ciel fécondateur. Mais cinquante et un ans après la prise de Babylone, quatre cent quatre-vingts ans avant J. C., à la journée de Salamine, commença le déclin de ce brillant empire. Dès lors les Grecs, sûrs de leur force, attaquèrent de front le colosse aux pieds d'argile, et il tombe enfin avec un fracas épouvantable à Arbelles, trois cent trente et un ans avant J. C.

Voilà les traits principaux que nous ont transmis les Grecs de l'histoire des Orientaux. Nous voyons les divers auteurs tracer au hasard, d'une main incertaine, ceux qui déterminent l'origine de ces nations, puis, échappés de cette région ténébreuse, ils tiennent d'une manière plus sûre leur pinceau, chargé cependant toujours de couleurs trop brillantes pour être celles de la vérité. Mais enfin nous pourrions croire à leurs tableaux comme nous croyons par habitude à la merveilleuse mythologie de leur nation, s'ils s'accordaient entre eux pour l'histoire de la terre comme leurs poëtes pour l'histoire du ciel. Les historiens, moins habiles, se contredisent tous. Les juges étaient dans une indécision pénible, lorsque de nouvelles révélations apportées du sein même de ces nations mystérieuses par les indigènes viennent achever de jeter le trouble dans les esprits et font paraître impossible la découverte de la vérité au milieu de tant d'assertions contradictoires. Je veux parler ici d'une nouvelle histoire de Perse que nous donnent Mirkhond et d'autres écrivains asiatiques.

Cette nouvelle histoire de Perse bouleverse toutes les notions précédentes. Il n'est ici question, dès l'origine des temps jusqu'à la conquête par Alexandre, que d'un grand empire dans ces régions, qui se divise, par un partage paternel et le plus souvent par la guerre, en deux ou trois états distincts, qui sont ensuite agglomérés de nouveau par la victoire en un seul. La division la plus fréquente est celle des empires d'Iran et de Touran ou Turquestan. Ce dernier était borné par l'Oxus au midi et la Caspienne à l'ouest. L'autre comprenait tout le reste de l'Asie entre le golfe Persique, l'Indus et l'Euphrate ; ce dernier seul put avoir des rapports avec les peuples des côtes occidentales. Mais les historiens de ces pays donnent des noms divers à ces armées de l'aurore qui ravagèrent plusieurs fois, con quirent et occupèrent pendant des temps plus ou moins longs les rivages de la Méditerranée. Comment concilier des assertions si diverses ?

La raison répugne également à traiter d'imposteurs les écrivains de la Grèce, de la Palestine ou ceux de l'Orient. Pour les admettre tous, et ne point rejeter les récits de deux nations comme une longue fable, recherchons les faits ressemblants des trois narrations et surtout les causes puissantes et inévitables de leur extrême diversité ; nous pourrons alors, même en voyant souvent leurs narrations incompatibles, croire à la bonne foi des écrivains.

La première dynastie des Pischdadiens renferme vraisemblablement ces rois qui, dans l'histoire grecque et hébraïque, sont nommés Mèdes, Assyriens, Babyloniens. Kéiomaras et Déjocès ont évidemment des rapports de similitude : tous les deux sont fondateurs d'un grand empire dans les mêmes lieux et par les mêmes moyens.

Féridoun, un des plus grands princes de la même race par sa puissance et sa sagesse, partage ses vastes états entre ses trois fils, Tur, Salm et Irége. Tur eut toutes les provinces orientales, Salm les provinces de l'ouest, Irége la Perse, l'Assyrie et la Chaldée. Ainsi s'opéra le partage des états de Phul entre ses fils, Tiglath-Pilésar et Nabonassar.

Ses successeurs en Iran offrent dans leurs guerres avec l'empire de Touran les conflits des Assyriens et des Mèdes.

La seconde dynastie, des Kaianites, doit être celle des monarques persans des Grecs. Kéikobad offre quelques rapports par ses qualités et son avénement au trône avec Kiresh, que nous nommons Cyrus. Il est placé sur le trône impérial par Zalzer, comme Kiresh par Harpage, dans Hérodote; il rend de même l'empire puissant par la guerre, et riche et heureux par la paix.

Guststap, un de ses successeurs, est clairement le Darius Hystaspes des Grecs : sous tous les deux paraît Zerdust, l'hiérophante des Perses. Ce fait décisif atteste l'identité des deux princes.

Les rapports de similitude cessent entre son fils, le vaillant Isphendyar, et le lâche Xercès. Pourrions-nous supposer, pour expliquer la dissemblance, que les Grecs irrités ont peint Xercès sous de hideuses couleurs? Mais ces rapports renaissent entre Bahaman, fils d'Isphendyar, et Artaxercès, fils de Xercès. Tous les deux reçoivent le surnom de *Longuemain*; également encore dans les deux chroniques ils se distinguent par leurs belles qualités.

Enfin, le dernier prince des Kaianites, Darab II, est évidemment le Darius Codoman des Grecs, par ses vertus et ses malheurs.

Une reine Homaï, dans l'histoire orientale, rappelle tout à coup par ses grandes qualités, par sa magnificence dans les monuments publics, la Sémiramis des Grecs.

Voilà les principaux rapprochements entre les personnages des trois narrations; voyons ceux entre les faits marquants.

CHAPITRE III. 61

Plusieurs invasions de l'ouest sont indiquées dans l'histoire orientale : la première sous Féridoun, qui envoya dans ces régions son général Kaoh. Son expédition dura vingt ans, et il ajouta plusieurs provinces à la monarchie de Perse.

La seconde sous Kaikaus, prince de la deuxième race. Il envoie Rustan son général contre l'Égypte, l'Assyrie, l'Asie mineure, et ses armes sont victorieuses.

Le même roi de Perse, Kaikaus, attaque en personne Zulzogar, roi de l'Yémen. Après des succès, il est fait prisonnier par les Arabes, et puis ensuite délivré par son général Rustan.

Lohrasp, un de ses successeurs, confie à Gudar, son général, une forte armée pour attaquer la Syrie. Il asservit tout, et aussi Jérusalem, qu'il traite avec cruauté. Les Perses, chargés des dépouilles de cette ville, font marcher devant eux, comme un vil troupeau, la masse de ses habitants.

Les histoires grecques et hébraïques font mention d'un nombre beaucoup plus considérable d'irruptions des guerriers de la haute Asie vers les côtes occidentales. Indiquons-les sommairement.

Les Mèdes dirigèrent tous leurs efforts contre les Assyriens, et semblent avoir ignoré ou dédaigné les routes de l'ouest. Les Assyriens de Ninive et de Babylone les connurent trop, au contraire, pour le malheur des peuples de ces régions. Dans Ctésias, Ninus conquiert tout, depuis le Nil jusqu'à l'Indus, environ deux mille ans avant J. C.

On voit apparaître ensuite sur les terres d'Israël, au temps des juges, Chusan-Rhasataïm, roi de Mésopotamie (Juges, ch. III), qui vient pour combattre les Israélites. Il les tient sous le joug pendant huit ans. Ce nom de Chusan-Rhasataïm ne se trouve dans aucune autre histoire ; celui qui correspond à cette époque dans les annales des Grecs est Balatorès. Ainsi presque partout, dans ces chroniques contradictoires de l'ancienne Asie, nous trouverons aux mêmes époques des personnages et des faits différents.

Pul ou Phul, le fondateur de l'empire assyrien, selon le faux système des auteurs anglais, vient dans le royaume d'Israël, la quarante-neuvième année du règne d'Azarias, roi de Juda. Azarias commença à régner l'an du monde 3194 (IVe livre des Rois, ch. XV). Manahem s'empara de Samarie, la trente-neuvième année de son règne, l'an 3233 du monde : il règne dix ans paisiblement. Alors, l'an 3242, vient le roi d'Assyrie. Cette apparition est, en distrayant 3242 de 4004, nombre des années, d'après le texte hébreu, depuis la création jusqu'à J. C., l'an 761 avant notre ère. Pourquoi donc les auteurs anglais, dans leur histoire, et d'autres chronologistes, placent-ils Phul soixante et onze ans avant J. C. ? Sur quel calcul offrent-ils cette époque comme une des plus fixes de l'histoire asiatique ? Observons, pour rendre leur erreur plus manifeste, qu'ils adoptent toujours, comme nous l'avons fait ici, le comput du texte hébreu et non la chronologie du texte samaritain ou de la version des Septante.

Tiglath-Pilésar, successeur de Pul à Ninive, ravage au temps de Phacée, roi d'Israël, les provinces septentrionales de la Palestine, et en transporte tous les habitants en Assyrie (IV⁰ livre des Rois, ch. xv).

Salmanazar vient en Israël l'an 724 avant J. C. Il prend Samarie après un siége de trois ans, et transfère Ozée, son roi, et ses sujets au pays des Mèdes. Ainsi furent anéanties à jamais les dix tribus septentrionales.

Israël n'était plus, et Juda avait ainsi perdu cette barrière qui le défendait de ces terribles orages qui venaient fondre de l'Euphrate sur la Palestine ; ils ne tardent pas à crever sur la Judée. Sennachérib, comme ses devanciers, inflexible dans sa cruauté, paraît sur les terres de Juda, l'an 713 avant J. C. Il rançonne d'abord Ézéchias ; il envoie ensuite trois de ses généraux à Jérusalem avec des paroles de mort. Le désespoir ranime les Juifs : ils triomphent de leurs ennemis.

Manassé, fils d'Ézéchias, moins heureux que son père, est emmené captif par les Babyloniens, l'an 676 avant J. C. (Paralipomènes, liv. II, ch. xxiii).

Après tant de malheurs, Juda existait encore ; mais celui qui devait lui porter le coup mortel s'avance. Nabuchodonosor, selon les Grecs, ou Nabucadnezzar, selon les Hébreux, Nabopolassar II, selon le canon de Ptolémée, fond sur Joakim, l'an 606 avant J. C. : il l'enchaîne et l'emmène captif à Babylone. Là commencent les soixante et dix ans de la captivité.

Joakim, son fils, éprouve le même sort.

Enfin Sédécias, établi roi par Nabuchodonosor sur les

déserts de la Judée, encourt la disgrâce de ce prince, et il est saisi, chargé de chaînes et emmené captif à Babylone, destinée à être la prison des Hébreux.

Voilà les invasions de l'ouest que nous offrent les livres grecs et juifs; elles sont bien plus nombreuses que celles mentionnées dans la chronique des Orientaux. Expliquons les causes de cette différence.

Les écrivains persans consacrent principalement leurs soins à décrire les guerres des Perses avec l'empire du Touran ou Turquestan; c'est qu'elles intéressaient bien autrement que des guerres lointaines. Il s'agissait dans les premières de la conservation même de l'empire d'Iran, et les guerres d'occident n'étaient suggérées que par le désir des conquêtes, par l'inquiétude des princes et par la surabondance de vie du corps social. Mais ces dernières expéditions, moins attachantes pour les Perses, étaient tout pour les Grecs. Ainsi nous voyons par cette différence d'intérêts comment les Grecs se taisent ou disent peu sur les rapports des Perses avec les Scythes des rivages de la Caspienne, et d'un autre côté, pourquoi les écrivains persans ne parlent que comme d'une manière épisodique des guerres avec les Occidentaux.

Le choix de diverses capitales pour les monarques d'Iran est encore une des causes de la divergence des histoires. Kéiomaras, fondateur de l'empire, bâtit Balch en Chorasan, et en fit sa capitale. Hushang, le troisième roi, fit bâtir la ville de Suze pour le même objet. Giemschid élut son séjour à Istarch ou Persépolis;

Kéikobad, chef de la seconde race, résida à Ispahan à cause de la position centrale de cette ville dans ses états.

Ces translations des princes dans de nouvelles capitales semblaient former de nouveaux empires, et trompaient ainsi les étrangers qui n'observaient ces événements que d'une grande distance. Il semblerait ainsi que les Assyriens, les Babyloniens, les Mèdes des historiens grecs ne seraient qu'une seule nation qui, placée entre la Caspienne, l'Euphrate, le golfe Persique et l'Indus, éprouva dans son sein des révolutions qui la firent paraître à chaque fois, aux étrangers, comme un nouveau peuple. Le nom de Perses, sous lequel il est enfin désigné, est, dans l'histoire des Occidentaux, celui qui a le plus d'éclat, parce que les événements qui amenèrent la chute de cette antique monarchie sont alors liés davantage à l'histoire de ces peuples d'outre-mer.

Une cause constante de vague pour l'histoire des anciens empires de l'Asie est dans l'incertitude de leurs limites. L'imperfection des sciences empêchait d'avoir de bonnes cartes, si même il en existait l'apparence. Chaque règne formait de nouvelles limites. La même indécision et par les mêmes causes existe à nos yeux pour la figure des états comme pour leurs époques.

L'orgueil a apporté aussi ses effets malfaisants dans l'objet présent de nos recherches. Les historiens affirment que Bélésis ou Nabonassar, roi de Babylone, pour faire, aux yeux des races futures, commencer à lui l'existence de la nation, fit détruire toutes les archives de l'état. Cet égoïsme stupide fut là plus funeste qu'il n'aurait été dans une autre capitale de la haute Asie, parce que Babylone, plus rapprochée des peuples étrangers de l'Asie mineure, aurait été plus facilement explorée par eux dans ses annales.

Une autre cause majeure de diversité dans les narrations des divers peuples est dans les rôles différents qu'ils attribuaient au même personnage. Les vaincus prenaient facilement le général ennemi pour le chef de la nation. De là la confusion des récits. Les écrivains orientaux disent que le général que Lohrasp envoya pour envahir la Syrie et la Palestine avait reçu des Perses le surnom de *Bakthalnassar*, dont les Juifs formèrent le nom de *Nabucadnezzar* et les Grecs celui de *Nabuchodonosor*. Ainsi la différence de prononciation des peuples pouvait offrir le même personnage sous des noms divers, et par suite le même fait semblait être multiplié. L'invasion de Bakthalnassar, comme la plus décisive, puisqu'elle anéantit la Judée, est spécialement mentionnée dans les livres des Orientaux. Ils ont négligé ou indiqué seulement les antécédentes, comme n'étant que des courses dévastatrices, des pillages et non une conquête. Mais ces apparitions laissaient des traces trop profondes et trop douloureuses dans ce malheureux pays pour que ses habitants n'inscrivissent pas, dans leurs annales, tous les faits que les vainqueurs avaient oubliés le lendemain de la victoire.

L'observation des diverses capitales peut seule jeter une sorte de jour sur ce chaos obscur. Babylone exista longtemps vassale de Ninive. La puissance des Assyriens eut donc son point central dans les montagnes d'Arménie, limitrophes de la province d'Aderbayadjan, où Kéiomaras fut élu roi. Le cours du haut Tigre est donc le foyer de la monarchie assyro-babylonienne. L'Aderbayadjan est la province mère. La dépendance de la Babylonie montre bien que cet état fut une satrapie, le principal pachalic de Ninive. Les Perses ne furent connus qu'après leur jonction avec les Mèdes; ainsi les quatre empires des Grecs et des Hébreux se réduisent de fait à deux et coïncident avec les deux dynasties des monarques d'Iran.

Plusieurs faits concordants donnent lieu à une conséquence remarquable. Kéiomaras, fondateur de l'empire, après un long séjour en Médie, résida à Balch en Chorasan, voisine des Scythes : l'un de ses successeurs bâtit Ecbatane en Médie. Les écrivains orientaux font positivement les rois de la première race originaires de Médie; ainsi nous voyons que c'est du nord de la Perse que vinrent les hordes qui conquirent le midi. D'un autre côté, dans les livres hébreux, Nébucadnezzar, roi de Babylone, grossit son armée des débris des corps scythes défaits en Médie, par la réaction subite de Ciaxare, son beau-frère. Dans les annales grecques, les Saces, peuplade scythe, figurent dans le récit de la bataille de Platée. Ainsi les Perses et les Assyriens grossissaient leurs armées de ces sauvages robustes qui venaient du nord, en suivant les deux rivages de l'est et de l'ouest de la mer Caspienne, et cette union leur donnait une supériorité de nombre et de valeur sur les peuples amollis

5.

de l'Asie mineure et de l'Égypte. Ainsi, dans l'antiquité comme dans les temps modernes, nous voyons le nord vomir des essaims sauvages et robustes qui enchaînent les peuples efféminés du midi. Si dans cette histoire de Perse, suivant les Orientaux, ces hommes du nord ne conquéraient point pour eux-mêmes, mais comme auxiliaires, il faut l'attribuer à leur extrême ignorance. Ils n'avaient point assez d'habileté pour conduire un vaste plan d'opérations militaires. Nous voyons que c'est par hasard, et en poursuivant les Cimmériens, leurs ennemis, que les Scythes, entrés dans l'Asie mineure, la pillèrent et s'établirent une seule fois en maîtres pendant vingt-huit ans dans la Médie.

L'observation de l'existence des deux autres capitales d'Iran, Istarch ou Persépolis, sous Giemschid, et Spahan, sous Kéikobad, ne détruit pas cette assertion que les essaims conquérants vinrent du nord de l'empire. Ces capitales nouvelles ne sont nommées qu'après Balch et la province septentrionale d'Aderbayadjan, où la nation semble prendre naissance. Ces nouveaux trônes prouvent au contraire l'envahissement du midi.

Ces chroniques orientales remontent très-haut dans leur chronologie. Les auteurs anglais, oubliant que, d'après une fausse interprétation des livres hébreux, ils n'ont fait commencer un grand empire sur l'Euphrate qu'en 771 avant J. C., proclament ici leur adhésion à Ctésias, qui semble s'être modelé sur ces chroniques. Écoutons-les : « Observons que Ctésias, ainsi que ceux « qui ont consulté les Perses sur leur empire, ont trouvé

« dans les plus anciens temps des princes puissants, à
« la tête de nombreuses armées, qui faisaient bâtir de
« grandes villes, amassaient des trésors immenses, et
« gouvernaient avec autant de sagesse que de magnifi-
« cence : or, c'est ce qu'assurent des écrivains mahomé-
« tans, qui prétendent avoir tiré ce qu'ils rapportent de
« divers auteurs persans. Si tout cela n'est qu'une fable,
« c'est certainement une fable ancienne et uniforme, ou
« plutôt c'est une fable qui ressemble autant à la vérité
« qu'aucune histoire ancienne que nous ayons. » (V. 8,
p. 48.) Les voilà donc en contradiction avec eux-mêmes
dans leur confiance présente à Ctésias, et dans leur
croyance à une grande ancienneté des monarchies sur
le Tigre, l'Euphrate et l'Oxus. Les faits nombreux des
chroniques orientales et grecques leur font ici conclure
contre les annales juives, ou plutôt contre la fausse interprétation qu'ils en ont faite; car, comme nous l'avons
fait observer, les Juifs n'ont dû parler de l'empire chaldaïque que lors de leurs guerres avec cet état.

Nous devons dire encore, à l'appui de cette histoire
orientale, que les Persans modernes et les historiens
arabes croient aux faits qu'elle présente. Les Parsis la
regardent comme le tableau de l'existence de leurs
aïeux; leur témoignage, par l'identité de position, a la
même force que celui des Juifs pour la Bible. Les Parsis
ont conservé soigneusement les livres de leur foi : le
Zendavesta, le Sadder. Les narrations historiques ont
pu être de même sauvées des mains du temps et de celles
plus destructives de la guerre.

Nous venons de comparer les diverses narrations. Si nous jugeons à présent en elle-même cette chronique orientale, nous la trouverons aussi, comme toutes les autres sur ces peuples et sur ces temps, remplie de ces faits monstrueux, entachée de ce merveilleux absurde que repoussent également la nature et la raison. Les événements ordinaires semblent vils aux yeux des écrivains orientaux. Ils créent une histoire, une race humaine, une nature factices et gigantesques. Ce manque de proportion et de vérité, qui peut intéresser dans la peinture des sentiments, est une niaiserie puérile dans celle des faits positifs. Nous voyons là des princes qui règnent mille ans, sept cents ans, six cent soixante ans, etc.; et Mirkhond, plus raisonnable, n'admet dans ses tables, pour les plus longs règnes, que des espaces de cent cinquante ans, de cent vingt ans, de cent ans. Il est difficile de concilier cela avec la durée ordinaire de la vie des hommes de nos jours. Ces longs règnes comprenaient peut-être sous un nom générique plusieurs princes; ainsi il est probable que cet Aphérasiab, prince turc, qui combat contre plusieurs princes successifs d'Iran, offre différents chefs turcs ou scythes confondus sous le même nom.

Mais ce n'est point assez des trois narrations divergentes dont nous venons d'exposer la substance. Le savant Williams Jones, président de la Société asiatique de Calcutta, expose[1] qu'un voyageur musulman, nommé

---

[1] *Recherches asiatiques*, vol. II, Discours sur les Persans.

CHAPITRE III. 71

Mohsen, avait recueilli dans l'Inde, des descendants des anciens disciples de la religion d'Hushang, qui précéda de beaucoup celle de Zerdust, et qu'il trouva consigné dans les livres nombreux que ces sectaires avaient composés dans le premier temps de leur émigration au delà de l'Indus, ce grand fait, qu'une puissante monarchie avait subsisté plusieurs siècles dans l'Iran avant le règne de Kéiomaras, qu'on l'appelait la dynastie *mahabadienne*, du nom de son fondateur Mahabad. M. Jones prouve que ce nom est sanskrit, et établit, par des rapports de similitude, que le Mahabad d'Iran est le même que le Manou de l'Indoustan. Il trouve dans ce rapprochement un nouvel appui au système par lequel il montre l'Iran comme la source des trois peuples asiatiques, l'Arabe, le Tartare et l'Indou. Les superstitions des brahmanes altérèrent après leur émigration de Perse la religion primitive et pure qui y était professée.

Il est bien étonnant que Mirkhond et les autres auteurs orientaux se taisent sur la dynastie mahabadienne; il semble que leur silence sur ce fait devait être aussi important dans l'esprit de M. Jones que l'ouvrage d'un voyageur musulman; mais, d'une autre part, les rapports des langues sont un des traits les plus décisifs de la parenté des deux peuples. Or, M. Jones affirme l'identité du zend ou de l'ancien persan avec le sanskrit ou l'ancienne langue des brahmanes. Que faut-il faire dans cette perplexité? Attendre de nouvelles dépositions.

Voici encore un auteur respectable par son érudition, son ton de candeur et de conviction, qui nous donne, sur l'origine des peuples de l'Asie, une source et des dates toutes différentes. Selon M. Bailly : « La nuit des temps « couvre les commencements de l'empire de la Babylonie. « Mais lorsque le jour se lève nous trouvons, deux mille « cinq cents ans avant notre ère, le règne d'Évéchoüs, « le premier des rois nommés *chaldéens*. Babylone était « sans arts et sans défense, elle appartenait au premier « occupant. Les Chaldéens (venus, selon M. Bailly, du « nord de l'Asie) chassèrent les possesseurs, et j'explique « ce fait en disant que les premiers avaient l'avantage de « la force du corps et des lumières de l'esprit. »

L'opinion de ce savant sur les Perses est plus étrange, parce qu'elle contrarie formellement les dépositions des écrivains orientaux. Selon ceux-ci, Giemschid fut le quatrième successeur de Kéiomaras, le chef de la dynastie des Pischdadiens et le fondateur de la monarchie perse. Sans affirmer que ce prince était fils, neveu ou petit-fils de son prédécesseur Tahmurasb, tous les auteurs conviennent qu'il était de la famille de Kéiomaras, et qu'il avait droit de succéder à la couronne. M. Bailly s'efforça de démontrer[1] que la fondation de Persépolis ou Istarch eut lieu, par Giemschid, l'an 3209 avant J. C. Il bâtit cette ville pour en faire la capitale de l'empire naissant des Perses et y fit son entrée le jour même où le soleil passe dans la constellation du bélier. Ce dernier fait est, pour M. Bailly, la preuve évidente que la colonie conduite par Giemschid sortait d'une nation

---

[1] *Histoire de l'astronomie ancienne*, p. 354.

déjà instruite et civilisée, et s'établissait avec ses arts et ses connaissances, en chassant facilement devant elle de petites hordes sans force. Il conclut positivement, contre toutes les annales orientales, que Giemschid (qu'il écrit Diemschid) et son peuple paraissent avoir été étrangers à la Perse.

Ce système semble manquer par la base : on ne voit pas de document positif qui constate l'existence du peuple primitif et savant vers le parallèle du quarante-neuvième degré. Mais si c'est un roman, il est plus vraisemblable que nombre d'histoires : en ne laissant qu'entrevoir le peuple antique, la narration, comme les révélations des oracles, offre l'attrait du mystère, et le lecteur, entraîné par l'éloquence et la conviction de l'auteur, désirerait deviner avec lui de nouvelles preuves pour étayer ce système vaste et brillant.

Que pourrions-nous dire de précis sur la chronologie des Scythes, des Éthiopiens, puisque nous avons si peu de certitude sur celle des peuples les plus célèbres de l'Asie? Hérodote et Diodore nous offrent sur eux des relations bizarres. Les anciens historiens sont comme les conteurs des cafés de l'Orient, qui veulent attirer et fixer autour d'eux par les récits les plus extraordinaires un nombreux auditoire. Dans ces temps où le commerce, les lettres, les arts n'offraient point un échange régulier et fréquent entre les peuples ; où les notions scientifiques n'étaient qu'éparses, individuelles, et ne pouvaient que difficilement devenir générales par la rareté des manuscrits, l'historien était obligé d'aller recueillir sur les lieux mêmes les matériaux de son ouvrage. Mais on sent combien cette récolte était incomplète : les documents n'étaient point élaborés par la critique, et l'écrivain consignait avec véracité des mensonges.

Pour les contrées hors de la portée de l'historien, c'était bien pire ; les peuples et les paysages sont alors des objets hors de nature. Mais le merveilleux chez les historiens diminue à mesure qu'ils se rapprochent de nous. Diodore, postérieur à Hérodote et à Ctésias, est moins entaché de ce merveilleux, qui semble la raison des peuples enfants, de ces absurdités en physique qui sont la science des ignorants. L'expérience à la longue vient tout rectifier. En avançant dans la série des siècles, nous trouvons Justin, abréviateur des quarante-quatre livres de l'Histoire universelle de Trogue-Pompée. L'auteur, jugeant qu'il écrivait dans un âge d'hommes, dans une époque de maturité, a purgé son récit de toutes ces fables qui tiennent si inutilement une grande place dans les premières histoires.

Résumons enfin. Les Juifs, les Grecs, les Orientaux, les savants de l'Europe, nous présentent pour les mêmes peuples, la même période, les mêmes régions, des noms, des faits presque tous divers. Quelques rapports de similitude ne sont que comme des lueurs vagues, qui rendent, pour ainsi dire, seulement visibles les ténèbres qui planent sur ces contrées mystérieuses.

Si du moins la chronologie était certaine, les mensonges ne pourraient exister que dans les détails, et la marche générale des événements serait régulière et véritable; mais cette échelle des temps, aux degrés de laquelle devraient se grouper avec ordre les faits, est elle-même, au début de l'histoire, une chose fantastique.

Il reste encore aux chronologistes deux sources d'observations : les fastes astronomiques des Indous, des Chinois, et l'exploration de tous les monuments égyptiens. L'astronomie, par ses lignes immenses, ses vastes calculs, a pour domaine l'infini de l'espace et du temps. Cette science, qui paraît ne pouvoir se lier en rien aux petites fluctuations des choses sublunaires, est cependant celle qui fixe d'une manière irréfragable quelques époques de l'histoire des hommes ; et ces points, désormais immuables, deviennent des jalons régulateurs dans le cours des siècles. Le calcul des éclipses, l'apparition constatée des comètes et de leur retour, le mouvement de la précession des équinoxes établie par la comparaison des zodiaques anciens et de l'époque de leur création avec la position actuelle de la terre dans l'écliptique, sont les meilleures bases d'un système chronologique, et peuvent nous donner des époques fixes et des périodes de durée d'une certitude mathématique. Les événements humains prennent ainsi plus de fixité et de grandeur en se liant aux mouvements des astres, et l'histoire de la terre et des cieux ne forme ainsi, dans la pensée de l'homme, qu'un ensemble universel. Les monuments égyptiens, interprétés par des Européens, nous diront peut-être l'origine indienne des enfants de Ménès, et présenteront une série d'observations astronomiques, précieuses pour l'histoire. Nous pourrons ainsi établir la série des faits principaux; mais pour les détails, résignons-nous à une incertitude éternelle : Dieu seul pourrait nous les offrir, et l'histoire de cette ancienne Asie, révélée par lui, nous serait sans doute bien nouvelle.

CHAPITRE IV.

PRINCIPALES ÉPOQUES CHRONOLOGIQUES DES HÉBREUX.

La chronologie des Hébreux diffère par des caractères frappants de supériorité de celle des peuples que nous venons d'observer. Dans les annales des derniers nous trouvons ténèbres à l'origine, diffusion dans les événements, lacunes dans le récit. Dans la chronologie hébraïque, les faits, par une liaison continue, vont depuis l'origine des temps sur la terre jusqu'au jour présent.

Cette chronologie peut se diviser en plusieurs périodes, dont le commencement et la fin pour chacune sont marqués par de grands faits.

	ANS.	
	DURÉE.	AVANT J. C.
PREMIÈRE PÉRIODE.		
Depuis la création d'Adam jusqu'au déluge............................	1656	2348
DEUXIÈME PÉRIODE.		
Depuis le déluge jusqu'à la vocation d'Abraham............................	426	1921

HISTOIRE ASIATIQUE.

	ANS.	
	DURÉE.	AVANT J. C.
TROISIÈME PÉRIODE. Depuis la vocation d'Abraham jusqu'à la sortie d'Égypte...................	430	1491
QUATRIÈME PÉRIODE. Depuis la sortie d'Égypte jusqu'à l'avénement de Saül, elle comprend le séjour dans le désert et le temps des Juges. Sa durée est de....................	396	1095
CINQUIÈME PÉRIODE. Depuis Saül jusqu'à la séparation des dix tribus d'Israël, du sceptre de Roboam. Sa durée est de.................	120	975
SIXIÈME PÉRIODE. Depuis la séparation des dix tribus jusqu'à leur dispersion par Salmanazar, roi d'Assyrie. Sa durée est de............	254	721
SEPTIÈME PÉRIODE. Depuis la ruine du royaume d'Israël jusqu'à celle de Juda, par Nabuchodonosor II, qui emmène en captivité à Babylone Sédécias et son peuple. Sa durée est de........................	134	587

	ANS.	
	DURÉE.	AVANT J. C.

HUITIÈME PÉRIODE.

Depuis la captivité, à Babylone, de Sédédécias, jusqu'à l'affranchissement des Juifs, par Cyrus. Sa durée est de.....	51	536

NEUVIÈME PÉRIODE.

Depuis l'affranchissement par Cyrus jusqu'à la venue du Messie. Sa durée est de........................	536	
Et elle se termine en l'an du monde	....	4004
Et là est le commencement de notre ère.		

De toutes ces périodes la plus remarquable, après la dernière, est celle de la sortie d'Égypte et du séjour de quarante ans dans le désert.

La chronologie antédiluvienne de Moyse n'est fondée que sur la supputation des années des patriarches à leur mort.

L'abréviation de la vie des hommes après le déluge est énoncée sans explication. Cette simplicité, si différente de l'art mis dans tous les ouvrages humains, est un des caractères frappants de la Genèse. Les faits y sont présentés sans aucune de ces préparations oratoires dont le plus facile labeur littéraire n'est point dépourvu, parce qu'elles tiennent d'une manière intime à la nature humaine. Cette forme annonce dans le narrateur le sentiment d'une toute-puissance que n'éprouve jamais l'homme. Les Vedas, le Zend-Avesta, le Coran, nous montrent dans leurs auteurs des hommes qui parlent à leurs frères, et qui pour obtenir d'eux foi et obéissance tâchent de captiver leur imagination par de brillantes conceptions, de séduire leur cœur par de grandes promesses, de les effrayer par de terribles menaces. C'est toujours l'orateur sur la place publique faisant de la persuasion un art. Rien de tel dans la Genèse : Moyse, pour convaincre ses auditeurs, n'emploie, comme moyen, que l'exemple de sa propre foi. Ce dénûment d'échafaudage montre évidemment qu'il n'invente pas, mais qu'il raconte ce qui lui est prescrit. L'invention eût été accompagnée en lui de tous les moyens ordinaires de l'illusion. Pour persuader les générations futures il leur laisse le grand fait de l'adhésion de son peuple. Il s'en fie de plus au temps pour donner les explications sur les circonstances extraordinaires de sa narration.

Ces explications sont écloses de nos jours de l'aspect de la constitution du globe. L'observation a révélé la submersion des anciens continents et l'apparition de nouvelles terres occupées par la race humaine depuis la dernière catastrophe universelle. Est-il absurde de croire que les circonstances physiques de tous genres étaient plus favorables à la vie sur les anciens continents, et qu'ainsi les hommes y parcouraient une plus longue carrière? Dans cette supposition, très-vraisemblable, nous verrons l'explication de l'abréviation graduée de la vie des hommes depuis le déluge.

Nous trouvons dans la Genèse la solution des plus hautes questions d'idéologie. La formation du langage dans l'homme par l'emploi seul de ses facultés est une chose incompréhensible. Les moyens sont trop bornés pour pouvoir produire un résultat si merveilleux. La Genèse fait du langage l'œuvre de Dieu par l'ordre qu'Adam reçoit de donner un nom à tous les animaux qui lui sont présentés. Le fait de la tour de Babel rend compte de la multiplicité des langues, non moins inexplicable. Dans l'infusion du langage nous trouvons la raison de tant de mots qui sont dans la bouche de l'homme et qui ne sont pour son esprit que des énigmes impénétrables. Ils expriment des choses que nous ne pouvons comprendre. Cela n'induit-il pas à penser que le langage n'est point l'ouvrage immédiat de l'homme? Aurait-il admis autrement dans son entendement, par le fait seul de la sensation, tant de substantifs métaphysiques dont la plus légère compréhension lui est interdite?

L'examen d'autres parties de la Genèse présenterait de même une solution de questions théologiques très-importantes, mais ce n'est point ici notre objet; même pour faire apprécier l'homme dans Moyse, nous ferons abstraction de sa mission divine, et nous l'examinerons sous les rapports qui constituent l'habileté humaine.

Saisissons le principe de ses pensées. Il lui fallait créer

une nation! Il devient tout pour elle : historien, général, législateur, pontife. Arracher de l'Égypte une troupe désordonnée n'était que le fait d'un aventurier; mais de ces fugitifs faire une nation est d'un homme de génie. Son but principal fut la conquête de la Palestine. Le long séjour de quarante ans dans le désert était à la fois une punition de Dieu et une nécessité pour que le général eût le temps de former à la discipline des hordes insoumises. Cette discipline fut inflexible. Les schismatiques ou les rebelles, car ces deux expressions sont synonymes dans un gouvernement théocratique, disparaissent par le fer et le feu. Moyse emploie la plus extrême énergie pour retenir et guider dans la ligne tracée une foule à peine organisée qui pouvait, comme les Bédouins, s'éparpiller dans l'immensité du désert. Ces moyens violents sont une preuve de la grossièreté des Hébreux. L'histoire nous montre partout la force du chef d'autant plus brutale que le sentiment du devoir et les inspirations patriotiques agissent moins sur ses compagnons. Cela doit nous faire apprécier les avantages de la civilisation, qui remplace par des impulsions morales le moyen unique des premiers chefs : la terreur.

Les campements divers de Moyse dans le désert furent nécessaires pour la pâture des troupeaux; les premières défaites des Hébreux par les Amalécites, dans la solitude de Pharan, pour les préparer à la victoire.

Après avoir disposé les tribus à l'agression par tous les ressorts qui ont été présentés, il en produit encore un autre qui devait être certain, puisqu'il agissait sur les sens et la cupidité : ses espions en Chanaan viennent répandre dans le camp les descriptions les plus brillantes de cette terre et montrent de beaux fruits comme garants de leur véracité. Cette vue devait inspirer aux Bédouins le plus profond dégoût de leurs sables arides et l'impatience des combats.

Le choix du pays que Moyse voulait donner comme patrie aux fugitifs d'Égypte était déterminé par toute leur histoire et par les promesses de Dieu. Mais si l'on n'admet point la révélation, on agrandit bien l'homme dans Moyse. Le choix de ce pays devient la preuve de ses connaissances statistiques. Ses tribus errantes étaient impuissantes contre les peuples de l'Euphrate et contre les puissants Tyriens; elles ne pouvaient franchir le Taurus, les terres de l'Yémen étaient trop éloignées : Moyse assigne donc aux Israélites la Palestine, semée de petites peuplades qu'ils pouvaient vaincre. Il leur montre ce pays comme un héritage laissé par leurs pères : c'est là qu'a vécu et qu'est enseveli Abraham; les Chananéens sont ainsi des ravisseurs; ils sont de plus entachés du péché de leur premier père Cham; la malédiction de Noë pèse toujours sur eux. Les Israélites devaient être ainsi animés dans l'invasion par les décrets de la Providence et par la voix de leurs aïeux.

Enfin les temps sont accomplis. Tout est prêt, et la colonne de feu, se dirigeant vers le Chanaan, entraîne à sa suite l'armée avide de sang et de butin. L'habile général cependant se plie à la nécessité et demande au roi d'Édom un passage paisible sur ses terres. Ou les Iduméens étaient trop puissants, ou leurs sables ne pouvaient tenter les Hébreux. Moyse ne voulait pas de combats inutiles et dès le début décourager des soldats non encore aguerris. La même politique le dirige avec Séhon, roi des Amorrhéens. Il lui demande passage et promet de tout respecter. Il va même jusqu'à dire : « Nous « ne boirons pas de l'eau de vos puits. » On voit que Moyse veut toujours réserver toutes ses forces pour attaquer Chanaan et se battre seulement pour la conquête des foyers éternels des Israélites. Avant le passage du Jourdain ses combats sont toujours précédés de paroles de paix, et l'impérieuse nécessité de la défense ou de la marche lui met les armes à la main.

Les fils de Moab se trouvaient sur la route la plus facile de la Palestine: ils étaient riverains du Jourdain et occupaient même une partie de cette terre réservée aux Hébreux. Ainsi Moyse les fait attaquer. Les antagonistes d'Israël sont proscrits par celui même qui devait les fortifier. Des bénédictions sur les Hébreux sont dans la bouche de Balaam, devin venu des bords de l'Euphrate sur l'invitation de Balac, roi des Moabites, pour maudire ses ennemis. Sa langue rebelle à sa volonté, au lieu de fiel, épanche un miel pur sur la race d'Abraham. Cet épisode de Balaam rentre dans la classe des prédictions favorables qui devaient encourager les Israélites. Dans l'expression de son indignation, Moyse trouvait encore l'avantage de prémunir les Hébreux contre les vices qui avaient rendu les Chananéens odieux à l'Éternel.

Moyse repousse de son œuvre les causes de destruction; pour prévenir les désordres qui suivent l'ambition, il défend le retour en Égypte aux Hébreux triomphants, et semble vouloir les enchaîner dans les limites de la Palestine, comme Lycurgue fixa les Spartiates dans l'enceinte de la Laconie, et tous les deux sans doute par l'expérience de l'histoire et la connaissance profonde du cœur de l'homme.

Enfin, et c'est ici le comble de la prévoyance, Moyse avait vu en divers lieux la sagesse humaine impuissante contre le temps, et les institutions les plus habiles dissoutes par lui comme les monuments les plus superbes. Ainsi pour sauver son génie des chances funestes des événements et faire survivre pour lui le respect dans son peuple, il prédit (*Deutéronome*, chapitre XXIII) la conquête de la Palestine; mais, comme tous les oracles, ses termes sont si vagues qu'il ne pouvait être fautif. En effet, il ne précise ni le peuple destructeur, ni l'époque. Tous les événements étaient ainsi pour lui. L'incrédule, après des siècles écoulés, ne pouvait, évoquant son ombre, la taxer de mensonge. Un mot d'elle eût répondu à tous ses reproches : Attends.

Il vient de descendre dans la tombe! Mais des hauteurs du mont Nébo il a contemplé la Palestine, et dans sa pensée il a vu ses pâles et fugitifs compagnons former là, dans des foyers fixes, une nation forte de ses lois, de sa discipline, de son histoire, de son culte. Ces immenses bienfaits, cette création, ils ne les doivent qu'à lui. Nous avons suivi l'impulsion de notre raison en plaçant sur sa tête la couronne due au chef fondateur. Michel-Ange l'avait bien vu lorsqu'il le représenta en marbre avec ces grands traits et cette barbe majestueuse qui, descendant jusqu'à sa ceinture, annoncent la plus grande force virile et la plus haute sagesse.

Tel est Moyse considéré comme homme. Nous voyons dans son œuvre politique un des plus hauts degrés où soit parvenu le génie humain. Nous pourrions sous ce rapport n'envisager l'intervention de la Divinité que comme un moyen semblable à celui des Lycurgue, des Numa, des Mahomet, que comme la plus imposante sanction aux codes des rites et des lois; mais la coïncidence de la Genèse avec les grands faits de la physique, de la géologie et les véridiques dépositions de l'histoire sur l'origine des autres nations, toutes choses que ne pouvait savoir Moyse par lui-même, entraîne à la croyance d'une inspiration divine dans le narrateur de la Genèse.

CHAPITRE V.

GOUVERNEMENT.

Nous avons vu, dans les chapitres précédents, les premières tribus historiques apparaître, s'étendre, former de grands empires. Quelques-uns, sous des circonstances semblables d'origine, de langage, de mœurs, s'agglomèrent comme par attraction; d'autres succombent sous le fer étranger, ou s'affaissent, dévorés par des maux internes. Nos regards n'ont encore porté que sur les surfaces. Il faut le dire, la plupart des écrivains ont trop longtemps réduit l'histoire à cet examen de l'écorce. Nous avons à nous occuper de la partie la plus intéressante, à pénétrer dans l'intérieur de ces grands corps, à connaître, à apprécier leurs ressorts. Mais auparavant cherchons à étudier leur molécule organique, l'homme. Les sciences trop longtemps divisées doivent enfin se réunir comme tous les éléments le sont dans la nature. C'est la réaction réciproque de tous ces éléments qui produit ce grand cercle de transformations de l'univers physique; de même tous les moteurs de l'homme sont en jeu dans ces transmutations de l'univers moral ou l'histoire. Ainsi donc celui-là seul sera digne d'écrire l'histoire, qui réunira au plus haut degré les connaissances de l'astronome, du physicien, du naturaliste, du chronologiste, du médecin, du légiste, des artistes divers, et qui, pour apprécier les premiers peuples, aura encore sur tous les peuples vivants les notions des voyageurs qui ont le mieux exploré le globe. L'histoire sera alors une science nouvelle dans ce vaste tableau donné aux hommes étonnés par ce génie, qui embrassera à la fois les premières causes et les derniers effets. Son ouvrage sera le grand code de la raison et du bonheur.

Les philosophes qui placent tout l'homme moral dans la pensée me semblent partir d'une fausse donnée. Aussi, de là tant de vague et d'incohérence dans l'explication des actions des hommes. Ces actions ont pour principe souvent des moteurs que ces observateurs ne peuvent trouver dans l'entendement, produit des sensations et du temps. Si toutes nos actions sont déterminées par un jugement, comment viendront celles qui précèdent toute idée acquise? Ainsi, l'enfant naissant qui cherche de ses lèvres le mamelon, l'adolescent qui, élevé loin de l'amour, sourit à la jeune vierge et l'enlace de ses mains, par qui ont-ils appris la propriété des objets qui peuvent satisfaire leurs besoins? Il y a plus: les impulsions de l'entendement se trouvent souvent sans effet; voilà une cause perdue sans que nous connaissions l'obstacle à son action. L'homme, en le réduisant à ce principe, serait l'être le plus absurde, puisqu'en résultat il serait indocile à son unique moteur. Ce vieillard qui, accablé de maux qu'il sait, par l'observation, être sans remèdes, et qui embrasse encore éperdu cette terre, théâtre insensible de ses tortures, est un insensé inexplicable. Pourquoi ses mains, agents salutaires de sa pensée, ne saisissent-elles pas le fer ou le poison qui mettraient un terme à sa longue agonie ? Qu'on n'objecte point que la religion lui impose le devoir de vivre. Nombre d'hommes ignorent sa voix, et tous, mûs par l'instinct de conservation, implorent la vie jusqu'au dernier soupir. Il est donc en nous des moteurs antérieurs à l'expérience, souvent en rivalité avec le jugement, et cette source d'actions, comme cachée, et non encore assez appréciée par les moralistes et les historiens, est *l'instinct*. Indépendant de l'éducation, du climat, des gouvernements, des religions, de toutes les causes physiques et morales qui diversifient tant les hommes, et qui seuls en feraient des êtres plus opposés que les moutons et les tigres, il est le principe qui, donnant partout un caractère d'uniformité aux principales déterminations des hommes, tend sans cesse à conserver l'identité aux nombreuses variétés produites dans le genre humain par toutes les causes précitées.

Ce n'est donc point dans l'entendement, résultat variable de mille causes locales diverses, que nous devons chercher les grands traits de la nature indélébile de l'homme, c'est dans l'instinct, pur don du ciel, qui échappe à tous les législateurs, à tous les hiérophantes, qui lutte souvent victorieusement contre les lois atroces et les rites sanguinaires ou stupéfiants. Sans entrer dans des détails physiologiques, étrangers en ce moment à notre sujet, il nous suffit ici de reconnaître son existence dans l'homme et de tracer ses principales impulsions.

Ces instincts, qui précèdent toute idée acquise, sont nombreux, mais nous ne devons dans notre sujet examiner que ceux qui ont rapport à l'état de société pour l'homme. Ceux-là seront donc la base nécessaire de toute constitution politique. Car l'homme ne peut être placé dans la société dans une situation hors de sa nature ; sinon il éprouve à tous les instants, dans cette situation forcée, un malaise qui, parcourant, comme les maladies, toutes ses périodes d'accroissement, produit à sa crise les révolutions qui bouleversent les sociétés et qui ne sont que la réaction des dispositions instinctives de l'homme, qui, longtemps engourdies sous la compression, se réveillent enfin.

Dans cet examen fondé sur les dispositions primitives imprimées par le Créateur, le publiciste a également en vue l'intérêt des gouvernés et l'intérêt des chefs. En les rappelant à tous, il relève les uns, plus dégradés dans les chaînes et dans la poussière que les animaux domestiques, et fait entrer une modération salutaire dans le cœur des autres.

Si, dans cette ancienne Asie que nous avons sous les yeux, une longue servitude avait altéré les traits primitifs de la nature humaine, nous détournerons notre vue un instant de cette région désolée, et nous les retrouverons dans l'homme brut.

Dans quelques déserts que nous portions nos regards, nous verrons l'homme sauvage chérir, comme le premier bien, la liberté. Partout il la préfère aux avantages que lui présentent comme des leurres les hommes policés qui l'approchent. Ainsi, les sauvages du nord de l'Amérique, quoique sentant la supériorité des Anglo-Américains dans tous les arts, quoique passionnés même pour quelques-uns des objets que leur offrent les Européens, comme les liqueurs spiritueuses, conservent encore un goût plus ardent pour l'indépendance. Ils s'enfoncent sans cesse davantage dans les forêts, pour se soustraire aux appâts de leurs voisins agricoles. Le sage et humain congrès des États-Unis a voulu plusieurs fois fixer par l'agriculture et les plaisirs de la propriété sociale leurs tribus errantes : ces tentatives n'ont eu que des succès passagers. Ils ont, après un court temps, fui leurs charrues et toutes les commodités européennes pour retrouver, sous l'ombre des vieux bois ou dans le vaste horizon de leurs savannes, cette liberté farouche dont le souvenir en eux empoisonnait tous les biens de la civilisation ; et cependant ils savent que la fin de leur race est inévitable, prochaine ; qu'elle doit, par tous les désavantages de leur vie précaire, disparaître devant celle des *semeurs de petites graines* ; ils le savent, et fuient les champs ensemencés qui veulent la résidence de l'homme dans leur étroite enceinte [1]. Bien plus, des Européens qui avaient vécu parmi eux, de retour dans les villes, les ont quittées pour aller retrouver toutes les privations avec ces fiers indigènes. Mais ils laissaient

[1] Voyez le Discours de Koohassen, sauvage de la tribu Onéida, dans le Voyage dans la Haute-Pensylvanie, par John de Crévecœur.

derrière eux tous les tourments moraux des cités. Le calme, l'insouciance, la liberté sans bornes du sauvage, la douce et mystérieuse voix de la solitude, qu'on peut bien mieux sentir que décrire, et dont même le courtisan le plus abâtardi a quelquefois reconnu avec surprise les charmes; toutes ces choses leur faisaient quitter sans regret les mille biens dont nous nous enorgueillissons. Cependant l'homme est un être social : l'exemple de ces Européens, qui semble ici contraire, prouve seulement l'imperfection des sociétés, où un grand nombre d'hommes se trouvent abreuvés de malheurs par le dédain de la fortune, où bien plus encore sont bourrelés par l'injustice et l'ingratitude. L'exemple de ces sauvages, l'exemple de ces blancs ne prouvent donc que la nécessité de perfectionner nos institutions, et non qu'il faille tous aller dans les bois ; car d'après l'instinct de sociabilité que nous allons développer, on verra que la fin naturelle de notre espèce est la civilisation.

L'Arabe errant sur une mer de sable, presque toujours affamé, préfère ses déserts et sa misère aux avantages que lui offriraient les riches contrées de l'Égypte, de la Syrie et de la Mésopotamie ; mais là il serait esclave, et il est libre sous sa tente.

Buffon observe que les Cafres ou les habitants des côtes orientales de l'Afrique, moins lâches, moins inertes, moins stupides que les noirs des côtes occidentales, sont bien moins propres à l'esclavage. Il semble ainsi que le degré de l'instinct de la liberté est en rapport avec le degré des grandes facultés de l'homme, le courage et l'intelligence. Quelle chose peut mieux ennoblir cet instinct que cette observation !

Tous les hommes, se regardant comme semblables par la naissance, les besoins, les plaisirs, les maladies et la mort, ont, par une suite nécessaire, le sentiment de l'équité : voilà le second instinct primitif. On le voit éclater dans les enfants, qui s'indignent des préférences accordées à l'un d'eux, qui ne se calment que par un juste partage des objets de leur désir, et qui supportent mieux la privation totale de ces objets que leur partage inégal.

Chez les peuples naissants, ce sentiment est aussi manifeste. L'Indien de la mer du Sud qui, à l'imitation des Anglais qui trafiquaient sur le rivage, traça un cercle autour de lui, et ne voulut pas souffrir que les matelots de Cook dépassassent la ligne marquée sur le sable, était plein de ce sentiment. Il avait respecté le signe de séparation tracé par les gens du navire ; et les officiers anglais, écoutant la justice qui parle au cœur de tous les hommes, firent respecter la sienne.

Mais précisons les termes. Par liberté j'entends l'indépendance du citoyen du caprice de l'homme. Dans ce système, il n'obéit qu'à la loi ; le magistrat en est l'interprète, et il ne peut y substituer sa volonté. La loi doit être pour le citoyen dans l'état, comme est la nécessité pour l'homme dans la nature, une puissance immuable, irrésistible, à laquelle il ne peut s'opposer sans détruire toutes les conditions de son existence sous ces deux rapports.

Par égalité ou équité j'entends l'accessibilité semblable pour tous aux biens et aux emplois; mais le droit ne peut être séparé de la capacité, ou plutôt il en est une conséquence. J'exprimerai l'égalité civile par une équation dont le premier terme se compose de toutes les circonstances favorables qui sont cumulées sur un individu, et le second est la place en balance avec l'ensemble des événements du premier terme.

Ainsi par liberté je n'entends pas vouloir dans la société la vie errante du sauvage et le droit de tout faire; par égalité, un droit spontané et renaissant dans tous à tous les biens, à toutes les places. Dans la première acception on violerait l'article fondamental du contrat social, le respect à la propriété; dans la seconde, le droit du mérite. Cette liberté serait l'état de nature ou le droit du glaive, de la torche, du poison et des cachots; et ses résultats, un paysage nu et des tombes. Cette égalité serait l'anarchie, ou la guerre de chacun contre tous. Que les esprits ténébreux et jaloux qui veulent sans cesse les lois agraires et les mouvements populaires trouvent un expédient pour empêcher que, dans leur système, chaque soleil ne voie dans l'état une révolution nouvelle. Quel droit illusoire et dangereux que celui qui serait sans cesse remis en question! Déclamateurs insensés ou astucieux, attaquez donc la nature, qui, établissant l'inégalité musculaire, intellectuelle et morale des individus, est la cause constante de leur inégalité sociale.

La stérilité de notre langue qui se sert du même mot, *liberté*, pour exprimer l'indépendance du citoyen de la volonté illégale de l'homme et l'état d'un oiseau qui s'échappe d'une cage, ou celui du sauvage qui se livre sans examen et sans remords à des penchants déréglés et malfaisants ; cette stérilité, dis-je, est une des principales causes de nos malheurs politiques. Des idées fausses amènent nécessairement à des actions désordonnées et funestes.

L'égalité, de même, mal entendue, n'est que la haine inextinguible du pauvre contre le riche, la convoitise ardente de la propriété d'autrui, la jalousie de l'ignorance contre les talents, du vice contre la vertu, de la tourbe contre ceux qui ont eu des pères recommandables et d'un rang distingué. Cette égalité n'est que l'empire des passions brutales et haineuses, et elle fait également le tourment de ceux qui les éprouvent et de ceux qui en sont l'objet. Par elle l'état serait comme une hydre où les nouvelles têtes dévoreraient sans cesse les têtes du jour précédent. Rien ne serait stable que la rage et la destruction.

Le mot liberté, dans les écrits politiques, pourrait être traduit par celui d'*indépendance légale*, celui d'égalité par l'expression qui le précise et le définit, équité ou *droit de capacité* ; par ce sens on supporte les entraves des lois, en conservant le sentiment de son indépendance du caprice ou de la passion de l'homme ; on se résigne à une position humble, en conservant celui de l'équité, et surtout le sentiment le plus précieux pour l'homme, celui qui est le premier élément de son bonheur, l'espérance.

On voit ainsi que la liberté ne peut être le partage que des peuples sages. L'histoire nous démontre que les peuples qui en avaient joui la perdaient avec leur sagesse. Alors, dans un état de fièvre, ils prenaient l'insubordination aux magistrats, le cynisme des vêtements, des gestes et des discours, l'athéisme, l'instinct pillard de l'Arabe, ou la voracité de l'anthropophage pour la liberté. Devenus esclaves de leurs passions, ils étaient bentôt dissous par l'anarchie, la conquête, ou tombaient sous le joug d'un despote qui leur faisait longuement expier leurs sottises et leurs fureurs.

L'homme est l'être le plus flexible de la création : omnivore, cosmopolite, il supporte aussi tous les régimes de gouvernement, et l'histoire nous en offre de tristes exemples. Ils semblent prouver contre notre assertion précédente de l'existence des sentiments innés d'indépendance et d'équité ; mais cela s'explique en concevant l'homme double. Le système cérébral ou la pensée peut être modifié profondément de race en race par l'éducation, et des habitudes invariables d'esclavage et de bassesse peuvent engourdir les impulsions du système ganglionique ou l'instinct, et la nature primordiale se trouve ainsi presque effacée par une nature artificielle. Mais le sommeil de ces instincts n'est point leur néant ; des siècles d'abjection ne détruisent point nos observations : il suffit, pour en montrer la vérité, de voir de loin en loin les esclaves se faire des armes de leurs fers. Où auraient-ils pris ces résolutions inattendues si ce n'est dans ces nobles mobiles, cachés par la nature au fond du cœur, comme pour les dérober à l'action des tyrans, et qui tendent dans ces moments salutaires à ramener les êtres dégénérés à la dignité que la Providence a destinée à l'espèce humaine? Les peuples, dans ces efforts, furent souvent trompés par des chefs fourbes, qui, après les avoir dirigés, rétablissaient les abus odieux; mais ce nouvel état vicieux portait aussi en lui les germes de sa destruction. Tant qu'il y aura des proscrits sous les noms d'*ilotes*, de *serfs*, de *parias*, de *fellahs*, il y aura des révolutions. L'expérience entière de l'histoire prouve que le genre humain ne sera dans un état stationnaire et heureux que lorsque l'indépendance légale et l'accessibilité aux emplois par le mérite seront départies à tous les hommes dans l'organisation des sociétés.

Un autre instinct précieux est la sociabilité. L'enfant, longtemps faible et inhabile, a un besoin pressant des secours de ses parents. Il s'enlace à eux, pressé par la faim, le froid, la crainte de nombre de phénomènes physiques et de nombre d'animaux; ses parents s'unissent à lui par les liens sympathiques du sang, et par ceux plus puissants des bienfaits. Tous contractent ainsi la douce habitude d'aimer et d'être aimés. Par une fin merveilleuse de la Providence, la faiblesse prolongée de l'homme, dans les premiers âges, est ainsi la cause de l'union de la famille. Plusieurs familles, par une communauté semblable de besoins et de secours, peuvent s'unir de même, et voilà la société. Il est donc ainsi bien plus juste et intéressant de faire de l'amour plutôt que de la propriété, comme l'assigne Rousseau, le nœud du pacte social.

Diodore a encore moins de charme et, ce semble aussi, de justesse dans ses idées sur l'origine de la civilisation : il attribue la formation des sociétés à la crainte seule des bêtes féroces ; il ne donne aucune puissance à l'instinct de famille, à l'attrait de la propriété. Je ne critique ici dans Diodore, écrivain judicieux d'ailleurs, que les systèmes de son époque ; nous avons marché depuis dans les voies de la raison et de la beauté morale[1].

Nous ajouterons au principe que nous avons exposé, que si l'homme adulte échappe à toutes les dépendances qui garrottaient l'enfant, de nouveaux sentiments qui se développent en lui le rapprochent plus invinciblement encore de ses semblables. La volupté lui donne un nouvel être, une compagne, des enfants. Toutes ses idées se sont multipliées : il goûte du plaisir et des avantages divers à les communiquer, comme aussi à recevoir celles des autres ; et voilà la création des sciences, des lettres et des arts, qui charment ses besoins moraux, mais sans jamais les satisfaire. Aussi recherche-t-il sans cesse de nouvelles créations, et son âme insatiable lui fait ainsi un besoin permanent de relations nouvelles avec ses semblables.

Ainsi Rousseau, qui appelle l'homme qui pense un être dégradé, et qui représente la société comme un état

---

[1] Diodore, liv. I, § 3.

contre nature, a avancé, malgré toute l'éloquence dont il les pare, d'étranges erreurs. L'état de nature pour chaque être est celui où il tend sans cesse, où l'appellent tous ses instincts, où se trouve la fin de l'existence de l'espèce. Ainsi la congrégation est l'état naturel des fourmis, des abeilles, des castors ; et bien plus encore, par ce que nous venons de dire sur l'instinct de sociabilité, par la supériorité infinie d'intelligence, par le besoin plus vif et la facilité de mille relations interdites à ces animaux, la congrégation est l'état naturel des hommes. La vie sauvage est *l'état primitif* de l'homme ; mais il tend sans cesse à en sortir. La vie sociale, où partout il aspire, où se développent mille nouvelles facultés qu'on ne soupçonnerait pas en lui dans l'isolement, est donc *son état naturel*.

Rousseau, plus frappé des vices des sociétés que des vertus et des talents qu'elles produisent, s'est fait l'apologiste des sauvages et le détracteur de la civilisation. Mais la question se réduit à ceci : Pour toutes les choses qui ont vie, la fin voulue par le Créateur est-elle le point du départ ou le dernier degré de développement? Ainsi le végétal doit-il rester, pour être dans son état naturel, réduit aux deux lobes qui embrassent la tige naissante, et le poirier, se parant de fleurs, s'enrichissant de fruits, trahit-il sa destinée et n'offre-t-il qu'un végétal dégradé? Et nous, devons-nous lutter contre tous nos penchants, contre toutes les leçons de l'expérience, pour rester stupides, cruels ; et un peuple de Socrates, de Confucius serait-il une espèce dégénérée? Dans les tribus naissantes, ou chez les peuples livrés à une crise de régénération, on voit souvent les citoyens se soumettre volontairement à un législateur ou à une assemblée pour recevoir les lois qui doivent les régir. Où est le principe de cette confiance magnanime, de cette obéissance étonnante? n'est-il point dans l'instinct de sociabilité? En un mot, la société est un fait; ce fait annonce une cause: nous venons de la montrer. La formation de la ruche n'est point un effet du hasard; il prouve qu'auparavant existait l'instinct des abeilles. L'homme asservissant ainsi par la civilisation les éléments; assainissant l'air des miasmes qui l'infectaient; déchargeant la terre des forêts qui l'obscurcissaient; assurant l'existence de vingt races d'animaux herbivores ou granivores, qui disparaîtraient sans lui sous la griffe des oiseaux de proie ou sous la dent des bêtes féroces, reléguées par sa puissance sociale au fond des déserts; entretenant ainsi l'harmonie dans tous les règnes de la nature; s'élevant par la contemplation des merveilles de l'univers jusqu'à l'idée sublime de leur auteur, et, seul de tous les êtres, déposant aux pieds de l'Éternel son amour, son admiration et ses hommages, n'est-il pas évidemment plus noble, plus bienfaisant que le sauvage, qui semble assimilé dans les forêts avec les bêtes qu'il dévore, et dont il est dévoré à son tour?

Cependant, malgré ces beaux instincts, cette organisation féconde qui semblaient devoir former partout des sociétés heureuses, nous voyons, au début de l'histoire asiatique, les hommes courbés sous la verge de fer d'un despote. Ninus, Sémiramis les entraînent comme un vil troupeau à de folles guerres, à la création d'édifices insensés. Les nations entières sont réduites en esclavage, et par leur soumission elles semblent reconnaître le droit impudent et cruel que s'est arrogé le chef.

Que prouvent tous ces faits? une profonde dégradation de l'espèce humaine; mais cet état d'abjection avait eu sans doute de longs préliminaires. Les hommes n'avaient pu oublier sur-le-champ les instincts que Dieu avait mis dans leur cœur. Il y a loin de la liberté farouche du sauvage à la terreur muette, à l'abnégation de lui-même de l'esclave des cours. Un long temps fut nécessaire pour transformer la cabane de feuilles en un palais de marbre, d'airain et d'or; il fallut sans doute un temps plus long encore pour transformer le chasseur agile et courageux, le nomade vagabond en un animal stationnaire, rampant, souple, recevant l'injustice, l'outrage, la honte et la mort avec résignation.

Le despotisme des premiers rois historiques suppose l'existence d'états antérieurs où l'espèce humaine avait été lentement façonnée à la servitude.

Tâchons de suppléer au silence de l'histoire, pour nous expliquer comment le despotisme, cet état contre nature, put devenir dans l'Orient un système permanent.

La réunion de deux ou plusieurs familles en une peuplade put être, selon les localités, déterminée par divers motifs : la peur ou la faiblesse de chacune contre une famille plus puissante et agressive, les liens de l'amour, la nécessité de l'union pour la pêche ou la chasse. Ainsi de l'examen des peuplades sauvages de nos jours nous pouvons déduire, par analogie, la formation des groupes primitifs.

Lorsque plusieurs familles furent réunies en tribu, elle dut, par analogie, se gouverner comme la famille primitive. Le père le plus sage ou le plus fort devint le père ou le chef de tous : ainsi sont encore élevés à ce poste les cheiks des tribus arabes. Une circonstance physique détermine aussi cette forme dans les déserts que parcourent les Bédouins : les premiers et presque les seuls plaisirs sur ce sol monotone seront les affections de famille; de là la tendance à choisir pour cheik un vieillard, image du père de chaque famille. Les hommes agissent toujours dès l'abord par les idées les plus simples; elles s'offrent les premières à leur esprit, et sont ainsi leurs premiers moteurs. Le gouvernement monarchique, première émanation du gouvernement paternel, se montre général en Orient : Abraham défait avec ses serviteurs cinq rois coalisés; Abimelech écrase sur une pierre les soixante et dix rois qu'il avait vaincus et pris. Ce nombre de rois, tous renfermés dans l'enceinte d'un petit pays, prouve ce premier état de division des hommes en tribus indépendantes. Marsham a cru trouver probable l'existence contemporaine des rois de Saïs, de Tanis, de Memphis, de Thèbes : celle de la dodécarchie que Psammétichus détruisit est incontestable.

Chez les peuples à demi barbares, nous voyons sur tout le globe les pères exercer un pouvoir arbitraire sur

CHAPITRE V. 103

les femmes et les enfants. Les nouveaux chefs purent exercer un semblable pouvoir sur leurs enfants adoptifs. La concentration de plusieurs familles isolées dut être déterminée par les violences de quelques brigands voisins ou vagabonds. Le chef nouveau qui préserva la tribu de leurs rapines put s'exalter à lui-même ses services, et vouloir que la reconnaissance fût mesurée à cette idée. Les témoignages furent des respects à sa personne, une déférence prompte et aveugle à ses volontés, et ces premiers succès le persuadèrent qu'elles devaient être toujours pleines de raison et de justice.

Les tribus purent agir les unes sur les autres comme des individus isolés. Les vaincus, pour conserver leurs débris, se donnèrent à des tribus puissantes, et cette nouvelle union forma des cités qui, par les mêmes causes ou subjuguées par d'autres, produisirent des états : de nouvelles agglomérations faites volontairement ou par la conquête formèrent enfin des empires.

Alors le chef de cette vaste région ne put point avoir avec ses sujets les rapports journaliers et paternels des premiers chefs des tribus ; il fut isolé dans cette multitude d'hommes soumis : l'élévation du trône donna des vertiges à sa faible tête, et sa raison se perdit.

Par un malheur nouveau et presque inévitable il fut entouré de corrupteurs sous le nom de *courtisans*. Tous cherchèrent à l'envi à rendre sans cesse par la flatterie, par des exemples de débauches, d'injustices, de cruautés, le prince plus stupide, plus dissolu, plus féroce. Ils parvinrent enfin dans Sardanapale à lui faire oublier son sexe, à le faire vêtir d'habits de femme avec toutes les allures des courtisanes. Eux, ils poussèrent la perfection du vice jusqu'à oublier les sentiments les plus chers, les plus inhérents au cœur humain. Ces affreux modèles se montrent dans Mardonius disant à Xercès : « Seigneur, vous êtes non-seulement « le plus grand des Perses qui aient paru jusqu'ici, « mais encore de tous ceux qui naîtront dans la suite [1]. » Mardonius humilie non-seulement les princes passés devant Xercès, mais encore ceux de l'avenir. Les courtisans du roi d'Éthiopie faisaient mieux encore ; ils s'imposaient les difformités dont pouvait être atteint le monarque, et souvent la mort quand il mourait. Une longue habitude de soumission et de flatterie effaçait dans ces hommes les traits de la nature, et même le plus indélébile, l'instinct de conservation [2]. Nous devons haïr le despotisme plus encore pour l'abjection dont il flétrit l'espèce humaine que pour le malheur qu'il lui impose. Tous ces misérables sont dépassés par Prexaspe applaudissant à Cambyse qui vient de percer d'une flèche, et de dessein prémédité, le cœur du fils de ce courtisan.

Une espèce plus vile et plus dangereuse encore que les courtisans se montra dans les avenues du palais : ce sont ces écrivains qui établissent la tyrannie en principe. Dans leurs lâches ouvrages ils mentent à leur conscience ; car la lumière naturelle ne peut s'éteindre en-

[1] Hérodote, liv. VII, § 60.
[2] Diodore, liv. III, § 4.

tièrement en eux. Ces vils écrivains ravalent les choses les plus intéressantes, les droits naturels de l'homme et la dignité des lettres : les premiers sont par eux méconnus, niés, outragés ; et les secondes ne sont dans leurs mains qu'un instrument d'esclavage. Ainsi firent ces juges qui déclarèrent à Cambyse qu'ils ne connaissaient pas de loi qui autorisât un frère à épouser sa sœur, mais qu'ils en connaissaient une qui permettait à un roi de Perse de faire tout ce qu'il voulait.

L'esclavage domestique, pratiqué en Orient de temps immémorial, y fut encore une des causes de l'esclavage politique. Une classe nombreuse d'hommes se trouva ainsi tout à coup descendue au rang des bêtes. Le despote, qui planait sur tous, confondit dans sa pensée les maîtres et les esclaves ; et de cette grande hauteur tous lui parurent également petits et méprisables. D'un autre côté, les maîtres, qui ne pouvaient entièrement, sans doute, se dissimuler leur injustice envers ces hommes enchaînés, pardonnèrent plus facilement au tyran la sienne à leur égard. Dès qu'ils méconnaissaient en ces captifs les droits de l'humanité, pouvaient-ils trouver bien étrange qu'un homme puissant les méconnût en eux? Principe général : le mal dégrade autant son auteur que la victime. Les habitudes d'injustice, de violence, chassent de l'âme toutes les vertus : il n'y reste plus que les passions brutales, qui se montrent alors sous les formes de la bassesse et de la lâcheté. Ainsi, en Asie, l'esclavage domestique prépara l'esclavage politique : le chef de l'état se modela sur les chefs des maisons ; et, par une juste fin de la Providence, il fit expier leur injustice à tous ces tyrans solitaires.

Voilà donc un homme, par un concours de circonstances fatales, placé comme le dominateur absolu d'une vaste région ! Des causes du despotisme passons à ses effets.

D'abord, sur la personne même du despote. Il cesse de se croire un homme. A Persépolis, il mange hors de la vue de ses courtisans, pour ne pas paraître partager les besoins de l'humanité ; à Babylone, à Ecbatane, il se rend invisible à tous, pour imiter la divinité. Déjocès, premier roi certain des Mèdes, est donné par quelques écrivains comme l'inventeur de ce système de retraite. Il façonna, il est vrai, à l'esclavage, avec un art profond, sa nation auparavant farouche et guerrière ; mais nous voyons cet isolement pratiqué par les premiers successeurs de Ninias, bien antérieurs à Déjocès. Nous le retrouvons encore, quoique modifié par des pratiques religieuses, dans les rois d'Égypte. Cette invisibilité est un des traits caractéristiques des monarques d'Orient.

Dans cette Asie, où le despotisme est permanent, cette invisibilité existe de même de nos jours, et quelquefois avec des circonstances qui peignent la situation morale du despote. Samuel Turner[1] nous montre le rajah du Boutan confiné au faîte de son palais, et ses

---

[1] *Ambassade au Boutan et au Thibet*, vol. II, ch. IV.

grands officiers ne peuvent parvenir à lui qu'en montant d'étage en étage plusieurs échelles que, sans doute, on peut retirer à volonté; et de cette manière on isole chaque étage des étages inférieurs : l'échelle est pour chacun comme le pont-levis d'une forteresse. Le despote décèle par ces précautions qu'il a le sentiment de son injustice, et qu'il redoute la vengeance.

Une cause encore de cette invisibilité : les officiers du palais pouvaient, par politique, dérober le monarque abruti aux regards du peuple; la nation ainsi ne rougissait point de son chef, et les ministres régnaient en son nom.

Cette invisibilité rendit possibles toutes les grandes fourberies et les sanglantes révolutions du palais. Ainsi le faux Smerdis régna huit mois comme le vrai fils de Cyrus; ainsi Ochus, fils d'Artaxercès Mnémon, cacha la mort de son père, s'empara du sceptre, scella des décrets au nom d'Artaxercès, et finit, après dix mois, cette longue et impudente scène par le décret encore supposé d'Artaxercès, qui le proclamait roi de la monarchie persane.

Il faut cependant bien, comme le plus vil esclave, que le despote porte un nom ; mais il le relève par les titres les plus pompeux et les plus risibles. Je ne mentionnerai pas ceux qui ne font qu'établir des rapports de puissance avec d'autres chefs ou la tourbe des hommes, comme *roi des rois*, etc., mais seulement ceux par lesquels il veut sortir de son espèce et s'affilier à une classe d'être surhumains. Ainsi, rédigeant son acte de naissance, il devient *frère du soleil et de la lune, parent des étoiles* [1], *l'ombre de Dieu sur la terre* [2]. Des idées justes se lient quelquefois dans la tête d'un insensé : ainsi, par une conséquence naturelle de cette fraternité, le despote veut, par imitation, les mêmes honneurs que ceux décernés au fécondateur de la terre, au père brillant des saisons. On ne pouvait approcher du monarque qu'en se prosternant à terre, plein d'une adoration profonde. C'est ce délire de l'orgueil que les Hébreux ont peint, selon le génie oriental, dans Nebucadnezzar changé en bête. Ces insensés, en voulant être dieux, cessaient d'être hommes. Lorsque cet orgueil éprouve des hommes ou des éléments une résistance invincible, peuvent-ils se résigner, comme le sage, à supporter la nécessité? Non : ce sont des enfants furieux, sur lesquels on laisse tomber un sourire de pitié. Ainsi Xercès fait battre de verges les flots de la mer, qui ont brisé son pont de bateaux, et croit les subjuguer en faisant jeter sur eux des chaînes. Cet orgueil blessé devenait, envers les hommes rebelles aux vœux injustes du despote, une cruauté implacable. Ainsi furent tant de massacres de peuples injustement attaqués, et qui n'avaient d'autres torts que de défendre leurs foyers, leurs femmes, leurs enfants.

Comme si ce sol fatal de l'Asie devait faire évanouir dans un chef toutes les vertus, comme si l'exemple des

---

[1] Titre que se donna Sapor, roi de Parthie, écrivant à l'empereur Constance.

[2] Un des nombreux titres du sultan.

rois féroces et imbéciles de Ninive, de Babylone, de Suze, était irrésistiblement contagieux dans l'air qu'ils avaient infecté de leur présence, Alexandre n'est plus dans cette région le vainqueur généreux de Chéronée, l'élève d'un sage ; c'est le bourreau des Tyriens, de Clitus, de Callisthènes, et le fils ridicule de Jupiter Ammon.

Tous ces règlements nombreux des cours asiatiques pour le cérémonial du palais, tous ces cas nombreux du crime de lèse-majesté, prouvent la petitesse de l'idole. Il semble qu'un vague sentiment de la vérité reste encore au fond du cœur de l'homme, en dépit des hymnes des flatteurs, des génuflexions de la foule, et des fumées enivrantes de son propre orgueil : alors la prudence lui suggère de commander par la terreur les respects qu'il ne peut obtenir par son génie et son courage. Au contraire, les hommes vraiment grands par eux-mêmes conservent dans toutes les positions des formes simples ; l'histoire entière le prouverait.

Un corps usé par les voluptés, un esprit vide, un orgueil gigantesque et cruel, voilà donc pour cet homme les effets sur lui-même de sa position. L'abjection des esclaves est passée tout entière dans l'âme de leur maître. Voyons à présent comment un tel être devait agir nécessairement autour de lui sur sa famille, sur sa nation et sur l'univers.

Cet homme, maître absolu de la vie et des biens de tant de millions d'hommes, ne jouissait cependant de cette grande puissance qu'au jour et à l'heure. Elle ne reposait point sur l'amour de ses sujets, sur des conventions entre eux et lui ou ses aïeux, par lesquelles il était établi, pour le bonheur de tous, le chef suprême. Il se trouvait placé là sans mission. Ce ne fut que dans les contrées occidentales de l'Asie, en Palestine et en Égypte, qu'on songea à revêtir les rois d'un caractère religieux; mais dans la haute Asie les rois ne régnèrent que par la force. Ce moyen est précaire; par des combinaisons promptes il pouvait être déplacé. Quelques exemples de révoltes, de conjurations dans le palais, rendaient nécessairement tous les règnes postérieurs plus terribles. La royauté était tout entière dans le fait, dans la possession du costume royal, du titre, de l'armée : celui qui avait ces choses se regardait sans scrupule comme le vrai souverain. La foule, abrutie par un long esclavage, attendait tranquillement à l'entour du palais le dénoûment des sanglantes contestations des compétiteurs; affaissée par le malheur, elle avait perdu jusqu'à l'espérance.

Ainsi, dans cette position périlleuse, quels étaient les premiers, les plus dangereux ennemis du monarque? Ses parents. C'est aussi sur eux que se portaient ses craintes. La peur est sans pitié : de là ces boucheries immenses de la famille impériale.

Déjà, au début, Ninus est massacré par son épouse Sémiramis, celle-ci par son fils Ninias. « Ainsi, nous dit Diodore, les livres juifs, en exposant dans les mêmes lieux des faits et des noms différents, y placent cependant les mêmes cruautés. Sennachérib fut tué à Ninive, dans un temple, par ses deux fils, Adrammelech et Sharazer. La barbarie est raffinée en Médie, où Astiage condamne à la mort son petit-fils Cyrus, sur la vaine culpabilité, pour l'enfant, d'un songe qui avait troublé Astiage. L'officier qui exécute mal son ordre, Harpage, est invité au palais à un festin, et Astiage, en cannibale, offre à tous ses convives le fils d'Harpage coupé en morceaux.

Et comme si la démence du prince allait croissant avec l'étendue de l'empire, c'est dans le palais de Suze que s'offrent les scènes les plus déplorables. Les palais de Ninive et de Babylone nous montrent une dissolution effrénée, celui d'Ecbatane une terreur permanente. Il semble que là les institutions prennent le caractère sauvage des peuplades des bords de la Caspienne. Les Perses ayant englouti dans leur sein les Assyriens et les Mèdes, s'emparent aussi de tous leurs vices, et leurs rois nous offrent l'union de la débauche babylonienne et de la férocité scythe.

Si nous exposons plus développées les sanglantes tragédies du palais persan, c'est que les faits plus récents et liés à l'histoire des Grecs sont ainsi d'une authenticité plus reconnue que ceux des empires précédents.

Cyrus, fondateur d'un empire, luttant sans cesse contre le sort et les hommes, devait ainsi avoir et conserver les vertus qui seules produisent les grandes choses. Il était trop grand pour craindre sa famille, et le palais qu'il a édifié se montre pur du sang impérial.

Cambyse, rempli du poison de la flatterie, perd la

raison ; aussi fait-il poignarder, sous le prétexte d'un songe et plus réellement par jalousie, son frère Smerdis. Méroë, sa sœur et sa femme, meurt enceinte, d'un coup de pied qu'il lui donne dans le ventre.

Darius, parvenu au trône dans l'âge mûr, résiste à l'air corrompu qui l'environne : des meurtres ne souillent point sa mémoire.

La folie et la sottise de Xercès éclateront en parlant de ses expéditions guerrières. Fixons nos regards seulement sur l'intérieur du palais, pour voir comment la puissance excessive fait un monstre. Cette puissance, transmise en héritage jusqu'à la fin de l'empire, entraîne aussi avec elle une série croissante de meurtres, d'incestes, de fratricides, d'infanticides, de parricides, de supplices qui semblent apportés de l'enfer. Xercès veut séduire la femme de son frère Masistès ; elle résiste. Pour l'entraîner, il donne pour époux à Artainte, fille de sa belle-sœur, Darius, son fils aîné ; elle résiste encore. Alors sa passion brutale prend un autre cours : Artainte en devient l'objet, et le voilà le rival heureux de son fils. Sa femme Amestris obtient de son digne époux que la femme de Masistès, quoique innocente, lui soit livrée. Elle lui fait couper les mamelles, la langue, le nez, les oreilles, les lèvres ; les fait jeter aux chiens en sa présence, et la renvoie ainsi empreinte de sa rage. Xercès apprend froidement son malheur à son frère : l'infortuné fuit avec les débris de sa famille ; le roi le fait poursuivre et mettre en pièces avec tous ses enfants et serviteurs.

CHAPITRE V. 115

Xercès est massacré par Artabane, digne fin d'une telle vie. Le farouche Hircanien accuse Darius, fils aîné du roi. Artaxerce feint peut-être de le croire, et sa main, armée par Artabane et secondée par lui, égorge son frère : passant ainsi sur les corps sanglants de son père et de son frère, il monte sur le trône. Un frère aîné restait encore : Hystaspes, gouverneur de la Bactriane. Les deux compétiteurs se livrent une bataille. Hystaspes fut vaincu et sans doute égorgé; mais les historiens, accoutumés aux grands massacres de la famille impériale, se taisent sur ce petit fait isolé; ils se bornent à dire que la victoire, et avec elle l'empire, furent à Artaxerce, dit *Longuemain*.

Xercès II succède à son père, mais dix-sept frères l'entouraient; aussi passe-t-il comme une ombre : Sogdien l'égorge après quarante-cinq jours de règne, et s'empare de sa place. Mais Darius, dit *Nothus*, déclare ses prétentions au trône. Sogdien abandonné traite avec son frère. Comme si la qualité de prince et de frère affranchissait de la bonne foi, comme s'il ne pouvait y avoir d'accommodement avec un rival que par la mort, Darius-Nothus, dès qu'il eut Sogdien en sa puissance, le fit étouffer dans des cendres. Ariste, un autre fils de Xercès Ier, veut régner aussi par le même droit que Darius-Nothus, la force. Il se trouve coupable parce qu'il est pris dans un piége habilement préparé par Parysatis, femme du roi, et il expie dans les cendres le tort d'être le moins fourbe et le moins scélérat.

Cyrus le jeune, fils de Darius-Nothus, fait mourir

deux de ses cousins germains, parce qu'ils avaient négligé de se couvrir les mains de leurs manches en sa présence, selon le cérémonial.

A cette époque les crimes deviennent si multipliés dans le palais, qu'on peut difficilement en suivre l'enchaînement. Tériteuchme, fils d'un des grands du royaume, devient épris de Roxane, sa propre sœur, et, pour se livrer avec sécurité à sa passion, il tue sa femme Amestris, fille de Parysatis. Darius le fait assassiner; mais sa mort ne suffit pas à Parysatis : toute la famille de Tériteuchme lui est livrée. Elle commence par faire scier en deux la trop belle Roxane; tous les autres sont décapités. Statyra, sœur de Roxane et femme d'Artaxerce-Mnémon, n'échappe à sa belle-mère ou à la mort que par les vives supplications de son époux. Cependant elles ne font que suspendre le courroux de l'implacable Parysatis, et quelque temps après, feignant de se réconcilier avec Statyra, elle l'empoisonne dans un souper qu'elle lui offrait en gage d'union.

Les deux fils de Darius-Nothus et de Parysatis se disputent l'empire, après la mort de leur père, dans la plaine de Cunaxa, et ne démentent point leur sang : ils se joignent brûlant de s'égorger; Cyrus blesse son frère, mais il succombe enfin sous sa javeline.

Artaxerce-Mnémon avait trois fils d'Atosse, sa femme légitime, et cent quinze de ses concubines. Croyant prévenir les contestations entre ses enfants pour la couronne, il fit choix de Darius, son fils aîné, pour son successeur; mais le nombre des rivaux rendait plus ardente leur émulation pour le crime. Darius, mécontent de ce que son père lui avait refusé une de ses concubines, disent les historiens, mais plus probablement impatient de régner, et se modelant pour le choix des moyens sur tous les princes de sa famille, forma une conspiration contre la vie d'Artaxerxe, dans laquelle il engagea cinquante de ses frères. Ils furent trahis, arrêtés dans le palais au moment de l'exécution, et leur père, juge sans pitié, les condamna à la mort; peut-être se plut-il à repaître ses yeux de cet horrible spectacle.

Comme aucune loi ne fixait le droit de succession au trône, le dernier vivant des princes de la famille souveraine devait certainement régner : il fallait donc être le survivant de tous les compétiteurs. Le plus méchant semblait le plus habile.

Ainsi, par l'expérience du passé, raisonnait Ochus II, fils d'Artaxerce, du vivant de son père. Par suite de ces justes idées il contraint, par les menaces de châtiments cruels, son frère Ariaspe, fils comme lui de la reine, à s'empoisonner. Arsame, fils d'une concubine et le favori d'Artaxerce, était ainsi un compétiteur dangereux; mais il eût été moins flexible qu'Ariaspe : Ochus le fait donc assassiner. Artaxerce meurt de chagrin; Ochus règne sous son nom pendant dix mois. Il se montre enfin à découvert; il se montre dans cette race infernale le héros du crime. Pour ôter tout chef de la famille royale à des provinces révoltées, il fait mourir tous les princes du sang, sans distinction même de l'âge. Ocha était sa sœur; elle lui avait donné sa fille en mariage : ces deux liens devaient rendre sa mort plus cruelle : il la fait enterrer vive. Il fait renfermer un de ses oncles avec cent de ses fils dans une cour; là il offre de loin au poëte qui a peint l'enfer le modèle d'une de ses plus affreuses scènes : tous les enfants meurent sous les yeux de leur père, percés à coups de flèche. Ochus semble même l'emporter sur le terrible Dante par le nombre des victimes, la diversité de leurs blessures et les modulations déchirantes de leurs gémissements.

Ainsi le palais impérial était comme un antre de bêtes féroces. Les passions les plus inhumaines et les plus inflexibles, l'ambition et la peur, présidaient là comme de noires furies et produisaient des effets dignes d'elles. Un pouvoir sans bornes sur une immense population, les jouissances les plus immodérées de l'orgueil et des sens attachées à ce pouvoir, étaient un appât si séduisant, que tous les sentiments de l'humanité, tous les conseils de la sagesse s'évanouissaient devant lui. Les forfaits passés familiarisaient l'imagination avec de noirs projets ; la vue continuelle du sang endurcissait le cœur; la méfiance faisait de chacun l'ennemi de tous. On voit ainsi que le despotisme enfante nécessairement les monstres.

Et l'on ne peut point ici attribuer à l'influence d'une religion cruelle cette barbarie effroyable des princes de la famille royale. La religion des Perses était douce, bienfaisante; elle eût épuré des méchants ordinaires, mais les âmes infectées du poison du despotisme ne pouvaient en éprouver aucune amélioration.

CHAPITRE V.

Presque tous ces scélérats meurent enfin de mort violente. Par une de ces trames si fréquentes dans les palais d'Asie, où l'humanité opprimée est vengée comme au hasard par une vile main, les nations gémissantes ne sont pas même encore consolées par la mort du tyran. Par ce nouveau crime, c'est le tyran qui meurt et non la tyrannie. Ainsi dans les malheureux pays soumis à cet affreux régime, les peuples ne peuvent même se réjouir de la vengeance.

Moyse, ne songeant qu'à établir une théocratie, n'avait point tracé les lois organiques qui pouvaient, dans une race royale, assurer la transmission régulière du sceptre; il n'avait pu de même mettre une barrière à l'ambition des princes collatéraux ou à celle des aventuriers entreprenants, puisque ces faits n'existaient point dans sa pensée. Ainsi dans les palais de Sion et de Samarie l'appât du trône fut offert à tous les audacieux; l'ambition les saisit avec une ardeur qui étouffe la raison et le sentiment. Plusieurs s'abandonnent à tous les crimes pour atteindre au but; les plus horribles leur sont bons, puisqu'ils sont les moins prévus et ont les effets les plus prompts.

Nous retrouvons encore dans la maison d'Achab un de ces crimes que le pinceau des Grecs a signalés dans leur histoire comme un des plus grands écarts de la perversité humaine; nous retrouvons là une Médée: encore, à cause de l'éloignement, pouvons-nous croire que l'imagination a inventé la terrible scène de Corinthe, comme tant d'autres de la même époque. En la supposant vraie, nous verrons dans le cœur de la princesse de Colchos l'énergique indignation contre l'infidélité et l'ingratitude étouffer en elle le sentiment de la maternité, et lui faire un besoin pressant de vengeance : c'est Jason qu'elle frappe dans ses enfants. Mais Athalie égorge de sang-froid tous ses petits-fils et la famille entière de son époux Joram. Dans les sables brûlants de l'Afrique, sous les plages affreuses du pôle, nous voyons les bêtes les plus sanguinaires respecter leur espèce, et surtout avoir des entrailles pour leurs petits. Les annales asiatiques nous offrent au contraire les exemples multipliés d'êtres qui, comme seuls de leur espèce, égorgent indifféremment ceux qui les environnent, sans écouter les titres de père, de frère, de fils, de petit-fils, par lesquels les victimes espéraient obtenir leur grâce.

Nous voyons ainsi, par tous ces massacres du palais dans les états asiatiques, que la nation était sans cesse menacée de l'anarchie par l'extinction de la dynastie, que la force était pour les princes une garantie incertaine, passagère, et qu'enfin une charte solennelle, qui fixe l'ordre de succession et donne ainsi pour base au trône la volonté et l'amour des citoyens, est essentielle au repos d'une nation et à la conservation de ses princes. Cette grande vérité éclôt de toutes parts. Si nous la répétons comme conséquence de plusieurs séries diverses de faits, son importance nous justifie.

Giemschid étudia une ruche pour apprendre à gouverner les hommes. Quelle critique des institutions des anciens états de l'Asie! Espérons du long cours des siècles le triomphe de la raison sur les passions orgueilleuses d'une cour qui font le despotisme, et sur les passions haineuses et envieuses de la tourbe qui font l'anarchie.

Ces princes de l'Orient, si cruels pour leur famille, pouvaient-ils être cléments pour leur peuple?

Les lois persanes sur le cérémonial du palais et sur l'adoration exigée pour la personne du roi, ou même son image ou ses favoris, comme furent Aman et Mardochée, étaient pleines d'une sévérité inflexible. Le monarque ne régnait que par la crainte, et il fallait que ce ressort fût toujours tendu; ainsi de sanglantes exécutions étaient, même sans motifs, nécessaires à ce système pour tenir constamment dans la poussière la tête des esclaves. Les bêtes dans les forêts ne subissent du moins la loi du plus fort qu'un seul moment, qui marque leur fin; les hommes dans les états despotiques sont plus malheureux, car ils sont tous les jours sous la dent du maître, et ne peuvent tous les jours se racheter qu'à force de peur, de bassesse et de sacrifices. Ainsi dans les pays où le despotisme exerce une terreur permanente, nul sujet, même le plus grand, n'est certain pour le lendemain de sa fortune ni de sa vie. Cette anxiété empoisonne l'existence, étouffe tous les sentiments généreux pour son pays. Les hommes dans les états despotiques doivent le regarder du même œil que les nègres l'habitation du maître. Leur position est peut-être pire, car le colon, par intérêt, ne pousse point son caprice jusqu'à condamner à la mort son bétail à face humaine.

Les rois grecs, contemporains d'une partie de ces monarques asiatiques, avaient pour se maintenir, malgré les abus du pouvoir, un moyen que n'ont point eu les princes efféminés de l'Orient. Ce moyen était une force de corps formée, entretenue par de grands exercices, qui les rendait de fait supérieurs aux autres hommes : cette force, moyen de grands services, les avait fait proclamer rois, et les faisait se maintenir après la perte des vertus qui leur avaient valu le trône; alors, pour établir la tyrannie, il put suffire qu'elle fût dans la volonté du prince. Mais en Asie, malgré toute la stupidité inévitable des princes, il leur fallut nécessairement un peu d'art pour remplacer ce moyen personnel qui leur manquait; il leur fallut donc organiser autour d'eux un certain nombre de bras dévoués pour seconder la faiblesse du leur, en un mot, créer une garde. Ils partagèrent ainsi, avec une petite partie de la nation, les dépouilles et le sang de la majorité. Ainsi l'Égypte nous offre ses Calasyriens et ses Hermotybiens; la Judée, les légions des Céréthiens et des Phélétiens; la Perse, les dix mille immortels.

Ce système d'une garde si simple et si sûr avait cependant ses inconvénients. La révolte est impossible alors dans les provinces, mais elle peut être dans le sein même du palais. Ainsi les deux cent mille soldats égyptiens se moquèrent du roi qui les suppliait, et, modérés encore dans leur refus, se bornèrent à l'abandonner; ainsi David fut toujours impuissant contre son général Joab. Ce meurtrier d'Absalon est, bien évidemment malgré David, général des troupes de Juda. En Asie, l'autorité du despote, terrible pour les petits, se trouvait souvent impuissante contre les grands. Nous voyons dans l'histoire de Perse plusieurs satrapes résister avec impunité aux ordres du grand roi. Ces excès du pouvoir et cette faiblesse simultanée sont les signes d'une autorité vicieuse dans son principe et dans son action. Dans cette impuissance du despote contre les grands officiers qui blessaient son orgueil et alarmaient son conseil privé, quels moyens lui restaient contre ces ennemis? le poignard ou le poison d'un traître. Ainsi ce misérable était forcé d'être vil lorsqu'il ne pouvait être terrible.

Le despotisme oriental montre sa faiblesse radicale dans une foule d'actes où il est obligé, pour exercer la justice, d'employer une embûche, une trahison. Le juge, dans cette misérable forme de gouvernement, agit comme un brigand. Orétès, faible satrape de Lydie, méconnaît les ordres du roi, et Darius, pour le punir, ne trouve ou ne peut employer rien de mieux qu'un assassin. Il y a là absence totale de la dignité morale de l'homme, de la nécessité d'un bon exemple chez le souverain. Ce système de trahison est employé de même avec d'autres satrapes. La méfiance est nécessairement l'esprit d'un gouvernement illégal; le despote ne se fiait pas même aux grands officiers qu'il avait choisis : l'échanson du roi buvait avant lui de la liqueur qu'il versait dans la coupe royale. Le sultan de Constantinople agit aujourd'hui de la même manière contre les pachas dont le mérite ou la puissance excite sa crainte. Le despotisme est l'action du plus fort; cette action s'étend sur la vie comme sur la propriété, tous les moyens sont bons pour l'exercer. L'esclave, pacha ou simple soldat, réduit au silence et à l'impuissance de la rébellion par la mort, laisse gain de cause et honneur du succès à son bourreau. Faut-il s'étonner que les esclaves emploient la même tactique envers le chef traître et oppresseur?

Le despotisme est l'action d'un seul contre l'intérêt de la masse. Tous ses moyens doivent être empreints de la petitesse, de la méfiance, de la cruauté, d'un égoïsme aveugle.

Quel système, où tout est sans cesse menacé de destruction, le trône et la plus humble cabane!

Le despote ne se joue point seulement de la vie d'un individu, d'une famille, il extermine aussi les masses sur un caprice. Ainsi Assuérus, sans motif de vengeance contre les Juifs, les livre à son favori Aman et les abandonne froidement à sa cruauté : « *Faites-en ce que vous* « *voudrez* [1]. » Les hommes sont bien évidemment la plus vile espèce aux yeux d'un despote. Assuérus n'eût point donné aussi généreusement les chevaux de ses haras; il aurait eu pitié de leur sort s'il avait su qu'un favori les voulait pour les détruire.

Le despotisme persan paraît encore inhabile, même

---

[1] Esther, chap. III.

dans la chose qui tient le plus à sa nature violente, qui intéresse le plus le sort de l'état, la formation de l'armée. Darius est trois ans entiers à rassembler ses troupes contre les Grecs; il éprouvait cependant une vive colère, et ce sentiment donne aux faits de l'activité; puis, après ces préparatifs, qui ne durent qu'être faiblement diminués par l'expédition d'Égypte (Hérodote, liv. VII), Xercès met encore quatre années entières à renforcer cette armée par de nouvelles levées. Nous voyons dans cette lenteur l'imperfection de la science du gouvernement chez les Asiatiques. Lorsque Xercès veut faire le dénombrement de son armée en Thrace, il se sert d'un expédient mécanique et imparfait qui aurait été digne d'un peuple sauvage. Les Orientaux, voluptueux et rêveurs, ignorèrent surtout la science du calcul, si nécessaire dans l'administration.

L'esprit du despote était partout, mais sa présence dans les affaires était presque nulle. Les voluptés, la paresse de la cour, l'encens des flatteurs, toutes ces choses étaient trop douces à savourer, pour que le sardanapale voulût s'en priver et se fatiguer du fracas des affaires. Un subdélégué, principal mandataire de la puissance et des caprices du maître, le remplaçait pour ces soins grossiers. Celui-ci remettait, autant qu'il le pouvait, les ennuis et les peines du pouvoir à d'autres subdélégués, et ainsi des uns aux autres jusqu'aux derniers commis. Voilà le système entier de l'administration : partout l'esprit du despote et nulle part l'activité et la justice. La faveur capricieuse suffisait pour faire les ministres; l'habileté leur était inutile. Là où l'obéissance sans examen est un devoir, ont-ils besoin de ménager des droits qui n'existent point, de persuader des esprits abrutis qui n'osent même juger dans le secret de la réflexion les ordres donnés? Aussi voyons-nous dans tous les temps en Orient des hommes de la lie du peuple devenir tout à coup des satrapes, des visirs; ce qui est pire et plus fréquent encore, de vils eunuques bons pour être ministres. Ils font connaître la volonté du despote comme étant la justice, la raison même, et tous sont propres à cela.

Toute la conduite de Xercès semble avoir été inventée pour faire haïr et mépriser le despotisme par l'avilissement du despote; il fait fouetter la mer, fait jeter dans ses flots des chaînes pour la captiver, la fait marquer d'un fer chaud, ordonne un canal insensé pour éviter de doubler le mont Athos; il écrit auparavant, selon Plutarque, une lettre extravagante à cette montagne; effrayé il s'élance deux fois de son trône à la vue des exploits des Spartiates aux Thermopyles, quoique gardé par cinq millions d'hommes. Le hideux acharnement de Xercès sur le cadavre de Léonidas nous montre le roi des Perses étranger à tout sentiment élevé; il ne sait pas, même par orgueil si ce n'est par une noble sympathie, honorer le vaillant ennemi qui a succombé : il est dans ces traits inepte et lâche, combien en pourrions-nous citer de la cruauté la plus froide et la plus révoltante! Il suffit de dire qu'il mit sa mère Atosse en pièces dans un accès de fureur et la mangea [1]. On pourrait croire que les Grecs, indignés de son invasion, ont chargé ces hideux tableaux; cependant quelques-uns sont reproduits par des auteurs latins qui avaient les moyens de discerner la vérité sur ces annales de l'antique Orient. Les turpitudes du despote dans l'intérieur du sérail peuvent être sans conséquences fatales, étant enveloppées d'ombre et de silence; mais des actes publics d'imbécillité et de férocité peuvent dégoûter du despotisme par le ridicule ou l'horreur. Ces traits sont la critique la plus amère des Perses. Quelle était donc la bassesse de ces hommes, de feindre l'admiration pour un mannequin aussi dégoûtant!

Si après avoir exposé l'action du despote sur ses esclaves nous cherchons à présent à juger leur sort, nous passerons des sentiments d'horreur et d'indignation à ceux d'une profonde pitié. Tous les maux s'enchaînent dans ce système infernal de gouvernement. Le prince, abruti par les délices du sérail, est un imbécile furieux; ses agents partagent sa violence et son ineptie; et souvent plus que lui pressés par la peur, ils se hâtent de piller, d'égorger et de jouir. Comme les présents sont le seul moyen de réussir, les concussions qui donnent ce moyen sont donc une nécessité; les richesses sont une amorce à l'avidité; la justice serait même une censure du sérail. La condition des hommes est là si triste, que la vertu même amène à

---

[1] Larcher, note 6 du livre VII, rapporte ce trait, et copie le passage de l'auteur original (Aspasius).

la mort aussi sûrement que la révolte. Le poignard ou le poison débarrasse le despote du chef habile ou brave dont l'ascendant pourrait devenir dangereux, et dont la sagesse est la critique du maître. En un mot le bien ne peut être que passager ; il est là en tout genre contre nature : le mal seul est permanent et dans l'essence de ce système.

Le despotisme terrorise si profondément l'homme, qu'il efface de son cœur le sentiment le plus inhérent, celui de conservation. Hérodote dit (liv. VIII, § 118) qu'après sa fuite de Salamine Xercès fut battu d'une forte tempête dans la mer Égée. Le pilote déclara que le vaisseau était trop chargé de passagers. Alors plusieurs de ceux qui se trouvaient à bord se disputèrent à qui se jetterait dans la mer pour alléger le vaisseau et sauver ainsi la vie au monarque. Rien n'explique cette action. Si Xercès eût été un grand prince et que ses sujets eussent eu une patrie, ce dévouement eût pu être inspiré par le patriotisme ; s'il eût été un chef théocratique, le désir de plaire aux dieux en conservant leur représentant expliquerait cette action ; mais Xercès n'avait plus de puissance, la lâcheté et le malheur l'avaient fait évanouir. Quel sentiment poussait donc ces esclaves dans la mer ? L'homme attend toujours une récompense d'un sacrifice. Les espérances de l'autre avenir sont les dédommagements de l'abandon de la fortune, de la liberté, de la vie des croyants de toutes les religions ; mais ici que pouvait le roi dans l'autre monde pour les sujets qui se dévouaient ? Le sentiment de servitude semble là s'être emparé de leur âme entière, être devenu un fanatisme aveugle, et éteindre l'instinct de conservation qui se manifeste aux premiers cris de l'enfant et est le dernier sentiment du vieillard. Ainsi ces hommes semblent avoir perdu sous le despotisme leur nature primitive.

Nous venons de voir ces princes en action dans le palais et dans l'empire; voyons-les dans leurs rapports avec les autres peuples.

Pouvons-nous espérer qu'ils traiteront les peuples étrangers mieux que leur famille, leur nation? Ne devons-nous pas présumer que tous leurs vices vont prendre au delà des frontières une nouvelle acrimonie? En effet, ils nous offrent là l'injustice, l'orgueil, la cruauté à leur apogée. Sésostris part pour aller attaquer et subjuguer des peuples qui ignoraient même son nom. Après neuf ans d'une course insensée et barbare, il revient suivi d'une multitude infinie de captifs. Dans les jours de fêtes, il faisait traîner son char par les rois qu'il avait enchaînés. Qu'on juge par le sort de ces chefs de celui de leurs sujets! Ninus, Sémiramis, nous offrent de même dans leurs actions le même mépris de la vertu, le même culte de tous les vices. Leurs successeurs assyriens, babyloniens, perses, suivent les mêmes voies. Sans avoir reçu d'offense, de lésion quelconque, ils se jettent sur les peuples comme le tigre affamé sur sa proie. Ils ne semblent reconnaître dans les rapports des peuples d'autres règles que la ruse, la trahison, la violence; leur esprit est aussi faux que leur cœur est dénaturé. La résistance à leurs sommations est un crime qui mérite plus que la mort; les supplices les plus épouvantables peuvent seuls la faire expier. Leur langage est ainsi toujours insensé; leurs actions n'en sont que la conséquence atroce.

Cette dévastation de l'univers à la voix d'un imbécile ou d'un fou est un des côtés du despotisme qui n'a pu trouver encore d'apologiste. Si l'on n'a point perdu toute pudeur et les simples idées d'équité, comment tenter de faire la justification d'un brigand qui fond sur une nation paisible, la pille, l'enchaîne ou l'égorge? Le système de despotisme, dans une nation, ôte toute sécurité aux autres. Que l'univers soit rempli de peuples doux et sages, hors un seul soumis à un sceptre absolu, voilà le destin de tous ces peuples estimables compromis. Cette nation d'esclaves peut être lancée, comme une bête féroce à la voix de son conducteur, sur ces hommes paisibles, et l'esclavage et la barbarie vont s'étendre, comme une nuit épaisse, du palais impérial aux confins de la terre. On a vu des peuples régis par des sénats ambitieux; mais les résolutions de ces corps ne sont jamais entièrement dépouillées de justice. Composés d'hommes à divers âges, il en résulte une sorte de maturité pour l'ensemble qui exclut les décisions trop violentes, trop précipitées. Les sénats agissent plus par calcul que par passion, et la justice, les malheurs qu'on prévoit peuvent être des éléments de discussion; enfin une sorte de lenteur, attachée aux mouvements des grands corps, fait au loin présager la détermination, et donne aux peuples menacés le temps de s'abriter. Au contraire leur bizarrerie empêche de prévoir les résolutions du despote; comme le tonnerre elles apparaissent et frappent au même instant.

Les sauvages sortis, durant l'existence de ces anciens empires, des antres de la Scythie, les Borysthéniens, les Cimmériens, les Massagètes, qui ravagèrent plusieurs fois l'Asie, ne connaissaient d'autre droit que la force, d'autre plaisir que le sang et les larmes. Les soldats des rois assyriens, babyloniens, perses, sous les formes extérieures de la civilisation, leur ressemblent dans leurs actions. Ainsi le despotisme replace l'homme à son premier temps de férocité, et tous les progrès antérieurs sont ainsi effacés par son action rétrograde.

Le règne des femmes en Orient fut un nouveau malheur. La plus fameuse, Sémiramis, sacrifia des millions d'hommes à sa folle expédition dans l'Inde; et ses travaux gigantesques, inspirés seulement par l'orgueil, durent encore décimer les peuples et les épuiser de sueurs. Mais assurons-nous de la vérité du fait avant de déplorer les suites qu'on lui attribue.

Nous voyons en Asie, de temps immémorial, les femmes asservies aux plaisirs de l'homme, parquées en troupeaux autour de ceux qui pouvaient les acheter et les nourrir. Ne devaient-elles point ainsi paraître d'une espèce inférieure, et peu dignes de commander à des nations? L'Asie moderne est, sous bien des rapports, dans le même état que l'Asie ancienne, et de nos jours aucune femme ne pouvant régner dans ces régions, il semble que les mêmes raisons devaient empêcher ce fait anciennement. Le contraire s'explique ici par la brièveté du règne de Sémiramis et parce qu'elle n'exerça le pouvoir royal que comme tutrice. Hérodote parle de Nitocris comme de la seconde femme qui régna sur Babylone; mais il faut observer que cette femme d'Évilmérodac régna par la même cause que Sémiramis, comme tutrice de son fils Nabonadius. L'histoire de Perse des auteurs originaux fait mention d'une Homaï. Elle règne encore, après la mort de Bahaman, son mari, comme tutrice née du prince qu'elle portait dans son sein, qui fut Darab Ier. Dans le récit de la mort de Cyrus par Hérodote nous trouvons une Tomyris, reine des Massagètes; mais le récit de Xénophon est entièrement contraire sur ce point à celui d'Hérodote. Les historiens ne s'accordent donc point sur le fait de l'apparition de Tomyris. Cela ne donne-t-il pas une sorte d'incertitude à son existence? Si nous nous souvenons qu'Hérodote (liv. Ier) affirme que les femmes étaient la propriété commune de tous les Massagètes, pourrons-nous concevoir dans le même lieu cette pluralité avilissante pour le sexe, et le règne de Tomyris? Dans la Scythie, comme dans le reste de l'Asie, on ne peut comprendre, en un mot, que dans les mêmes lieux la femme pût être à la fois dévouée aux plaisirs de l'homme, comme esclave, et lui commander comme reine. Mais la contradiction de ces règnes précités avec les mœurs générales s'explique en observant qu'ils ne sont que des régences, et nous pouvons conclure de cet examen que dans les premiers temps, comme de nos jours, l'opinion repoussait en Asie les femmes du trône.

En portant nos regards sur d'autres lieux et d'autres temps nous trouverons des exemples contraires. A juger le fait en thèse générale, nous dirons que, parmi les choses déplorables de l'histoire, une des plus saillantes est de voir une femme régir des millions d'hommes. N'est-il point étrange que la loi lui accorde la souveraineté dans l'empire, lorsqu'elle impose à toutes les autres femmes la dépendance dans les foyers domestiques? Par sa nature elle doit bien plus s'occuper de ses amants, des intrigues de la cour, que des affaires publiques. Chacun de ses favoris doit former comme un nouveau règne, et par ses dilapidations et ses scandales causer la ruine du trésor et de la morale. Si elle s'occupe de projets politiques, elle doit y apporter la vivacité irréfléchie, le défaut de mesure dans la prospérité, l'inconstance, l'amour d'un vain éclat attribués à son sexe. Ses vertus mêmes tourneront au détriment de la chose publique, sa compassion trop vive deviendra faiblesse; son cœur, trop tendre pour les fonctions de la royauté, lui fera consacrer à l'amour les heures qui ne devraient être qu'au travail; elle voudrait vainement s'imposer une longue application aux affaires : cette forte contention d'esprit lui est aussi impossible que de porter de lourds fardeaux. Enfin, elle ne peut aussi bien que l'homme connaître les besoins des hommes et l'art d'agir sur eux par la puissance de l'exemple. Vieille, elle sera livrée aux commérages de ses suivantes, et sa faiblesse, encore accruc par l'âge, n'offrira sur le trône qu'un risible fantôme. Alors l'anarchie sera dans l'empire, et l'impuissance aux frontières. Ce mot de frontière réveille l'idée d'ennemi. Nous n'avons parlé que des vices de l'administration dans la paix. Supposez la guerre; supposez une de ces complications de malheurs qui ébranlent les états, et rendent leur ruine imminente. Demanderez-vous à une femme, que sa constitution rend faible, timide et maladive, ce corps robuste que ne peuvent dompter les fatigues, les privations, les intempéries; cette âme énergique qui conserve au sein de l'adversité la réflexion et l'espérance; ces exemples de dévouement, toutes choses nécessaires pour faire un héros et qui par lui électrisent des hommes abattus par l'épuisement et la peur, qu'il ranime en les imprégnant de son âme?

Nous trouvons dans les poëtes des femmes guerrières, mais nous savons qu'ils vivent de fictions. Homère, le plus près de la nature, ne donne point des émules du sexe féminin au fort Ajax, au magnanime Hector, à l'intrépide Diomède, à son Achille fougueux et terrible comme le lion. Vénus, et même la chasseresse Diane, qu'il fait combattre sur le champ de bataille, se retirent maltraitées et fort repentantes de leur folle entreprise. L'Arioste et le Tasse en ont agi différemment, non par l'impression des faits, mais par celle de la galanterie féodale; contre leur intention même, mais par la force de la vérité, ils ont rendu la belle et gracieuse Angélique, la tendre Herminie plus intéressantes que Marphise et Clorinde.

Montesquieu (liv. VII, ch. XVII) tolère, approuve même le gouvernement des femmes. Voici ses motifs :
« Il est contre la raison et la nature que les femmes « soient maîtresses dans la maison, comme cela était « établi chez les Égyptiens; mais il ne l'est pas qu'elles « gouvernent un empire. Dans le premier cas, l'état de « faiblesse où elles sont ne leur permet pas la préémi-« nence ; dans le second, leur faiblesse même leur « donne plus de modération : ce qui peut faire un bon « gouvernement plutôt que les vertus dures et féroces. »

Avec tout le respect dû à ce grand écrivain, je ferai quelques observations sur ce raisonnement. Ne semble-t-il point que les mêmes qualités, la raison et la fermeté, sont nécessaires pour gouverner une maison et un empire ? l'économie, l'ordre, la prospérité seront les conséquences de ces moteurs dans l'un et dans l'autre cas. Quelle différence pouvait donc faire Montesquieu entre une maison et un empire, pour vouloir un principe d'action différent pour chacun ? S'il admet que le gouvernement de la maison par une femme était insensé, nous pouvons, en nous appuyant de son jugement, croire que celui d'un empire, qui exige plus de force et de sagesse, serait encore bien plus déraisonnablement confié à une femme. Les fautes d'un souverain sur le trône ont des conséquences si étendues que la plus grande sagesse humaine paraît insuffisante pour cette place. Est-ce donc par mépris pour l'espèce humaine, par un caprice d'enfants, par dérision des dieux que les législateurs placeront sur le trône une femme nécessairement faible au physique et au moral? Pourquoi Montesquieu, pour déprécier ici l'homme, présente-t-il ses vertus comme dures et féroces? Ces épithètes ne sont-elles pas incompatibles avec l'idée de vertu? La modération n'est-elle pas un des éléments de *la vertu*? *La faiblesse* sera bien plus susceptible de manquer de modération, en laissant les passions prédominer sur un caractère inerte. Enfin, nous pourrions opposer ici à Montesquieu plusieurs autres passages de son ouvrage, où il montre les femmes asservies irrésistiblement au climat pour les sens, à la coquetterie pour les goûts. Est-ce donc avec les variations qui doivent naître en elles de ces impressions, qu'il peut concevoir la volonté forte, la sagesse et la constance dans les plans nécessaires au chef d'un état? Les exemples des règnes malheureux des femmes, pris de l'histoire générale, justifieraient encore mieux notre opinion, mais ils seraient superflus après des principes évidents.

Ce n'est en nous aucun sentiment de mésestime pour les femmes qui a conduit notre plume. C'est au contraire la juste appréciation de leurs grâces, de leurs charmes, de leurs vertus. Elles sont nées pour subjuguer en obéissant, et non pour commander de prime abord ; pour adoucir tous les ennuis, toutes les peines du pouvoir et non pour l'exercer sur l'homme. Leur voix est trop douce, leur geste trop moelleux, leur attitude trop gracieuse pour que le commandement ait en elles cette énergie qui entraîne invinciblement à l'obéissance. Quelques écrivains ont expié par des respects

CHAPITRE V. 135

l'irrémissible tort d'ignorer l'amour; mais celui qui les a beaucoup aimées ne connaît pas la nécessité de les flatter en les plaçant dans une position brillante, mais fausse. Il prend pour elles ses hommages dans son cœur, et croit que cette part est douce et suffisante. Il placera dans leurs mains une guirlande de roses, une lyre, des pinceaux, la quenouille laborieuse, et jamais le sceptre pesant. Ainsi le veulent l'amour, la nature, la fierté de l'homme et la voix de l'histoire.

Le glaive est nécessaire pour défendre un état entouré de voisins dangereux. Alors la profession des guerriers, comme la plus utile, sera la plus honorée, et le trône sera soutenu par des lances : ainsi furent tous les états de l'Asie dont nous venons d'examiner le gouvernement. Mais si nous voyons un pays qui, par sa position entre des mers, des déserts, des montagnes, soit, pour ainsi dire, isolé dans l'univers, nous jugerons dès lors que la sécurité dont il jouit y doit rendre la profession des armes peu importante, et par suite peu récompensée en honneurs et en puissance. Ses habitants, dans le calme de la paix, tourneront leur esprit vers la contemplation des choses célestes. Les hommes qui, par leur ministère, placés entre la terre et le ciel, se montrent sans cesse les médiateurs de l'homme et de la divinité, occuperont alors plus que les guerriers oisifs l'attention du peuple, et captiveront ses respects et sa reconnaissance. Ainsi, dans cet état les prêtres seront les premiers dans l'opinion, et comment par suite ne le seraient-ils point de fait? En vain même un prince étranger à l'ordre des prêtres serait sur le trône dans ce pays. Entraîné par l'exemple général, subjugué par des rites et des dogmes prescrits, enlacé d'une foule de liens légers, et par leur réunion tout-puissants, qu'auront habilement arrangés les premiers hiérophantes qui façonnèrent la nation, le prince sera le premier sujet du sacerdoce. Voilà l'Égypte et son gouvernement.

Si les prêtres n'étaient occupés que des grands intérêts et des douces pratiques de leur mission, comment contester à ceux qui seraient la sagesse vivante le pouvoir alors dans leurs mains si régulier, si modéré, si fécond en tous genres de biens? Comment refuser à ceux qui ouvriraient les portes de l'autre monde l'administration de celui-ci? Mais c'est le malheur de l'homme qu'une trop grande puissance enivre le dépositaire. Dès lors les passions remplacent dans son sein la vertu; pour conserver ce pouvoir, dont il abuse au profit de son orgueil et de ses sens, il emploie tous les moyens hors la vertu, qui lui imposerait des sacrifices qu'il ne peut plus goûter. L'état se soutient encore comme ces vieux bâtiments, dont les bois vermoulus et les murs ruinés, liés par leur ensemble, se tiennent debout. Mais la forte secousse d'une tempête renverse l'édifice miné par un vice interne. Voilà encore l'Égypte et son histoire.

Montrons les moyens des prêtres et leurs conséquences.

Les premiers législateurs égyptiens durent être de cet

ordre. Je le pense en voyant que les prêtres se trouvaient les dépositaires de toutes les sciences qu'avaient apportées sur les bords du Nil les conducteurs de la colonie abyssinienne, comme nous l'avons exposé au premier chapitre. L'égoïsme, cet aveuglement de l'homme, qui devient aussi celui d'une caste, leur fit garder pour eux seuls ces notions précieuses. La nation fut dès lors divisée en deux grandes classes, les prêtres, héritiers d'Hermès, recevant dans les temples une nouvelle vie par l'initiation aux saines idées, et la foule grossière plongée dans le bourbier de l'ignorance et de la superstition. Les prêtres avaient par cette supériorité un moyen certain de puissance. Mais pour que cet égoïsme eût des effets permanents, il fallait supposer que l'Égypte serait toujours une oasis inabordable. Dans le cas contraire n'offrait-on pas un peuple abruti, stupide, à une lutte dangereuse avec un peuple éclairé?

Leur système de domination est bien à découvert dans les moyens qu'ils emploient pour s'assurer de la personne et de l'esprit du roi. Des fils de prêtres, après avoir reçu l'éducation la plus soignée, étaient placés à l'âge de vingt ans auprès du monarque, et seuls pouvaient l'entourer et le servir jour et nuit. L'unité d'intérêt de ses suivants et leur habileté garantissaient bien au sacerdoce que le prince ne pourrait pas lui échapper, c'est-à-dire songer à des innovations, à rehausser quelque autre classe, à des entreprises guerrières. Il ne pouvait rien voir, rien penser, rien faire, que par ces prêtres courtisans. L'emploi de toutes ses heures était fixé. A son lever, dit-on, il s'occupait des dépêches reçues, et puis le bain, le sacrifice, l'audition d'un sermon du grand prêtre et de quelques passages des livres sacrés, absorbaient sa matinée. « Ce n'était pas seulement dans les « affaires d'état que le roi devait se soumettre aux lois : il « était si peu maître de lui-même, qu'il ne pouvait prendre « l'air, ni coucher dans le lit nuptial, ni se baigner, ni « faire la chose du monde la plus indifférente que dans « les temps indiqués par la loi. Il ne lui était pas libre « de choisir ce qu'il voulait manger. Sa table n'était gar-« nie que des mets les plus simples, ordinairement de « veau ou d'oie ; la quantité de vin qu'il prenait à chaque « repas était réglée. » On voit ainsi que le palais ressemblait à un monastère, où tout se fait d'après des règles précises. Quel temps restait-il donc au prince pour les affaires? Il paraît dans les mains des prêtres comme un fantôme au nom duquel ils règnent. Le gouvernement de l'Égypte fut ainsi de fait une aristocratie théocratique.

Les prêtres dominèrent par l'ignorance du peuple ; mais, pour plus de sûreté, ils voulurent dominer encore par sa faiblesse physique. Le régime alimentaire des enfants, prescrit sans doute par les prêtres ainsi que toutes les institutions, devait en faire des corps débiles et comme des plantes étiolées. Les parents ne les nourrissaient que de bouillons faits avec des choses communes, de tiges de papyrus rôties sous la cendre et de racines qui croissaient dans les marécages. Il ne paraît pas que les exercices gymnastiques fussent un devoir des adultes. Vous devons le croire par le silence des historiens ; d'ailleurs, selon l'affirmation de Diodore de Sicile, l'interdiction formelle de la lutte en Égypte, à cause du danger de cet exercice, doit faire penser encore qu'ils ne pratiquaient pas non plus les autres exercices qui peuvent aussi avoir leurs dangers, ou tout au moins leurs fatigues. Cette dernière considération que nous présentons devait être écoutée dans un pays où l'homme était devenu la ménagère de la maison, et par conséquent était descendu aux habitudes molles de la femme. Si les prêtres avaient fait ce dernier trait des mœurs, c'était la perfection pour commander une nation timide et rampante.

L'interdiction du commerce et de la navigation, l'horreur inspirée pour les étrangers, la fixation éternelle des arts et métiers pour les familles, sont dictées dans le même sens. Les prêtres législateurs, ayant concentré le pouvoir dans leurs castes, voulurent par toutes les institutions fixer ce système d'une manière immuable. Voilà l'esprit de toutes leurs lois; elles convergent toutes à ce grand but.

Mais l'égoïsme de caste, contraire à l'intérêt général, est le plus souvent victime des maux qui résultent de la lésion de cet intérêt général. Les prêtres, aveuglés par leur vanité, avaient oublié qu'en dégradant la nation ils mettaient en péril son indépendance politique, et par suite leur propre existence, non-seulement comme souverains, mais comme Égyptiens, comme hommes. La faiblesse physique et morale du peuple était le garant de leur pouvoir. L'immobilité, caractère de toutes les institutions du Nil, assurait l'éternité du règne de l'encensoir. Oui, tant que les étrangers ignoreraient les routes qui menaient en Égypte. Ils les connurent, et l'Égypte fut autant de fois soumise qu'attaquée. Les Éthiopiens, les pasteurs arabes la subjuguent pour des temps plus ou moins longs. Une poignée de soldats cariens, jetés par la tempête dans le delta, suffit pour assurer à Psamméthichus la victoire contre ses onze compétiteurs unis. Jusqu'alors les Égyptiens, par l'ascendant de leur constance, avaient conservé leurs institutions sous les conquérants; peut-être même avaient-ils subjugué leurs vainqueurs, comme firent depuis les Chinois, avec qui ils ont tant de rapports, par la puissance de leur union, de leur dévouement à leur code, de quelques notions des sciences, brillants éclairs dans la nuit générale; mais vint de l'Orient une nation plus inflexible, qui voulut à la fois vaincre la nation, ses dieux et ses législateurs. Que pouvait-il rester alors de l'ouvrage des prêtres devant les mages intolérants par mépris, et sous le sabre inexorable des guerriers de l'Euphrate? Leur bœuf Apis fut tué par Cambyse, et le génie du Nil sembla succomber avec lui. Tout fut fini pour l'ancienne race abyssinienne, et jusqu'à nos jours les étrangers ont seuls possédé en maîtres cette ancienne Égypte que les prêtres avaient cru façonner comme leur domaine éternel. Leur orgueilleux et aveugle égoïsme perdit la nation, et avec elle ils devaient tomber dans le même abîme.

Moyse, en homme de génie, imita, en la perfectionnant, la théocratie égyptienne.

CHAPITRE V. 141

La domination des prêtres était menacée en Égypte par le roi, qui, malgré le réseau dont ils l'enveloppaient, pouvait s'échapper de leurs mains, se livrer à des entreprises guerrières et donner ensuite la prééminence à ses compagnons d'armes. Sésostris montra la possibilité de cette émancipation. La nation retomba dans les entraves sacerdotales après lui; mais l'exemple de Sésostris était dangereux pour les prêtres. Ainsi, dans l'esprit du système, l'existence du roi était un vice. Le chef dans un état théocratique doit être le grand prêtre, autrement l'accord manque dans les mouvements de la machine, il y a deux centres. Moyse supprima donc ce personnage couronné, inutile et dangereux dans une théocratie.

Son génie éclate surtout dans les moyens qu'il emploie pour déposer et fixer le pouvoir dans les mains des lévites. Plaçons-nous dans le camp israélite, entre le passé orageux et l'avenir obscur, et voyons par quels moyens humains il tend à perpétuer le pouvoir confié par la mission divine aux lévites.

La dîme de tous les biens leur est dévolue; de plus la meilleure part des victimes : l'autre est pour Dieu et le sacrifiant. Dans un gouvernement militaire les fruits de l'état semblent avec justice le lot des guerriers, car ceux-ci exposent sans cesse leur vie pour la défense ou la gloire de la patrie, et font ainsi plus pour la société que les autres classes; mais les lévites ne s'exposaient point aux chances funestes des combats. Aussi est-ce par des moyens habiles que Moyse remplace pour eux les droits naturels des guerriers.

La trompette, organe du commandement, ne pouvait être sonnée dans le camp que par les enfants d'Aaron. (*Nombres*, chap. x.) Les guerriers étaient ainsi immédiatement sous leurs ordres. Tout mouvement sans la volonté des prêtres eût été une sédition.

Les lévites, rendus riches et prédominants par les règlements de Moyse, devaient ainsi avoir, plus qu'aucune tribu, un intérêt évident à conserver son œuvre. Aussi Moyse les dissémine dans toute l'étendue d'Israël pour former comme les liens du tout. Il les sépare (*Deut.*, chap. x) du reste d'Israël. «Lévi n'est point «entré en partage de tout ce que ses frères possèdent, «parce que le Seigneur lui-même est son partage» (verset 9), c'est-à-dire l'autel et tous ses droits. Des villes, exclusivement propriété de Lévi, et de là dites *Lévitiques*, étaient désignées çà et là. Ces villes étaient comme les forteresses du sacerdoce. La voix de Moyse devait ainsi par les lévites se faire entendre au même instant sur tout le pays d'Israël.

Comme nouveau moyen de puissance pour les lévites, Moyse les fait inspecteurs de la santé publique, et ils pouvaient rejeter de la société ceux atteints ou soupçonnés de lèpre. Quelle soumission, fondée sur la crainte, ce droit devait entraîner! (*Lévitique*, chapitre XIII.)

Les prêtres sont institués encore juges de l'adultère (*Nombres*, chap. v); Moyse leur soumet les femmes par cette épreuve de l'eau de jalousie. Les prêtres exerçaient ainsi, par la crainte de cet examen, une grande influence sur les femmes.

Voilà donc les prêtres riches, tout-puissants, juges de la santé et de la morale publique. Le législateur était en tout cela d'accord avec le principe fondamental de la législation. Dans une nation gouvernée au nom de Dieu, tout devait se faire par ses ministres. Les prêtres, en aucun lieu, n'ont cumulé autant de pouvoir que chez les Hébreux. Ainsi le voulaient les règlements de Moyse. Mais le mépris inspiré pour la personne du prêtre pouvait rendre l'obéissance incertaine. Le comble de l'art n'était-il point de joindre en eux à tous les avantages de rang, de fortune, de science, les dons physiques qui par les yeux captivent l'imagination, qui semblent rendre la prééminence sociale comme un droit naturel, qui sont comme les indices d'une âme également favorisée du Créateur? Moyse voulait ainsi, par la puissance réelle que donne un corps plein de beauté et de force, faciliter dans les prêtres l'effet de celle qu'il leur donnait par ses lois. Dans cette pensée, fruit d'une conception profonde, Moyse exclut des fonctions du sacerdoce les lévites atteints de défectuosités physiques. Les prêtres, choisis par Dieu, ne devaient point porter sur eux comme des signes de sa réprobation, dont la vue eût atténué l'action de leur ministère. En cela il donne une leçon à tous les pontifes à venir. Les chefs des états modernes ont eu seuls depuis une sollicitude semblable pour leurs soldats. Il ne se borne point à vouloir le corps dans toute sa perfection, il le veut aussi dans toute sa force. Il fixe ainsi (*Nombres*, chap. VIII, vers. 24 et 25) le temps de l'exercice du prêtre de vingt-cinq à cinquante ans. Il les borne après cette dernière limite à des fonctions auxiliaires.

Le grand prêtre était dans son système le souverain, le représentant de Dieu. Combien doit être grande la sollicitude du législateur pour concentrer sur le premier personnage des respects pleins de ferveur et de dévouement! Il faut surtout faire révérer l'ordre entier dans son chef. Ces hommages obtenus par le chef se réfléchiront au dernier lévite. Aussi Moyse s'occupe plus spécialement encore du grand prêtre. Il savait que le costume exerce une puissance positive : il donne au grand prêtre un vêtement riche et éclatant. (*Exode*, chapitre XXIX.) Il entre même à ce sujet dans les détails les plus minutieux, tant il le sentait important.

Moyse imprime encore sur le grand prêtre par une cérémonie solennelle un caractère sacré. La Genèse rapporte que Jacob, après la vision de l'échelle merveilleuse, prit la pierre qu'il avait sous sa tête durant son sommeil, l'érigea comme un monument et répandit de l'huile dessus. Il dressa de même un monument lorsque Dieu lui apparut la seconde fois à Béthel et y répandit de l'huile. Ces pierres étaient ainsi reconnaissables parmi toutes les autres, et les Israélites pouvaient venir, sans se tromper, prier et sacrifier constamment à cet autel. Par analogie Moyse fait aussi distinguer le grand prêtre des autres lévites. Par analogie on fit ensuite de même pour les rois. Malgré ces précautions, Moyse prévoit (*Deutéronome*, chap. xvii) la décadence de la théocratie. Il faut convenir qu'après tant de moyens de consolidation du pouvoir dans la main des prêtres, cette prévision est plus qu'humaine. Mais il tend encore à conserver, dans cette usurpation de la force militaire, la plus importante prérogative à la prêtrise; il réserve le choix du roi au Seigneur (chap. xvii, v. 15), et comme le Seigneur ne manifestait sa volonté que par l'organe du grand prêtre, c'est donc ce dernier qui choisit le roi, et le consacre par l'huile sainte. La souveraineté restait encore entière dans les mains du sacerdoce.

Le régime sacerdotal me paraîtrait le chef-d'œuvre des gouvernements, si la même main tenait l'encensoir et l'épée. La caste privilégiée enseignant la religion, la morale, les lois, et protégeant la nation, aurait un droit légitime à tous les avantages, et nulle autre caste n'aurait la pensée ni le pouvoir de l'en déposséder; mais les prêtres s'isolant des combats, les guerriers doivent finir, d'après le sentiment de leur force et de leurs services, d'abord par vouloir partager ces avantages, et puis par se les approprier exclusivement. La force des choses l'emporta en Israël. Le gouvernement sacerdotal disparut par sa faiblesse. Le régime sacerdotal ne peut se maintenir que par la paix. L'Égypte, isolée du monde par la mer et des sables, put vivre longtemps sous la domination des prêtres; mais les tribus des Hébreux, entourées d'ennemis implacables, et les recélant même au milieu d'elles, devaient enfin se lasser des impuissantes exhortations de la théocratie. Ils souffrirent quatre cents ans les tourments de l'anarchie et de la servitude sous leurs juges. Les Hébreux étaient alors sous une monarchie élective : rien n'indique comment les Hébreux choisissaient leur juge. Nous trouvons même une femme, Débora, parmi les juges d'Israël. Les femmes étant exclues de la prêtrise par Moyse, la principale fonction de Débora était, comme l'exprime formellement la Bible, de rendre la justice. La forme du gouvernement était donc devenue plus judiciaire que théocratique. Ni l'une ni l'autre de ces formes n'était propice pour la force ; ce vice et le défaut de fixité dans la dynastie et par suite dans tout firent pendant quatre cents ans la faiblesse d'Israël. Les tribus des Hébreux étaient comme sont de nos jours les tribus du désert qui guerroyent, s'accroissent, s'affaiblissent et présentent sans cesse cet état intermédiaire entre la civilisation et la barbarie. Malgré les précautions multipliées de Moyse, malgré la peinture effrayante que fait Samuel du danger des prérogatives royales, Israël, fatigué de ses troubles intestins et de ses défaites par l'étranger, veut pour chef un homme intrépide qui, pour le salut de tous, oppose sa poitrine à l'ennemi et aux bandits de l'intérieur. Les victoires de Saül sur Moab, Ammon, Edom, les Philistins, sanctionnèrent son élévation. Dès l'élection du fils de Cis le sacerdoce ne fut plus que secondaire, et l'état changea de constitution.

Saül concentra les Hébreux, et dès lors ils furent affranchis du joug ennemi, et leur attitude fut plus imposante. Concentrés de même autour de David, et dirigés avec plus d'habileté, ils parcourent une longue carrière de victoires. La fin des troubles intestins, par l'élan général que donne à la nation un chef habile, est pour tous les peuples une époque marquée par les succès les plus brillants. Tous ces éléments de force et de gloire, qui dans l'anarchie se choquaient et s'annulaient réciproquement, dirigés à l'extérieur d'une manière régulière, ne trouvent point d'obstacle qui puisse leur résister. Ces trois périodes se présentent successives dans l'histoire d'un peuple. L'anarchie produit des âmes ardentes et guerrières, un pouvoir central et juste les met en œuvre; il devient despotique, et le vaste édifice de la prospérité publique croule miné par la base. Telle fut la destinée des Hébreux après Salomon.

Mais malgré ses succès, ce gouvernement des rois hébreux, semblable par le manque d'une constitution sage à celui des autres monarques asiatiques, offre les mêmes caractères de faiblesse. La réussite de la conspiration d'Absalon contre David prouve la vanité de ce droit du plus fort qu'invoquaient exclusivement les rois d'Orient. Le rebelle puissant semblait régner justement par le même droit que son prédécesseur. Le reproche devait cesser par le triomphe. Ainsi un pacte solennel tend à faire la sûreté d'un roi, la sagesse d'un peuple et le bonheur de tous.

Jusqu'à présent, dans l'Asie, nous avons vu la tyrannie ou revêtue des forces brutes de la terre écraser les hommes sous son joug, ou les stupéfier par des pratiques superstitieuses. Le spectateur, plein d'horreur et de dégoût, est près de détourner ses regards de cette malheureuse région, lorsque vers les côtes occidentales il découvre enfin des peuples dans une attitude plus fière.

Les historiens disent que les Phrygiens, ayant envoyé consulter un oracle pour savoir comment ils mettraient fin aux divisions qui désolaient leur pays, en reçurent pour réponse que le gouvernement monarchique était le seul remède à leurs maux. Ils profitèrent du conseil et placèrent Gordius sur le trône. Ainsi donc un régime aristocratique aurait existé en Phrygie avant l'avénement au trône du premier Gordius. Ce fait est éminemment remarquable. En effet, Gordius régna environ deux siècles avant la prise de Troie. Alors tous les états de la Grèce étaient sous le régime monarchique. Le fabuleux Janus régnait en Italie; la Palestine obéissait à ses juges à vie. Ainsi les Phrygiens n'avaient pu prendre en aucun lieu le modèle du gouvernement de plusieurs. C'est le destin de l'Asie d'être l'origine de tout et de laisser aux autres régions le perfectionnement de toutes ses institutions et de ses sciences ébauchées.

L'aspect de la Lycie produit précisément encore la même réflexion. Les anciens écrivains assignent à ce pays vingt-trois villes considérables, dont chacune envoyait ses députés à une assemblée générale : les plus grandes trois, de moindres villes deux, et les plus petites un seul. Dans cette assemblée, toutes les matières importantes étaient examinées et décidées à la pluralité

CHAPITRE V. 149

des voix. Après avoir élu un président de l'assemblée, on choisissait les officiers de chaque ville, tant pour le civil que pour le militaire. Ensuite on réglait toutes les affaires, celles qui concernaient les particuliers et celles qui pouvaient avoir rapport à la paix ou à la guerre. Ils gardèrent cette forme de gouvernement jusque sous les Romains, suivant Strabon. Cette déposition de Strabon mérite la plus grande attention. Voilà sous le rapport des affaires extérieures une fédération que semblent avoir imitée les cantons suisses, les provinces bataves, les États-Unis de l'Amérique; voilà sous le rapport de l'administration intérieure ce gouvernement représentatif dont l'Europe s'enorgueillit comme l'une de ses plus belles inventions. C'est donc à tort que Montesquieu dit, en parlant du régime politique des Anglais, « ce beau sys- « tème de gouvernement a été trouvé dans les bois. » Nous modifions, nous perfectionnons des choses dont l'origine est bien ancienne, et nous croyons nos essais des nouveautés. Les Lyciens étaient Crétois d'origine, et il était digne de ce peuple fier et spirituel de trouver cette belle forme de gouvernement. Parmi les obligations nombreuses que le genre humain doit aux Grecs, celle-ci est certes, par ses vastes résultats, une des plus importantes.

Le despote, qui s'arroge le droit de vie et de mort sur ses sujets, se croit bien plus justement encore maître de leur fortune. Comment donc ceux-ci iraient-ils s'exposer à sa rapacité, en augmentant leurs richesses par le commerce? Ainsi le despotisme étouffe le commerce comme tout. S'il fleurit en Asie dans quelques petits états monarchiques, c'est que les rois furent forcés là par leur intérêt, ou par le caractère de leurs sujets, à se relâcher des principes du despotisme. Tyr et Sidon offrent l'alliance d'un palais et d'une rade pleine d'hommes riches, actifs et fiers. Le monarque craignait de trop étendre la verge sur des hommes que le commerce et la navigation avaient rendus riches et hardis, et qui pouvaient si facilement avec les ailes de leurs vaisseaux fuir sa tyrannie. Pygmalion voulut être despote, et sa sœur trouva de nombreux mécontents qui la suivirent loin de Tyr.

Sur toute la côte de Phénicie, dans les petits royaumes de Sidon, de Tyr, d'Aradus, de Béryte, le commerce modifia donc dans le gouvernement le sombre et terrible génie de l'Asie. Par suite de cette influence heureuse, l'histoire laisse entrevoir quelques institutions tutélaires unies dans ces états au gouvernement absolu. Ce vil roi de Sidon, ce misérable Tennes, qui livra son pays à la rage d'Ochus, ne forme qu'une exception horrible, mais passagère. La trahison d'un roi est de tous les crimes le pire, puisqu'il a les suites les plus désastreuses et que le prince doit l'exemple de dévouement à la chose publique. Le récit de l'atrocité de ce monstre se trouve mêlé dans l'histoire à des détails qui annoncent des institutions heureuses dans les villes phéniciennes. Il sortit, nous dit-on, de sa capitale avec un corps de cinq cents hommes, auxquels il avait joint une centaine des principaux citoyens, sous prétexte *de les faire créer sénateurs*. Nous voyons qu'à Tyr plusieurs sénateurs attachèrent leur fortune à celle d'Élise. Ainsi un conseil auguste et puissant devait modérer dans ces états les penchants fougueux du despotisme, et de cet équilibre résultait une monarchie modérée, comme celles d'Europe. D'autres faits encore prouvent invinciblement que la Phénicie échappa à l'influence fatale de l'air de l'Asie. Les Sidoniens, à l'approche d'Ochus, brûlèrent leur flotte, afin de ne laisser à tous qu'un péril égal et la nécessité d'une défense insurmontable. Trahis par leur roi et Mentor, le chef des auxiliaires, ils se renfermèrent dans leurs maisons avec leurs femmes et leurs enfants et les livrèrent aux flammes. Quarante mille malheureux s'ensevelirent ainsi sous les cendres de leur cité. Tyr fut en vain assiégé pendant cinq ans par Salmanazar. Le maître de l'Orient, le puissant Nébucadnezzar, se consuma en efforts redoublés pendant treize ans, et alors les Tyriens se retirèrent dans une île voisine, et l'ennemi ne trouva que des bâtiments déserts, sur lesquels il déchargea sa colère. La nouvelle Tyr insulaire arrêta Alexandre, et la cruauté du Macédonien prouve sa crainte. Les satellites d'un despote ne défendent point ainsi son palais. L'homme ne déploie cette énergie que pour une patrie, et la patrie n'existe que par des lois sages et fortes. Ainsi donc la justice régna sur cette côte favorisée de la Phénicie. La richesse et l'indépendance, fruits du commerce, le voisinage fortifiant des montagnes, l'audace qu'inspire la mer, furent les causes prospères qui élevèrent les Phéniciens au-dessus de la tourbe des Orientaux.

Grâce à ces peuples du Liban, nous pouvons finir sur ce triste sujet des gouvernements asiatiques avec des impressions consolantes. Fatigué de la dégoûtante et commune abjection du despote et des esclaves dans les immenses régions de l'est, notre esprit s'épure et se repose au milieu de ces Phéniciens qui surent être des hommes.

CHAPITRE VI.

LOIS.

Nous allons parler des lois, et déjà nous avons disserté sur le gouvernement de l'Asie; mais dans l'ordre des chapitres nous avons malheureusement déféré aux faits. Les anciens peuples de l'Asie, hors les Hébreux, n'offrent dès l'abord qu'un maître et la foule prosternée à ses pieds. Le législateur ou l'assemblée patriarcale qui fit les premières lois fondamentales a disparu dans le lointain et est à jamais perdu pour nous ; son ouvrage effacé ou altéré par le despotisme doit être également ignoré de nous. Il ne nous reste donc que les derniers résultats produits par la faiblesse native de l'espèce en Asie, et par l'influence fatale de cette terre, c'est-à-dire un despote et la foule abrutie. Voilà ce qui frappe d'abord les yeux. Ainsi le gouvernement était ce que nous devions d'abord analyser. Ce n'est ensuite que par un examen attentif que l'on peut découvrir, dans ces états soumis à un sceptre despotique, quelques apparences de lois, vestiges des premières volontés de la nation, de la sagesse et de l'indépendance civile de ses premiers pères, ou données par quelques princes qui avaient conservé une lueur de raison. Mais ces débris nous sont encore précieux comme appartenant à cet ensemble de causes qui avaient primitivement façonné la nation, et comme servant à expliquer le peuple actuel et sa différence d'avec les autres peuples.

Dieu a partagé sur ce globe la création intelligente en deux classes, l'homme et les animaux. Les degrés d'intelligence, de sensibilité ne sont point les traits les plus saillants de la différence : elle existe surtout dans la flexibilité de l'organisation. Les animaux, soumis à un instinct invariable, sont partout les mêmes d'un pôle à l'autre. Le climat, la situation sur les montagnes, sur le bord des mers, dans les plaines fécondes, au sein immense des déserts de sable ou dans les neiges du pôle, et toutes les différences de nourriture, de gîte, qui résultent de ces grandes causes premières, rien ne change leur nature. L'Éternel jeta pour chaque espèce le premier individu et toute sa race dans un moule inaltérable ; mais toutes ces causes diverses semblent faire des peuplades humaines autant de races particulières. Si nous observons encore la variété des impressions morales qui en dérivent et qui diversifient d'une manière si tranchée les tribus, les nations, nous serons pleins d'un profond étonnement de cette prodigieuse diversité.

L'homme, ainsi modifié, est devenu dans chaque région une émanation de toutes les puissances présentes de la nature. Son corps, son âme ont été mis, par les altérations du type primitif, en harmonie avec toutes les causes physiques qui l'entouraient. Reconnaître quels étaient dans sa position ses vrais goûts, ses vrais besoins, et faciliter leur jouissance à l'exclusion des goûts, des besoins différents et qui semblent là d'un autre climat, d'une autre race, tel fut le grand objet de quelques législateurs. Ainsi sous ce point de vue les lois ne sont que l'expression de l'influence sur l'homme de toutes les causes physiques. C'est la route tracée par une main savante où le peuple, d'accord avec son ciel, ses paysages, doit trouver les plus doux biens qu'il peut goûter : la suivre est le devoir, s'en écarter est le crime.

D'autres législateurs, s'élevant à de plus vastes conceptions, considérant l'homme comme un être cosmopolite, et toutes les vertus comme des fruits indigènes de tous les climats, ont jeté leur nation dans un moule universel, au mépris de l'influence particulière de toutes les causes locales. Ceux-là tendraient par la puissance des institutions à rapprocher toutes les races, à les concentrer en une famille, tandis que les premiers les isolent, et contribuent par leur empreinte particulière à effacer les traits de parenté des peuplades humaines, traces de la commune origine.

Nous ne jugerons point encore ici quel est le système le plus avantageux. Notre objet était de montrer les causes de cette variété infinie des lois que nous offre l'histoire des peuples.

Au premier abord les esprits inattentifs confondent les lois et le gouvernement, comme étant une même chose. C'est ne voir qu'un tout dans le char et le conducteur. Le gouvernement est, dans le système social, l'agent chargé de l'exécution des lois. Il arrive trop souvent que cet agent, s'il est abandonné à lui-même, sans surveillants revêtus d'un pouvoir suffisant, tend à substituer ses volontés aux lois ; on voit ainsi que les lois sont d'autant plus sacrées que l'agent est en lui-même moins puissant. Si donc l'agent concentre dans ses mains une force extrême, les lois alors ne sont rien. Ainsi les mots de despote et de loi s'excluent mutuellement.

D'après cela nous ne devons point nous étonner du silence des historiens sur les lois des anciens peuples de l'Asie soumis à un régime despotique. Ce silence n'est point un oubli, mais la preuve de la nullité du fait. Déjà le chapitre précédent avait dû ôter à tout lecteur attentif l'idée de s'enquérir des lois de ces peuples. Les lois, qui par des formes fixes et tutélaires assurent aux citoyens leur fortune, leur réputation, leur vie, eussent été dans les états despotiques une lésion du droit universel du maître. Les rois de l'Orient, après s'être déifiés, se croyaient sans doute tout pouvoir sur les choses humaines. Quel sentiment de devoir, quelle crainte eût pu les empêcher de donner leurs caprices pour lois? Les officiers nommés par le despote pour le représenter au loin étaient, par le charme magique de sa parole, revêtus de la même sagesse, de la même puissance, et la même obéissance passive leur était due. Ainsi le dernier préposé régissait son hameau comme l'empereur son palais, et le chef absolu et capricieux offrait ainsi partout sa face hideuse.

On peut dans un coup d'œil général diviser dans nos sociétés modernes les lois en cinq grandes classes.

L'homme, la propriété, la discorde entre les citoyens ; le prince, considéré d'abord comme le gardien de l'état, et puis comme le juge des torts des citoyens entre eux et envers la chose publique : voilà les objets qui nécessitent chacun un vaste ensemble de lois.

Voyons dans les anciennes sociétés de l'Asie les choses semblables.

1° Les lois civiles existaient-elles ? n'étaient-ce point des coutumes qui réglaient l'état des individus plutôt que des lois écrites ? Là où l'homme était si peu de chose, le chef pouvait-il beaucoup s'inquiéter de fixer l'état et les rapports de ces animalcules ? Le pâtre ne laisse-t-il pas ses bêtes aller çà et là, s'accoupler, s'abriter à l'aventure ?

2° Les lois sur la propriété devaient surtout s'occuper des droits presque universels qu'avait le prince sur les biens de ses sujets. Le sultan absorbe en Turquie une partie de la succession, dans certains cas la masse entière, et pour les vivants les cas de confiscation sont nombreux. Par une foule de raisons la Turquie nous représente l'ancienne Asie.

Les auteurs originaux nous donnent souvent une étrange idée de la police des anciens ; nous ne pouvons concilier l'état sauvage des habitants des grands empires avec les vastes travaux qui annoncent l'ordre. Le fait sur Babylone est remarquable. Lors de la construction du pont par Nitocris, on retirait les pièces de bois qui avaient servi à la communication pendant le jour, *de crainte que les habitants ne passassent de l'un et de l'autre côté du fleuve pour se voler réciproquement.* Les habitants des deux rives de l'Euphrate étaient donc comme deux tribus ennemies de Bédouins, il n'existait donc point de lois contre le vol, le gouvernement n'avait donc aucun moyen de coërcion?

Nous trouvons de même le vol autorisé par les rois d'Égypte, et sanctionné chez les Perses par l'exemple des grands, par l'impuissance et l'indifférence du chef ou des tribunaux pour le réprimer. Les commensaux de Xercès dans sa marche vers la Grèce se conduisent envers leurs hôtes, Thraces et Macédoniens, comme des brigands; ils ne se bornent pas à jouir du vaste festin amassé à grands frais, mais encore ils pillent la vaisselle et les meubles et *emportent tout sans rien laisser* (Hérodote, liv. VII). Les Scythes n'auraient pu faire pire. Quel exemple contagieux pour le peuple!

Les lois commerciales des grands empires despotiques d'Assyrie, de Médie, de Perse devaient être plus brèves, plus incertaines encore que les lois civiles. Les exactions des satrapes, ce que dans la Turquie on nomme *avanies* ou le droit de l'avidité, de l'injustice, de la violence du pacha, étaient vraisemblablement les choses les plus fixes. Nous devons peu regretter la perte des dispositions bizarres ou sans cesse violées qui réglaient le commerce dans ces états despotiques; mais chez un peuple industrieux comme les Phéniciens, la bonté des lois dut être une des causes de la prospérité publique. Elles durent être nombreuses pour régler toutes les choses de la propriété chez un peuple fabricant, commerçant et navigateur. Nous devons ainsi déplorer qu'aucun auteur ne nous les ait conservées.

Nous voyons qu'ils fondèrent de nombreuses colonies; d'une autre part leur navigation devait consommer beaucoup d'hommes. La faible population indigène de l'étroit espace compris entre le Liban et la mer eût-elle pu suffire à alimenter ces deux grands débouchés ? Non ; ils durent suivre, pour avoir sans cesse dans leur population ce trop plein nécessaire, le même système qu'ont suivi de nos jours les Anglais pour peupler l'Amérique septentrionale, d'accueillir comme citoyens tous les étrangers industrieux. Nous ignorons entièrement la forme de la loi civile qui réglait cette adoption, mais nous devons, par les raisons énoncées et par l'exemple des peuples anciens suivants, croire à son existence. Athènes, pour réparer les pertes de la guerre, adoptait ses esclaves ; Rome fit de même après la journée de Cannes.

3° Les subtilités de la jurisprudence devaient être inconnues alors. La forme du gouvernement étant militaire, les employés ne devaient point se livrer à une étude abstraite des principes de la justice. La promptitude dans les jugements était la forme qui devait leur plaire le plus. Elle était d'accord avec le sentiment de leur force, qui les assurait de leur infaillibilité; avec la paresse naturelle à l'homme du Midi, et avec le mépris que dans ces états a toujours le supérieur pour ses clients. D'ailleurs, par la nature du gouvernement, qui rendait les biens si précaires, les discussions sur les choses de propriété devaient être simples. On devait craindre d'attirer sur soi les regards toujours funestes des chefs. En Turquie, le cadi juge, sur la déposition des parties, en un instant. On nous dit bien que dans l'empire perse des corps de magistrats rendaient la justice, mais tout porte à penser que le ministre de la province, de la ville, du village, jugeait souvent sur la simple exposition, comme le cadi. Tout appel était inutile, ou même dangereux pour le condamné.

Ainsi bien des raisons nous empêchent de croire à un code fixe chez les Orientaux; mais eût-il même existé, l'action du despotisme sur le caractère et les mœurs devait le rendre nul. Comment obtenir des juges qu'ils perdissent une partie de leur vie à les étudier, lorsque après ce noviciat le caprice d'un supérieur pouvait leur ravir leur science par la mort? La terreur devait ôter à tous l'idée de l'avenir; d'ailleurs dans le profond mépris que les gouvernants avaient pour les hommes, les arrêts quelconques d'un juge devaient être bons.

Sans code, du moins un examen approfondi eût pu apporter de la justice dans les décisions; mais cet examen eût été aux dépens de la sensualité du moment, et elle était le seul prix de l'existence. Qu'importe le désespoir de l'innocent condamné? c'est un chien qui souffre, s'en va, et rien de plus.

Le despotisme emploie partout son ressort, la terreur, même pour le bien. Ainsi l'effrayante sévérité de Cambyse envers un juge inique prouve la nature du gou-

CHAPITRE VI.

vernement persan : ce gouvernement imprime son caractère odieux à tout, même à ses actes de justice.

4° Les lois financières et militaires qui assuraient la richesse et la force de l'état étaient fort simples. Elles se réduisaient à ces paroles, le fond de tous les discours des despotes : « Dans mon empire, tous les biens, tous « les hommes sont à moi. » On ne connaissait point cette science moderne par laquelle tous les citoyens d'un état fournissent à ses besoins d'une manière proportionnée. Le fisc était, comme tout, arbitraire. Telle ville, telle province était condamnée à payer tant de choses en nature, en argent. Ainsi trois villes furent données par Artaxerce Longue-Main à Thémistocle pour ses divers besoins spécifiés. Platon dit qu'un ambassadeur en Perse mit tout un jour à traverser un pays qui s'appelait *la ceinture de la reine*, et encore un autre jour avant que de gagner les limites d'un autre pays nommé *la coiffure de la reine*. Il paraît que Darius-Hystaspes le premier introduisit l'usage des taxes, ce qui lui valut, de la part des Perses, le surnom de *marchand*. Sous le règne de Cyrus et de Cambyse, le peuple ne payait que ce qu'il voulait pour l'entretien du roi et de son armée. Ces faits certains expliquent le passé obscur. Cyrus et Cambyse, qui succédaient sur le trône d'Asie aux monarques assyriens, babyloniens, mèdes, n'eussent point sans doute laissé rétrograder la science sociale. La théorie sur les impôts devait être fort vague et bornée chez tous. Les impôts arbitraires, les tributs des vaincus, les pillages de la guerre alimentaient au hasard le trésor. Je dirai en réflexion générale que les Perses établis sur le sol des Assyriens et des Mèdes, mêlés avec les vaincus, durent, dans leur simplicité grossière, se modeler presque en tout sur ces peuples brillants, et qu'ainsi les institutions connues des Perses nous sont un indice, nous représentent même les institutions ignorées des peuples antécédents.

Les historiens nous entretiennent des prodigieuses armées de Ninus, de Sémiramis. Nous voyons dans leurs tableaux l'étonnement qu'ils ressentaient de ces masses mouvantes à la voix des premiers potentats connus de l'Asie. Il fallait que dès l'origine de ces empires les lois sur le recrutement fussent terribles, pour jeter toute la population adulte dans les camps. Ce n'est pas un des moindres traits de la barbarie de cette époque. Si nous voulons, pour abréger toute discussion, nier l'exactitude de leurs documents, nous sommes du moins forcés d'admettre comme vraies les assertions d'Hérodote et des auteurs de la même époque, sur l'armée que Xercès souleva contre la Grèce. Les combattants, les marins, les gens du bagage formaient la masse épouvantable de cinq millions d'hommes. L'empire n'était qu'un camp. Le code militaire découlait de ce fait : il se réduisait à un seul article qui faisait, sous peine de mort, tous les sujets soldats. Dans l'Orient, toutes les guerres étaient nationales, et tous les hommes valides devaient ainsi marcher à la voix du prince. La mort des trois fils d'Ébabus est un trait caractéristique de l'inflexibilité de cette loi militaire chez les Perses. Cependant Darius-Hystaspes avait de nobles qualités. Quelle devait donc être sous ce rapport la condition des sujets sous les mauvais princes? Xercès nous fournit un exemple effrayant. Pithius avait défrayé son armée et offert d'immenses trésors au roi. En échange il reçoit la promesse d'obtenir la grâce qu'il solliciterait : le vieillard se borne à demander qu'on lui laisse l'aîné de ses cinq fils pour lui fermer les yeux. Xercès, transporté de colère, ordonna que le corps de ce fils fût coupé en deux pièces, qu'on mît une de ces pièces à la droite du chemin et l'autre à la gauche, pour que l'armée passât entre deux. Cette sévérité explique les nuées de soldats des monarques d'Asie.

Mais ces masses rassemblées par la peur, sans lien fédéral consenti volontairement, sans sentiments patriotiques, ne présentaient qu'une force factice, qu'une apparence mensongère. Nous avons vu les désastres de Sémiramis dans son expédition de l'Inde avec des millions d'hommes, ceux de Darius dans son invasion en Scythie; les malheurs de Xercès dans la guerre médique sont encore plus remarquables : il entre en Grèce entraînant à sa suite ou chassant devant lui comme des bêtes de somme les Thraces, les Macédoniens du golfe thermaïque. Avec cette masse il entraîne encore les Thessaliens, les Thébains, les insulaires d'Andros, de Ténos, de Caristos. C'est bien l'ineptie d'un barbare et d'un despote qui s'imagine que les coups de fouet font les soldats, que tous ces étrangers ralliés autour de lui par la violence, par la peur, par l'attrait du pillage ou par des haines particulières pour les peuples menacés, se dévoueront dans le malheur pour sa personne sacrée. Comment pouvait-il se confier à des hommes qu'il flétrissait du nom d'esclaves et qu'il méprisait comme tels, puisqu'ils supportaient ce nom? Un revers dissipait ces armées formées d'éléments si hétérogènes. Les rois de l'Orient ne semblent jamais avoir soupçonné que l'homme eût une âme. Ils le traitent sans cesse comme une bête de somme qui doit obéir passivement au joug et suivre sans examen son conducteur.

Diodore dit que les soldats égyptiens qui lâchaient le pied dans le combat n'étaient punis que par l'infamie, parce que le législateur aurait voulu les porter à leur devoir plutôt par l'aiguillon de l'honneur que par la crainte des châtiments. Ce moyen d'excitation est le plus noble et le plus sûr : il est celui des nations européennes; mais en Égypte pouvait-il exister? Comment pouvait se former, sans la communication rapide des actions et des idées, l'opinion publique qui flétrit le lâche? Nous devons croire un rêve ce récit de Diodore, puisque les Égyptiens, excepté sous leur fabuleux Sésostris, furent toujours vaincus.

Le vice radical du système de recrutement explique les incroyables défaites de ces masses par des poignées de Grecs. Ainsi Mardonius est vaincu sur les bords de l'Asope. Il ne fallait à cette armée que vouloir pour faire du camp pris, même après sa première défaite, le tombeau des Grecs. Mais toutes les causes de désorganisation étaient dans cette multitude, et dans l'atonie de l'âme la défense est un effort dont l'homme est incapable.

Les auxiliaires ne sont le plus souvent que comme des cohortes de parade et non de combat. Il y a plus encore : dans le danger elles paralysent les nationaux par la méfiance qu'elles inspirent, ou leur nuisent grièvement par la trahison en tournant contre eux leurs armes et profitant des positions avantageuses où elles ont été placées. Que servirent aux Perses dans le combat de Mycale ces Samiens, ces Ioniens dont ils avaient grossi leur armée? Ils furent contraints de désarmer les premiers, d'éloigner les seconds[1]. Ces précautions, qui devaient décourager l'armée perse, furent encore inutiles, puisque, sur la fin du combat, les Samiens, *qui se trouvaient dans le camp des Perses*, et les Ioniens attaquèrent les Orientaux. Les Milésiens, chargés de garder les chemins du mont Mycale, au sommet duquel les Perses vaincus cherchaient un refuge, conduisirent les fuyards vers les Grecs, et même *s'acharnèrent plus que les autres à les tuer*.

Les monarques perses eussent été bien plus puissants en concentrant toute l'action militaire dans les mains des Perses, et en ne regardant les autres peuples de l'empire, même les plus affectionnés, que comme des auxiliaires qu'on ne devait admettre dans les armées qu'en petit nombre, jusqu'à ce que le temps eût amené une fusion totale et identité de sentiments entre les

---

[1] Hérodote, livre VII, § 98.

vainqueurs et les vaincus. Les Perses auraient eu ainsi longtemps dans l'empire l'aristocratie du courage et de l'habileté, et celle-là eût été inébranlable. Il y a une condition tacite entre le général et les mercenaires étrangers, c'est la victoire : un revers détruit tous les liens.

Montesquieu a dit qu'un prince qui combat en ralliant à lui les forces de ses ennemis vaincus marche à la conquête du monde. Les faits historiques prouvent que ce dire n'est qu'un paradoxe. Carthage soudoya des armées immenses et Carthage succomba. La Rome des consuls fut invincible en combattant avec les seuls Romains ; la Rome des empereurs, grossissant ses armées des hordes barbares, fut anéantie. Quel poids n'ajouteront pas encore à cette réfutation les souvenirs des trahisons à Leipsick et à Hanau !

Pour la liberté du monde, il est heureux que Montesquieu n'ait avancé qu'une erreur ; autrement la conquête de l'univers ne serait qu'une opération mécanique : le conquérant ne devrait avoir d'autre souci que d'empêcher l'alliance des peuples menacés. En les attaquant isolément avec des forces supérieures en nombre, sa marche serait celle de l'avalanche qui se grossit sans cesse d'une nouvelle neige sur le plan incliné qu'elle parcourt. Mais la perfidie des auxiliaires est le premier obstacle au succès d'une invasion universelle : de là la confusion ou la paralysie des masses par la peur ; le second est dans l'énergie que l'exaltation morale donne à une poignée d'hommes. Ce calcul des forces morales, qui produisent souvent des effets prodigieux, échappe toujours à un despote par la difficulté d'en saisir, d'en comprendre les éléments, et par la répugnance que lui donne son orgueil d'admettre des principes si contraires à son système, à sa pensée unique, l'obéissance passive de la foule des humains devant son omnipotence.

En temps de paix le mode de service militaire était différent. Diodore de Sicile dit que Ninias levait tous les ans une armée nouvelle en soldats et officiers, et congédiait celle de l'année précédente. La garde de la capitale et des provinces lui était confiée. Le temps ainsi manquait aux ambitieux pour former des projets et gagner les soldats. Cette politique était bonne pour la sûreté du prince, mais vicieuse pour celle de l'état : c'était n'offrir à l'ennemi pour remparts que des lignes de recrues. Tous les successeurs de Ninias suivirent, dit-on, ce système, et cependant leur durée fut de mille deux cents ans environ jusqu'à Sardanapale. Cette durée et cette faiblesse sont une des cent choses contradictoires que nous offre l'histoire d'Assyrie.

Nous ne trouvons point dans aucun de ces états de l'aurore, en temps de paix, une milice régulière et assez nombreuse pour faire seule la guerre. Les seuls corps, évidemment toujours subsistants, sont les gardes du roi de Perse. Cette nécessité, dans une entreprise, de rendre toute la nation belligérante, prouve l'infériorité de leur civilisation comparativement aux états modernes et même à l'Égypte contemporaine. C'est le système des barbares de marcher en masse à la guerre ; ils le peuvent puisque chez eux il n'y a ni profession savante, ni état fixe. Le prince qui entraîne ainsi toute la population dans les camps, hors des frontières, tend donc à ramener une nation civilisée à la barbarie.

5° Les formes multipliées dans les états libres pour l'arrestation, le jugement, l'exécution d'un homme, prouvent la considération que le législateur avait pour la liberté, la vie d'un citoyen. Mais là où l'homme n'est qu'un esclave, moins enfin qu'une brute, son maître voudra-t-il s'enlacer dans des formes compliquées pour prononcer sur le sort de cet atome? voudra-t-il soumettre son caprice et sa violence, qui demandent la mort du prévenu, à l'examen de juges intègres, à l'inflexible équité de la loi? Non; les lois pénales ne furent ainsi dans l'Orient que l'explosion subite de la colère du maître, des satrapes et des derniers commis envers les gouvernés. Nous ne voyons point qu'un monarque d'Orient livre un prévenu aux tribunaux : il prononce la sentence, qui est exécutée sans délai.

La passion était juge; les furies étaient bourreaux; tout était d'accord. Soit la peur toujours cruelle, soit la vivacité méridionale qui jette dans les extrêmes, soit le mépris permanent des hommes, les supplices commandés par les monarques d'Orient, et par suite par leurs subdélégués, sont terribles; les coupables ou, pour parler plus exactement, les condamnés sont étouffés dans des cendres, ou crucifiés. Les empoisonneurs étaient écrasés entre deux pierres. Les Phéniciens écrasaient les condamnés sous une claie. Le supplice des auges, qui paraît, dans les annales persanes, réservé aux criminels d'état ou aux victimes spéciales des princes, semble avoir été apporté de l'enfer. Dans ces régions où régnaient les sens et les passions, on ne paraît pas avoir connu cet être moral, la justice, qui prononce avec impassibilité sur le sort d'un coupable, qui assiste à sa mort, nécessaire au repos public, avec une gravité solennelle, et qui rend son exécution prompte pour épargner au mourant des tourments inutiles à la société, et publique pour servir de leçon aux pervers.

Chez les Assyriens et les Perses, où le despotisme fougueux et stupide ne connaissait ni les ménagements, ni l'intérêt de l'état, on ne punissait que par la mort. Les Égyptiens, plus réfléchis, avaient senti que la perfection des lois pénales, c'est de prévenir les crimes par la crainte du châtiment ostensiblement infligé, et, ce qui est un nouveau degré d'habileté, d'utiliser le pervers; ils employaient, selon Diodore, les convaincus de crimes à l'exploitation des mines d'or situées au sud de l'Égypte : c'est une combinaison ingénieuse et patriotique de faire produire au méchant des effets utiles. Il en est une autre plus imprégnée de sagesse et de bonté, c'est de recréer par le travail et la propriété la santé physique et morale chez ces êtres gangrenés qui sont le fléau des états par des délits constatés. La colonisation purge une métropole de ces éléments de corruption, mais ce système est tout moderne. Les anciens n'ont pas eu pour but direct de leurs institutions le perfectionnement moral de l'homme.

A la sévérité dont étaient empreintes les lois chez ces peuples antiques se joint encore une circonstance nouvelle qui les rendait plus terribles. L'irrévocabilité était le caractère des lois chez les Mèdes et les Perses. Le roi même qui en avait fait une ne pouvait l'anéantir. Cela était parfaitement dans l'esprit du despotisme. Dans les lieux où la raison est quelque chose, les circonstances déterminent la formation des lois. Si elles changent, les lois, qui ne doivent être autre chose que l'expression des avantages publics, selon les circonstances, doivent changer aussi. Pourquoi se forger de ses propres mains des chaînes? Voilà pour les états gouvernés par des hommes. Mais le despote était un dieu, pouvait-il se tromper? sa volonté était toute la loi. La changer eût été un aveu dangereux de son erreur; c'eût été descendre à la condition de l'espèce humaine, susceptible d'illusions et de fautes. La changer eût paru dans la Divinité un doute de son pouvoir sur les choses terrestres. Ainsi l'irrévocabilité, malgré son absurdité ou son horreur, devait être le caractère auguste des décisions du prince. Voici l'expédient pour accorder l'homme bizarre et changeant avec le prince infaillible et irrévocable. On créait une nouvelle loi qui neutralisait la précédente. Ainsi les Juifs dévoués à un massacre général par Assuérus furent sauvés par un nouveau décret qui leur permettait de se défendre. Ainsi Artaxerce Longue-Main ordonna un jour que les turbans de quelques hommes condamnés à mort fussent abattus au lieu de leurs têtes ; dans une autre occasion, que les habits de quelques malfaiteurs fussent fouettés au lieu de leurs personnes.

Ces derniers faits, cités par Plutarque, prouvent deux choses : la première, comme nous l'avons dit, que le despote était partout jusque dans la personne de simples juges, puisqu'Artaxerce ne peut casser leur arrêt ; la seconde, que les monarques asiatiques ne connaissaient point, ne s'étaient point réservé le droit de grâce qui, dans notre Europe, semble dans son exercice faire du prince un ange du ciel, un dieu qui vient une seconde fois donner la vie.

Un examen approfondi de l'esprit du despotisme nous a offert l'explication du principe général de l'irrévocabilité des lois qui, au premier instant, semble contraire à l'omnipotence du despote. Mais aucune raison ne se présente pour expliquer la loi qui ne permettait pas au roi de Perse de refuser les grâces qu'on lui demanderait le jour anniversaire de celui de sa naissance. Hérodote nous raconte cette disposition fondamentale, à l'occasion de la demande faite à Xercès, par Amestris sa femme, de lui livrer, pour la supplicier à son gré, la femme de Masistès, frère du roi par son père et sa mère. L'horreur de ce fait n'est point une prévention pour douter de l'existence de la loi. Une telle atrocité était dans les mœurs de ces cannibales ; mais les conséquences politiques d'une autre demande pouvaient être si extraordinaires, que nous ne pouvons croire qu'une loi aussi stupide ait existé. Le roi pouvait-il accorder la dissolution de l'empire par l'anarchie, livrer son armée à l'ennemi, se rendre au vœu exprimé de sa propre mort? Ou Hérodote (liv. IX, § 110) s'est trompé, ou les Perses étaient un peuple de fous.

La puissance extrême et immuable du climat tint lieu, dans quelques états asiatiques, d'institutions politiques. Ainsi les Arabes du désert sont condamnés à être par tribus distantes, et aux premiers degrés de civilisation des peuples pasteurs. Le cheik d'une tribu ne peut concevoir le projet d'asservir une autre tribu pour l'agglomérer à la sienne. Comment pourrait-il les faire vivre sur un sol sitôt épuisé? L'hospitalité envers le faible, le pillage du riche, la sobriété forcée, l'ignorance et le système patriarcal, voilà les lois et les mœurs qu'ils tiennent du ciel et de la terre, et pour toujours. Mahomet réunit plusieurs tribus; mais dans l'Hédjaz, portion fertile de l'Arabie. Dans le vrai désert la chose eût été physiquement impossible; l'élan hors de l'Arabie était la conséquence inévitable de l'agglomération des tribus. Ainsi les Arabes du désert seront toujours demi-barbares, ils seront aussi toujours libres. Le ciel brûlant, l'aridité du sol, la large ceinture de sables qui environne la péninsule arabique du côté du continent, voilà leurs gardiens éternels. Les Arabes seront à la dernière génération ce qu'ils sont aujourd'hui, ce qu'ils étaient au temps de Jacob.

Les Tartares, quoique nomades, ont été assujettis parce qu'ils n'ont point les causes d'indépendance des Arabes; leur sol est plus riche en herbes, ils peuvent ainsi élever plus de troupeaux, être eux-mêmes plus nombreux, et le bras d'un tyran peut ainsi concentrer autour de lui assez de satellites pour maîtriser plusieurs tribus.

Mais l'influence absolue du climat, cette idée favorite de Montesquieu, n'est vraie que dans les cas extrêmes de l'Arabie et de la Laponie, par exemple. Dans toutes les autres, les institutions sages peuvent être prépondérantes sur le climat.

Les faibles notions de l'histoire sur les lois des Assyriens, des Mèdes, des Perses, des Syriens, des peuples anciens de l'Asie mineure, ne nous ont permis que des observations générales, que nous venons de classer dans cinq divisions. Deux autres peuples asiatiques se présentent avec un code développé; ils tranchent ainsi avec les précédents, et, pour trait encore saillant de différence, nous ferons observer qu'ils étaient soumis à un régime politique dissemblable, la théocratie, lorsque les autres ne connaissaient que le despotisme militaire. Les lois identifiées avec les rites se sont gravées plus profondément dans la mémoire de ces peuples. Les historiens, toujours observateurs de la religion, n'ont pu nous la transmettre qu'avec la législation : ainsi le grand nom de la Divinité a conservé l'ouvrage périssable de l'homme.

Les formes des gouvernements asiatiques furent généralement très-simples, comme nous venons de le voir dans le chapitre précédent; les lois ne présentent point le même caractère. Nous rechercherons non leurs détails, mais, dans l'examen de leur ensemble, les pensées principales du législateur.

Le voyageur qui descend des cataractes de Sienne voit devant lui une immense vallée où se perd le regard, et qui ne donne que peu d'idées, absorbées toutes dans l'idée de l'infini. Le Nil traverse ces plaines nues, et son cours silencieux, sa direction uniforme donnent à l'âme des pensées graves et solennelles. Le soleil parcourt tous les jours dans son cours resplendissant l'immense voûte des cieux, sans que des nuages bizarrement configurés, teints de diverses couleurs, voilent ses feux et diversifient les objets par les modifications apportées dans leurs couleurs et leurs ombres. La monotonie de la terre s'accorde avec le calme du ciel. Le palmier presque seul s'élève, et son bouquet de grandes et symétriques feuilles se détache sur le fond de sable de l'horizon. La fixité, la simplicité d'action fut même imprimée dans cette région aux vents, partout ailleurs vagabonds et capricieux. Deux seulement se partagent les airs, et, par une régularité frappante, d'accord avec tout l'ensemble des phénomènes précités, pendant près de six mois tour à tour suivent ou remontent le cours du Nil. Voyez devant ce tableau le conducteur de la colonie abyssinienne, qui débouche dans ce pays inconnu, s'arrêter pour recevoir dans son âme toutes les impressions de cette nature grande et simple, immuable. Il s'identifie avec elle ; toutes les institutions qu'il médite éclosent sous son influence puissante. Sondons le législateur à ce moment solennel, où une grande nation est en germe dans sa pensée. L'action forte et bienfaisante de la Divinité sur l'Égypte fit éclore ou fortifia dans l'âme du législateur l'idée d'une théocratie ; le grandiose et la simplicité des formes du sol et de l'aspect du ciel l'amenèrent à donner par analogie les mêmes caractères au code de ses lois, pour mettre le peuple égyptien en harmonie avec son paysage ; enfin la périodicité éternelle des mêmes phénomènes physiques lui fit concevoir également l'éternité pour les monuments et les mœurs de son peuple.

L'astronomie paraît avoir été l'étude première des colons venus d'Axum. La contemplation habituelle des cieux produit et enracine profondément dans l'âme l'idée de la Divinité. Faire des possesseurs de cette sublime science des astres les guides des hommes sur cette terre dut être une détermination inspirée encore au chef par l'élévation des savants et la bassesse de la foule ignorante. Il dut par suite prendre toutes les précautions possibles pour assurer dans l'avenir la prédominance des prêtres sur la multitude.

La loi qui permettait la polygamie à tous les Égyptiens, et qui n'accordait aux prêtres qu'une seule femme, n'est pas un des moindres traits de leur habileté. Ils avaient reconnu les inconvénients de la polygamie, les discordes intestines, l'épuisement hâtif de l'époux, le défaut d'éducation des enfants. Par cette loi ils s'assuraient tous les biens contraires, à l'exclusion des autres tribus, et c'était ainsi un moyen de plus de supériorité réelle et de domination.

La richesse, qui d'abord assure la satisfaction des premiers besoins, et puis donne l'indépendance morale et l'influence sociale, la richesse dut être un des moyens départis par le législateur aux prêtres, pour assurer leur prépondérance. Nous trouvons la trace formelle de cette disposition du législateur égyptien dans Moyse. Il dit (*Genèse*, chap. XLVII) : « Depuis ce temps-là jusqu'au- « jourd'hui les Égyptiens ont payé au roi dans toute « l'Égypte la cinquième partie du revenu des terres, ex- « cepté la terre des prêtres, qui a été affranchie de cette « sujétion. » Nous voyons dans ce chapitre que Joseph nourrit aussi les prêtres égyptiens gratuitement durant la famine. Ce récit n'est que l'expression de la loi antérieure à Joseph.

L'idée de l'immortalité de l'âme dut être nécessairement le grand ressort d'un gouvernement théocratique. Elle paraît avoir été aussi fortement imprimée dans la tête des Égyptiens. Cette résurrection ou le retour de l'âme dans le corps au bout de trois mille ans fit ainsi attacher la plus grande importance à la conservation de la dépouille mortelle : c'était se ménager une seconde vie. Cet amour de soi que l'homme vivant étend jusqu'à son cadavre, cette idée qu'il ne pourrait jouir d'un autre avenir qu'en gardant unis les éléments de son corps, devenait, par une institution sublime, un frein pour les rois : leur mémoire était soumise après leur mort au tribunal du peuple. Les honneurs de la sépulture, dans le lieu consacré aux princes, leur étaient accordés ou refusés selon sa décision. Les mauvais rois, que partout l'impunité encourage aux attentats, n'échappaient point là tout entiers à la vengeance publique par une tranquille mort; leurs derniers moments étaient troublés par leur sollicitude pour leur corps. Ainsi la crainte de la punition infligée au cadavre portait l'homme vivant à aller dans la route du bien.

Est-ce l'impression de cette grande idée de l'immortalité de l'âme qui fit regarder au législateur comme impie de priver de la vie l'être qui est doué de ce principe divin? est-ce une inspiration de la conscience qui lui dit que la mort donnée de sang-froid à un homme dans un tribunal était un attentat à la Divinité, dont on détruisait ainsi le plus bel ouvrage? Quel que soit le motif de sa décision elle est sublime : il est certain que Sabaco abolit la peine de mort pour toute faute, et qu'il condamna le coupable, selon le degré de la culpabilité, à un temps proportionnel pour les travaux publics. Cette manière d'utiliser les coupables était bien la meilleure pour épurer leur âme par le repentir et pour leur faire expier le tort qu'ils avaient fait à la société.

Ainsi la priorité dans la question solennelle de l'abolition de la peine de mort, pour laquelle tant de publicistes se prononcent affirmativement, est due évidemment au monarque éthiopien conquérant de l'Égypte.

Voilà spécialement pour l'établissement et le maintien de la théocratie : elle fut le produit de l'influence des cieux. Les institutions suivantes furent inspirées par la terre.

La fixité des états dans les familles était en rapport de similitude avec le retour annuel des mêmes plantes sur le même sol, des mêmes faits de la crue et du décroissement du Nil. Le législateur ne voulut en tout qu'un peu de bien, et proscrivit le mieux comme incertain et dangereux : c'était déshériter la nation de tous les germes que l'avenir pouvait faire éclore. Cette idée, base de la loi, qu'on ferait mieux ce qu'on était forcé, destiné à faire, est une absurdité. Le dégoût est attaché à la contrainte. Il faut que toutes les carrières soient ouvertes au génie pour qu'il s'élance dans celle où il est appelé par la nature. Les institutions du législateur semblaient condamner les Égyptiens à l'impassibilité de leurs momies, leurs maisons à la paix des tombeaux. Il semblait qu'en présence de leurs pyramides le calme du sépulcre eût passé dans leur âme.

Nous devons nous occuper actuellement de l'examen des lois qui avaient pour objet principal la *durée*.

Pour prévenir dans le peuple l'introduction d'idées nouvelles qui pussent mettre les esprits en fermentation, le législateur lui défendit le commerce et la navigation. Le législateur fut en cela conséquent avec les premiers principes de la législation, la fixité des états, le respect absolu pour les institutions primitives, l'éducation des enfants. Les Égyptiens ne pouvaient aimer la mer, qui exige des connaissances variées qui n'étaient point dans les livres d'Hermès, un corps robuste que ne pouvaient leur donner leur mode de nourriture et l'inertie de leur enfance, et qui enfin par la puissance du danger pouvait forcer à appeler sur le vaisseau des étrangers exercés, ou un habile matelot au timon du capitaine. Tout cela était contraire aux lois fondamentales. Le législateur parut craindre tellement toute excitation qu'il proscrivit l'éloquence des tribunaux. Point d'avocats qui pussent échauffer les juges et l'auditoire. La véhémence du plaideur fut même enchaînée : il devait se réduire à exposer dans un écrit d'une manière simple et fidèle le différend qui l'amenait devant le tribunal.

Plusieurs règlements de police concouraient, en maintenant l'ordre et la paix, à cette grande fin, la durée. Celui qui contraignait chaque Égyptien à donner par écrit au gouverneur de la province son nom et l'exposé de ses moyens d'existence, empêchait la fainéantise et la friponnerie. La peine était la mort pour une fausse déclaration. Nous ferons observer que cette loi n'était que d'une sagesse locale, qu'elle était purement égyptienne. Elle ne pouvait convenir que chez un peuple où la fortune n'était que dans la propriété foncière ou dans un métier. Les filous ne pourraient-ils pas dans les états modernes présenter comme moyens d'existence des portefeuilles fictifs ?

Mais des disparates choquantes sont dans le code égyptien. La loi précédente semblait ne vouloir qu'un travail honnête pour moyen de vivre, et voilà qu'une loi contraire autorise le vol. Une association de voleurs dans une ville avait le droit du vol sous l'inspection d'un chef. Lorsqu'un objet avait été volé le propriétaire venait le réclamer. Le chef des filous le faisait rendre en gardant pour sa troupe le quart de la valeur. C'était, dit-on, pour rendre les citoyens plus surveillants, et pour conserver au propriétaire la plus grande partie de l'objet dérobé. Anquetil, dans son Précis de l'histoire universelle des auteurs anglais, s'extasie sur cette loi, bizarre conception! La méfiance n'est-elle point un sentiment pénible qui rapetisse l'âme? Pourquoi priver les citoyens d'être tranquilles et les forcer à se garder eux-mêmes? Pourquoi l'œil vigilant et la main prompte et tutélaire de la police ne leur conservaient-elles pas leurs effets tout entiers au lieu de les laisser diminuer d'un quart de leur valeur, ce qui, dans le cas de la répétition de l'escroquerie, pouvait les réduire à rien?

Une autre disparate plus odieuse encore était la proscription des gardiens de pourceaux. Ils étaient privés de l'entrée des temples. Aucun homme des autres castes n'aurait voulu contracter des alliances avec eux. Au reste, je ne comprends pas l'existence de ces parias de l'Égypte : pourquoi des pourceaux en Égypte, si leur chair y était généralement déclarée impure et proscrite?

Ainsi les Égyptiens dans leurs lois, et, comme nous le verrons aussi bientôt, dans leur religion et dans leurs sciences, présentent un mélange bizarre de raison et d'ignorance. L'ensemble de l'histoire égyptienne rappelle l'image du chaos, où se mêlaient la lumière et les ténèbres. Il semble que le législateur égyptien, supérieur à sa nation et à son ouvrage, ne laissa échapper que quelques pensées grandes et justes; qu'il ne voulut composer son peuple que d'éléments très-simples, pour assurer son éternité, sachant que plus les corps sont composés, plus ils sont menacés de dissolution. Il ne donna pas à son peuple tout le bonheur dont l'espèce humaine est susceptible, mais il voulut rendre le degré qu'il avait fixé éternel pour toutes les générations, en consacrant pour première loi fondamentale l'immutabilité de toutes les lois. Par cette permanence, l'histoire d'une génération était celle de toutes les générations passées et futures. Ce système, comme nous l'avons dit, eût pu être sûr et louable, si l'Égypte eût été seule ou isolée du monde; mais son peuple, amoindri et demi-éclairé, devint dans la guerre la proie des conquérants partis de touts les points de l'horizon, n'eut dans la paix qu'une existence monotone et triste, et fut ainsi la victime du faux calcul ou de l'égoïsme de caste de son législateur.

Une nation ancienne oppose souvent aux projets d'un législateur une résistance opiniâtre. Toute la puissance des préjugés, des habitudes sucés avec le lait, celle des souvenirs paternels, des intérêts présents, sont réunies contre la sienne; j'ajouterai encore comme opposée la puissance du sol. Cette nation vieillie semble identifiée à son berceau et ne pas pouvoir plus que lui changer. Ainsi les améliorations dans ces circonstances ne peuvent être que lentes, partielles. Ici, entraînés par un sujet si intéressant, nous parcourons d'un long regard l'espace qui sépare les premiers temps et les temps modernes. D'autres peuples nous offrent des transformations à la suite de révolutions sanglantes. Plaignons ces peuples de ce que le sort leur fasse acheter une réforme à si grand prix, et ne parlons point de ces bouleversements comme moyens de l'ordre. Examinons seulement les effets de la sagesse soit dans un législateur, soit dans une assemblée revêtue de l'auguste fonction législative. Le législateur semble placé entre la terre et le ciel pour recueillir les conseils des dieux et les transmettre aux nations que le vice et l'ineptie ont entraînées dans l'abîme du malheur. Cette fonction sublime a tellement paru supérieure aux forces de l'humanité, que partout les sages qui l'ont exercée ont cru nécessaire, autant par une modestie habile que pour assurer le succès de leur œuvre, de se présenter comme inspirés immédiatement par la Divinité. Cette réflexion porte entière sur les temps primitifs. Ce moyen du merveilleux, si puissant chez des peuples sauvages ou naissants, exciterait la risée d'un peuple éclairé. Que faut-il donc à ces peuples spirituels et corrompus pour les régénérer? De vastes entreprises agricoles et l'ordre, comme nous voyons aux États-Unis. Là les débauchés, les scélérats de l'Europe deviennent, au milieu des forêts et des savannes, de bons époux, de bons pères, de bons citoyens. L'influence des travaux et des bonnes lois sur les hommes les plus viciés éclate plus manifestement encore à Botany-Bay. Cependant malgré ce vaste exemple, et les mœurs estimables des Anglo-Américains, il faut convenir que la sagesse sans l'appui de la Divinité paraît sèche et aride. Sans elle le monde est désenchanté et l'homme est orphelin. Ces vieilles nations européennes, entre les points extrêmes de la barbarie et de la civilisation future du genre humain, semblent avoir fait disparaître Dieu et la vertu dans les ressorts de leurs gouvernements. Leurs fugitifs, cherchant une patrie, ont dû apporter d'abord au nouveau monde la sécheresse de l'âme. Le merveilleux devait être sans puissance chez des flibustiers.

D'un autre côté, comment un homme doué d'une haute sagesse, qu'il voudrait infuser dans son ouvrage, pourrait-il être entendu de sauvages stupides? Ne faut-il point que les hommes qui l'écoutent soient pour le comprendre déjà pourvus d'abondantes idées sur les droits et les devoirs de l'homme en société? Supposons un grand vaisseau privé de ses chefs, et jeté sur la côte d'une île déserte; l'équipage serait alors, pour former une association et obéir par conviction à un législateur, dans une position convenable.

Mais les trois classes que nous venons de présenter, les Européens gangrenés cherchant de nouveaux cieux et de nouvelles lois, les sauvages et les malheureux transplantés par la tempête sur un rivage étranger, n'offrent que des éléments imparfaits pour l'œuvre d'une société. Quelles seront donc les circonstances les plus favorables à un législateur?

Qu'un peuple lassé de ses vices et des malheurs qui en sont les effets, remette ses destins entre les mains d'un sage, on sent que par le dégoût du passé et les belles couleurs dont l'espérance pare l'avenir, il sera doublement porté à l'obéissance. Voilà Sparte et Lycurgue. Cette position était heureuse; aussi Lycurgue réussit. Il put user du magique moyen du merveilleux, et la Pythie aida son génie; pour nouveau moyen, il disparut en emportant le serment de ses compatriotes. Pour en assurer le succès il s'ensevelit dans son ouvrage.

Qu'un autre peuple qui ne connaît que les champs de bataille sente le besoin des lois et des dieux, un homme sage et pieux sera alors facilement écouté, et ses farouches compagnons croiront sans peine que les doux biens qu'il leur procure lui sont conseillés par une nymphe douce et aimable. Voilà Rome et Numa.

Mais ces deux peuples restent aux mêmes lieux, en présence de tous les souvenirs qui doivent rendre dans un grand nombre d'individus l'obéissance incertaine, difficile.

Mais supposez des hommes nés sur un vieux sol, et ainsi pleins de toutes les idées sociales, néanmoins dans un degré peu avancé de civilisation qui laisse au ciel toute sa puissance sur leur esprit; supposez-les froissés par le malheur, chassés des champs paternels, épars et sans liens, jetant aux limites de l'horizon, où est la terre abhorrée de la servitude, des regards pleins de haine et d'abandon; le ciel et le sol nouveaux qui les reçoivent semblent leur inspirer de reconnaître de nouvelles institutions. Voyez-les se presser, entraînés par la reconnaissance et l'admiration autour du chef habile qui les arracha au malheur et à la mort! Tout cet ensemble ne présente-t-il pas les circonstances les plus favorables pour établir une législation tout entière nouvelle, pour former un peuple comme une molle argile dans les mains du statuaire, pour attacher à jamais toute la race à l'œuvre du génie par les puissants souvenirs du malheur, de la gratitude et de la prospérité? Voilà les Israélites et Moyse. La durée de son œuvre s'explique par cet ensemble unique dans l'histoire des circonstances les plus favorables. Son peuple, ainsi identifié avec sa législation comme avec une nature nouvelle, renaît pendant trente-trois siècles sous la flamme et le fer, comme ces végétaux vigoureux, enfants d'un sol fécond.

Hors la Genèse, produit immédiat de la révélation, tout est pêle-mêle dans le Pentateuque, la généalogie, l'histoire, les rites, les miracles et les lois. Ce désordre nous paraît une raison de croire au Pentateuque comme étant pour la plus grande partie l'œuvre de Moyse. Tout marche avec les événements, semble inspiré par la circonstance actuelle. On y voit l'embarras d'un chef pressé par le malheur, la rébellion de ses tribus, et qui parle en législateur, en général, en pontife selon le besoin. Chaque chapitre semble le fruit d'un jour et avoir été loin de sa pensée la veille. Si le Pentateuque eût été en entier rédigé postérieurement, comme on l'a prétendu, il est vraisemblable qu'alors il eût eu un ordre méthodique qui décélerait les longues et faciles réflexions de la paix; par un rapprochement frappant le Coran, presque dans les mêmes lieux et sous des circonstances semblables, fut rédigé de la même manière. Mais ce qui fut imposé par la nécessité dans le désert, ce désordre ne doit point se communiquer à l'analyse succincte que nous hasardons des lois des Hébreux. Nous devons discerner dans ce chaos les choses de même nature, et en former des masses que nous jugerons successivement. Le législateur, planant dans sa pensée sur sa nation, ne voit que des masses, et s'occupe de ce qui peut assurer l'existence de cette multitude comme corps, avant d'entrer dans les détails de l'existence des éléments ou des familles. Nous suivrons cette marche dans l'examen des lois des Israélites.

Après la lecture du Pentateuque, on voit dans son esprit les lois se grouper toutes autour de trois personnes bien distinctes dans l'état, le pontife, la nation, le citoyen; et elles peuvent être ainsi dénommées suivant leur nature, religieuses, politiques, morales.

Les religieuses sont nécessairement au premier rang, puisque le pontife était le chef suprême. Elles peuvent être subdivisées en deux classes. Dans la première sont celles qui assurent la prééminence sociale aux prêtres ou l'établissement de la théocratie. Nous avons traité ce sujet au chapitre précédent.

La seconde comprendrait le dogme et les rites, ou la religion, et ce sera un des objets du chapitre suivant.

Nous passons donc aux lois politiques, à celles où Moyse s'est occupé seulement des intérêts terrestres de ses disciples.

Un des premiers objets de sa sollicitude dut être leur

santé. Nous le voyons, dans le régime qu'il leur prescrit, entrer dans des détails qui semblent d'abord puérils. Cette impression de surprise fait la critique des législateurs modernes. L'homme semble moins pour eux. Ils paraissent peu s'inquiéter qu'il soit nourri de mets malsains, qu'il soit malpropre sur sa personne, dans ses vêtements, dans sa maison; en un mot ils se soucient peu de l'hygiène. Cependant, comme le moral a des rapports intimes avec le physique, il est évident que travailler à rendre ce dernier sain et pur, c'est préparer un entendement juste, un cœur droit, enfin les éléments du bonheur public. Sous ce point de vue, les minutieuses précautions de Moyse ne paraissent plus dignes de risée.

Ses règlements pour le régime alimentaire avaient deux motifs principaux : l'intérêt de la santé générale et celui de l'agriculture. Le cochon donne des maladies de peau : il l'interdit à un peuple sujet à la lèpre. Voulant rendre les Hébreux agricoles et non chasseurs, il leur défend le lièvre et le lapin. Le chameau précieux est sauvé par lui d'une mort hâtive par la main de l'homme. Il interdit la chair des animaux morts naturellement, puisqu'ils peuvent alors par la maladie avoir acquis des qualités malfaisantes. Son horreur des animaux impurs s'étend jusqu'aux vêtements, aux ustensiles, aux personnes mêmes qui les auraient touchés, et il fixe le mode de purification et le temps de l'impureté. Toutes ces choses données comme préceptes de médecine eussent trouvé nombre d'indifférents ou de rebelles. Moyse le sentait; aussi il les imprime chez les Israélites comme des ordres de la sagesse divine. Il n'avait établi que deux divisions d'animaux, purs et impurs. Il est ainsi forcé par les signes qu'il avait prescrits, à ranger dans l'une ou l'autre de ces classes des espèces qui y semblent déplacées.

Les cadavres peuvent exhaler des principes vénéneux : il en interdit l'attouchement. Leur contact rend impur l'homme ou les vases pour sept jours. (*Nombres*, chap. xix.)

Quelques-uns des règlements de Moyse nous montrent le degré de civilisation de ce temps-là. Il fixe le temps de l'impureté d'une femme, double pour l'accouchement d'une fille de celui d'un garçon. A considérer la chose physiquement, on devrait croire par le fait le contraire. Il ne peut se présenter d'autre idée pour expliquer Moyse que celle-ci : la venue d'une fille n'augmentant point les bras guerriers de la peuplade paraît le lot le moins favorable. Cette impureté prolongée et les défenses qui y étaient attachées semblent la punition infligée à la mère. Cette grande dépréciation des femmes indique donc que la force brutale était alors la seule règle entre les nations.

La mesure sanitaire contenue dans les termes suivants (*Deutéronome*, chap. xxiii) se trouve aussi un des objets de la police de nos jours : « Vous aurez un lieu
« hors du camp, où vous irez pour vos besoins naturels
« et portant un bâton pointu à votre ceinture. Lorsque
« vous voudrez vous soulager vous ferez un trou en

« rond, que vous recouvrirez de la terre sortie du trou. » Entre les deux inconvénients d'être majestueux mais trop vague, ou précis mais étrange, Moyse a choisi le dernier.

Si Moyse est si minutieux pour le choix des aliments, pour la pureté du camp, combien doit-il redoubler de sollicitude pour la pureté du corps d'un individu et celle de sa maison. De là ses règlements nombreux sur la lèpre. Les purifications multipliées qu'il prescrit (*Lévitique*, chap. xiv) à l'homme guéri prouveraient seules son horreur de ce mal.

Son imagination frappée voit la lèpre jusque sur les murs des maisons. Il prescrit l'abandon, la réparation, et, au cas de persistance des symptômes, la démolition des maisons infectées (*Lévitique*, chap. xiv). Cette lèpre des murailles n'est sans doute qu'une expression figurée pour indiquer dans un mur la dégradation occasionnée par la présence du salpêtre. Il pouvait donner une humidité ou produire d'autres effets nuisibles aux habitants ou aux meubles, ce que le législateur voulait prévenir.

Voyons après les lois sur la santé celles qui devaient assurer la sûreté générale. Moyse a souvent manqué d'ordre; mais du moins la profondeur, la justesse et la liaison éclatent d'une manière sublime dans cette matière. Il fait précéder immédiatement le code pénal des Hébreux, tout contenu dans les chapitres xxi et xxii de l'Exode, par le code de morale tout entier dans les préceptes du xx° chapitre. C'était prévenir le mal et s'éviter de punir, en jetant auparavant dans les cœurs les semences du bien.

Le principe fondamental de toutes ces lois pénales est de rendre au coupable le même mal qu'il a fait souffrir. Voilà cette loi du talion qui se pratique encore avec rigueur chez les Arabes Bédouins. Les Ismaélites de nos jours représentent parfaitement les premiers Juifs. Chez eux c'est le plus proche parent du lésé qui est chargé du talion à peine de déshonneur. C'est la preuve évidente d'un mauvais gouvernement ou mieux d'un défaut total d'action publique. Moyse n'explique point positivement dans ce chapitre xxi où est défini le talion, qui doit l'exercer ou d'un parent ou du gouvernement; mais comme dans le chapitre suivant, à l'occasion des vols et dommages, il fait traduire les délinquants devant les juges, il est bien certain que pour les cas plus graves de violences exercées contre les hommes, il devait commettre la vengeance à la société générale représentée par les magistrats. On voit par ce seul fait que Moyse faisait avancer la civilisation.

Mais l'usage primordial que le parent le plus proche du mort poursuivît la vengeance fut conservé. Les versets 12 et 27 du chapitre xxxv du livre des Nombres le prouvent suffisamment. L'institution suivante le prouve invinciblement encore. Si la loi calme et impassible eût frappé seule le meurtrier, sa famille n'eût pu ni voulu exercer de réaction contre le corps de magistrats qui était son organe; mais comme les luttes de famille à famille pouvaient s'établir et jeter le trouble et la

CHAPITRE VI.

désolation dans la société, le législateur voulut empêcher cette effusion éternelle du sang en établissant six villes de refuge (*Nombres*, chap. xxxv), où le meurtrier involontaire était sous l'égide du gouvernement et devait rester comme en un lieu d'expiation jusqu'à la mort du pontife. S'il sortait de l'enceinte de la ville de refuge avant ce moment, et qu'il fût tué alors par le garant du sang, ou le chargé du talion, ce fait était regardé comme légitime. Ce qui prouve bien plus encore qu'un premier acte de justice spontanée était regardé comme un droit de la famille de la victime.

Le maintien de l'égalité des fortunes fut le principe des lois sur la propriété. Les institutions de l'année sabbatique ou septième (*Deutéronome*, chap. xv), dans laquelle tous les esclaves hébreux recouvraient leur liberté, comme tous les débiteurs leurs dettes, et de l'année du jubilé (*Lévitique*, chap. xxv), où tous les biens aliénés depuis cinquante ans revenaient à leurs premiers possesseurs, concouraient au même but. Elles empêchaient une trop grande disproportion dans les fortunes.

Chez un peuple commerçant ces lois eussent été contraires au principe de la prospérité publique; mais Moyse n'a semblé vouloir qu'un peuple d'agriculteurs aguerris, car nulle part il ne parle ni de commerce, ni de marine.

Mais encore une vue du législateur dans l'établissement de ces lois fut d'assurer la durée du système social qu'il créait. Sans elles quelque homme habile et audacieux, héritier des moyens et des projets pervers de sa famille, eût pu soulever contre la république sacerdotale un amas de clients, enfants de ses vastes domaines. Le système de gouvernement de Moyse fut renversé par Saül, mais des causes extérieures, les longs malheurs des Hébreux dans leurs guerres avec les Philistins, nécessitèrent que le pouvoir fût dans les mains d'un chef militaire absolu. On ne devait demander à Moyse que de préserver son ouvrage des causes internes de destruction, et c'est ce qu'il nous semble avoir fait avec une profonde sagesse en donnant ces lois. Mais on cherche en vain l'application de cette doctrine dans l'histoire des Hébreux, on ne trouve nulle part l'exemple d'un jubilé. Cette institution ne semble ainsi qu'une spéculation vaine du législateur.

Les lois modernes s'occupent presque uniquement de la propriété. La famille et les devoirs réciproques de ses membres sont oubliés dans leurs codes, ainsi que les devoirs envers les citoyens. Pour cela elles se bornent presque à défendre le mal. Les lois anciennes, et notamment celles des Hébreux, prescrivent de plus le bien. Les législateurs de nos jours bornent le devoir à fuir les vices et les crimes; dans le passé ils l'étendaient à pratiquer les vertus actives. Ces choses sont une conséquence nécessaire de la différence de mission des législateurs. Le Pentateuque fut composé par un homme qui était tout dans la nation, et qui dut remplir son ouvrage de l'esprit de tous ses emplois. Dans les nations modernes, les prêtres, distincts du gouvernement, se sont justement réservé le beau droit d'enseigner la morale. Si les légistes chez ces peuples avaient cru devoir prescrire les vertus, leurs exhortations ou leurs menaces fondées sur le respect du prince, l'espérance de ses grâces et la crainte de ses châtiments, tous compris dans le temps, eussent été bien faibles comparées à celles des ministres des autels, parlant au nom de Dieu et de l'éternité. Ainsi ils ont dû s'en abstenir et ne consigner dans leurs ouvrages que les intérêts matériels de la propriété et de la sûreté publique.

L'examen de ces lois morales antiques est une chose nouvelle, même pour le légiste vieilli dans nos codes.

Plus près des temps primitifs, Moyse s'occupe avec un intérêt vif de l'élément encore distinct du corps social, de la famille. Aujourd'hui, dans le vaste mouvement des sociétés, les membres de la famille, dispersés dans l'ensemble par l'ambition, ou désunis par l'intérêt, ne forment plus un groupe animé d'une vie particulière, et ainsi saillant. La nation ne semble composée que d'individus isolés, qui s'agitent comme les fourmis dans leur monticule.

Un des premiers préceptes du Décalogue est d'honorer son père et sa mère. Cette expression contient tout, l'obéissance, les soins, le respect; mais il force à cette vertu par la crainte. Le père et la mère pouvaient, par leurs dépositions réunies contre leur fils, devant les anciens ou juges, le faire lapider (*Deut.*, chap. XXI). Chez les Spartiates et les Romains, peuples militaires, la maison est comme un apprentissage du camp, et les fils semblaient ainsi préparés par la verge paternelle à l'obéissance passive du soldat. Ce moyen d'obtenir la soumission est terrible. L'habitude des sacrifices d'animaux, les guerres implacables, et le droit de vie et de mort sur les esclaves, semblent avoir familiarisé les peuples anciens avec l'effusion du sang humain. La vie d'un homme y paraît moins importante que chez les nations modernes de l'Europe.

Nulle part Moyse n'indique aux pères leurs devoirs envers leurs fils; il s'en fiait à la nature; il l'honorait par cette confiance. Chez ces peuples simples on écoutait la voix du cœur; l'orgueil n'était point excité par l'opinion, par les institutions qui augmentent si puissamment l'importance relative d'un individu. L'homme plus près des champs se résignait à la vieillesse et à la mort, comme le végétal et les animaux qu'il voyait parcourir leur existence et en atteindre la fin; et ces besoins d'un orgueil jaloux et insatiable, d'un amour effréné de la vie, d'une domination exclusive de la propriété, ne faisaient point alors de plusieurs pères des rivaux secrets de leurs fils. La simplicité des mœurs, garant des vertus paternelles, dispensait donc le législateur de les imposer comme un devoir.

Les deux sexes ne sont point égaux en droits dans le Pentateuque, pas plus que chez les autres nations asiatiques. Le système des concubines esclaves et de la polygamie dégradait la femme, et la loi ne pouvait donc point attribuer aux deux sexes une égalité de droits.

La supériorité des droits de l'homme éclate visiblement dans les deux faits que supportait seule la femme, l'épreuve de l'eau de jalousie et la répudiation (*Nombres*, chap. v). Le prêtre préparait avec certaines drogues l'eau de jalousie, que devait boire la femme accusée. Il faut se rappeler que l'épreuve avait pour but la conviction de l'adultère, et que la peine était la mort. Les prêtres ainsi exerçaient par la crainte de l'examen une grande puissance sur les femmes. Toutes les institutions de Moyse présentent toujours, réunies à des buts variés, le but constant d'assurer le pouvoir des prêtres. La lettre de divorce (*Deutéronome*, chap. xxiv), adressée par le mari, bannissait l'épouse de la maison et rompait le mariage. Il ne paraît pas que l'époux fût obligé d'énoncer les motifs de son action. Sa volonté paraissait aux yeux de la loi une raison suffisante.

Les cas nombreux de l'inceste sont spécifiés dans le Lévitique, chap. xviii, ainsi que la sodomie et la bestialité, et frappés de l'anathème et de la mort. L'indignation du législateur contre des crimes qui dissolvent la famille, qui outragent la nature, dégradent l'homme, est bien fondée; mais je ne sais si le silence sur ces choses abominables, des versets 22 et 23 du chapitre xviii du Lévitique, ne serait pas encore plus moral. Faut-il montrer au jour des choses qu'on ne saurait couvrir de ténèbres trop épaisses? Une des causes de la sagesse est l'inconnaissance du mal. L'état odieux des mœurs des Israélites fut sans doute la raison du cynisme des expressions et des tableaux de Moyse. Dans l'Orient, la connaissance des rapports de l'homme et de la femme devait être, par une foule de raisons, plus précoce que dans l'Europe actuelle. Les femmes ne pouvaient avoir la pureté d'esprit et la pudeur des manières qui sont en Europe, chez les peuples qui ont des mœurs, l'effet d'une bonne éducation. Le législateur crut donc nécessaire d'exposer des faits presque généralement connus, pour signaler les coupables à la justice des hommes et à la vengeance du ciel. Ainsi notre étonnement ne le condamne point, et ne fait qu'accuser l'impureté des mœurs hébraïques.

Moyse, par une conception profonde, avait présenté à Israël les Chananéens comme des hommes abominables, souillés de ces mêmes vices qu'il vient de condamner. Par suite de ces mœurs hideuses, autant que par leur idolâtrie, ils sont dévoués à la mort. Dans l'expression de son indignation et dans la sentence terrible prononcée contre eux, outre qu'il présente comme juste l'agression des Hébreux et leur facilite la victoire, il trouve encore le grand avantage de prémunir son peuple contre les vices qui rendaient les Chananéens la honte de la terre et l'horreur du ciel. Cet anathème, qui s'exécute en partie sous Moyse, était une leçon de morale.

Le législateur, ne parlant que de vices et de crimes et des menaces et des châtiments réservés, flétrirait l'imagination et contristerait l'homme sensible; son code ne serait que l'histoire de la perversité humaine. D'ailleurs il pourrait par cela seul manquer son but de

CHAPITRE VI.

corriger les méchants. Les menaces irritent souvent plus qu'elles n'intimident. L'homme fort et vicieux, pour jouir du sentiment de son audace, met sa gloire à braver les lois menaçantes. L'expérience apprend que partout les législateurs trop sévères, loin de les arrêter, ont multiplié les crimes, en endurcissant le cœur de l'homme par le spectacle des supplices et par la haine du législateur, qui semblait avoir traité l'espèce humaine comme une race infernale. Aussi Moyse, dans une profonde sagesse, dans une bonté touchante, enseigne le bien. Le Décalogue, contenu dans le chapitre xx de l'Exode et répété en divers lieux du Pentateuque (*Lévitique*, chap. xix), est la morale que le doigt de Dieu a écrite dans tous les cœurs. Moyse veut la piété filiale, la justice, le respect de la propriété, la véracité, la charité, la clémence, le désintéressement. Ce chapitre seul, bien observé, ferait fleurir toute société. Souvent ses préceptes sont embellis d'images douces et riantes qui, dans leur simplicité antique, nous reportent, bien mieux que les dates, aux premières époques de la civilisation. Il prescrit la bonté même envers les animaux, pour attendrir sans cesse le cœur et le disposer à la vertu. « Vous délierez la bouche « au bœuf qui foule le grain. Vous n'accouplerez point « un bœuf avec un âne. Vous ramènerez le bœuf et la « brebis égarés. Si marchant dans un chemin vous trou- « vez sur un arbre ou à terre le nid d'un oiseau, et la « mère qui est sur ses petits ou sur ses œufs, vous ne re- « tiendrez point la mère avec ses petits ; mais, ayant pris « les petits, vous laisserez aller la mère, afin que vous

« soyez heureux et que vous viviez longtemps. » (*Deutéronome*, chap. XXII.)

Les abeilles des ruches voisines toutes ensemble jouissent en paix au matin des premiers rayons du jour, et vont de même butiner sur les fleurs de la vallée. Les sociétés d'hommes, moins sages que celles de ces insectes, loin de ces rapprochements fraternels, se repoussent mutuellement, et la haine, exaltée par de longues guerres, semble souvent rendre l'univers trop étroit pour contenir ensemble deux peuples peu nombreux. Ainsi, par cet état imparfait de civilisation, qui fut le sort, jusqu'à ce moment, de l'espèce humaine, chaque peuple étant menacé de l'esclavage ou de la mort par l'ambition et l'humeur guerrière des autres nations, partout le premier soin du législateur fut d'assurer la conservation de son peuple : c'est ici qu'éclate une des grandes pensées de Moyse. La philanthropie qui inviterait un peuple à tendre les bras aux autres tribus humaines pourrait donc, d'après ce que nous venons de dire, devenir, par les vices des autres peuples, et surtout par leur perfidie, dangereuse à la nation hospitalière et bienfaisante. L'expérience des pères suggère la méfiance aux enfants. Moyse enchérit sur toutes les craintes et les mesures des autres législateurs, et nul n'a jamais poussé depuis aussi loin sa prudence farouche. Il veut sans cesse dans ses lois, par les menaces et les promesses, isoler Israël de tous les peuples du monde. Il défend toute alliance avec les peuples de Chanaan et tous les étrangers; il répète avec complai sance, et souvent avec une énergie nouvelle, son anathème universel [1].

Cette concentration en une nation sans mélange est évidemment une des pensées principales de Moyse. Cette concentration s'opéra par deux causes puissantes: d'abord par cette horreur des étrangers que nous venons d'indiquer, et qui fut imitée des Égyptiens, puis par l'établissement d'un temple seul et immuable. Je montrerai dans le chapitre suivant les immenses effets de cette dernière cause; je l'indique ici, parce qu'elle se rattache à notre sujet, en expliquant le patriotisme des Juifs comme formé de ces deux éléments: haine du genre humain et fanatisme. Il est déplorable qu'une vertu, l'amour de sa tribu, se trouve ainsi entée sur un vice, la haine des étrangers. Heureux le monde lorsque les nations, dans une effusion universelle de sentiments, rejetteront ce mot de patriotisme, qui semble un cri général de guerre, pour n'adopter, comme lien de famille, que celui de philanthropie ou de christianisme! Chez presque toutes les nations, Dieu et la patrie furent deux choses distinctes. Nous voyons ici que chez les Hébreux ces deux grands objets ne firent qu'un, et le sentiment qu'ils développent devait être, par son intensité, proportionnée à la puissance de la cause. Cette aversion, inspirée aux Hébreux pour les étrangers par leurs lois et leur religion, devint, par les guerres fréquentes, une haine furieuse, qui se transmettait de race

---

[1] *Exode*, chap. XXIII, v. 32, et chap. XXXIV; *Lévitique*, chap. XVIII, notamment au *Deutéronome*, chap. VII.

en race comme les maladies unies au sang dans ses plus intimes atomes. Cette haine fut le principe de leur extrême valeur en différentes scènes, comme aux siéges de Samarie par les Assyriens, et de Jérusalem par Titus : cette haine fit leur affinité. Ennemis nés de tous les autres peuples, il semble aussi que tous pesaient sur eux, et cette compression les groupait comme par une force mathématique autour d'un centre ; aussi, selon l'expression souvent répétée de la Bible, les douze tribus d'Israël se lèvent, marchent, sentent *comme un seul homme*. Cette concentration fut si intime que le malheur et le temps n'ont pu la dissoudre.

Il n'y a de sens absolu pour les choses humaines que dans les mathématiques. Quelques-uns des moyens que Moyse prescrivit pour isoler les Hébreux furent parfois oubliés ; ainsi, malgré l'interdiction des femmes étrangères, Salomon épousa la fille du roi d'Égypte, Boos épousa Ruth la Moabite, et des milliers d'Israélites firent de même. Il en fut ainsi de la loi qui défendait de s'approprier aucun objet des Chananéens et de tout exterminer chez ces peuplades proscrites.

La répulsion qu'il veut contre les étrangers fut aussi méconnue. Nous voyons dans les Paralipomènes (liv. II, chap. II) que Salomon fit faire le dénombrement des *prosélytes* ou étrangers qui avaient embrassé la religion des Juifs : il s'en trouva cent cinquante-trois mille six cents. Nous remarquerons ici que ce genre d'adoption fut conforme au principe fondamental de l'état. Sous une théocratie, l'adoption devait être essentiellement une conversion au culte, puisque le culte était tout: gouvernement, lois, patrie. En Grèce et à Rome l'adoption était un acte civil.

Nous avons loué la sagesse empreinte dans le Décalogue, et l'inspiration salutaire d'une foule de chapitres du Pentateuque; mais nous devons dire, avec la même sincérité, que l'on trouve dans la Bible nombre de faits que nos mœurs et nos lois déclarent coupables, qui sont contraires aux notions éternelles de la justice, et qui sont présentés sans aucun jugement improbateur. Ce silence étonne et trouble la raison.

CHAPITRE VII.

RELIGION.

Le végétal absorbe longtemps avec avidité les sucs de la terre, la rosée de l'air, les rayons du soleil, et reste concentré en lui-même. Enfin il a atteint le terme de son développement, et, dès lors expansif, il établit des rapports avec l'univers, autres que ceux purement nutritifs qu'il avait eus jusqu'à ce jour, et qui n'en faisaient qu'un centre absorbant. Il se pare de fleurs et les zéphyrs se chargent de leurs parfums; ses fruits nourrissent une foule d'autres êtres, et par leur graine, reçue dans le sein de la terre, s'entretient le mystère merveilleux de la génération. L'homme est semblable sous ces aspects au végétal. Longtemps il croît, et se borne à recevoir, sans échanger, sans établir des rapports avec l'homme, la société, l'univers; enfin quand la machine est complétement formée, développée, un être nouveau semble prendre vie en son sein, et son expansion continue établit entre l'homme et le reste du monde une foule de rapports qui lui étaient inconnus hier. Au delà encore de toutes ces relations avec ses semblables s'établissent des relations d'un ordre supérieur. Il voit pour la première fois l'univers; il découvre une foule de causes renaissantes dont

CHAPITRE VII.

les effets forment le maintien harmonique du grand tout. Les idées d'ordre, d'intelligence, de bonté, de puissance, éclosent de ce spectacle. Son âme s'en pénètre, se sature de ces grandes et fécondes impressions. Il remonte enfin par cette gradation des causes à la cause première, et, saisi d'épouvante à l'idée de la puissance infinie de cet être mystérieux, son front s'incline dans la poussière et se relève bientôt embelli d'amour et d'espérance.

Si donc ce n'est qu'en passant des effets aux causes, et remontant toujours, que l'homme peut parvenir à l'idée de Dieu, si l'examen de l'univers peut seul lui donner des notions de son auteur, il s'ensuit que l'adulte seul peut parvenir lui-même à l'idée de la Divinité. L'enfant ne peut y atteindre par ses perceptions, pas plus qu'il ne peut avoir les idées de l'amour et de la paternité, dont les impressions seront encore longtemps ignorées par lui. Mais je dirai incidentellement qu'il est toujours bon de communiquer à l'enfant cette idée salutaire, sous les modifications qui sont en rapport avec la faiblesse de son entendement.

Il y a bien loin des hommes les plus simples à l'enfant. Le pâtre dans l'examen de l'ordre constant des saisons, le matelot dans le balancement des ondes, dans leur limite tracée sur le rivage, peuvent acquérir l'idée de Dieu. Le sauvage dit dans sa pensée : « Une ca-
« bane, une pirogue annoncent la main d'un homme,
« ainsi les astres qui tournent au-dessus de ma tête, ces
« palmiers, ces ignames qui me nourrissent, annoncent

« un puissant ouvrier, et sa permanente action. » Mais, comme je l'ai dit, l'enfant n'élance point sa pensée au delà de sa sphère de nutrition ou de jeux. Ainsi, si nous trouvons un culte chez les peuplades les plus brutes, c'est que l'idée de Dieu est naturelle à l'homme fait, mais elle ne l'est point à l'enfant.

L'idée de Dieu est comme la dernière réflexion de l'esprit. Plus l'homme sera éclairé, plus cette idée sera vaste et forte en lui, parce qu'elle couronnera de plus larges appuis; ainsi le culte du sage émane de l'admiration et de la reconnaissance.

La raison montrant sans cesse aux hommes Dieu comme la cause première de tout, comme la source de toutes les générations humaines, tend aussi sans cesse à unir tous les hommes en les présentant tous comme les enfants d'un même père. Ainsi par cette croyance devenue universelle aurait dû s'établir une douce et bienfaisante fraternité dans toutes les peuplades et les nations du genre humain; mais malheureusement ce ne fut point ainsi : nous voyons au contraire les sociétés humaines divisées au nom de leurs dieux, plus encore qu'au nom de leurs princes. Deux causes principales de ces discordes se manifestent dans l'histoire.

1° Les fausses idées que l'homme se forme de la Divinité;

2° L'égoïsme des prêtres.

Si nous remontons à la source des systèmes religieux, nous arrivons pour dernière station à l'Égypte, cette contrée mystérieuse où nous trouvons l'origine de tout.

CHAPITRE VII.

L'homme brut et simple put facilement reconnaître dans les éléments une action souvent invincible; de là naquirent dans son esprit les idées de sa faiblesse et de sa subordination à une puissance supérieure, qui se montrait dans la nature sous diverses formes. Voilà sans doute le premier germe de l'idée de Dieu chez les peuples sauvages.

Cette idée simple se trouve dans la cabane de feuilles du sauvage, sous la tente du nomade, dans la grotte du pêcheur. Aucun degré de civilisation n'est nécessaire pour la produire. Elle éclôt dans l'homme comme l'amour et la paternité. Mais cette idée de la Divinité, quoique faible, incertaine et tronquée, est la ligne éternelle et invariable qui sépare à jamais l'homme de la brute, et elle est le premier et le plus beau titre de la noblesse de l'espèce humaine.

L'homme voit sans cesse autour de lui des effets qui se renouvellent; il ne se borne pas comme les animaux à en jouir ou à les éviter : il veut connaître leurs causes. Dans son impuissance de les apprécier, il donna à ces causes cachées des noms, et se déguisa ainsi son ignorance. Pour fixer mieux ses idées, il représenta ces puissances de la nature sous des figures symboliques plus ou moins ingénieuses. Son amour, son respect ou sa crainte formèrent ces pratiques que nous nommons culte. Tous les cultes sont nés ainsi dans l'homme de son désir de connaître les causes des phénomènes, et de son espérance de les faire intervenir pour son avantage.

Dans la simplicité de ce culte primitif, chaque homme correspondait directement avec Dieu, comme fait encore le sauvage. Bientôt parurent des hommes qui dirent que telles formes seraient plus agréables à la Divinité, et qui offrirent comme nécessaire leur médiation. Cette idée n'est point naturelle. Tout homme doit croire que le Créateur recevra avec plaisir son tribut de reconnaissance; mais une supériorité reconnue sous d'autres rapports dans ces hommes qui s'offraient pour remplir cette mission détermina les premières peuplades à adopter des médiateurs, sous des noms divers, entre la terre et le ciel. Ceux-ci, par ambition ou philanthropie, élaborèrent ensuite en de vastes systèmes le germe primitif de croyance à des êtres supérieurs.

Lorsque les tribus furent stables et prospérantes, les idées de l'homme s'étendirent; la Divinité ne fut plus renfermée pour lui dans le vent, dans le feu, dans un arbre; l'agriculture, fondement des sociétés, eut pour première cause de succès la connaissance de l'astronomie. L'influence des signes célestes sur les productions de la terre fut évidente pour le laboureur; les savants qui dirigeaient par leurs observations les travaux des champs établirent ainsi des relations continuelles de la terre avec les corps célestes. Les globes brillants et radieux qui exerçaient par leur apparition, leurs positions relatives dans l'espace, une influence incontestable sur la fécondité du sol, dont la contemplation agrandissait sans cesse la pensée, purent être regardés comme la demeure de génies, d'êtres divins qui présidaient à la renaissance des saisons et à tous les grands phénomènes de la germination, floraison, fructification, propagation. La Divinité remplit l'immensité des cieux.

Le sabéisme fut la religion des premières sociétés historiques; ce système, qui annonce une grande culture des sciences physiques, et par suite une civilisation perfectionnée, fut modifié de nation en nation, de siècle en siècle, et se métamorphosa, d'une conception grande et pure, en superstitions absurdes et avilissantes. Suivons les effets moraux et politiques de ces modifications.

Deux larges routes s'ouvrirent à l'erreur, et le genre humain s'y précipita, entraîné par son penchant à la croyance des choses bizarres, et, de plus encore, par la fourberie des prêtres. Les constellations, les étoiles étaient désignées par des noms d'hommes, d'animaux, d'objets terrestres. Le peuple perdit de vue *ces êtres physiques*, et sa mémoire resta seulement frappée des noms et des grandes influences qui leur étaient attribuées. Il les associa à sa nature, et ces grands corps devinrent dans sa pensée, dans son langage, et bientôt dans ses fastes, des *êtres historiques*. Les poëtes vinrent, s'emparèrent de ces prestiges populaires, les étendirent, les embellirent, et les héros, les nymphes, les monstres de tout genre, descendus du ciel, fournirent matière à de longs poëmes. Le peuple voyant ces conceptions grossières, bizarres, revêtues d'un brillant coloris, y crut encore plus fermement. Il s'en tint purement à la lettre de ces compositions harmonieuses, de ces théogonies compliquées et souvent ridicules, immorales, que les auteurs avaient été forcés d'écrire sous sa dictée, et cela, sans soupçonner la première origine de ces idées que les poëtes laissèrent souvent entrevoir sous le voile diaphane de l'allégorie. Ainsi les poëmes sur Hercule, Bacchus, Jason, Adonis exprimaient pour des yeux clairvoyants la marche du soleil et le jeu des constellations. Cette physique en vers était perdue pour le peuple. Il ne vit dans ces ouvrages que les aventures d'hommes, de demi-dieux guerriers et galants. Ce changement des êtres physiques du ciel en personnages historiques fit la mythologie des Grecs.

L'autre déviation des grandes idées astronomiques fut plus déplorable encore. Les savants qui avaient trouvé le système du monde avaient montré l'influence des constellations aux différents points du ciel sur chacune des productions de l'agriculture. Ces constellations, par la tendance métaphorique du langage, prirent le nom des plantes ou celui des animaux dont, par leur apparition, elles annonçaient la reproduction. Ces corps terrestres devinrent les symboles des corps célestes. On avait dans un noble élan adoré les premiers; par analogie, et dans l'oubli des conceptions primitives, on adora les seconds. Cette métamorphose bizarre se montra sur les bords du Nil. Ainsi l'Égypte où tous les documents historiques, où tous les monuments fixent le berceau du sabéisme, fut, par un enchaînement fatal de circonstances, le pays où ce culte pur et grandiose dégénéra le plus en ineptics et en monstruosités. Le chat, le chien, des animaux grossiers ou dangereux, des plantes vulgaires, reçurent les honneurs divins. La religion, qui partout élève la pensée, qui tourne les regards de l'homme vers les cieux, le dégradait en Égypte, et le faisait se classer au-dessous de vils animaux.

Ces deux générations montrent le génie différent des deux peuples Les Égyptiens agricoles, éloignés des idées que donnent le commerce et le mélange des peuples, transformèrent leurs premiers dieux en objets qui tiennent à la culture des champs; les Grecs guerriers, avides d'aventures et d'amours, les transformèrent en conquérants, en paladins, en belles errantes et adorées, et leur Olympe fut une cour brillante, voluptueuse et spirituelle.

Mais outre cette différence de constitution et de position politique, une cause puissante devait, en Égypte, entraîner la populace dans le bourbier des superstitions; cette cause était dans la nature du gouvernement, que nous avons vu essentiellement théocratique. Des associations de prêtres existaient dans tous les temples; ils gouvernaient le monarque; ils formaient la première caste de l'état; tous les principaux avantages de la société étaient pour eux. Dépositaires des sciences et des arts, ils voulurent les concentrer exclusivement dans leurs mains pour moyens de domination, et ils laissèrent le peuple glisser dans l'abîme de la stupidité, sur la pente rapide des superstitions. Ils conservèrent, comme doctrine secrète, le culte et les documents de cette antique et savante nation qui apporta du sud en Égypte tout ce qui fait la gloire de ce pays. Cette exclusion du peuple à la lumière, réservée aux seuls initiés, est le plus grand crime de cette caste sacerdotale. Ils étaient dépositaires avares des trésors qui leur avaient été confiés. Vouloir régner dans les ténèbres, et par la faiblesse physique et morale d'un peuple, c'est manifester les sentiments les plus odieux. Tout système politique ou religieux qui arrête le développement des facultés humaines est le fruit de l'erreur ou du crime. Il blesse la Divinité même, puisqu'il contrarie ses desseins sur la race humaine.

L'origine de cette concentration de puissance et de lumière est dans l'égoïsme qui, non retenu par aucun frein, ni surtout par une prévision salutaire, l'emporta chez les prêtres sur le sentiment du bien général. Cet égoïsme des prêtres, qui se montre dès les premiers siècles de l'histoire, devait naître de leur position. Ils parlaient au nom des dieux, et ce rôle important leur donnait une idée gigantesque de leur mérite; ils voyaient la foule prosternée devant eux, et ils devaient se croire d'une espèce supérieure et exiger comme une justice et les honneurs et les tributs. De là la multiplication de ces boucheries que l'on nommait sacrifices. Dans les folies religieuses de divers peuples nous retrouvons toujours les mêmes motifs de mille scènes nouvelles plus ou moins bizarres ou barbares : la crédulité stupide, qui sacrifie et espère un riche retour des dieux, et l'adresse sacerdotale, qui s'approprie les présents consacrés. Les prêtres excitèrent ainsi les superstitions puisqu'ils en recueillaient les fruits. Placés entre la terre et le ciel, ils durent croire que le monde et les êtres qui l'habitaient n'étaient faits que pour eux. Ainsi une trop grande puissance, semblable pour l'effet à une trop grande hauteur, donne des vertiges à l'homme, et sa raison se perd; aussi les prêtres égyptiens parurent se plaire à abrutir la foule plutôt que de la conduire par les lumières d'une raison supérieure.

La présence, le jeu du phallus par la main des femmes, dans les cérémonies religieuses des Égyptiens, sont une conséquence naturelle du sabéisme. Osiris est représenté sans cesse dans les hiéroglyphes armé du phallus. Osiris, le soleil, le fécondateur par excellence, ne pouvait être mieux exprimé aux yeux des hommes que par l'instrument de la génération. Les religions anciennes, fondées sur l'action du soleil, sont pleines d'un esprit de vie et de fécondation qui rendait religieux tous les actes de la propagation et leurs emblèmes. La vénération du lingam par les Indous offre encore une preuve saillante de la vérité de cette assertion.

Mais tous les rites des Égyptiens ne sont point susceptibles d'une explication aussi claire; outre les deux causes générales de transformation que nous avons exposées, il a pu en exister d'autres que nous ne pouvons découvrir. Les idées mères nous manquent pour expliquer toutes les superstitions égyptiennes. Il y a sans doute des voiles épais entre les faits qui nous sont présentés et les idées premières de cette religion. Comment concevoir ce respect pour de vils animaux? comment leur multiplication ainsi favorisée ne devenait-elle point un fléau intolérable ? Si les Égyptiens venaient d'une même souche, comme l'unité de langage, l'unité de gouvernement doivent nous le faire croire, comment n'y avait-il point conformité dans les rites? Les lamentations et les coups que se donnaient tous les assistants à la fête d'Isis à Busiris, les scènes indécentes, et qui semblent faire partie de la cérémonie religieuse, lorsqu'on se rendait à Bubastis pour célébrer la fête de Diane, la bastonnade de Papremis en l'honneur de Mars, l'illumination de Saïs pour la fête de Minerve, toutes ces cérémonies offrent entre elles des différences tranchantes, et semblent appartenir à des cultes divers. On a cru que les prêtres avaient établi ou laissé établir ces superstitions diverses pour faire des sectateurs autant de tribus distinctes. Diviser pour régner, cette théorie si simple du despotisme a été trouvée de bonne heure. La religion des Égyptiens, dans ses turpitudes, dans ses privations, et surtout dans le zèle ardent qu'elle inspirait, est pour nous, au premier abord, une chose incompréhensible.

Mais les folies superstitieuses les plus étranges ont toujours leur principe dans l'amour de soi; les actions des hommes ne paraissent souvent inexplicables que parce qu'on ne remonte pas assez avant pour en trouver la cause cachée. Les assistants à la fête de Mars, à Papremis, se cassaient réciproquement la tête par piété. Les Égyptiens faisaient le sacrifice de leurs maisons, livrées aux ravages de l'incendie, pour veiller à la conservation des chats. Les prêtres d'Atys, en Phrygie, se mutilaient en l'honneur et à l'imitation de leur dieu. Les fakirs indous s'imposent des tortures dont le récit fait pitié ou horreur; les femmes des brachmanes se brûlent sur le bûcher de leurs maris. Diodore nous dit (livre I, section II, § 31) que dans une famine dont l'Égypte fut affligée, les hommes en vinrent jusqu'à se manger les uns les autres sans que personne ait été accusé d'avoir touché aux animaux sacrés. Toutes ces choses s'expliquent par le délire religieux et l'ivresse des espérances mystiques. L'homme n'est point ici en contradiction avec sa nature, c'est toujours l'amour de soi qui le guide. La piété dans ses excès les plus déplorables a toujours pour principe l'instinct de conservation. Il devient ainsi le désir de l'immortalité. L'homme s'impose la douleur, l'opprobre, il se dépouille de ses biens en faveur de ses idoles ou de leurs prêtres, il fait violence aux penchants les plus chers de la nature, au sentiment de sa pitié : il égorge ses semblables au nom de ses dieux, par convoitise de ce bien suprême, pour savourer des plaisirs qui seront infinis dans leur vivacité et leur durée.

La piété, considérée dans son principe ou ses excès, est le plus noble ou le plus déplorable des sentiments. Par elle l'homme semble s'unir à la nature des dieux ou descendre au-dessous de la bête.

Ainsi l'individu n'est point lésé dans sa folie, c'est la société. Le fou fanatique lui devient inutile ou dangereux. C'est donc sous le rapport de l'intérêt de la patrie que le législateur doit prévenir les fourberies et l'action déréglée du pontife.

Les jongleries du culte furent au reste bien grossières en Égypte. Ce peuple, vanté pour ses ancêtres, semble dans sa religion au dernier rang des nations. Il était facile aux prêtres, avec un pinceau et des couleurs, de trouver un bœuf Apis noir, avec une tache blanche et carrée au milieu du front et la figure d'un aigle sur le dos. Ils ne pouvaient pas être plus embarrassés que les prêtres du Thibet, qui trouvent de nos jours, lorsqu'il le faut, l'âme du Dalai-Lama décédé, qui a passé dans le corps d'un enfant de leur choix.

Malgré le silence des initiés, quelques dogmes de la doctrine secrète ont pénétré hors des temples. Nous voyons que le petit nombre adorait en Égypte un Dieu suprême; l'inscription du temple de Saïs annonce de vastes et justes idées de la Divinité. La doctrine de l'immortalité de l'âme, qui semble avoir été manifestée d'abord en Égypte, honore ses premiers législateurs. A cette idée était intimement liée en Égypte celle de la résurrection des corps. Ces idées, les plus fortement imprimées dans l'âme des Égyptiens, ont fait tout en eux : leur caractère grave, la permanence de leurs institutions, leur cérémonie solennelle du jugement des morts, et la destination de leurs plus belles constructions, les pyramides. Cette idée de l'immortalité de l'âme est sublime. Elle fait le beau côté du génie des Égyptiens.

CHAPITRE VII. 215

Le culte de Moyse n'est pas souillé des absurdités du polythéisme égyptien. Cet homme extraordinaire importa dans la Palestine le dogme sublime de l'unité de Dieu. Nous avons déjà présenté Moyse comme historien, physicien, général, législateur. Ici c'est le pontife qui va s'offrir à nos regards. Il descend du Sinaï après une longue retraite, pendant laquelle, comme loin de la terre, il s'est entretenu avec l'Éternel, qui a rempli son esprit d'une sagesse divine. Il descend après cette absence, annoncé par les tonnerres redoublés, couronné de rayons et portant dans ses mains le code de la morale, écrit de la main de Dieu. Quel mortel apparut jamais avec plus de majesté et rendit aux peuples ses paroles plus augustes et plus désirables ?

Pour éviter la dégénération de son culte en polythéisme, pour agglomérer la nation autour d'un centre, qui pour tout fait la vie et la force, il ne place dans Israël qu'un seul temple. Ce temple fut d'abord, comme toute la nation, errant et sans autre abri que la voûte du ciel. Mais voyez de quels respects Moyse environne l'arche ! comme sa composition dictée est riche et précieuse ! comme sa place dans les marches est indiquée ! quel nombre de gardiens est préposé ! comment même aux limites de l'horizon elle était sans cesse signalée aux yeux des Hébreux dans le désert par la colonne de feu et de fumée, qui reposait alternativement sur elle. Nadab et Abin furent dévorés par le feu, qui, comme le texte le dit, sortit du Seigneur, c'est-à-dire de l'arche, son domicile d'élection. Ces exemples terribles devaient inspirer un profond respect devant cette arche redoutable. Les rois puissants qui succédèrent aux faibles Juges accomplirent enfin la pensée dont Moyse n'avait pu offrir dans le désert qu'une ébauche dans son temple portatif et ambulant. Le marbre, le cèdre, l'airain et l'or, sous des formes pompeuses, formèrent, sur un piédestal digne d'elle, la montagne de Sion, la maison de l'Éternel, où fut recelée, comme le monument le plus précieux, cette arche antique, pivot de la nation.

Une religion purement intellectuelle et morale ne convient pas au peuple, qui veut être mené par les sens. La magnificence des cérémonies est un attrait puissant; aussi l'Égypte était pleine de beaux temples. Longtemps l'arche erra dans le désert; mais encore dans cette position précaire Moyse, par l'ordre prescrit dans la marche, fixe les regards et les cœurs sur cette arche qu'il a fait construire des matériaux les plus précieux, et où il montre renfermée la sagesse de l'Éternel. L'arche partagea aussi le sort d'Israël dans la Palestine en proie aux fluctuations : elle fut errante, même captive; mais enfin des jours brillants luirent sur elle. Alors le plus puissant des rois hébreux acheva le plan conçu par son père victorieux, et un temple magnifique s'éleva pour recevoir cette arche sainte, ce centre magnétique des Hébreux. Tous les instruments des sacrifices, leur nombre, leur emploi, les corps des sacrificateurs, des chantres, des portiers, le vêtement pittoresque des lévites, notamment du grand prêtre, qui charmait l'œil par sa pompeuse richesse, qui touchait encore le cœur par l'union des douze tribus sur son sein, figurées dans les pierres précieuses du rational; la multitude des victimes offertes en reconnaissance à l'Éternel; l'ordre pompeux des cérémonies, tout cela est longuement décrit, et avec une exactitude qui prouve l'extrême sollicitude de l'hiérophante et la fin profonde qu'il se proposait. Les flots des Assyriens submergent Israël. Le temple disparaît avec le peuple dans la tempête. Enfin quelques Hébreux échappés au naufrage reviennent sur ces bords désolés, et quel est leur premier travail? c'est de reconstruire le temple. Il semble qu'il était le cœur de la nation, et qu'elle ne pouvait exister sans lui. Ainsi le charme des antiques cérémonies avait laissé chez ces captifs une si profonde impression, qu'ils se hâtèrent de recouvrer les mêmes plaisirs. Leurs traditions étaient si vives, qu'ils semblaient ne pouvoir croire à leur retour, à la liberté et au sol paternel, qu'en voyant un temple; et le profond souvenir des institutions primitives fit rétablir la théocratie sous Esdras.

Un seul autel n'eût pas suffi pour la concentration, constante et unique fin du législateur. Il fallait des hommes qui, par de grands avantages, intéressés à l'œuvre de Moyse, qui, dispersés dans tout Israël pour en former les liens, entraînassent constamment de la circonférence vers le centre, et rappelassent sans cesse la voix du législateur. Ces hommes furent les lévites.

Dans Moyse, interprète de Dieu au Sinaï, le gouvernement, les lois, tout l'avenir de la nation émanait de l'autel. Dans la conservation du culte était donc le destin

d'Israël. L'hérésie, dans un système sacerdotal, était une révolution. Ainsi dans un motif à la fois politique et religieux, il veut éloigner par une inquisition terrible tout novateur d'Israël. Voyez quel amas de menaces il déploie au Deutéronome, chap. XIII. En vain les songes, les prédictions du nouveau prophète se seront réalisés, en vain nous sera-t-il uni par le sang et la tendresse : l'Israélite, plein de son Dieu, doit oublier tous les autres sentiments, et frapper le premier la personne qui lui était hier si chère. La ville entière où le blasphème aura retenti est condamnée à la destruction avec les bêtes mêmes, et tous les meubles sont dévorés par le feu. Les expressions du verset 13 montrent la jalouse sollicitude du pontife, et révèlent sa pensée, qu'attaquer l'autel c'était frapper la nation au cœur : « Vous consumerez tout en
« l'honneur du seigneur votre Dieu, en sorte que cette
« ville deviendra un tombeau éternel. Elle ne sera jamais
« rebâtie. » Ainsi Moyse voulut dans ce chapitre prémunir les Hébreux contre tout novateur, et, par une prévision plus habile encore, étouffer celui-ci en son germe par la crainte. Mais ce qui est pire, il établit cette inquisition dans le sein de la famille et sur le chevet nuptial. « Si ton frère, le fils de ta mère, si ton fils ou ta fille,
« ou ta femme qui t'est si chère, te veut persuader et te
« vient dire en secret, Allons, adorons les dieux étrangers!
« tue-le sur-le-champ. » L'inconstance, la haine, la jalousie ou la colère, qui fait évanouir la raison, ne pouvaient-elles pas se servir de ce prétexte pour légitimer un crime ? La terreur ne devait-elle pas empoisonner les

plus douces affections de famille ? Ici c'est pire qu'en Perse ou en Turquie. Là le sultan seul est la source de la crainte, dans Moyse toutes les personnes qui vous entourent sont à redouter.

Ce système de despotisme est le plus odieux, parce qu'il rend Dieu complice de la tyrannie, parce qu'il ôte le refuge de son sein au malheureux, et qu'enfin il lui ravit sa dernière consolation, l'espoir de la vengeance céleste.

Moyse proscrit également (*Lévitique*, chap. xix) les augures et la croyance aux songes. Cette force d'esprit nous paraît toute simple, à nous que le long tableau des sottises humaines a guéris de la manie de partager celles de nos devanciers; mais si nous observons que, longtemps après Moyse, les peuples brillants de la Grèce et de Rome étaient pleins de respects pour les augures, pleins de croyance aux songes et aux présages, aux oracles, qui sont de même nature, nous verrons alors combien Moyse est grand, non-seulement dans son siècle, mais parmi les hommes de tous les siècles.

Moyse emploie également avec ses grandes conceptions des moyens minutieux pour faire de l'autel le centre de la société. Écrivant pour un peuple sauvage, il est obligé de tout créer pour lui, jusqu'aux poids et mesures. Mais dans sa sollicitude sacerdotale il rend le sanctuaire dépositaire des étalons des poids et mesures. Ainsi les prêtres étaient arbitres du commerce, comme nous les avons déjà vus les juges de la morale et de la santé.

Le fond de toutes les idées chez cette nation longtemps façonnée par les lévites était Dieu ; chez les Grecs c'était la patrie : de là la différence du but des fêtes de ces deux peuples. Plusieurs chez les Grecs furent politiques, comme les jeux olympiques, isthmiques, la fête des Panathénées. Chez les Juifs, soumis à un régime sacerdotal, les prêtres devaient remplir le premier rôle dans toutes les cérémonies publiques. Il fallait donc que leurs fêtes, en remémorant les principales époques de leur histoire, ne rappelassent que les services que Dieu avait rendus aux Hébreux, par l'intercession de Moyse, le fondateur de la prêtrise. Ainsi la conséquence de toutes les cérémonies devait être de pénétrer les Hébreux de respect et de soumission pour les lévites.

Les Hébreux, enveloppés dès leur naissance de toutes les institutions de Moyse, devaient avoir tous un caractère uniforme, comme les fruits du même arbre ont la même saveur. Jamais homme avant et depuis Moyse n'a laissé une aussi forte empreinte de son génie sur une nation. On peut dire sans figure des Juifs, qu'ils sont tous éclos du cerveau de Moyse. Même quand il ne sera plus il veut rappeler aux Hébreux l'apparition imposante du législateur au Sinaï, et il prescrit sur les sommets des monts Hébal et Garizim, qu'une vallée séparait dans la tribu d'Éphraïm, une proclamation nouvelle du Décalogue. Ce tableau des Hébreux divisés en deux bandes, le grand prêtre proclamant au milieu d'eux ce qui est le bien, ce qui est le mal, en présence de l'Éternel, les Hébreux acceptant par acclamation ses bénédictions, ses menaces, et recevant ainsi des cieux entr'ouverts leur code de morale : voilà une grande conception. Ainsi la permanence des Hébreux dans leur croyance sous le fer et la flamme des persécuteurs, sous le mépris des nations, plus cruel encore, sous l'action atténuante du temps, qui semble devoir dissoudre les traits du caractère primitif, comme il ramollit les marbres et ronge les métaux, cette permanence des disciples de Moyse à rester Israélites, c'est-à-dire proscrits, prouve pour le génie du fondateur.

Je viens de présenter dans l'éternité de son peuple et dans ses conceptions théologiques le beau côté du génie de Moyse. Voyons ses défectuosités sous différents rapports.

D'abord nous remarquons avec étonnement que toutes les promesses et les menaces de Moyse ne concernent que cette vie. Dans le résumé de sa doctrine, au chapitre xxx du Deutéronome, le matérialisme est manifeste. Cependant le dogme de l'immortalité de l'âme était une vérité chère pour les Égyptiens. L'âme devait venir ranimer le corps trois mille ans après sa séparation. Voilà pourquoi tant de soins pour conserver la dépouille mortelle. Comment Moyse, élevé dans toute la science des Égyptiens, laissa-t-il ignorer ce dogme à ses compagnons? Jugea-t-il ces nomades trop grossiers pour le comprendre? Cependant chez des peuples aussi barbares les législateurs se sont servis avec succès de ce moyen de direction. Ce silence de Moyse est inexplicable.

Josué, comme Moyse (*Josué*, chap. xxiii), n'effraye

les Israélites que par des peines en cette vie; il ne parle jamais d'âme, ni d'un autre avenir. Le confident n'a pas su ou n'a pas voulu aller au delà de son maître. Le manque de ces grandes pensées rend incomplet l'ouvrage de ces deux fondateurs.

Après Moyse et Josué, nul rédacteur n'a suppléé à leur silence. Cependant les relations des Hébreux avec les autres peuples pénétrés du dogme de l'immortalité de l'âme auraient dû le leur apprendre. L'expression d'âme est répétée en plusieurs versets de la Bible. (*Discours d'Abigaïl à David.*) Il paraît ainsi que les Hébreux ne regardaient l'âme que comme l'esprit de vie de la machine; qu'ils pensaient que cette âme pouvait mourir, car autrement il eût été absurde d'appliquer l'épithète de vivante à une chose reconnue essentiellement immortelle. Le verset 24 du chapitre xxvi du premier livre des Rois confirme notre observation. Saül est épargné par David, qui l'avait surpris endormi dans sa tente sur la colline d'Hachila, et celui-ci lui dit: « Votre âme a été « aujourd'hui précieuse devant mes yeux (*et sicut magnificata est anima tua hodie in oculis meis.*) » Les Hébreux n'entendaient évidemment par *âme* que la vie. L'âme de Saül ne pouvait être magnifique ou précieuse devant la lance de David que dans ce sens. Le traducteur Lemaistre de Sacy reconnaît lui-même ce matérialisme des Hébreux, en donnant dans sa version, au verset 21, *vie* pour *anima* du texte.

L'intolérance fut le plus grand vice du système des Hébreux: elle fut le principe de leur ruine. Elle était une déclaration constante de guerre à tout le genre humain. Nous ne devons demander compte à aucun peuple, à aucun homme, de ses idées religieuses, lorsqu'elles ne sont qu'un système inoffensif; mais si ces idées renferment le mépris, la haine et la proscription des autres hommes, alors elles sont hostiles contre eux et rendent ainsi juste la réaction. Supposez ce système chez toutes les nations, les hommes seront alors pires que les tigres, et le globe deviendra bientôt une vaste tombe.

Les sacrifices d'animaux furent dans le culte mosaïque, ainsi que dans la plupart de ceux de l'ancienne Asie, un malheur pour l'état. Les prêtres avaient la meilleure part de la victime. Ils étaient ainsi entraînés à désirer d'en voir un grand nombre arriver au temple, et par suite à exciter à des actes trop répétés de piété et d'expiation. La piété, au lieu de concourir à la prospérité agricole et commerciale de l'état, au développement de la sensibilité, tendait à rendre l'état pauvre et l'homme sanguinaire. Le christianisme, en abolissant l'immolation des animaux, a rendu un grand service à l'agriculture, et favorisé ainsi la multiplication des hommes. Salomon immola, lors de la dédicace du temple, vingt mille bœufs et cent vingt mille brebis. En supposant qu'il se soit glissé une erreur dans le texte, et en réduisant ce nombre incroyable, il restera toujours un immense abattage. Quelle boucherie, quel lac de sang, quel dégoûtant spectacle que ces amas de chairs palpitantes! Quelle habitude de cruauté dans les prêtres par l'action, et dans les spectateurs par le regard!

Il fallait qu'Israël, ennemi de tous les peuples et par suite abhorré de tous, pût lutter avec succès contre tout l'univers. La nécessité força les Israélites à violer les ordres de Moyse en laissant vivre parmi eux les restes des Chananéens. Ainsi ce système d'extermination des étrangers manqua dès le début par impuissance. Moyse, Lycurgue ont voulu faire une société d'hommes farouches et cruels par esprit de conservation. L'avantage d'une nation doit-il être ainsi au détriment de la justice et de l'humanité? Le problème de concilier les vertus douces d'un peuple avec sa conservation se résout par la possession d'une quantité suffisante de territoire et de population. Dès lors, comme l'Hercule Farnèse, il peut être vigoureux sans effort, et s'appuyer en paix sur sa massue. Dans le système contraire de guerre, il faut exterminer toutes les nations ou les recevoir en son sein. Les Romains, plus habiles que les Hébreux, suivirent ce dernier plan. Moyse en flattant l'orgueil et la cupidité des Hébreux par une brillante généalogie et par de grandes espérances, les a fait persévérer dans sa foi. Mais ces moyens politiques de conservation et d'agrandissement ayant été insuffisants, la cruauté agressive de son peuple ayant partout provoqué une résistance furieuse, les Juifs se sont trouvés contenus et sans alliés : dès lors ils devaient succomber sous les coups des grands peuples orientaux. Détruits entièrement par Titus, par suite de ce fanatisme féroce qui les rendait odieux à tous les peuples, ils ont conservé dans leur dispersion, comme

CHAPITRE VII.

les seuls restes du naufrage, leur nom et les livres de leur foi. Mais tous les fruits de l'orgueil sont amers; leur persévérance, fondée sur ce sentiment, leur a valu mille maux : sans doute leur opiniâtreté a lassé leurs bourreaux, ils existent; mais la durée fait-elle le seul prix de l'existence? Ils ne la doivent enfin cette existence, dans leur isolement individuel, dans leur faiblesse, qu'au principe contraire à celui qui les armait contre le genre humain.

L'histoire nous offre cent religions diverses, et Dieu prodiguant à tous ces peuples les fruits de la terre, les rayons du jour, faisant couler les eaux douces dans leur cours éternel, et contenant partout les flots dans leurs limites. Cette tolérance de fait n'est-elle point une leçon suffisante? Dieu voit sans doute que sous des noms divers ces peuples adorent toujours l'auteur et le conservateur du monde, pourquoi voudrions-nous être plus difficiles que lui et prétendre mieux juger ses desseins, en substituant à sa bienfaisance générale une proscription générale? Les idées de Dieu sont le plus beau privilége humain, le caractère le plus indélébile de la race ; elles devraient ainsi être les plus doux liens des peuples.

Le culte de Zerdust, ou Zoroastre, ressemble, dans la simplicité de ses dogmes, au culte de Moyse. Chez tous les deux, la croyance à un dieu bienfaisant, remplissant les cieux et la terre de sa puissance; chez tous les deux aussi, un rival à ce dieu suprême : Satan en Palestine, Arihman en Perse. Ces religions n'étaient point ainsi le théisme pur. Cette doctrine des deux principes, que nous avons déjà vue en Égypte sous les noms d'Osiris et de Typhon, n'est qu'une preuve de la faiblesse de l'esprit et de l'imperfection des connaissances physiques. Les hommes de ces anciens temps, se faisant le centre de l'univers, appelaient l'œuvre du dieu bon ce qui leur était favorable dans l'ordre des saisons, des éléments, et *vice versa*. Ils ne voyaient pas qu'ils n'étaient qu'une faible portion du grand tout; que, par conséquent, tout l'ensemble des phénomènes n'avait point pour fin unique le bien-être de l'homme; que ce qui était d'abord le mal pour lui était le bien pour une foule d'autres êtres; que, par exemple, l'inondation qui couvrait ses champs faisait pulluler des races nombreuses de poissons et mille familles d'insectes; que le tonnerre qui embrasait une forêt jetait ainsi dans l'immense océan de l'air les principes qui devaient entrer dans mille combinaisons nouvelles, fertilisait la terre du sol incendié, et faisait couler des métaux inconnus des flancs de la montagne; que la saison hivernale, règne de Typhon, d'Arihman, temps de ténèbres, de tristesse pour l'homme, était une saison de joie, de reproduction pour une foule d'animaux, qui recevaient alors les impressions de l'amour; le temps d'une vie nouvelle pour des myriades d'oiseaux voyageurs; une saison de gestation pour la nature, qui couvait les germes dans son sein, et qui, dans les contrées polaires qu'ils ignoraient, recevait, sous le repos de la couche de neige et des sucs infiltrés de cette enveloppe au printemps, le principe d'une fertilité prochaine. Ils ne savaient pas que le temps de la mort d'Osiris était la belle saison pour les peuples inconnus situés à l'autre tropique, lesquels, comme habitants de la terre, avaient un droit égal aux bienfaits de la providence universelle, qui, par la disposition vaste et savante des cieux, ne pouvait départir à ces derniers la saison des fleurs et des fruits qu'en affligeant les hommes de l'hémisphère boréal d'une saison de froid, d'humidité et de ténèbres; enfin, ils n'avaient pas réfléchi que la constance des mêmes choses amène la satiété, et qu'ils s'affligeaient à tort de maux physiques par lesquels seulement ils pouvaient sentir les biens qui devaient suivre dans la grande rotation de la machine universelle.

Cette doctrine du dualisme a été encore attribuée à la bonté du cœur de l'homme, qui ne pouvait concevoir le mal dans un dieu bon. Cette origine serait touchante; mais on voit qu'elle a toujours encore pour source auxiliaire l'ignorance. Les volcans, les tempêtes, l'hiver, les maladies et la mort entraient comme éléments nécessaires dans le plan qui produit les fleurs, les fruits, les zéphyrs, l'amour et la brillante jeunesse. Dieu, dans les premières choses, n'a pas eu l'intention du mal. Il n'existe que dans la pensée de l'homme, dans ses relations individuelles avec la nature. Ainsi, en considérant l'univers du haut des cieux, comme le contemple la sagesse éternelle, nous pouvons admettre dans son ensemble mille effets différents, sans être obligés de les distribuer en deux classes, de les assigner à deux pouvoirs opposés, et nous sentons qu'ils rentrent tous dans les fins d'une providence bienfaisante, unique, dont nous ne pouvons entrevoir qu'une infiniment petite partie des profonds desseins; mais cette faible portion nous fait sentir, comme vérités immuables, que le grand tout est l'ordre, la sagesse, la bonté. Il serait bien utile que les ministres de la religion fussent tous grands naturalistes, habiles physiciens, profonds moralistes. Ils auraient ainsi plus de moyens de faire admirer Dieu dans ses œuvres, de le faire aimer dans ses fins, et de conduire tous les hommes dans la voie des affections tendres et généreuses.

L'histoire de tous les peuples nous montre combien peu de choses surprenantes il faut pour gagner la confiance des hommes. Pour eux, un seul fait hors des choses naturelles annonce, dans son auteur, une mission divine. La conséquence est juste, et si les peuples se sont trompés en croyant à ces prôneurs de nouveautés, ce n'est point en admettant cette conséquence, mais en n'examinant point avec assez de discernement les prétendus miracles qui en étaient le principe. Nous voyons dans l'histoire de Zerdust que la conviction du roi Gusthap, celle de sa cour, et par suite du peuple entier, est déterminée par la croissance hâtive d'un cyprès, par l'érection subite d'un pavillon à son sommet, et par la guérison d'un cheval malade.

Le culte des Perses est un des plus purs et des plus nobles que les hommes aient offerts à la Divinité. Ils n'adoraient point le feu ou le soleil, comme les premières apparences le feraient penser; les Parsis, qui ont conservé dans toute sa pureté le culte de leurs ancêtres, protestent de leur horreur de l'idolâtrie. Ils voient dans le feu, par ses bienfaits, par sa nature mystérieuse, un emblème de la Divinité. Les Perses le conservaient dans leurs pyréums comme symbole. Ils se tournaient dans leurs prières vers le soleil comme une source de l'élément du feu. Quelle plus noble image de Dieu pouvaient-ils choisir?

Ce respect pour le soleil ou Mithra, leurs sacrifices dits *mythriaques*, où l'on égorgeait un taureau, animal qui figurait alors la première constellation du printemps; ces choses paraissent tenir de l'ancien culte de l'Asie, le sabéisme, dont les traces se montrent partout. Le second Zoroastre, qui vivait sous Darius-Hystaspes, et qui réforma la religion des Perses, ne put détruire en entier des habitudes de plusieurs siècles, et ce mélange de sabéisme altéra sa doctrine, d'abord pure et simple.

Dans le soin religieux que mettaient les Perses à conserver aux éléments leur pureté on voit leur profond respect pour les œuvres du Très-Haut. Une nombreuse postérité, une plantation abondante d'arbres leur paraissaient les choses les plus agréables à l'Éternel. Leur doctrine féconde tendait aussi à couvrir la terre d'hommes et de florissants végétaux. Ces idées simples et gracieuses annoncent en eux un esprit dégagé de superstitions. Les cérémonies, les formules consacrées dans la religion des Parsis, et rapportées par les voyageurs, ont une justesse d'idées, un charme qui séduisent, et elles prouvent la vérité de mon assertion sur leurs ancêtres.

Zerdust apprit à ses disciples l'existence de l'âme, d'une autre vie, d'un dieu vengeur et rémunérateur.

Voilà les dogmes. Voyons le sort des prêtres dans cette religion. Les principes de foi de Zerdust étaient si simples, si purs qu'il fut impossible aux mages de les souiller par un mélange hétérogène de superstitions.

D'un autre côté, les guerres continuelles fixant le pouvoir dans les mains d'un chef militaire, le sacerdoce fut sans cesse éclipsé par les armes, et les mages se trouvèrent constamment forcés à un rôle subordonné. La force des circonstances empêcha sans doute que jamais l'idée de domination pût germer en eux.

La flétrissure, la méfiance que l'usurpation reconnue du faux Smerdis fit peser sur eux, et dont le souvenir fut tous les ans renouvelé par la fête dite *du massacre des mages*, jour où ils étaient obligés de se cacher, toutes ces causes de défaveur publique durent encore leur inspirer une modération constante, je dirai presque de l'humilité, et l'ambition ne put naître ainsi dans leur cœur.

Cette simplicité de dogmes, et l'impossibilité de l'ambition dans les prêtres, font ainsi du culte de Zerdust une des croyances les plus pures et les plus bienfaisantes qui aient régné parmi les hommes.

Tous les objets de la pensée et des affections de

CHAPITRE VII.

l'homme se partagent en deux grandes classes, ceux de la terre et ceux du ciel; cette dernière agit le plus vivement sur le grand nombre, et c'est le plus beau trait de la nature humaine; mais on comprend que les nations, modifiées par des circonstances diverses, ne présentent point toutes ce penchant avec le même degré d'intensité et les mêmes formes.

Les peuples du Nord, obligés de lutter contre les rigueurs d'un climat malfaisant, ou ceux en présence d'ennemis voisins et éternels, ne peuvent se livrer avec abandon à la contemplation des idées religieuses.

Cette contemplation sera un effet irrésistible d'une nature riche et belle qui prodigue ses fruits sans demander à l'homme de pénibles efforts de culture, un penchant naturel de la reconnaissance, un besoin de la réflexion qui naît de la paresse du corps sous un ciel enflammé. Telle est la propension de l'homme dans l'immense région des Indes.

Nous trouvons dans la doctrine des Indous les idées les plus sublimes de la Divinité. Elles offrent la conception du théisme avec un charme de sentiment affectueux, qui semble le caractère des habitants de ces contrées. Voici la profession des Indous tirée littéralement des Védas :

« Il existe un dieu, vivant et vrai, éternel, incorpo-
« rel, impalpable, impassible, tout puissant, tout sa-
« vant, infiniment bon, qui fait et conserve toutes
« choses. Cette première cause, ou *ce qui est*, ne peut
« être soumise aux sens, existe partout en substance,

« échappe à notre perception, est sans commencement
« ni fin. »

Cette doctrine du théisme pur a sans doute été celle des premiers sages de l'Indoustan; mais son spiritualisme ne la rendait pas saisissable au peuple. C'est une loi de la nature que les hommes des dernières classes soient en tous lieux conduits par les sensations plus que par les idées ; de là les superstitions.

Cette croyance à un dieu infini en perfections fut subdivisée en une foule de dieux partiels. Mais l'unité, l'immutabilité de la Divinité sont encore exprimées dans la série des transformations, comme l'indique ce passage tiré du premier Pourana[1] : « Le seigneur de l'univers « prend plusieurs formes corporelles ; mais quoique « comme l'air il passe à travers une multitude d'êtres, il « demeure toujours lui-même, parce qu'il n'a point de « qualité sujette au changement. »

Cette subdivision de la Divinité nous offre dans l'Inde les types évidents des dieux de la Grèce et de l'Italie ; nous prouverons cette identité lors de l'exposition de la mythologie grecque. En supposant l'identité établie, le lecteur pourrait être indécis sur la priorité de ces mythes chez l'un ou l'autre peuple ; mais quelques courtes observations ne peuvent pas laisser de doutes sur l'origine de ces systèmes religieux. Nous trouvons dans toutes les institutions de l'Inde et dans les habitudes de sa population un trait éminemment remar-

[1] Dissertation sur les dieux de la Grèce et de l'Inde, par Williams Jones, Recherches asiatiques, vol. I.

quable, c'est la permanence. Elle prouve la haute antiquité de ses institutions ; elle porte aussi à croire que l'Inde dut agir sur les autres peuples par l'exemple plutôt que de recevoir leurs croyances. Les documents astronomiques, chronologiques des Indous, les monuments de leurs arts, constatent d'une manière saillante une antériorité d'existence des Indous sur les Hellènes. Pour la doctrine religieuse, les Grecs sont donc leurs disciples, si même ils ne dérivent point encore pour le sang et le langage de cette source immense et mystérieuse de l'Inde.

Les sources de la mythologie des anciens Égyptiens, comme celles de leur fleuve fameux, furent ignorées de l'antiquité, et n'ont été découvertes que de nos jours. Les dogmes indous nous présentent sous des noms différents, mais avec les mêmes attributs, les premières divinités égyptiennes, Osiris et Isis. Nous retrouvons les traits du premier dans Isonara, le dieu de la nature, et ceux d'Isis dans Isani ou Isi[1], son épouse. Ils représentent les facultés de la nature considérée comme mâle et femelle.

L'œuf, symbole du monde, que le grand dieu égyptien Cneph rend par la bouche, est « l'œuf d'or, res- « plendissant à l'égal de mille soleils, où naquit Brahma, « existant par lui-même, père auguste de tous les êtres « raisonnables, et qui, s'ouvrant, produisit par les deux « parts les cieux et la terre. »

---

[1] *Recherches asiatiques*, vol. 1, p. 192.

Le système mythologique indien est un monothéisme subdivisé en plusieurs divinités sensibles et palpables, lesquelles ne sont que les facultés diverses et personnifiées du Créateur, de l'âme de l'univers, de la puissance invisible, éternelle, immuable, répandue partout. Les trois modes principaux de l'existence de tous les êtres et de tous les corps, la création, la conservation, la destruction, sont représentés par la grande trinité de Brahma, Vichnou et Siva. Des subdivisions, des transformations des êtres de la hiérarchie céleste, ont lieu encore, et la Divinité est rendue ainsi compréhensible dans des attributs déterminés, palpable sous des formes convenues.

Le néant, la mort ou la destruction sont des idées étrangères à la croyance indienne ; elle ne voit dans la destruction qu'un mode nouveau d'existence. Cette idée générale, appliquée à l'homme, produit le système de la métempsycose ou de la transmigration des âmes, comme un corollaire du principe fondamental.

La sagesse des Indous éclate dans ce passage du Shastah, l'un des quatre Védas ou livres de leur croyance : il commence par cette grande vérité, qu'il est insensé à l'homme de sonder la profondeur de l'essence divine. Cette idée sublime, qui est présentée par Bailly comme le résultat de la haute expérience du peuple primitif qui civilisa les peuples historiques de l'Asie, eût préservé, si elle eût été fortement et universellement établie, le genre humain des disputes et des guerres théologiques, qui ont fait répandre le plus les larmes, le sang, et allumé les incendies. Les commentateurs ont souillé cette religion si pure des premiers sages de l'Inde. Hélas! nous devrions avoir pour la Divinité la même pudeur que les Spartiates pour leurs femmes : cesser d'en médire par nos absurdes commentaires sur ses desseins prétendus, nous borner à l'honorer comme ses fils, et nous aimer en frères. Deux mots suffisent pour prouver l'inutilité de ces commentaires. Si Dieu a voulu être compris, il a dicté à ses interprètes des expressions que tous les hommes pussent comprendre ; s'il a voulu qu'une partie de son discours fût impénétrable, toutes les tentatives pour l'expliquer seront vaines. Ces commentaires, en effet, ne font qu'épaissir les ténèbres qui environnent ce grand être ; ils ne sont souvent que les divagations d'enthousiastes qui prennent leur délire pour une inspiration divine : ils rêvent, et au réveil ils nous donnent leurs songes pour des réalités.

Le plus léger mal serait leur inutilité. Ils peuvent devenir dangereux et horribles. Dans l'Inde antique comme de nos jours, nous les voyons devenir une école de stupidité et de crime. Ils altèrent à jamais l'entendement, étouffent les doux instincts, pervertissent la conscience, font de l'homme un fou mélancolique, un être bizarre, ennemi de lui-même, des autres, et hors de toutes les lois de la nature. Revenons, par le tableau des écarts monstrueux que nous offre l'histoire, à ce grand principe déjà énoncé : Adorons Dieu, suivons sa voix qui retentit dans nos cœurs pour nous imposer des devoirs bienfaisants, salutaires, et ne cherchons point à le comprendre.

Le système religieux des Indous, dans son principe, offre les idées les plus belles de la Divinité : les attributs de ce dieu unique, centre et âme du monde, sont l'infini en tous sens. Nous avons vu comment cette sublime idée se subdivise et se transforme en panthéisme. Ainsi partout les sages et la foule, en se livrant à la pratique du même culte, ont deux croyances différentes.

Dupuis a vu dans toutes les religions de l'Asie, et notamment dans celles des peuples qui bordaient la Méditerranée, les débris d'un ancien culte du soleil et des astres. Son système, comme tous les systèmes, a bien des côtés spécieux et séduisants. Il explique ainsi avec la sphère plusieurs parties de la théogonie des Grecs et des Asiatiques, entre autres, les voyages aventureux d'Hercule, de Bacchus, de Jason, de Persée. Selon lui, les poëtes ont ajouté dans leurs ouvrages à la peinture de la marche et des bienfaits du soleil, désigné sous les noms de ces héros fabuleux, des descriptions géographiques et des tableaux des passions humaines, que le peuple ignorant et sensuel prit pour le principal objet des poëmes, et la vérité astronomique disparut à ses yeux. En effet, tous ces emblèmes d'Osiris, d'Adonis, de Bel, tous les faits merveilleux qu'on leur attribue, montrent partout le soleil comme l'âme, la joie du monde ; dans son absence, la terre est en deuil de son époux. Les femmes, à Biblus en Égypte, invoquent par des cris lamentables le dieu descendu au tombeau ou dans un autre hémisphère. Le soleil semble créer par son action l'univers : sa présence est la vie ; sa fuite, le néant. Pourrait-on trop exalter ses bienfaits, trop déplorer sa perte ? Dans toute cette théogonie égyptienne, perse, grecque, chaldéenne, l'allégorie est palpable.

Mais ce système dans ses côtés les plus séduisants offre des défectuosités. Osiris, présenté dans plusieurs pierres antiques couronné de rayons, offre ainsi un emblème évident du soleil. On le voit aussi tenant le phallus à la main, et faisant une libation : l'objet et l'action sont des symboles clairs de la puissance vivifiante de l'astre du jour; mais les autres attributs d'Osiris ne peuvent offrir une allégorie semblable. Un grand nombre se rapportent à l'idée d'Osiris considéré comme le génie du Nil ; ce fleuve était presque aussi important en Égypte que le soleil, et devait donc être déifié.

Tout système est plein d'une idée dominante et exclusive. Dupuis ne veut voir dans toute l'antiquité que le culte du soleil. Si l'homme divinisait dans le soleil la force vivifiante qui fécondait la terre, il a divinisé de même les éléments qui exerçaient sur lui une puissance douce et terrible ; il a divinisé encore les passions de son cœur, afin de pouvoir obtenir auprès de ses idoles complaisantes la sanction de ses penchants déréglés. Nous trouvons ainsi dans les cultes de l'Asie, jointes à l'antique sabéisme, ces deux nouvelles sources d'idolâtrie. Toutes les divinités des vents et de la mer ne pouvaient ainsi dériver du culte des astres ; les fictions charmantes de l'Amour, des Grâces, de la ceinture de la Pudeur donnée comme le charme le plus puissant de la déesse de la Beauté, et tant d'autres mythes égyptiens, chaldéens, étaient entièrement étrangers à l'astronomie. Tout auteur de système ne voit que son idée chérie, ne sent, n'aime qu'elle, et cette passion aveugle son jugement.

Un autre vice remarquable dans Dupuis, c'est que toutes ses idées sont basées sur le matérialisme. Oui, c'est le système dans lequel l'imagination et ses conceptions grandioses et hasardeuses sont nécessairement exclues; c'est n'admettre que ce qui est démontrable comme une vérité mathématique; c'est celui qu'on peut le mieux tristement établir, en n'appelant pour juges que les sens de l'homme, et écartant au loin toutes les inspirations du sentiment et de l'imagination. Sans doute nous ne pouvons prouver Dieu, son essence, ses attributs, sa manière d'agir sur l'univers; mais malgré ces mystères à jamais impénétrables, le spectacle du monde et toutes les voix de notre âme nous attestent son existence. L'analogie entraînera toujours le plus simple à conclure que, comme l'œuvre de ses mains n'est pas lui, et cependant prouve que ce *lui* existe, de même le grand tout prouve un auteur puissant et hors de son ouvrage. Cette manière de concevoir la Divinité est la plus naturelle à l'homme. Les notions théologiques de tous les peuples sauvages le prouvent.

Nous ne comprenons point la Divinité éparse dans les vents, dans les eaux, dans la terre, et enfin s'offrant sous mille formes dans la nature animale et végétale. Ce Protée échappe, par ses transformations, à notre pensée, et nous n'embrassons jamais dans ce système, qui semble le plus positif, le plus palpable, qu'une ombre vaine; c'est une abstraction de l'esprit, c'est-à-dire un effort, une contention continuelle, et la fatigue en dégoûterait seule.

D'ailleurs, le système du matérialisme, où l'on annonce aller constamment le compas à la main, repose, dans Dupuis encore, sur une base fausse; pour ennoblir son idée, pour nous présenter Dieu avec le premier attribut que l'imagination humaine conçoit dans un être créateur, l'immutabilité, il nous représente son *univers-dieu* comme inaccessible à l'action du temps. « Nos pères « n'ont point vu naître la nature, nos arrière-neveux ne « la verront point finir. En descendant au tombeau, « nous la laisserons aussi jeune qu'elle était lorsque nous « sommes sortis de son sein. La postérité la plus reculée « verra le soleil se lever aussi brillant que l'ont vu nos « pères. Naître, croître, vieillir et mourir expriment « des idées qui sont étrangères à la nature universelle, « et qui n'appartiennent qu'à l'homme et aux autres effets « qu'elle produit [1]. » Mais tout, sur le globe et dans les cieux, nous montre les immenses changements opérés dans le passé; tout nous en fait présager pour l'avenir. Notre planète ne fut jadis qu'un vaste océan. Les témoins irrécusables de ce grand fait sont entassés au sommet

---

[1] *Abrégé de l'origine de tous les cultes*, chap. I.

des montagnes, forment de leurs débris le sol de nos plaines. Des familles d'animaux ont vécu dans les premiers temps où nos continents furent découverts, et sont éteintes aujourd'hui. L'homme ne paraît que très-récent. Sa race ne peut-elle pas avoir le sort de ces antiques familles? En effet, les mers se comblent par les débris des montagnes, l'entassement des coquillages, et cependant leurs flots, constamment absorbés par la végétation, l'animalisation, ne débordent pas leurs rivages. Ce vieux océan, jadis universel, disparaîtra donc en entier, par sa transmutation en d'autres éléments. Alors, que deviendra l'homme et cette nature actuelle, qui est en rapport avec lui, et qu'on nous présente comme devant être éternelle? Tout aura passé. L'homme, dans son jour de durée, a vu des étoiles s'éteindre; l'astronomie voit des variations dans les taches du soleil; cependant Dupuis prédit à la postérité la plus reculée que cet astre doit toujours se *lever aussi brillant que nous le voyons*. Si ces taches s'accroissaient, si ce mouvement de transformation que nous voyons dans notre globe est la loi générale de tous les globes, comme l'analogie le fait présumer; si les comètes, dans leur marche vagabonde, venaient jeter le désordre dans notre système..... Ces conjectures ne sont que des conséquences du passé; peut-on n'y voir que des rêveries d'un esprit effrayé? Non! Là est le sort futur de la race humaine et de la nature présente. Où donc est cette immutabilité, cette jeunesse éternelle dont Dupuis embellissait son *univers-dieu*. Ce dieu éprouve donc

CHAPITRE VII. 241

mille transformations et change d'essence de siècle en siècle, presque de jour en jour. Oui, le matérialisme, qui s'offrait d'abord sous des formes imposantes, est encore plus chimérique et plus absurde qu'aucun autre système théologique.

Avec Dupuis, nous verrons dans les pratiques religieuses des peuples asiatiques occidentaux un fond de sabéisme; mais, différemment que lui, nous le verrons mélangé, presque voilé par d'autres pratiques qui n'avaient point les cieux pour origine. Nous assignerons plusieurs causes de ces additions.

1° Une foule de phénomènes, sur la terre, ne paraissent en rien dépendants des astres. L'homme ne pouvait en chercher la cause dans le cours de ces globes ou mieux dans l'influence des génies qu'il plaçait dans les grands luminaires, comme leurs régulateurs. Pour ces nouveaux phénomènes il imagina d'autres génies.

2° Le climat ardent, le mélange avec les étrangers, amenés par le commerce ou la navigation, mélange en tous lieux funeste aux mœurs, donnèrent un penchant à la dissolution à tous ces peuples riverains, et ils firent leurs dieux à leur image; puis ils se livrèrent avec une sécurité nouvelle au débordement le plus effréné, lorsqu'il fut comme légitimé par la présence des autels et la chronique de leurs dieux.

3° Ici comme partout le mal vient d'en bas, est d'origine humaine, et non enseigné par le ciel. Les prêtres imposteurs encouragèrent, pour leur intérêt, ce penchant à la dissolution. Ils prescrivirent les prostitutions de Biblus, d'Aphac, de Babylone, dont ils retiraient le produit et souvent même le plaisir, et un plaisir raffiné. Le grand prêtre de Babylone, nous dit-on, choisissait d'un œil luxurieux, dans toute la population, la femme qui lui plaisait le plus, la faisait désigner par le dieu, et cette femme, dans l'appartement consacré dans la tour de Bélus, recevait les faveurs du grand prêtre ou de ses mandataires. Nous savons, par un récit plaisant, qu'en imitation du grand prêtre de Bel un homme d'esprit se fit le dieu Scamandre pour disposer à la complaisance, en prenant la figure d'un dieu, une jeune fille rebelle aux baisers humains.

Le temple de Hiérapolis, en Syrie, était l'objet d'un nombreux pèlerinage. Les superstitions les plus bizarres, les plus absurdes, étaient là entassées. Les prêtres surent tirer parti, à Hiérapolis, du plaisir et de la folie. Des dons considérables étaient imposés aux pèlerins. La crédulité stupide sacrifiait dans l'espoir d'un riche retour des dieux, et l'adresse sacerdotale s'appropriait les présents consacrés.

Toutes ces choses, les vices de l'adulte, les rêveries des enfants ou des vieilles femmes, les cruautés des fous furieux, divinisés dans ce culte monstrueux, sont loin d'être le culte des astres comme le voit Dupuis. Son système, séduisant par sa simplicité et sa généralité, se trouve inexact dans l'application. Ici un des traits les plus favorables pour lui est l'adoration universelle et fervente du phallus sur tout ce rivage obscène. Ce culte de l'organe générateur semble émaner directement du culte du soleil. Le phallus était le plus heureux emblème du soleil, pour exprimer l'action douce et féconde de cet astre; c'est le trait caractéristique des figures d'Osiris. Dupuis aurait pleinement raison si toutes les observations sur les cultes asiatiques étaient aussi concluantes.

Nous venons de voir les prêtres sur le mont Aphac, dans le temple de Mylitta de Babylone, dans la vaste enceinte sacrée d'Hiérapolis, exploiter à leur profit la débauche, la folie, la stupidité. Ils vont agir encore sur l'homme par un ressort puissant, la terreur. L'histoire dit que les prêtres babyloniens immolaient des victimes humaines pour apaiser leurs dieux, ou se concilier leur faveur. Cette coutume est également attribuée aux Phéniciens et aux Égyptiens. Plus le présent qu'un homme adresse à son supérieur est considérable, plus il espère sa bienveillance, sa protection. Par analogie on sacrifia des victimes humaines aux dieux. A Hiérapolis des insensés sacrifiaient même leurs enfants, en les précipitant du haut d'une descente escarpée. Ce fait, qui semble sans cause, qui contrarie le sentiment le plus constant, s'explique par un autre sentiment plus profond que l'amour paternel, l'amour de soi. L'égoïsme ne pouvait point s'offrir sous un aspect plus hideux. Jamais la superstition ne se montra plus contraire à la raison et au bonheur général. Comment les hommes ont-ils pu se persuader que les dieux pouvaient vouloir leur nuire, et que, pour apaiser son courroux, le ciel demandait des sacrifices horribles? Ils n'ont jamais attribué cette influence malveillante aux ombres de leurs aïeux; espéraient-ils moins de leurs dieux? Cette affreuse déviation d'idées ne peut qu'être étrangère et imposée par ceux qui en recueillaient les avantages. Comment se faisait le choix de la victime? Nous l'ignorons. Si, comme il est vraisemblable par l'analogie des exemples en d'autres lieux, le choix dépendait des prêtres, quelle puissance n'avaient-ils point par ce moyen! Quels sacrifices étaient difficiles pour se racheter?

Mais qu'est-ce que la religion qui tolère ou même encourage de telles horreurs? Est-ce un présent du ciel ou une émanation de l'enfer? Nous avons vu dans le cours de ce chapitre tant d'absurdités, de cruautés dans les dogmes, tant d'égoïsme, de fourberie, d'atrocité dans les prêtres, que nous ne pouvons présenter comme un bien pour les hommes les croyances exposées, si fécondes en superstitions et en malheurs. Les idées religieuses semblent être placées aux deux extrémités de la chaîne des connaissances humaines. C'est l'idiotisme de l'enfance ou la pensée céleste du sage. Malheureusement les peuples, dans le tableau offert, en restèrent aux premières notions, les prêtres les y maintinrent par un bas et faux calcul. Les divagations des théogonies asiatiques nous ont montré combien sont vaines les tentatives de l'homme pour esquisser Dieu et le faire agir dignement. Partout l'homme fait Dieu à son image; cette conception ne nous élève point jusqu'à lui, mais le ravale jusqu'à nous. Le faible atome d'un jour mesure l'Éternel sur son néant : on ne sait s'il faut trouver risible ou impie tant d'orgueil. Dieu est un océan sans fond et sans rive que l'homme ne peut embrasser ni sonder. Il est infini en tout, et notre faible intelligence, ne pouvant saisir que des quantités finies, ne peut donc avoir une notion distincte de Dieu. Pour dire ce qu'il est, il nous faudrait être lui-même; nous pouvons dire ce qu'il n'est point en éloignant des idées présentées sur lui tout ce qui est mortel, limité, variable, mais après ces soustractions des conceptions populaires offertes à l'imagination, il ne reste rien de l'être qu'on nous a peint, nous nous trouvons tout à coup jetés dans un vide immense, et cet être mystérieux nous échappe, comme un fantôme enfant de la nuit, dissous dans l'air et les premières lueurs de l'aurore. Les poëtes, qui mettent dans leurs compositions des êtres surnaturels en action, ne nous présentent jamais que des hommes doués de facultés surhumaines, ou avec des attributs départis à d'autres animaux, ou avec une puissance sur les éléments, comme celle que les nourrices donnent aux sorciers, aux magiciens, aux fées. Tous ces êtres fantastiques, composés de pièces de rapport, peuvent amuser un instant l'imagination; nous nous plaisons à redevenir enfants en écoutant ces contes. Le jeune homme qui ne sent que ses passions peut aimer encore ces êtres mythologiques en voyant dans eux l'appui de ses goûts effrénés, mais le jeune homme est presque, sous le rapport de la raison, un enfant barbu avec d'autres goûts que ceux du bambin folâtre. Ainsi l'attrait pour ces conceptions fantasmagoriques tient à l'instinct de l'enfance, et nous nous souvenons toujours dans notre cœur de cet âge aimable; mais ces conceptions font sourire le sage, le physicien, et ne leur donnent point l'idée de Dieu.

Plus nous étudions la nature et plus nous y voyons des rapports nouveaux d'ordre, de majesté, une immensité d'objets et de faits qui s'étend toujours, et plus ainsi l'idée de son auteur s'accroît dans notre esprit; alors cet être que nous accolons à notre petite stature, à nos idées étroites, à nos malfaisantes passions, s'agrandit. Alors son front dépasse les étoiles, ses pieds plongent au delà des bases de l'univers, et sa voix douce et forte nous pardonne et nous dit de l'aimer, de l'honorer, de suivre ses lois recélées dans notre conscience, et d'abandonner la folle et vaine tentative de le comprendre.

Ces idées, qu'inspire la raison, sont déjà bien anciennes. Le Shartah, l'un des quatre védas ou livres de la croyance des Indous, commence par cette grande vérité : qu'il est insensé à l'homme de sonder la profondeur de l'essence divine. Cette pensée sublime, qui est présentée par Bailly comme le résultat de la haute expérience du peuple primitif qui civilisa les peuples historiques, nous aurait préservés, si elle eût été pratiquée, des disputes théologiques qui ont fait le plus répandre les larmes, le sang et allumé les incendies. Hélas! nous devrions avoir pour la Divinité la même pudeur que les Spartiates pour leurs femmes, cesser d'en medire par nos absurdes commentaires sur ses desseins. Nous devrions nous borner à la louer pour ses bienfaits, à l'honorer comme ses fils et à nous aimer en frères.

Les principaux attributs que la raison conçoit dans Dieu sont la prescience, la justice et la bonté; l'être infini en puissance, en durée, ne doit-il pas recéler l'avenir dans son sein, le connaître comme le passé? Pouvons-nous concevoir Dieu borné, limité dans sa prévision? La justice ou l'observation des droits de chacun des êtres créés par lui ne doit-elle pas faire partie de son essence? Il est le père universel, il veut donc l'existence de chaque être, et conséquemment l'exécution pour chacun des moyens convenables pour entretenir sa vie. Il ne se borne point aux instincts conservateurs: sa bonté se manifeste dans les mille moyens de jouissance qu'il a départis à chaque être, depuis l'homme qui atteint de son regard, dans un long ravissement, les sphères célestes et renferme les images animées du monde dans son cerveau, jusqu'à l'insecte imperceptible suspendu dans un rayon de lumière, balancé par le zéphyr, mû par son aile inconstante dans un léger tourbillon d'atomes semblables et pour qui l'existence n'est qu'une longue joie. La bonté est surtout nécessaire dans Dieu. L'être à qui il a donné pour régulateur, pour interprète de ses lois, la conscience, trop souvent méconnaît ou brave les décisions de ce juge incorruptible. Ce touchant attribut est le conciliateur entre la justice divine et la fragilité de l'homme. Il explique le mystère de notre avenir, et par lui Dieu ne nous est point présenté comme un juge inflexible, mais comme un père à la fois juste et tendre qui, après un temps d'expiation, pardonne. La justice seule serait hors de proportion avec notre nature variable. Sans la bonté, Dieu deviendrait pour tout homme pensant un épouvantail; dans le droit sublime de faire grâce après le repentir, l'homme aurait-il départi aux rois le plus noble de leurs attributs et en priverait-il Dieu? Non, et repoussons loin de nous comme un être antipathique, comme un malade livré à une aberration mentale, l'homme qui veut faire Dieu perpétuellement cruel.

Une difficulté se présente d'abord : nous sommes forcés de rapetisser Dieu, en lui ôtant la prescience, ou de ne faire de l'homme qu'une vile machine, en lui ôtant le libre arbitre. Sans le libre arbitre il n'y a plus de moralité dans nos actions : la récompense ou la punition sont alors faussement appliquées. Que faire, dans cette perplexité effrayante, entre le blasphème et notre dégradation? Agrandir en nous l'idée de Dieu, placer l'Éternel hors de notre portée dans les régions de l'infini, et rester alors libres sur notre petite sphère, sous l'action de sa providence conservatrice; ainsi, par un profond respect pour la majesté divine, et cessant d'accoler Dieu à notre petitesse, nous pouvons concilier les choses qui paraissent d'abord inalliables, la prescience et le libre arbitre, en modifiant nos idées sur chacune d'elles. Les lois physiques générales, cette force de vie répandue dans toute la nature, l'instinct dans les animaux, la raison et la conscience dans l'homme, voilà ses agents, et la puissante main qui donna l'impulsion motrice à ce système harmonieux ne descend pas aux détails d'exécution : l'ensemble des grands effets, la conservation, l'accord de toutes les parties du grand tout, voilà la prescience divine. Il nous a créés avec des moteurs sûrs, qui nous dirigent comme les lois de la gravitation et de l'impulsion tangentielle dirigent les astres, et il nous laisse ensuite à l'action de ces agents. Notre bonheur dépend de notre fidélité à suivre ces impulsions primordiales. Comme nous ne sommes pas seuls dans ce monde, c'est dans la combinaison de notre intérêt avec celui de nos semblables que sont la sagesse et la félicité : voilà, ce semble, une donnée pour expliquer le libre arbitre.

Par un examen attentif nous verrons que la plupart des hiérophantes de l'antique Orient ont contrarié, dans la foi imposée et dans les rites de leur culte, ces notions de prescience, de justice et de bonté données, par la méditation, comme des éléments de l'idée de Dieu.

Ils font agir et parler la Divinité dans leurs théogonies, et l'exposent sans cesse à des contradictions, à des inconséquences, le fait inévitable de l'homme sous l'influence des circonstances diverses d'esprit, de position, d'âge, d'époque et d'auditoire, où cet être variable et oublieux se trouve. Les événements contraires au plan qu'elle a tracé se présentent; elle ne les a donc pas prévus, ou n'a pu les empêcher : c'est donc manque de prescience ou de puissance. La Divinité, subdivisée en agents d'aspects différents, agit dans les événements et récompense ensuite ses sectateurs d'un succès qui est son ouvrage, ou les punit de revers ou d'infidélités qu'elle voyait dans sa pensée, et qui ne sont pour elle que le développement inévitable du plan qu'elle avait arrêté dès l'origine des temps. La récompense et le châtiment sont alors également absurdes; ainsi, dès qu'on s'écarte des notions naturelles du juste et de l'injuste, et qu'on fait intervenir sans cesse Dieu comme moteur dans les affaires humaines, il n'est plus de morale, plus de sûreté pour les citoyens entre eux, plus de principes fixes pour la direction de l'état. Les spectateurs ne peuvent plus juger l'homme agissant comme leur semblable : celui-ci n'a plus ni volonté, ni examen, ni choix; il agit forcément dans une voie déterminée; il n'y a plus qu'une seule règle : c'est le fanatisme. On voit qu'en admettant toujours Dieu en place de la raison, les nations sont alors livrées aux caprices, aux intérêts de ceux qui se font les interprètes de la Divinité. La prudence humaine est alors annulée dans sa prévision et dans son action : cela mène à l'indifférence stupide, qui fut toujours le caractère général des Orientaux; ils ne font rien parce qu'ils croient que Dieu doit faire tout : voilà le dogme pétrifiant de la fatalité.

L'intervention des dieux peut exister dans la poésie : elle vit de fictions, et le poëte ne nous impose pas une loi exclusive à ses extravagances harmonieuses. Là le plaisir seul fait la croyance, et l'incrédule ne peut en courir de mal plus grand de la part du chantre et de ses sectateurs que le reproche de manquer de goût. Mais la grave histoire doit être dépositaire des règles qui assurent le bonheur des hommes : tout en elle doit être pris au sérieux; tout en elle doit donc être vrai. La fiction est incompatible avec le caractère qu'elle doit le plus impérieusement manifester, et qui seul est la garantie de toutes ses perfections et de tous ses avantages, l'authenticité. La fiction introduirait dans l'histoire deux genres hétérogènes de faits; alors une croyance générale pourrait amener une nation au crime, à la ruine ; la dissidence dans quelques citoyens, à la proscription et au malheur. La poésie peut être les annales de l'imagination et d'une brillante et aimable folie, mais l'histoire ne doit être écrite que par la raison et la vertu.

Tous les fondateurs des religions, depuis le Gange jusqu'à la Méditerranée, nous présentent leur peuple comme l'élu du ciel : cette prédilection ne peut s'accorder avec l'idée de la justice divine. Le culte exclusif est également une lésion des droits du genre humain. Pourquoi cette proscription de l'immense majorité? pourquoi l'initiation aux formes privilégiées n'est-elle point universelle? pourquoi faire un crime de l'ignorance involontaire?

Les Égyptiens, plus inconséquents encore, établirent cette proscription dans le sein même de la nation; ils flétrirent comme impurs à perpétuité les gardiens de pourceaux; cependant le dieu Cneph était pour les Thébains le créateur universel. D'un autre côté, la cérémonie du jugement funèbre soumettait tous les Égyptiens à son empire. Voilà une commune origine et des droits communs : pourquoi la contradiction de la flétrissure d'une classe d'hommes? Ceci ne peut point être présenté comme une mesure politique ; il est évident que le système régulateur de l'Égypte était la théocratie, et que tout émanait d'elle. La doctrine égyptienne est un mélange hétérogène d'ombres et de lumière.

Les brachmanes plus absurdes n'établirent point la communauté d'origine parmi les hommes : leur caste venait de la tête de Brahma et les autres de parties moins nobles du même dieu. Les parias, comme provenus de ses pieds, étaient proscrits. Brahma s'est montré moins sage que Cneph, Jéhovah, Jupiter, puisqu'il divisait les hommes au lieu de les unir. La politique établit une hiérarchie fondée sur les services rendus à l'état et sur le degré de capacité, mais elle accorde, lorsqu'elle est sage, cette distinction des rangs et des droits avec la justice en ne mettant point des barrières insurmontables pour arrêter le mérite dans son ascension. Le sacerdoce en Égypte et dans l'Inde fut moins habile, il n'eut point ainsi l'idée de la justice comme un des attributs fondamentaux de la Divinité : elle amène nécessairement à la fraternité des hommes. Que résulta-t-il de ce dogme erroné ? l'affaiblissement moral et physique des uns par un orgueil insensé, des autres par la honte, et les Indous et les Égyptiens furent presque toujours courbés sous des chaînes apportées par vingt peuples divers.

La plupart des pontifes de l'Asie crurent encore

CHAPITRE VII. 253

moins à la bonté de Dieu qu'à sa justice. Cependant Dieu est évidemment le père universel. Tous les êtres émanés de son sein lui sont chers. S'il a départi à quelques-uns des dons plus abondants, plus précieux, il s'intéresse néanmoins à ce que les autres jouissent de la portion de bonheur qui leur fut destinée et qui est en rapport avec leurs organes; il a préservé de l'envie par l'ignorance les plus disgraciés. Tous les animaux n'ayant nulle idée de la mort parcourent leur carrière en goûtant sans altération les plaisirs qui lui sont dévolus. Voilà qui constate pour l'universalité des êtres la bonté de Dieu; elle éclate d'une manière encore plus frappante pour l'espèce humaine. Ses nobles facultés, sa longévité, son empire sur la nature et sur tous les animaux, cette seconde vie offerte sous tous les climats par les interprètes de la sagesse divine et que le cœur adopte avec empressement comme la réalisation de ses espérances, comme la révélation d'une nature immortelle, par suite de laquelle le trépas ne fait qu'ouvrir au dernier des humains, s'il fut juste, une perspective plus brillante que celle du trône de l'univers : toutes ces choses communes à tous les hommes proclament la bonté de Dieu pour l'espèce entière.

C'est en s'isolant des passions et des intérêts de la terre, en planant au-dessus de toutes les impressions humaines, que l'homme peut le mieux s'élever à l'idée de la bonté de Dieu. Indépendant alors de toutes les causes qui pourraient altérer son jugement, il ne voit de cette haute contemplation que les droits de tous à la sollicitude paternelle de Dieu, il prononce alors avec sévérité sur les hiérophantes qui font Dieu partial, jaloux, haineux, qui lui font préparer le mal pour le punir. Quelle horreur ne nous inspirerait point le magistrat qui ferait tomber des hommes simples dans des piéges pour se plaire après à leur infliger des châtiments? C'est cette iniquité que l'on prête à Dieu. Toutes les faveurs exclusives pour un peuple ou pour un homme qui sont présentées antécédemment des faits, c'est-à-dire qui sont une élection et non une récompense, contrarient également les idées de la justice et de la bonté de Dieu. Cette prédilection que nous voyons dans la doctrine de tous les fondateurs de religions dans l'Asie ajoute encore l'idée d'inconséquence aux fausses notions qu'ils nous donnent de la divinité une ou multiple. En effet, de grands peuples vivaient au loin, qui ignoraient cette loi privilégiée, et qui jouissaient cependant avec abondance des rayons du jour et des fruits de la terre; souvent même ces profanes exercent un empire rigoureux sur les peuples privilégiés : que deviennent alors l'indignation de la Divinité pour ceux qu'on dit lui être étrangers, ennemis, et les faveurs promises aux élus?

Il faut le dire pour être franc et juste : la plus grande partie de ces notions absurdes ou cruelles que l'on nous donne du grand Être, et qui établissent une contradiction manifeste entre les idées types inspirées par la raison, la conscience, et entre les dogmes prescrits, proviennent des successeurs du premier pontife qui, privés de son génie et n'ayant point la même responsabilité devant la postérité, se livrent avec abandon aux vices de leur entendement et de leur cœur.

Les prétentions au rôle périlleux de chef ne sont point naturelles à tous les hommes; l'audace est le caractère du petit nombre. Mais les successeurs de l'homme puissant qui sut créer, s'ils ne veulent point comme lui le sceptre qui pèse et attire la foudre, prétendent néanmoins à des respects et à des trésors; la doctrine primitive peut ainsi s'altérer par toutes les notions hétérogènes et les moyens répréhensibles qu'ils emploient pour satisfaire ces passions pressantes de l'homme vulgaire, l'orgueil et la cupidité.

Le bienfaisant conservateur du monde est ainsi souvent présenté sous les traits hideux du génie du mal. Par suite, l'homme s'impose de nouveaux devoirs, oublie, méconnaît ceux dictés par la nature, et le voilà hors de la route tracée par Dieu même, s'abreuvant de sang et de larmes, et maudissant sa destinée. Elle a mieux connu Dieu et les besoins de l'humanité, cette religion du Christ, qui a fait de l'amour pour ses frères dans le cœur de l'homme le précepte fondamental et l'hommage le plus agréable offert à la Divinité. C'est la seule religion qui ait fondé les devoirs sur l'amour; les autres ne les fondent que sur la crainte et l'orgueil : par elle le culte vient du cœur. Cette base est sûre, invariable, commune à tous les hommes ; tandis que l'entendement est partout incertain dans ses impulsions, est modifié par une foule de causes, et peut faire des tribus humaines des races antipathiques et ennemies. Le précepte unique du christianisme, l'amour de Dieu et du prochain, n'a pu être inventé par l'homme : il est évidemment le fait d'une sagesse et d'une bonté surhumaines.

Reposons-nous des pénibles impressions que vient de nous faire éprouver le triste spectacle des aberrations de l'esprit humain dans l'Asie, en songeant que le christianisme, si bienfaisant pour l'homme durant la vie, si bienfaisant après la mort, est notre partage dans le temps et dans l'éternité.

CHAPITRE VIII.

SCIENCES ET ARTS.

Depuis le premier instant de nos recherches dans l'ancienne Asie, nous avons éprouvé beaucoup de mécomptes, de peines, de dégoûts. Des monuments épars sur la surface du globe attestent l'existence d'anciennes races; mais les noms mêmes de ces nations, séparées du genre humain actuel par de vastes catastrophes naturelles, ont péri, et les plus anciens historiens n'en savent pas plus que nous sur ces peuples, antiquité de l'antiquité. Nous ne connaissons pas mieux l'origine des premiers peuples historiques. Seulement au lieu du silence absolu que nous trouvons partout sur les races primitives, nous avons sur les premiers âges de ces nations secondaires mille contes absurdes qui ne font que surcharger la mémoire d'un poids inutile. En descendant de ces hauteurs nébuleuses, nous trouvons des scènes plus caractérisées, plus rapprochées de la simple humanité; mais les époques en restent indéterminées au milieu de vingt systèmes divers de chronologie que nous offrent les savants. Le scepticisme et le dégoût de l'érudition sont les seuls résultats que produisent ces pénibles labeurs. Les tableaux politiques et religieux de ces peuples attristent encore plus profondément le cœur. Ah! si toute l'histoire devait être semblable à ces commencements, il faudrait l'abandonner comme le tableau de l'impuissance, de la lâcheté, de la folie des hommes. Si elle ne devait ainsi que nous donner incertitude, dégoût et horreur, mieux vaudrait l'ignorance du sauvage que ce triste savoir. Mais elle montre aussi l'origine des sciences et des arts. Par les sciences l'homme exerce sur la nature une puissance qui ennoblit son espèce, qui la montre comme douée par le ciel des plus sublimes priviléges. Qu'il est beau de voir dès le berceau du monde l'homme, né faible et petit, mesurer la terre, tel qu'un géant armé d'un immense compas; plier les arbres séculaires selon des courbes savantes, les unir par des liens indissolubles pour en former un vaisseau, pont mobile jeté sur les mers; suivre les corps resplendissants de la voûte des cieux, embrasser l'infini, l'éternité, et être comme un génie qui préside aux mouvements des astres, et qui en reçoit les plus hautes notions de la Divinité!

Nous retrouvons encore dans ces premiers siècles, qui fixent nos regards, l'origine non moins intéressante des arts. Que serait pour l'homme la terre sans ces nobles inspirations de la Divinité? une triste prison où il végéterait moins heureux et moins favorisé par la nature que les brutes. Mais à peine échappé des langes de l'enfance, il reçoit des arts une vie nouvelle; ils deviennent comme le véhicule de tous ses plaisirs.

Nous avons vu que des races primitives ont passé sur le globe en ne laissant de leur existence que des souvenirs vagues, un faible murmure de leurs voix, et quelques débris qui, méconnus de toutes les races contemporaines, déposent de l'existence d'un passé que nous ne pouvons nier ni comprendre. Le passé devient comme un vaste abîme où le regard se perd. Ces nations eurent leurs sciences, leurs arts, et parèrent la surface de la terre de monuments d'une construction grandiose, à en juger par les restes que nous avons signalés. Tout a péri. Aussi nous ne pouvons former aucune conjecture sur les arts à ces époques ignorées. Bien plus nous le pouvons à peine sur les peuples antiques qui tiennent à nous par une chaîne continue. Nous ne trouvons que des notions vagues, fabuleuses sur l'origine des sciences et des arts chez ces Asiatiques, qui forment cependant avec nous l'époque actuelle du monde; leurs monuments, il est vrai, sont encore en partie debout, du moins ceux sortis des mains gigantesques et nerveuses des Égyptiens; mais nous ne pouvons voir la série d'ébauches par où ont nécessairement passé les constructeurs de Thèbes et des pyramides. Nous ne pourrons donc former que des conjectures sur une existence qui, d'après les considérations précédentes, semble dater d'hier. Comme l'homme sent à chaque instant son impuissance dans la route des sciences, tout lui manque, les matériaux, les facultés, la vie; il n'y a d'immense et d'éternel en lui que le désir. Mais néanmoins l'examen des monuments des peuples aînés de la famille actuelle est très-intéressant. Nous tâcherons d'entrevoir leur origine, de constater leur apogée et de discerner quel était leur but moral.

§ 1.

ÉGYPTIENS.

Les Romains civilisèrent l'Europe ; ils avaient eu les Grecs pour précepteurs. Le germe des sciences et des arts fut apporté en Grèce par des colonies, la plupart égyptiennes. Ainsi tous les savants et les artistes tournent en tous lieux leurs regards vers l'Égypte comme leur mère-patrie; mais dans cette région fameuse l'origine des sciences et des arts est, comme celle de tout, couverte d'un voile mystérieux ; le Nil même cacha longtemps ses sources pudiques. Mais des missionnaires portugais et James Bruce ont pénétré dans cette enceinte sacrée, où des hommages pieux sont encore offerts au Nil naissant, comme ils le furent jadis au fleuve nourricier de l'Égypte[1]. Les savants seront-ils aussi heureux que les voyageurs ? Pourront-ils nous donner par l'explication des hiéroglyphes l'origine bien autrement importante des sciences et des arts ? Combien tous les érudits, cosmopolites par l'étendue de leurs idées, doivent regretter la perte de l'Égypte par les Français ! Cette nation active et généreuse eût exhumé toute la vieille Égypte de dessous les sables antiques qui la couvrent ; et les mille monuments nouveaux, la longue

---

[1] *Voyage de Bruce en Abyssinie*, liv. VI, chap. XIV.

étude des annales mystérieuses empreintes sur tous leurs murs, nous eussent révélé l'énigmatique Orient, et le monde savant eût été éclairé par nous de cette nouvelle lumière. Mais oublions ce beau rêve, et voyons ce que les historiens, les voyageurs, et surtout le magnifique ouvrage de l'Institut d'Égypte, précieux fruit de la conquête passagère, nous apprennent sur ces choses intéressantes.

Trois causes façonnent partout les hommes : le ciel, la terre et les institutions. Une voûte d'azur, resplendissante d'étoiles, appelait les regards en Égypte, et surtout dans le haut Nil, berceau de la nation. Le sol, couvert tous les ans par les débordements du fleuve, n'offrait à son émersion que des limites effacées, incertaines, et la nécessité fit cultiver la géométrie et les arts du dessin correspondants. Les institutions du législateur furent comme une suite de ces grandes impressions des champs nourriciers et du ciel, qui présidait par l'apparition de ses astres à tous les phénomènes de l'accroissement, du débordement et de l'absorption du Nil, le créateur annuel de l'Égypte. Ces institutions ne firent que renforcer ces premières impressions, et, pour ainsi dire, les diviniser. Le Nil fut béni, sanctifié ; les astres correspondants à ses périodes furent les principaux acteurs de la théogonie ; les astronomes-géomètres devinrent les prêtres, les oracles de la nation. Les choses inspirées par cette triple et profonde impression durent avoir par le concours simultané de toutes les forces morales un caractère de simplicité, de grandeur et d'éternité. Voilà la cause de la permanence des lois, des superstitions, des mœurs et des monuments en Égypte. De ces considérations générales nous déduirons les réflexions suivantes sur les choses égyptiennes.

La première race égyptienne, venue du sud, paraît avoir été livrée entièrement à l'astronomie. Nous trouverons dans la contemplation habituelle des cieux une raison de ce caractère de grandeur qui se manifeste dans tous les ouvrages des Égyptiens. Familiers avec les grandes mesures de l'espace, ils ne pouvaient point s'asservir à proportionner sur la terre leurs monuments à la petite stature de l'homme. Voyez le temple d'Apollinopolis-Magna (gravures d'Égypte). Quelle majesté dans ce haut portail, dans cet entablement qui pèse d'un poids énorme sur les colonnes, mais que leur forte tige semble supporter sans peine ! Dans la façade du grand temple de Dendera, six énormes colonnes s'offrent, et sont les chefs de six files parallèles. Les chapiteaux sont formés de quatre têtes accolées, semblables, et revêtues d'un turban qui tombe des deux côtés au bas du menton. Ces colonnades lourdes, qui se reproduisent dans les palais de Thèbes, ne charment point l'œil comme les péristyles élégants et légers des Grecs ; mais pour la durée, l'histoire nous montre dans les œuvres de ces peuples comme dans tout combien la force l'emporte sur la grâce. Les pylones ou massifs de la porte du temple de Thèbes offrent la forme d'une pyramide quadrangulaire ; les chapiteaux expriment là constamment l'évasement du palmier. Les mêmes formes, en petit nombre, se reproduisent toujours dans les ouvrages de ce peuple, dont le génie se montre moins dans la variété que dans la force de ses conceptions. Les assises d'un bout à l'autre des différentes parties d'un édifice se correspondent toutes. La régularité est le trait saillant de tous les ouvrages des Égyptiens. Si les historiens ne nous peignaient les anciens Égyptiens sous les proportions humaines, le voyageur, à l'aspect des ruines imposantes de l'Égypte, croirait qu'un peuple de géants a passé sur cette terre et a laissé ces fortes empreintes comme témoignage de son existence. Combien, en les rapprochant par la pensée, les monuments modernes sont petits près des colosses d'Égypte! Ils paraissent de légers édifices d'enfants faits pour un jour.

Aux raisons déjà présentées qui ont déterminé le genre colossal de l'architecture égyptienne nous ajouterons une raison nouvelle, la physionomie du pays. Les Égyptiens furent entraînés par un accord secret et puissant à mettre leurs monuments en harmonie avec le sol. Là le palmier étale ses grandes et symétriques feuilles; l'horizon offre en aval et en amont une immense plaine où se perd le regard, et qui donne peu d'idées, absorbées toutes dans l'idée de l'infini. Le Nil, dans sa direction uniforme, ne produit dans l'âme que des pensées graves et solennelles. Sur un ciel toujours pur brille un soleil radieux, qui, comme le Nil, ne donne que les fortes et simples impressions d'une puissance infinie et d'une fécondité éternelle. Ainsi toutes les choses physiques ont un caractère simple, grandiose et éternel dans cette contrée. L'âme humaine fut en Égypte composée, de même que la nature, de quelques traits prononcés et permanents, et les monuments sortis des mains de l'homme durent ressembler à leur auteur et à cette nature qui le force partout à l'imitation de ses formes. Les pyramides et les temples égyptiens eussent été, sur les bords du Pénée, au milieu des riantes vallées de l'Arcadie, dans une affreuse discordance avec la pittoresque enceinte de ces lieux, avec leur fraîcheur, leurs grâces naïves et pastorales, avec ces arbres au port varié, aux rameaux bizarrement entrelacés, au feuillage découpé, avec ce ciel mobile où des nuages passagers, teints de diverses couleurs, voilent les feux du soleil, et diversifient les objets par les modifications apportées dans leurs couleurs et leurs ombres. Mais, au contraire, ces monuments uniformes et gigantesques paraient magnifiquement les bords du Nil et ses plaines sans bornes.

Une chose non moins merveilleuse, c'est l'immense étendue de ces monuments. M. Cailliaud, voyageur français, a trouvé à la latitude de la grande île de Kurgos, à une demi-lieue du Nil, les ruines d'une ville de style égyptien, avec un grand temple et plus de quarante pyramides : leurs hauteurs sont diverses ; les plus grandes ont vingt-cinq mètres. « Sur chacune des faces de ces py-
« ramides, dit-il, était un sanctuaire d'une pièce, précédé
« d'un petit pylone. Un seul est composé de trois salles.
« Ces petits temples sont en partie très-bien conservés.
« Ils sont tous ornés dans l'intérieur d'hiéroglyphes en

« relief, et quelques-uns en ont encore sur la façade
« principale du pylone. Deux de ces petits temples sont
« recouverts en voûte avec une véritable clef. Je puis
« assurer qu'elles sont l'ouvrage des Égyptiens et de
« l'époque à laquelle on a construit ces tombeaux, qui,
« je crois, sont plus anciens que les monuments d'É-
« gypte. On a sculpté sur les voûtes une ligne de ser-
« pents qui encadre les hiéroglyphes[1]. » Voilà des monuments égyptiens au 17° ou cent soixante-quinze lieues de Siène, terme austral de l'Égypte depuis les Ptolémées. Bruce a retrouvé des constructions analogues à Axum, au 14°. Ainsi ce peuple, dont le berceau paraît être à Axum, peupla une ligne de 17° ou quatre cent vingt-cinq lieues, jusqu'à Alexandrie, de monuments gigantesques. Nous pourrions douter de ces récits qui nous font paraître frivoles, faibles, si les monuments encore debout n'attestaient d'une manière irrécusable une énergie, une patience à un degré qu'on n'a point atteint jusqu'à ce jour.

L'impression la plus constante des monuments égyptiens est celle de la puissance, d'une puissance même supérieure à celle des Romains. L'esclavage des Hébreux et d'autres peuples serait une explication. Si ces grands travaux sont le fruit des corvées, ils annonceraient un sceptre pesant, mais on pardonnerait au despotisme, s'il ne produisait ainsi que de grandes choses.

L'homme ne peut espérer de laisser des traces du-

[1] Lettre de M. Cailliaud, *Journal des Débats* du 14 décembre 1821.

rables de son passage sur le globe qu'en réunissant toutes les forces d'une nation en une force. Les Égyptiens ont été pleins de cette grande idée ; ils ont vu que, pour résister au temps et aux ennemis, qui dans les siècles futurs pouvaient venir de divers points de l'horizon, leurs monuments devaient être faits comme par une race de géants. Aussi les siècles ont glissé silencieusement sur ces masses énormes, les ennemis ont reculé devant la nécessité d'employer de longues années et des milliers de bras pour renverser ces colosses, et la rage de destruction en eux a été enchaînée par l'idée de leur faiblesse comparative.

Les grands monuments de l'architecture ne peuvent être créés que dans la maturité des nations. Dans les grottes des côtes maritimes, sous les tentes pastorales, à l'abri des cabanes de la forêt séculaire, dès l'origine des temps comme de nos jours, ont pu se trouver des poëtes, des chantres, des peintres sauvages, bruts, et ainsi d'accord avec le site, avec les simples besoins moraux d'une tribu naissante. Ces arts ne tiennent donc point nécessairement à une civilisation perfectionnée. La poésie semble même chérir ces temps demi-sauvages : le premier des chantres, Homère, est éclos dans l'adolescence des Grecs. Mais il est un autre art qui semble ne pouvoir être que le fruit d'une civilisation paraît, qui, plus social, plus religieux, paraît dans ses chefs-d'œuvre le terme des efforts du génie et de la puissance, qui est le lien de tous les autres arts, puisqu'on les voit contribuer tous fraternellement à sa magnificence : c'est l'architecture.

L'architecture devient même, dans la main des artistes, une image de la société. Elle caractérise dans ses ouvrages l'ordre hiérarchique, dans lequel sont constituées les nations. Les différentes classes sont indiquées par le genre des bâtiments qui les recèlent, depuis la cabane du bûcheron jusqu'au palais impérial. Dominant encore ce dernier édifice, entouré de respects plus universels et plus profonds, s'élève le temple de la Divinité, comme si l'artiste, par un sentiment intime des convenances, avait voulu mettre en rapport l'existence éphémère de l'homme et l'éternité de Dieu. Avec la force des bâtiments qui leur étaient consacrés, nous ne trouvons plus sur le sol merveilleux de l'Égypte que de faibles traces des palais des souverains de Thèbes et nulle de ceux de Memphis, quand les asiles de la Divinité sont encore debout sur cette terre vide de ses races primitives. Les pyramides, tombes royales, ont encore survécu, il est vrai, mais leur existence confirme notre idée : elles la doivent à la consécration religieuse; elles semblent attester que l'homme vivant n'a besoin que d'un édifice passager comme lui, et que la durée n'est que pour sa cendre et son tombeau. En Égypte, comme en Syrie et dans toute l'Asie, nous trouvons les plus beaux monuments consacrés à Dieu. Il est appelé, il semble descendre des splendeurs du ciel dans ce temple, oasis radieux, et la terre tressaille, et l'homme, par la présence de son créateur, semble imprégné d'une vie nouvelle; il semble dégagé des étreintes de la matière et respirer déjà l'immortalité. Ainsi l'architecture prend dans cette destination le caractère le plus grandiose, le plus auguste.

Il est encore une cause de conservation pour ces monuments particulière au sol de l'Égypte : c'est le peu de variation de l'atmosphère, le haut degré de la température et surtout la sécheresse de l'air. Le principe le plus destructeur des monuments est l'humidité, surtout lorsqu'elle se combine, comme dans nos latitudes, avec l'action des gels et des dégels.

Un des grands ouvrages de l'Égypte était le mur de quinze cents stades de longueur que Sésostris fit bâtir de Péluse à Héliopolis, pour arrêter les courses des Syriens et des Arabes. C'est Diodore qui nous affirme ce fait; cependant nous ne trouvons dans la suite aucune trace de cette fortification. Cette grande muraille, moins longue que celle de la Chine, aurait pu ainsi être mieux gardée, et rendre les invasions en Égypte plus difficiles.

Mais la vérité, en tout, se compose d'éloge et de critique. Ces monuments peuvent nous étonner, et non pas nous charmer comme les ouvrages des Grecs. Les idées qu'ils inspirent sont peu nombreuses. En supposant des lignes droites prolongées, des colonnes multipliées, des figures bizarres sur toutes les faces, l'homme de l'imagination la plus froide concevra les ouvrages de l'Égypte. Les temples égyptiens, comme les pagodes indiennes et chinoises, sont de la magnificence sans goût.

CHAPITRE VIII.

Il reste à une nation puissante à fonder des monuments qui réunissent la solidité égyptienne, la grâce grecque, à un moral dont aucun peuple n'offre encore un exemple assez satisfaisant. Le système allégorique de l'Atlantiade peut offrir une idée de ce moral qui conviendrait à tous les lieux et à tous les temps.

A l'aspect des monuments égyptiens, on s'étonne que ce peuple soit parvenu à déployer, pour l'architecture, tant de force, de constance, et soit resté aux premiers éléments de la peinture et de la sculpture. Les figures en relief, sur les faces des murs ou des colonnes, sont dans une attitude toujours roide et gauche; les allées de sphinx sont bien monotones dans leur répétition. L'explication de ces contraires est dans l'examen du génie religieux de ce peuple. Les figures représentaient des sujets allégoriques, et cette importante destination rendait inutiles ou même impossibles, la perfection de l'imitation des formes humaines et la grâce des mouvements. Un corps d'homme surmonté d'une tête d'épervier ou de loup était pour un sculpteur un travail machinal où son génie ne pouvait s'animer. Sur le pylone du grand temple d'Edfou (Apollinopolis-Magna) on voit aux deux côtés une figure d'homme qui suspend par les cheveux un groupe pyramidal de têtes, auquel tiennent des groupes de bras et de jambes dans l'attitude de la génuflexion; de l'autre main il semble vouloir les frapper avec une hache. Ces figures symboliques étaient l'expression d'un dogme, où le sculpteur ne pouvait avoir d'autre mérite que celui d'une fidélité littérale. La croyance religieuse était là tout, et l'art rien. Souvent l'ouvrier semble borner son effort à peindre fortement la piété, non par l'ardeur, la variété des attitudes et des physionomies, mais par la multiplication de la même figure. Ainsi, sur les murs de ce temple d'Edfou est un ensemble de personnages semblables, qui expriment tous, par la même attitude, l'action vivifiante de Dieu sur le monde, et en retour le respect et l'amour des habitants de ce monde. Tout nous dit que les Égyptiens ne connurent pas le goût et la grâce; toutes leurs œuvres ne semblent conçues que par ces deux idées, simplicité et solidité.

Les Grecs avaient donné à leurs dieux les formes et les passions humaines, et leurs artistes rêvant les plus beaux contours, les physionomies les plus nobles, nous offrirent sur la terre l'Olympe créé par les poëtes. Toutes les habitudes civiles, politiques, religieuses des Grecs les offraient en spectacle aux artistes, qui pouvaient ainsi étudier l'homme, tandis que celles des Égyptiens les isolaient, les concentraient dans leurs demeures. Dans la Grèce les arts furent un objet d'émulation entre les divers états, et ce mobile puissant manquait en Égypte. Ce Nil, à la fois terrible et bienfaisant, absorbait toute l'attention, tandis que la nature en Grèce inspirait sans cesse les idées les plus douces et les plus riantes. Ainsi cent causes agissant toutes dans le même sens firent pour le goût la supériorité des Grecs sur les Égyptiens. On voit à Antinoë les ruines des colonnes triomphales qui bordaient une longue rue parallèle au Nil, dédiées à Alexandre Sévère; à l'extrémité sud sont les ruines d'un portique d'ordre corinthien. Les formes aimables de l'architecture grecque l'avaient enfin emporté en Égypte sur celles de l'architecture nationale.

Des proportions gigantesques furent le caractère constant de tous les arts du dessin chez les Égyptiens. Ainsi, pour la sculpture, comme nous l'avons vu pour l'architecture, Osymandias, plein du génie de sa nation, voulut que sa statue fût conforme au goût des Égyptiens. Selon Diodore de Sicile, le monument d'Osymandias, l'un des plus magnifiques de Thèbes, était composé de cours, de portiques, de temples, de bibliothèques, de son propre tombeau et d'autres bâtiments. Une des choses les plus remarquables était la statue du roi d'une seule pierre, et dans la posture d'une personne assise. Un de ses pieds avait, dit-on, plus de sept coudées de long. La coudée équivalait à un pied et demi. En supposant, d'après les proportions ordinaires, le pied d'un homme la septième partie de la longueur de son corps, nous voyons par cette donnée que le développement du corps était de soixante et dix pieds trois pouces six lignes[1]. Ce n'est point tout : à cette masse étaient jointes, dans la même pierre, deux autres statues qui représentaient la mère et la fille de ce roi. « Tout l'ouvrage était moins recommandable par sa « grandeur énorme que par la beauté du travail et par

[1] Diodore, liv. 1, section II, § 4.

« le choix de la pierre qui, dans une surface d'une si
« grande étendue, n'a pas le moindre défaut ni la
« moindre tache. » Cette perfection dans la sculpture
annonce que ces statues ont été taillées sur la place
qu'elles occupaient; autrement comment les transporter
de la carrière sans les altérer? Voici l'état actuel du monument d'Osymandias. Son tombeau, que l'on voit au
nord-ouest de la partie de Thèbes nommée Médinet-
Abou, est une masse énorme de pierres, entourée de
colonnes. Le temps a surtout ébranlé leur tige, et leur
inclinaison atteste sa puissante action. Aux pilastres à
l'extérieur sont adossées des figures colossales, les bras
croisés sur la poitrine, et tenant un glaive et une houlette. Les fragments de la statue du roi sont étendus sur
le sol, et à leurs côtés le chameau est bien petit. Ainsi
l'imagination se représente dans la même forme Ence-
lade comprimé sous la masse de l'Etna.

La force qui a extrait ces masses des carrières, qui les
a transportées et maniées avec souplesse pour les poser
sur leur aplomb, nous paraît surhumaine; mais ce qui
est non moins étonnant, c'est le long travail de la sculpture sur les faces de ces rochers de granit et de porphyre. J'ai vu les hiéroglyphes des obélisques à Rome,
creusés d'un demi-pouce à un pouce de profondeur.
Bruce dit que les hiéroglyphes des temples de Médinet-
Abou sont sculptés dans quelques parties à un demi-
pied de profondeur; d'autres sont saillants en bas-relief.
Quels outils employaient donc les Égyptiens pour em-
preindre leur pensée sur cette matière rebelle? L'exca-

vation au ciseau des cavernes de Thèbes, dans la chaîne libyque, est bien plus extraordinaire encore. Notre acier serait impuissant pour ces travaux. Est-ce à force de bras ? Mais des générations auraient dû passer sur le même ouvrage avant de le finir. Cette patience égyptienne nous paraîtrait aussi surhumaine. Bruce pense que les outils dont ces peuples se servaient pour ces prodigieux travaux étaient d'airain. Quoi qu'il en soit, il est impossible de concevoir l'extraction et le travail de ces blocs de la plus dure pierre, sans admettre des outils inconnus par nous, et dont la composition, la forme décuplaient la puissance de l'homme. Nous devons retrancher le fameux lac Mœris des prodiges de la force égyptienne. Browne et d'autres voyageurs démontrent par la présence des rochers posés par la nature, qui forment une partie de son enceinte, que cette grande excavation n'était pas un ouvrage humain : l'industrie des Égyptiens fut de creuser le canal qui déversait des eaux du Nil dans ce vaste bassin.

L'esclavage des vaincus fut favorable aux grandes entreprises chez les anciens ; l'état victorieux avait ainsi des bras toujours disposés et à bon marché. Ainsi Sésostris utilisa la guerre pour ses sujets, en employant ses captifs à la construction des temples. Cette inscription, qu'il fit graver sur leur façade, *Aucun Égyptien n'a mis la main à cet édifice*, prouve un noble orgueil national, ou un sentiment paternel d'autant plus remarquable qu'il était très-rare chez les princes d'Orient, dont le cœur était, dès l'enfance, vicié par le despotisme.

Un système de commerce qui eût rempli le trésor public pour payer des bras libres eût mieux valu sans doute; mais nous ne louons cette mesure de Sésostris que dans la situation générale des institutions en Égypte.

Si l'homme dut croire attacher son nom d'une manière impérissable à un monument, ce fut lorsqu'il créa les pyramides. Eh bien! les pyramides sont entières, et les noms de leurs créateurs sont ignorés. Déjà du temps de Diodore les historiens ni les Égyptiens, selon lui, n'étaient d'accord à ce sujet. Diodore nomme Arméus, Ammosis et Inaron pour les auteurs des trois grandes, et Hérodote, Chéops, Chephren et son frère Mycérinus. Des continents et leurs races humaines ont été engloutis sous les eaux, et leur existence ne se conserve que dans les dissertations des géologues. Les premières nations de nos continents n'ont laissé aucune trace historique. Quelles leçons pour l'orgueil!

La pensée des architectes, imprimée sur les marbres et les granits, a résisté au temps, aux ravages de la guerre et du fanatisme; mais les autres artistes n'ont pas eu le même bonheur. Que savons-nous de la musique des Égyptiens? Quelques conjectures nous sont offertes, et nous les devons encore à l'architecture, qui, hors les pages peu nombreuses des historiens, semble avoir conservé tout ce que nous connaissons de la vieille Égypte. Bruce [1] décrit longuement deux harpes peintes dans les sépulcres de Thèbes: l'une à treize cordes,

---

[1] *Voyage aux sources du Nil*, chap. VI.

l'autre à dix-huit. La table d'harmonie est disposée, et dans d'habiles proportions, comme celle des harpes modernes; les ornements sont du meilleur goût. Ce fait seul nous ferait penser comme le voyageur : « Quand « ces harpes seraient les seuls monuments qui nous res- « teraient en ce genre, je le regarderais comme une « preuve incontestable que tous les arts qui ont servi à « leur construction étaient portés au plus haut point de « perfection. » Mais nos idées brillantes sur la mélodie de ces temps anciens, fondées sur ces peintures, vont s'évanouir. Un compatriote de Bruce, estimé pour sa véracité et la justesse de ses observations, atténue singulièrement la déposition de son prédécesseur. Sa réserve semble même donner une nouvelle force au doute : « J'y remarquai (dans les cavernes de Thèbes) deux « joueurs de harpe qui ont été décrits par le chevalier « Bruce; mais les gravures qu'il nous en a données me « semblent dessinées de mémoire [1]. » Ainsi les chants harmonieux des Égyptiens se perdent dans la région nébuleuse des conjectures. Une réflexion confirme l'incrédule. Les Grecs prirent tout ce qui leur fut bon en Égypte, et l'imperfection de leur musique instrumentale, qui nous est bien connue, prouve le même état de médiocrité en Égypte.

La science profonde des Hermès et des Thaut devient pour nous, comme la mélodie céleste de leurs musiciens, un sujet de doute. Tout dans les ouvrages des

---

[1] *Nouveau Voyage en Égypte*, par V. G. Browne, chap. IX.

Égyptiens montre la stérilité des conceptions, l'enfance stationnaire des sciences. La grande réputation des sages de l'Égypte s'explique par ce prestige du mystère qui enveloppait les temples, foyers des sciences, et qui agrandit tout par les longues épreuves de l'initiation, qui donnaient un nouveau prix aux choses révélées. L'expérience de Psammétichus pour se fixer sur la priorité de l'existence des Égyptiens ou des Phrygiens annonce un manque de documents historiques, et surtout une absence totale d'idéologie, comme aussi de l'art de la critique. La rareté des livres, la difficulté des communications consacraient pour ainsi dire les erreurs : on ne pouvait ni les rectifier par plus d'examen, ni les critiquer par la difficulté de propager cette polémique.

Leur médecine n'était qu'une collection de recettes que des médecins spéciaux pour chaque maladie appliquaient sans doute au hasard : cette méthode empêchait ainsi le génie d'embrasser toute l'étendue de la science.

Nous pouvons juger de leur médecine par leur système hygiénique sur lequel Hérodote nous donne quelques détails; il mentionne que les courtisans d'Amasis avaient l'habitude de vomir (liv. II, § 172) dans un bassin d'or placé sans doute dans une salle attenante à la salle à manger. Cette coutume annonce chez les grands de l'intempérance; la foule suit les usages de la cour. De tels excès devaient altérer la santé; Hérodote déclare néanmoins les Égyptiens les plus sains des hommes après les Babyloniens. La parfaite santé des Égyptiens nous paraît aussi bien établie avec leur mauvais régime alimentaire et leur manque total de gymnastique que leur parfait bonheur avec leurs institutions despotiques et prohibitives. Hérodote raconte souvent en bon homme, c'est-à-dire avec crédulité, bonne foi, mais sans examen ni connaissances physiques et spéciales. Des philosophes grecs s'instruisirent aux bords du Nil; mais nous savons que longtemps les sciences mathématiques et physiques furent dans l'enfance en Grèce, et combien il était ainsi facile aux Grecs de trouver à apprendre. Je ne veux point en conclure l'ignorance totale des Égyptiens, mais je repousse l'idée de la sublimité de leur sagesse que des écrivains enthousiastes ont trop préconisée. Les hommes qui, par jalousie, par un sentiment égoïste de domination, concentraient dans l'ombre des temples les notions scientifiques transmises, condamnaient le peuple à la servitude et à l'ignorance, étaient-ils vraiment sages? Ce défaut de communication de lumières empêcha leur développement, et explique l'état stationnaire des sciences.

A l'égoïsme, à la réserve mystérieuse du sacerdoce, se joignit une nouvelle raison qui fixa les sciences au repos et dut rendre nulle la littérature en Égypte : c'est le manque d'un alphabet. Les profondes et nouvelles recherches de M. Champollion font penser que les Égyptiens ne connurent que l'écriture idéographique subdivisée en trois espèces.

L'écriture *hiéroglyphique* ou des dieux, composée de figures plus ou moins fidèles de quadrupèdes, d'oiseaux, de l'homme et de ses diverses parties, groupées avec d'autres figures d'objets d'art ou bien de figures géométriques. Ces figures sont disposées en colonnes perpendiculaires, du haut en bas de la page, ou en lignes horizontales, de gauche à droite, le plus souvent encore de droite à gauche. Cette écriture fut employée dans les monuments publics et dans les livres sacrés.

L'écriture *hiératique* ou des prêtres est celle de certains manuscrits sur toile et sur papyrus, trouvés dans des momies. Elle se compose de caractères tracés de droite à gauche, en lignes toujours horizontales, et qui consistent en traits variés, enlacés les uns dans les autres et d'un aspect bizarre. M. Champollion a prouvé que ces caractères étaient des signes d'idées, et non pas des signes de sons. Il a de plus démontré que ce second système d'écriture n'est qu'une simple modification du système hiéroglyphique, n'en diffère uniquement que par la forme des signes, et n'est qu'une véritable tachygraphie hiéroglyphique, inventée pour la commodité des prêtres. Il en résulte que le nombre de ces signes dut être le même que celui des hiéroglyphes proprement dits, chacun de ces systèmes ayant des signes rigoureusement correspondants, qui, soumis aux mêmes lois de combinaison, expriment constamment la même idée. Dans l'un et dans l'autre de ces systèmes, des signes grammaticaux servent à marquer les cas, les nombres, les temps, et en un mot à fixer l'arrangement logique des idées, pour en former des propositions régulières.

L'écriture *démotique*, populaire, vulgaire ou épistolographique est, comme les précédentes, idéographique de sa nature. M. Champollion prouve que les signes simples dont elle se compose sont empruntés, sans aucune altération, au système hiératique; que ces signes simples, passés dans l'écriture hiératique, étaient souvent combinés selon certaines règles propres à cette espèce d'écriture, et qui la distinguaient essentiellement des deux premières; que le nombre des signes primitifs était assez borné, mais que les diverses alliances de ces signes produisaient une telle multitude de nouveaux tableaux d'idées que l'écriture populaire des Égyptiens eût pu au besoin égaler en richesse celle de la nation chinoise.

Ainsi nous devons croire que les Égyptiens éprouvaient pour les sciences et les lettres les mêmes entraves que les Chinois; que de même leur vie devait se consumer dans l'étude de ces signes; que les prêtres eux-mêmes ne possédaient qu'une science acquise par transmission et stationnaire, comme tout, depuis le fondateur.

Les Phéniciens apportèrent en Grèce l'art admirable d'écrire le langage articulé. L'Égypte, quoique contiguë à la Phénicie, mais fermée aux étrangers, se trouva par cet isolement loin de ce peuple industrieux, comme si elle en eût été séparée par le diamètre de la terre, et ne put ainsi participer à cette brillante et féconde découverte. Cette répulsion exercée contre les étrangers fut une cause nouvelle de la stagnation de l'esprit humain en Égypte.

L'éloquence et la poésie devaient éprouver encore

un sort plus triste que les sciences ; elles devaient se réduire, sur les bords du Nil, à une improvisation due à un éclair d'inspiration, à une pléthore d'émotions vives et fortes. Aussi voyons-nous que les plaidoyers dans les tribunaux se réduisaient à la simple exposition du fait ; que leurs livres de médecine n'étaient que des recueils de recettes. Ils n'auraient pu écrire des raisonnements déliés et compliqués, et la mémoire n'eût pu les retenir.

Tout est prodige et obscurité sur cette vieille terre d'Égypte. Le silence imposé par ses prêtres à cette nation a été religieusement suivi lorsque leur puissance ne fut plus qu'un souvenir. Les vainqueurs grecs, romains, soit dédain national, soit impuissance, se taisent. Les Européens, repoussés par la stupidité musulmane, n'ont pu qu'entrevoir en passant les restes de l'antique Égypte. Ses monuments sont encore moins inexplicables que les contrastes que nous voyons dans son peuple. Une civilisation qui se perd dans le berceau du temps, des connaissances astronomiques profondes, des arts où la puissance d'un grand peuple touche le dernier terme, et en même temps la foule livrée par les corps sacerdotaux, dépositaires des lumières, aux superstitions les plus stupides, une immobilité honteuse dans tout, après des âges d'une création brillante, une séparation dénaturée et méprisable de la grande famille humaine, qui semble ne pouvoir appartenir qu'à une tribu sauvage et pusillanime : les historiens, les voyageurs, les astronomes n'ont pu encore nous donner la solution de ces contrastes.

Je conclus sur ces mystères par répéter ma pensée : Attendons la possession par une nation européenne de ce sol classique. Alors la vieille Égypte sera évoquée de sa tombe, et nous dira peut-être l'obscure histoire des anciens âges du monde.

§ II.

SCYTHES.

Les historiens anciens, par qui nous sont transmises les notions scientifiques, étaient mauvais juges des faits des sciences. Nous verrons Ctésias unir le mensonge à l'ignorance. Hérodote, plus sincère, raconte avec bonhomie, mais sans connaissance positive ni critique, les documents sur l'histoire naturelle. Dans quelques erreurs il est excusable, vu l'époque. Ainsi il se moque de l'opinion qui attribuait la crue du Nil à la fonte des neiges des montagnes d'Éthiopie, se fondant sur ce que le pays est trop chaud pour qu'il puisse y neiger. La géographie était trop imparfaite alors pour qu'il pût savoir le contraire. Nous qui savons que sous l'équateur les Andes sont couvertes de neige, nous sourirons de son raisonnement. Nos successeurs souriront de même de nous, car il y a bien plus à connaître encore dans les sciences que nous n'en avons appris.

Mais il est inexcusable lorsqu'il nous présente des assertions fausses qu'il pouvait facilement vérifier. Il affirme (liv. VI, § 61) qu'en Scythie on fait bouillir les viandes d'un sacrifice en plaçant, à défaut de bois, du feu avec les os de l'animal mis sous la chaudière. Il était facile en Grèce de s'assurer si les os pouvaient devenir des tisons en Scythie[1]. Il dit que le bois manque en Scythie, et il décrit plus loin l'autel de Mars composé de fascines de trois stades en longueur et largeur. « Cela a lieu, dit-il, « dans chaque province. » La contradiction ne peut être plus manifeste. Il voit alors dans toute la Scythie les pâturages des bords des Palus Méotides. Il avait déjà dit au paragraphe 22 que les Thissagètes et les Iurques, tribus scythes, ne vivent que des bêtes qu'ils tuent dans les bois.

§ III.

ASSYRIENS.

Les Assyriens de Ninive devraient figurer ici selon le rang d'ancienneté; mais Ninive fut détruite de fond en comble par Kiaxarès; ses monuments, ses sciences,

---

[1] Larcher, selon l'habitude des traducteurs en général de trouver tout bien dans leur auteur, croit Hérodote, et donne pour le justifier un passage d'Ézéchiel, chap. XXIV, v. 5 ; mais ce passage veut dire que l'on met les os au-dessous des viandes dans la marmite, et qu'ils cuisent avec elles. Voici le texte :

« Pinguissimum pecus assume, compone quoque strues ossium sub ea : « efferbuit coctio ejus et discocta sunt ossa illius in medio ejus. » « Prenez la chair des bêtes les plus grasses, mettez au-dessous les os les uns sur les autres, faites-la bouillir à gros bouillons jusqu'à faire cuire les os mêmes au milieu de la chaudière. »

Rien n'annonce dans ce verset un appui à l'étrange assertion d'Hérodote. Les os ne peuvent brûler au-dessous de la chaudière et cuire en même temps au milieu de la chaudière.

CHAPITRE VIII. 283

ses arts furent engloutis dans son vaste tombeau. Nous ne savons ainsi de ce premier peuple dominateur de la haute Asie, que les grands faits politiques, les seuls qui fixent l'attention des historiens. Mais une voie sûre est ouverte à nos conjectures. Babylone survécut à Ninive, et nous avons quelques notions sur ses sciences, ses arts. Les deux peuples, longtemps soumis à un même gouvernement, peuvent être regardés comme ayant une ressemblance fraternelle. Ainsi nous pourrons nous faire une idée du savoir et de l'industrie des premiers Assyriens par leurs successeurs.

Ces notions sont imparfaites sur plusieurs points. Les grands événements de l'histoire babylonienne sont, par le manque de précision et d'accord dans les récits divers, les sources de disputes interminables entre les chronologistes. Pouvons-nous espérer que les documents scientifiques nous auront été transmis plus fidèlement ?

Leur astronomie paraît fort ancienne ; elle fait, comme en Égypte, le beau côté de la science babylonienne. Favorisés d'un beau ciel, mus à l'étude de l'astronomie par l'attrait des grandes conceptions et par la domination qu'ils exerçaient par elle sur le peuple, les prêtres chaldéens se livrèrent à l'observation continue des astres. Des tables astronomiques qui comprenaient un vaste espace de temps furent envoyées par Callisthène à Aristote, en Grèce. Un fait seul prouve suffisamment l'antique savoir des Chaldéens. La base et la hauteur de la tour de Bélus, observatoire mystérieux et sacré, était la mesure du stade chaldaïque. On a trouvé que ce stade était une portion élémentaire de la circonférence du globe terrestre. Ce stade est le $\frac{1}{1119}$ du degré, et il aurait, selon nos mesures, cinquante-sept mille deux toises un pied neuf pouces six lignes; ce qui diffère un peu moins de soixante-treize toises de la mesure obtenue par les académiciens français dans le siècle dernier. Ainsi, à l'époque de la fondation de la tour, il serait démontré que les Chaldéens connaissaient la figure et la mesure de la terre. Selon les calculs juifs et chaldéens, l'érection de l'observatoire du temple de Bel serait vers l'an 3190 ou 3195 avant notre ère. Sémiramis fit surgir une nouvelle cité à l'entour du temple. Il est probable qu'elle le répara, l'embellit, mais en n'altérant pas sans doute ses dimensions. Les assertions d'un grand nombre d'auteurs prouvent qu'il exista environ deux mille ans avant elle. La vénération des peuples voisins pour ce temple, autant que d'autres raisons politiques, la déterminèrent à en faire le centre de cette ville qu'elle destinait à être la souveraine du vaste bassin de l'Euphrate.

Nous retrouvons partout, chez les peuples asiatiques, l'empreinte des idées astronomiques. Le nombre des stades du rempart de Babylone égalait celui des jours de l'année.

Nous n'avons aucune notion sur les instruments dont les prêtres se servaient pour observer. Les arts industriels n'étaient pas à un point de perfection suffisant pour leur offrir de grandes ressources. On pourrait présumer que sous un ciel pur ils suivaient à l'œil nu la marche des astres, et qu'ils suppléaient par une grande patience au manque de nos télescopes; ou bien encore leur science a-t-elle été une transmission d'une colonie savante, comme bien des faits nous l'ont fait présumer pour l'Égypte. Retrouverons-nous à Babylone ces Indous que le scalpel de Blumenbach nous montre sur les bords du Nil? De cet antique Indostan et de ce plateau voisin de la grande Tartarie paraissent venir et les peuples de l'Europe et les précepteurs de l'Asie. La marche des peuples et des idées semble avoir généralement suivi celle du soleil.

Les Chaldéens, absorbés par l'étude du ciel, paraissent avoir négligé celle de la terre; leur médecine, par consultation des passants, ne vaut pas mieux que le catalogue des recettes d'Hermès.

Leur musique n'est mentionnée que dans le livre de Daniel. Il nomme (chap. III, v. 5, 7, 15) la trompette, la flûte, la harpe, le hautbois et le psaltérion; mais ces noms modernes, donnés par les traducteurs, ne peuvent nous représenter fidèlement les instruments babyloniens.

Les formes de leur littérature nous sont entièrement inconnues. Ces peuples, leur langage, leurs écrits, tout a péri; mais pour avoir quelques idées sur ce sujet, nous pouvons conjecturer que, sous le même soleil, le même système politique et civil, ils ont eu le même génie que les Perses. Les monuments littéraires de cette dernière nation qui nous sont parvenus nous offriront, d'après ces rapports, comme une image de ceux des Babyloniens.

Leur architecture nous est mieux connue, parce que les monuments qui survécurent à leur empire nous ont été décrits par les écrivains des temps postérieurs. Trois grandes époques s'offrent pour les travaux de Babylone. La première, création sous Bélus. Alors s'éleva le temple, objet de vénération et de pèlerinage, et par suite, un nombre d'habitations alentour. Sémiramis, dans de grandes vues politiques, jeta sur ce point les fondements d'une cité nouvelle, sur une échelle gigantesque. Ses ouvrages principaux furent le grand mur d'enceinte, et un quai élevé sur chaque rive du fleuve; un pont vers le milieu de la ville; deux châteaux placés aux issues du pont; un vaste bassin ou lac carré de trois cents stades de côté, où se déversa l'Euphrate lorsqu'il fallut mettre son lit à sec, pour faire le dernier ouvrage que nous allons décrire. Sémiramis voulut unir encore les deux châteaux par une route sous-fluviale. Elle fit construire dans le lit mis à sec une forte voûte de briques et de bitume : cette voûte eut quatre coudées d'épaisseur; les murs de soutènement eurent une épaisseur de vingt briques; la hauteur intérieure fut de douze pieds et quinze de large. Telles sont les dimensions qu'assigne à cet ouvrage Diodore de Sicile. Aux deux issues de cette galerie furent posées deux portes d'airain. Ce travail fut exécuté en deux cent soixante jours, et le fleuve alors fut rendu à son lit.

Mais les récits des anciens historiens pèchent par le

défaut de calcul sur toutes choses. Ainsi, par exemple, le cubage des eaux de l'Euphrate durant les deux cent soixante jours où ce fleuve fut déversé hors de son lit montre que le lac n'aurait pu contenir une telle masse d'eau. Les chiffres ou les quantités fixes sont incompatibles avec l'ignorance ou l'imagination, qui seules ont tenu la plume dans la narration de ces temps lointains.

Nombre de choses modernes, qui se présentent comme des inventions, ne sont que des copies ou des imitations de faits anciens oubliés ou peu connus. Ainsi le chemin sous-fluvial qu'on a voulu pratiquer récemment sous la Tamise est une conception babylonienne.

Enfin, six cents ans après Sémiramis, Nabuchodonosor, fils de Nabopol-Asar, au faîte de la gloire et de la puissance, fit réparer les remparts et autres ouvrages de la seconde fondatrice, et ajouter quelques créations, comme le palais ou jardin suspendu sur la rive occidentale du fleuve, des écluses et des digues contre les reflux du golfe Persique, et la forteresse de Teredon.

L'homme, qui sent la faiblesse de ses bras devant les grands ouvrages de la nature, semble vouloir se faire illusion à lui-même et se dédommager de son impuissance réelle par les élans de son imagination. Cette raison explique les formes gigantesques que nombre d'auteurs donnent aux ouvrages humains dans leur récit. Comment ne trouverions-nous pas ici Babylone portant son front dans les nues, lorsque nous voyons que les auteurs des récits sont presque tous Grecs, pleins d'un goût national pour le merveilleux ; que Babylone était à cette distance qui donne aux objets un caractère grandiose, et enfin, que, siége d'un formidable empire et sur le sol brillant de l'Orient, elle dut par ces raisons agir puissamment sur ses spectateurs? En réduisant ces récits par une analyse rigoureuse, et suivant Strabon, qui, copiant les historiens d'Alexandre, est ainsi plus sûr de la vérité, on trouve que la hauteur des remparts, non compris le fossé, fut de trente coudées, quatre-vingt-six pieds environ, et que leur largeur, susceptible de recevoir deux chars de front, fut de vingt-six pieds. Voilà certes un ouvrage prodigieux, mais croyable.

Les dimensions de Babylone, en les réduisant à notre mesure, furent, d'après Strabon, de quarante-huit mille mètres, ce qui donne à chaque côté du carré douze mille mètres, ou un peu plus de trois de nos lieues de poste; sa surface fut donc de neuf lieues carrées. Cette étendue est vaste, sans être romanesque. Nous retrouvons en Asie des villes plus grandes, Nankin, Pekin, Delhi. Les mœurs, la politique asiatique nous font voir Babylone comme un vaste camp retranché, où les habitations n'occupaient que la plus petite partie de l'enceinte, et dont le reste de la surface, par son excessive fertilité, pouvait beaucoup contribuer à nourrir par ses grains et ses bestiaux les habitants investis par une armée assiégeante. Rome moderne n'occupe qu'un tiers de la dernière enceinte bâtie par Aurélien, et des villas et leurs parcs, des ruines, des champs, des landes désertes, sont enclavées dans cette magnifique ceinture : voilà l'image de Babylone !

§ IV.

PERSES.

Les Assyriens de Ninive et de Babylone, souverains pendant des siècles de la haute Asie, et postérieurement d'une partie des rivages de la Méditerranée, durent imprimer fortement leur sceau sur les peuples soumis. Lorsque les Mèdes s'affranchirent, ils étaient sans doute en tout Assyriens, hors les distinctions géographiques. Ainsi, par un reste de respect pour les anciens vainqueurs, par l'influence d'une longue imitation, ils durent conserver dans leur indépendance les sciences et les arts des Assyriens. Dans cette conjecture probable, nous ne devons pas regretter le silence des historiens, qui n'auraient pu que se répéter. Il est même probable que d'après leur éloignement de la capitale du grand empire, et surtout d'après l'influence du sol montagneux de leur pays, qui leur donna toujours un caractère sauvage, leur génie était moins développé que celui de leurs maîtres, et ne pourrait ainsi nous offrir qu'un tableau moins intéressant.

Hérodote nous représente Ecbatane revêtue magnifiquement de sept murs concentriques, dont les cinq premiers peints chacun d'une couleur particulière, et les deux derniers argentés et dorés. Mais nous devons réduire cette féerie à la vérité. Il est vraisemblable que le mur d'Ecbatane était peint de sept bandes colorées dans l'ordre représenté par Hérodote. Dans le tableau d'une septuple enceinte on reconnaît la main brillante des Grecs, qui embellit tout ce qu'elle touche.

Les Perses, postérieurs et plus connus, méritent mieux de fixer notre attention. Ils honoraient l'agriculture. Cyrus le jeune cultivait de ses propres mains les arbres de son jardin. Les Perses conservèrent dans la prospérité de la conquête les habitudes agricoles d'une nation pauvre dans un sol ingrat, comme les riches Romains du temps d'Auguste honoraient l'agriculture qu'avaient pratiquée, au temps de leurs pauvres aïeux, des mains consulaires et dictatoriales. Les Perses semblaient animés de l'esprit fécondateur de leur religion ou de son emblème le soleil. Si ces hommes, qui par sentiment religieux multipliaient les fruits de la terre et de la famille, eussent réuni à ces grands moyens de prospérité, à la sagesse, à la clarté de leur religion un autre gouvernement, ils auraient été longtemps le peuple le plus puissant.

Les mages comme les prêtres de Bel, les lévites, les prêtres égyptiens, les brahmes, concentraient en leur corps les sciences. Cet égoïsme, inspiré par un sentiment de domination, est un trait caractéristique du sacerdoce chez les anciens peuples asiatiques. Nous trouvons en Perse, comme sur le Nil, les prêtres précepteurs des héritiers du trône. Ils s'attribuaient le monopole des lumières pour s'assurer le pouvoir.

A travers les mystères et les divergences des écrivains sur la vie de Zerdust, nous entrevoyons qu'il puisa sa science dans les contrées orientales de la Perse. Tout semble venir de ce vaste foyer. Le Zend-Avesta est divisé en vingt et un traités qui portent chacun un nom particulier. Le vingtième est appelé le *livre des médecins*, parce qu'il renferme des notions sur la vertu de certains remèdes, et la manière de s'en servir. Voilà un trait remarquable de conformité de Zerdust et de Moyse. Les sciences étaient alors peu étendues, et les hommes de génie les embrassaient toutes. Ces législateurs s'occupaient à la fois du moral et du physique de l'homme. Ils créaient en entier la société, comme Dieu avait créé la nature. D'ailleurs ils étaient entraînés à cette grandeur de conception par le caractère de la mission qu'ils s'attribuaient. Pouvaient-ils, interprètes de Dieu, avouer les bornes de leur intelligence?

Nous trouvons chez les Perses des inventions que l'on croyait modernes. Ainsi les historiens nous disent que le roi était informé des révoltes ou des invasions étrangères par le moyen de quelques feux allumés de distance en distance, de sorte que dans l'espace d'un jour il pouvait savoir ce qui venait de se passer à un des bouts de ce vaste empire. Voilà bien une ébauche de nos télégraphes. Les mêmes besoins ont dû suggérer les mêmes moyens, mais ce germe d'invention est ensuite perfectionné par le temps.

De même dans ces courriers qui transmettaient les dépêches du roi, toujours prêts et placés à des distances régulières, que signale Hérodote (liv. VIII, § 98), nous devons voir le premier modèle des postes. Mais ces inventions, éclairs de l'imagination, restèrent sans perfectionnement par l'effet de la paresse naturelle aux Orientaux.

Le caractère grave des Orientaux se peint dans les formes sentencieuses de leurs écrits. On ne trouve point en eux cette légèreté, ces grâces badines, cette plaisanterie polie et piquante, ces élans d'une aimable imagination, dont tant d'écrivains européens nous offrent des modèles. La triple influence du climat, du gouvernement et de la religion, les éloigne de ce genre d'esprit. Le climat, les imprégnant de ses feux, partage leur vie en moments d'une passion ardente et en longs repos d'une indolence voluptueuse. Le gouvernement, déployant sans cesse le cimeterre menaçant sur leurs têtes, comprime la pensée, lui ôte tout élan, toute expansion vive. La saillie comme le sourire semblent, sous le triste despotisme, ne pouvoir appartenir qu'à l'enfance ignorante. La religion se montre en ces lieux brûlante des flammes du soleil, et, inspirant ainsi l'enthousiasme, le fanatisme, l'isolement misanthropique, trouble, change la raison en une démence féroce ou morose; toutes ces circonstances coïncidentes font la gravité des Orientaux, qui se peint sur leur physionomie, dans leur allure et dans leurs écrits.

Privés de tous ces genres d'esprit, qui chez les heureux Européens éclosent d'une constitution physique et politique où l'homme atteint tout son développement et conserve toute sa force, les Asiatiques se sont voués principalement à peindre les choses sérieuses, la passion, la sagesse. Soit feinte habile, soit vérité, ils placent souvent ces leçons générales dans la bouche de leurs monarques. Ainsi les historiens orientaux des rois Pischdadiens nous ont transmis les sentences de Féridoun. Les suivantes pourront donner une idée de leur manière comme aussi d'une raison qui est de tous les temps et de tous les lieux :

« Si l'homme considérait bien sa propre nature, la « vanité des biens de cette vie et la grandeur de Dieu, « il ne s'attacherait qu'à cet être souverain. »

« Le monde nous trompe tous..... C'est en Dieu « qu'habite la vérité. »

« Que tes richesses et ton pouvoir n'excitent point en « toi des sentiments d'orgueil...... que la chute de ceux « que tu as vus élevés te serve de leçon. Une même fin « nous attend tous, et quand la mort nous force de des-« cendre au tombeau, qu'importe que nous partions « d'une couche royale ou d'un vil matelas? En faut-il « moins faire le voyage ?«

On nous dit de Keichosrau, un des rois Kéaniens, qu'il fit graver dans un de ses appartements la leçon suivante : « Nous ne devons pas nous former de trop « hautes idées de nous-mêmes parce que nous sommes « élevés au-dessus du commun des hommes, puisque nous « ne sommes pas plus sûrs de nos couronnes qu'ils ne le « sont de leurs biens. La couronne qui, après avoir été « portée par divers monarques, orne à présent ma tête, « passera, quand je ne serai plus, sur celle de mes suc-« cesseurs. O rois, n'ayez aucun orgueil d'un avantage « aussi incertain et aussi passager! »

Qu'il est instructif de voir ces pensées fortes et justes sur l'instantanéité des choses humaines dès l'origine de l'histoire! Combien plus ces réflexions doivent nous frapper lorsque notre mémoire nous présente à l'appui tant de faits des siècles subséquents! Ainsi les maximes de la sagesse sont connues dès les premiers temps. Le seul but à atteindre, c'est de les rendre populaires.

C'est sous le règne de ce même Keichosrau que les historiens orientaux placent l'apparition de Lockman, surnommé *Al-Hakim* le Sage, et qui composa dix mille apologues. Le despotisme devait produire cette forme timide; la vérité toute nue aurait été trop dangereuse pour un écrivain. Ainsi l'apologue est d'accord avec l'imagination vive et le caractère servile des Orientaux. Attribuer l'invention de l'apologue aux Grecs, comme font quelques auteurs dans l'Ésope phrygien, copie du Lockman persan, est une chose invraisemblable, et presque calomnieuse. Les Grecs, pleins du sentiment de la dignité de l'homme, pouvaient-ils sentir le besoin de voiler la vérité? L'apologue n'est sans doute venu dans cette terre du courage et des lois que comme une imitation. Son sol originaire doit être la terre de la servitude. Un accord frappant se montre entre l'esprit captieux et pusillanime de l'apologue et la bassesse du sort de l'inventeur, qui, Persan ou Phrygien, est un esclave.

Par l'influence de leur religion, par suite aussi sans doute de leurs premières mœurs, l'agriculture fut honorée chez les Perses: Cyrus le jeune cultivait lui-même les arbres de son jardin. Les empereurs chinois, nous dit-on, guident chaque année la charrue dans un jour solennel. Ces détails historiques nous plaisent en nous montrant la raison sur le trône et les arts les plus précieux honorés par une main royale.

L'architecture, dont l'élément est la matière dure, conserve ainsi d'une manière plus constante la pensée de l'homme, qui s'enfuit légère comme le vent dans les produits des autres arts. Même les vastes paysages façonnés en parcs, en un Éden terrestre, livrés sans cesse à toutes les causes d'altération, soit des eaux, soit surtout de la végétation, changent de physionomie d'une génération à l'autre. Pour assurer quelques siècles d'existence à ses œuvres l'homme doit employer le granit, le marbre, le porphyre, l'airain, et ces durs matériaux ne répondent point encore à ses vœux : le temps et la main d'un ennemi, plus destructive encore, renversent, brisent, effacent ces rochers sculptés, et la face du monde offre sans cesse une scène nouvelle où rien n'est constant que le changement. Ainsi les palais de Persépolis, construits presque sur le style égyptien, n'offrent que des ruines qui ne déposent rien de précis; de longs murs, des escaliers désormais sans but, des portiques qui n'amènent que dans un espace vide et désert, des entablements çà et là en partie inhumés dans le sol, voilà l'ancienne demeure des maîtres de l'Asie. Nous retrouvons dans cet ensemble la physionomie générale des ruines. Cherchons quelques traits particuliers et caractéristiques.

« On voit sur des portiques qui sont une des parties

« le mieux conservées, une grande figure taillée en bas-
« relief, ayant vingt-deux pieds de long des pieds de
« devant jusqu'à ceux de derrière, et quatorze pieds de
« haut. Les têtes de ces animaux sont entièrement dé-
« truites, et leurs poitrines et leurs pieds de devant sont
« en saillie et sortent du pilastre [1]. »

Pourquoi ces formes colossales à des animaux? N'est-ce pas rapetisser l'homme à leurs côtés, et le but des arts ne doit-il pas être de l'élever, de l'ennoblir, de monter, par toutes les impressions des sens, son âme au ton le plus grandiose? Il semble que par cette idée les proportions gigantesques ne doivent être que pour l'homme. Sans doute cette partialité rappellera la réflexion du lion de la fable. Eh bien! attendons pour changer de manière que les lions sachent peindre ou sculpter.

Sur d'autres portiques on voit un homme qui d'une main tient un taureau par une corne implantée dans le front, et de l'autre lui enfonce un long poignard dans la poitrine : nous retrouvons ici l'influence générale de l'astronomie dans l'Orient. Ces sacrifices, dits *mithriaques*, étaient des allégories de la marche du soleil. Les processions, représentées sur quelques parties de murailles, sont évidemment aussi des scènes du culte persan.

Des tables de caractères inconnus et d'un genre hiéroglyphique sont données conjecturalement par les

---

[1] Extrait des voyages de Lebrun.

voyageurs comme un butin que l'armée de Cambyse remporta d'Égypte. Mais quel intérêt pouvaient prendre les guerriers perses à ce langage énigmatique d'un peuple qu'ils méprisaient si ouvertement ? C'est une des mille choses de l'antiquité que nous ne pouvons pas expliquer.

En somme, on sent à l'aspect de ces ruines une grande puissance qui soulève des rochers, les taille, les entasse, sculpte un mont, mais ces efforts tout physiques ne produisent qu'un froid étonnement suivi même de sentiments de pitié et d'indignation : on gémit sur cette grande population qui a baigné forcément ce sol de ses sueurs. Les ruines des ouvrages des Grecs donnent à l'âme de bien plus douces impressions. Il est juste de dire que notre connaissance parfaite du système mythologique, politique et moral des Grecs, nous fait bien sentir la destination de leurs monuments, tandis que notre incertitude sur les opinions des Orientaux nous empêche de tout comprendre dans leurs édifices. Néanmoins il reste vrai que la pureté des contours, l'élégance des formes, le prestige de la perspective sont pour les Grecs; que la colonne, par exemple, cet élément si beau de l'architecture grecque, ne se présente dans le palais persan que surmontée de renflements, de chapiteaux entassés, sans cet amincissement dans le fût qui la fait monter avec légèreté; qu'enfin on sent que la pensée a présidé aux ouvrages des Hellènes, qu'ils sont des monuments nationaux faits aux sons d'une lyre fière et joyeuse, tandis que les autres paraissent seulement le produit d'une force physique sans guide, et comme l'effet du caprice aveugle et sans retour d'un despote.

La géographie, l'histoire naturelle, dont la connaissance exige de longs voyages, étaient par cela même les sciences les moins avancées chez les anciens. Nous avons vu souvent Hérodote croire légèrement à des choses hors des lois ordinaires de la nature. Ctésias est plus blâmable encore puisqu'il était postérieur à Hérodote, et qu'ayant resté dix-sept ans à la cour d'Artaxerce Mnémon, en qualité de médecin, il eut la facilité de s'assurer de la vérité sur les faits de la Perse et de l'Inde qu'il nous présente. Néanmoins il dépasse Hérodote en assertions erronées. L'Inde est principalement le champ de ses fables; c'est avec l'imagination et non l'observation qu'il en a maladroitement écrit l'histoire naturelle. Dans le monde historique, religieux ou moral, c'est-à-dire dans le domaine exclusif de l'homme, il aurait pu rêver sans que les juges postérieurs pussent facilement prouver sa manie; la mort eût sanctionné de son silence les récits mensongers; mais la nature toujours vivante, et constamment semblable à elle-même en chaque climat, se présentait à tous les observateurs pour accuser Ctésias.

Comment l'insensé pouvait-il croire qu'il fascinerait les yeux des voyageurs par sa narration au point de leur faire voir dans l'Inde[1] une fontaine qui s'emplit tous

---

[1] Fragments de Ctésias, conservés par Photius

les ans d'un or liquide que l'on puise avec des cruches; qu'une race de pygmées d'une coudée et demie à deux coudées, n'ayant pour vêtements que leur chevelure et leur barbe qui descendent jusqu'aux genoux, et dont ils s'enveloppent avec une ceinture, habite au milieu de l'Inde; qu'un lac de huit cents stades de circonférence (trente lieues) est couvert à sa surface d'une huile que l'on puise avec des vases, et qui est supérieure à celle de sésame et de noix; que les montagnes de l'or sont habitées par des griffons au corps de loup, à griffes de lion, avec des ailes rouges et noires; qu'un fleuve qui prend sa source dans un rocher épanche le miel pur; qu'il existe dans une chaîne de montagnes des hommes qui ont une tête de chien et qui par conséquent n'ont d'autre langage que l'aboiement? Pour montrer l'étendue des renseignements recueillis sur ce dernier fait, Ctésias fixe à cent vingt mille le nombre des individus de cette nation.

Tous ces contes grossiers, qui ne s'élèvent pas au-dessus des conceptions des nourrices, ne semblent faits que pour les enfants; mais Ctésias réussit mieux dans quelques autres : ainsi cette fontaine, dont l'eau, prise à la quantité de trois oboles (32 grains et demi. Ctésias met à l'ordonnance la précision d'un médecin), donne à l'esprit une sorte d'aliénation, durant laquelle l'individu qui a bu répond forcément la vérité aux questions qu'on lui adresse, et s'accuse même des crimes qu'il a commis. Cette eau *de sincérité* est une conception ingénieuse, et semble le présent d'une divinité, qui veut sauver l'innocent. Le roi des Indes se servait de la vertu de cette eau pour connaître les coupables.

Cette huile épaisse qui enflammait tous les corps sur lesquels on la versait, sans que l'eau et nul autre liquide pussent éteindre le feu, et que laissait couler un ver de sept coudées de long, qui pris dans le fleuve Indus et suspendu en donnait cinq setiers, nous représente les effets produits postérieurement par le feu grégeois des Grecs de Constantinople.

Ce bassin de trente pieds de circonférence, dont l'eau profonde repousse à sa surface les hommes qui s'y plongent, et qui a la propriété plus merveilleuse de garantir de toutes sortes de maladies, est l'archétype, hélas inimitable, de nos établissements thermaux.

J'ai cité ces sornettes pour montrer les singuliers écarts où peuvent entraîner l'audace et l'ignorance unies nécessairement au mépris des hommes. Le temps, que suit de loin la vérité avec son flambeau, a fait découvrir les impostures de Ctésias : elles font autant la critique de l'ignorance de son siècle pour les choses physiques, que celle de l'historien menteur.

Mais nous pouvons offrir des documents sur les beaux-arts dans l'Inde antique, puisés à une source plus pure que celle de Ctésias. Nous avons déjà vu au chapitre de l'origine des peuples asiatiques les faits qui constatent les rapports de parenté des Perses, des Indous et des Égyptiens; de nouvelles preuves nous sont communiquées par les savants et véridiques auteurs des Recherches asiatiques; celles-ci, adaptées à notre sujet actuel, reposent sur les traits de similitude du style de leurs monuments.

Les ruines de Mavalipouram, situées à quatorze lieues de Pondichéry, non loin du rivage, offrent des animaux sous des formes gigantesques, des colonnes, des autels, tous taillés dans le roc le plus dur, le granit. Ces formes, cette disposition d'incrustation et de relief, cette patience de l'artiste rappellent les ruines de Persépolis et celles de l'Égypte.

Le P. Paulin de Saint-Barthélemy, savant fort distingué, déduit d'une circonstance particulière une haute antiquité pour ces ruines. « Je crois, dit-il, « qu'il a fallu plusieurs siècles, non-seulement pour « creuser et tailler avec le ciseau des temples vastes et « un aussi grand nombre de sculptures, mais encore « pour couvrir ces objets de cette espèce d'enduit noir « dans un climat aussi serein, aussi doux, aussi pur que « celui de l'Inde [1]. »

Chambers, auteur de la Dissertation sur les ruines de Mavalipouram, conjecture, à la perfection des formes du lion dans ces sculptures, et aux formes contrefaites qu'offre son imitation dans les temples actuels des Indous, que le peuple qui fit les sculptures de Mavalipouram devait venir des contrées où vit le lion, et paraît avoir beaucoup différé dans ses mœurs et dans ses arts des Indous modernes. Une étymologie du mot

---

[1] *Viaggio alle Indie orientali*, par le P. Paulin de Saint-Barthélemy, pages 64 et 65.

Mavalipouram fortifie cette conjecture. Ce mot, décomposé en sanskrit, dit *la ville du grand Bali*, et M. Jones pense que Bali paraît être le Bélus de la Bible. Tout, dans l'examen des peuples orientaux, nous rejette dans la région ténébreuse du passé.

Des traditions, des rapports dans divers genres, dénotent les anciennes relations de l'Inde et du Nil. Ces traces nous laissent entrevoir dans les temps primitifs, sous des nuages, les liaisons de famille, de commerce, de religion et d'arts entre les peuples du fécond et mystérieux Indostan, source de tout dans l'Orient et dans l'Égypte, d'où coulèrent vers tous les peuples de la Méditerranée, comme les eaux de son fleuve fameux, et avec la même incertitude d'origine, les notions mythologiques, scientifiques et morales.

§ V.

HÉBREUX.

Les pasteurs fugitifs de Gessen en proie, durant quarante ans dans le désert, au dénûment et à la crainte de l'ennemi, absorbés encore par l'éducation religieuse et morale que leur donnait Moyse, ne purent cultiver les sciences et les arts. Leur législateur était sans doute plein des idées égyptiennes, mais il ne pouvait d'abord les inculquer à des hommes qui sortaient de l'état stupéfiant de l'esclavage.

La connaissance de Moyse dans les sciences physiques et dans les arts industriels éclate dans la magnifique description de l'arche. Il ne pouvait vouloir que ce qu'il savait possible par l'expérience des arts de l'Égypte; mais ses compagnons ignorants, et dépourvus d'ailleurs de tous les matériaux nécessaires, ne pouvaient accomplir son idée. Ce tableau de l'arche ne fut qu'un rêve de l'imagination orientale : les Bédouins de Moyse ne purent avoir dans le désert qu'un autel en rapport avec leur pauvreté.

Ils le conservèrent tel pendant bien longtemps. Le Dieu d'Israël se plaint à l'époque de David, cinq siècles après Moyse, de n'avoir encore, depuis l'Égypte, habité que sous des tentes.

David conçoit le projet d'un temple. Son fils Salomon, plus puissant, l'exécute; mais ne trouvant point dans son peuple les ouvriers nécessaires, il les demande à Hiram, roi de Tyr. (*Rois*, liv. III, chap. v.) L'étranger lui envoie des charpentiers et des maçons consommés, mais il convient de recevoir, en échange, de Salomon, une redevance annuelle de vingt mille mesures de froment et de vingt mesures d'huile. C'était le tribut que l'ignorance israélite paya à l'habileté phénicienne.

Salomon, voulant faire construire une flotte, éprouve le même embarras que pour le temple, et il a recours également à l'amitié du monarque tyrien. Hiram envoie à Aziongaber des constructeurs, des pilotes, et la flotte de Salomon est bâtie et dirigée par eux. (*Rois*, liv. III, chap. IX.) Ainsi dans le temps de leur plus grande puissance, à cet apogée des nations, où la gloire, comme un puissant véhicule, donne un développement rapide aux sciences et aux arts, les Hébreux montrent leur ignorance de l'architecture, de la navigation et de toutes les sciences dont elles sont le résultat. Frappés de cette barbarie, nous devons croire que durant la longue période de Moyse à Salomon, ils n'avaient habité que sous des tentes. Alors cet état de la vie pastorale, position moyenne entre la condition du sauvage et celle de l'homme civilisé, nous donne une idée précise de leurs arts.

Comment, en effet, auraient-ils pu s'éclairer? Leur existence tout entière sous Josué, les Juges et Saül, fut un état alternatif de guerre et de servitude. Ces troubles, ces pillages, qui semblent l'état naturel des tribus arabes, sont incompatibles avec la culture des sciences et des arts. La barbarie des Hébreux fut telle, qu'au commencement du règne de Saül il ne se trouvait point de forgeron dans Israël pour faire des armes et des instruments de labourage. Il faut dire que la tyrannie ombrageuse des Philistins leur avait imposé cette loi; mais l'idée de cette privation ne fut suggérée à leurs vainqueurs que par l'aspect sauvage des tribus. Auraient-ils pu songer à priver un peuple industrieux de ses nombreux ouvriers? Ainsi tout, dans l'histoire des Hébreux, prouve leur ignorance primitive et continue.

Même la simplicité de leurs mœurs indique l'absence totale de l'industrie. Il semble que chaque famille réunissait en elle tous les métiers pour satisfaire aux premiers besoins de s'abriter, de se vêtir, de se chaus-

CHAPITRE VIII. 505

ser, de se nourrir. Ce début de toutes les sociétés fut le long état stationnaire des Hébreux. La Palestine ancienne nous est presque représentée par les tribus guerrières et sauvages de la Nouvelle-Zélande et du Canada.

Nous ne pourrions, dans la supposition des lumières chez les Hébreux, expliquer leurs changements subits et fréquents de croyance dans le désert et dans le Chanaan. Leur captation facile par le premier venu, leur oubli des vengeances terribles de Dieu et des lévites, leurs superstitions hébétées ou féroces dans le malheur, tout cela s'explique par leur ignorance. Nous les voyons alors comme tous les peuples enfants, oublieux, changeants, dupes, passionnés, cruels, et cela, toujours comme les enfants, par explosion et sans examen.

La nation, après cinq cents ans de guerre, acquit enfin le repos sous ses rois puissants, David et Salomon; alors, comme tous les peuples naissants, ils cultivèrent avec plus de succès les arts que les sciences. Ces arts furent tous animés de l'idée dominante, tous consacrés principalement au culte. Ainsi David tendait à exercer par sa harpe une impression religieuse sur Saül. Il semblait espérer communiquer à l'instrument la ferveur de son âme et obtenir par les sons inspirés et divins la retraite, du corps de Saül, de l'esprit malin qui le tourmentait. En effet, le roi éprouvait, des douces impressions de la musique, un soulagement à sa souffrance. C'est un fait intéressant pour les arts de voir ici leur puissance, non-seulement pour exciter le plaisir, mais, ce qui est plus difficile, pour calmer la douleur. Alfieri a fait de ses charmes le moyen d'action de sa tragédie de Saül. En différents lieux, dans l'histoire ou les fables qui en sont une émanation, nous trouvons les exemples de ce pouvoir si doux et si puissant auquel la reconnaissance donne toujours une origine céleste.

A l'appui du fait saillant de David pour prouver que la musique eut principalement chez les Juifs un but religieux, nous rappellerons les quatre mille chantres (*Paralipomènes*, chap. II et III, v. 5) qui se livraient à l'étude de cet art sous la direction de trois cents maîtres (*Paralipomènes*, chap. XXV, v. 7.) Nous rappellerons que les prophètes s'en servaient pour se monter à une vive exaltation.

Voilà des effets vastes et énergiques de la musique. Quels instruments, quel système de chant et d'accompagnement les produisaient? c'est ce que nous ignorons. Il en est ainsi pour une foule de choses de l'antiquité dont les effets sont constatés par la narration ou les mouvements, mais dont les moyens nous sont inconnus. La version latine de la Vulgate nomme bien la cithare, le psaltérion, les cymbales, les trompettes, mais rien ne nous indique la forme et la manière de ces instruments. En réfléchissant à l'imperfection des arts industriels chez les Hébreux, nous devons croire que ces instruments participaient du manque général de goût, et qu'il faut chercher dans l'exaltation religieuse de ce peuple la cause principale de ces grands effets précités de la musique.

La danse même, ailleurs si frivole, prit chez les Israélites un caractère religieux. La danse est moins variée dans son expression que la musique ; elle semble moins une émanation de l'âme : c'est surtout chez les modernes qu'elle est circonscrite. Dans le peuple, elle ne montre qu'une joie grossière, un besoin machinal d'action ; dans les classes supérieures, ses mouvements prescrits et compassés ne laissent rien à l'inspiration ; mais nous voyons dans l'exemple de David qu'elle a été l'expression d'un sentiment vif et profond : la piété. Ici rien n'indique cette régularité monotone de pas dont nous venons de médire. « David, revêtu d'un éphod de lin, dansait de-
« vant l'arche (durant sa marche) de toute sa force, avec
« des cris de joie, au son des trompettes, ayant toujours
« auprès de lui sept chœurs, et tout le peuple d'Israël
« jouait devant le Seigneur de toutes sortes d'instru-
« ments de musique. » Toutes ces circonstances combinées nous montrent la danse de David composée de bonds cadencés, et n'ayant d'autre règle que la mesure, l'âme de la musique et de la danse. Cette danse, expression d'une série de sentiments vifs et tumultueux, était donc une sorte d'improvisation : telle est la danse des peuplades nègres, des tribus sauvages du nord de l'Asie. Nous trouvons dans ce rapprochement une nouvelle donnée sur l'état de la civilisation chez les Hébreux. Nos ballets pantomimes nous offrent dans leur action variée la naïveté et le charme de la danse sauvage et de la fête autour de l'arche. Nous voyons là, comme dans tout, qu'après de longs détours vicieux l'art, au

terme de la perfection, n'est qu'une imitation de la simple nature, avec l'épuration et les grâces que donne un moral développé.

Les guerres continuelles, les servitudes diverses, le manque de commerce et de communication avec les autres peuples, firent que les Hébreux furent longtemps demi-sauvages, pauvres, grossiers. Dans cet état de barbarie permanente, les sciences, les arts d'industrie, et quelques-uns des beaux-arts, comme la musique, la peinture, l'architecture, furent constamment naissants. Toutes ces choses ont un besoin réciproque les unes des autres, et n'éclosent que dans le sein d'une civilisation perfectionnée; mais la poésie, tout entière dans l'âme, indépendante de la fortune, de la civilisation, n'avait besoin pour briller chez les Hébreux que de trouver des chantres pleins de passion, d'une croyance enthousiaste, et un auditoire avide et crédule : toutes ces circonstances se présentèrent. Les Hébreux, comme les Grecs et les Arabes des premiers temps, écrivirent l'histoire et tous les sujets en vers. L'euphonie et la cadence de la poésie semblent un besoin des peuples naissants, ou un attrait nécessaire pour fixer dans leur mémoire les faits et les idées morales. Cette exigence de l'organe de l'ouïe, ce charme prédominant de la sensation, n'annoncent pas, il faut le dire, une capacité intellectuelle bien développée. Les Hébreux, imbus dès le berceau de toutes les idées de la théocratie et de leur antique histoire, voyaient sans cesse Dieu dans les faits du passé, et se plaisaient à le voir présent dans les révélations des prophètes. Ceux-ci durent étudier quelles étaient les formes de langage qui agissaient le plus puissamment sur la multitude : ils furent amenés à être poëtes par les causes les plus puissantes.

Ainsi la poésie dut être principalement religieuse chez les Hébreux. Le créateur de la nation, Moyse, avait montré sa destination spéciale dès l'entrée d'Israël dans le désert, par son cantique de reconnaissance. Les idées religieuses sont celles qui agissent avec le plus de permanence et de force chez les hommes. L'unité du dieu d'Israël plaçait dans sa main les cieux, la terre et toutes les puissances qui maintiennent l'harmonie dans l'univers ; ce dieu était donc infini en tout, tandis que les autres dieux des nations, limités sous tous les rapports et n'offrant point à l'imagination ces dimensions infinies, ne donnaient à l'homme qu'une impression plus faible. Cette unité encore faisait concentrer sur lui ces éloges, ces respects, ces élans d'adoration, qui, chez les Hébreux, donnaient à la prière un caractère éminemment grandiose. La verve était pour les Hébreux dans la foi, et cette foi, résultat en eux de tout, des miracles dont on avait entretenu leur enfance, des narrations historiques qui charmaient leur orgueil, du spectacle journalier des cérémonies pompeuses, cette foi dut être nécessairement ardente. Par toutes ces causes, la poésie religieuse, qui, par la forme du gouvernement, était la poésie nationale chez les Hébreux, dut avoir un grand caractère d'énergie. Elle se déploie telle dans les tableaux de Job, dans les psaumes, dans plusieurs prophètes. A cette cause puissante de verve il faut ajouter, comme source nouvelle d'intérêt et de charme, la simplicité des mœurs primitives, et nous reconnaîtrons alors combien la Bible, dans les premiers livres, est précieuse comme école de poésie.

Une circonstance étrangère au degré d'exaltation religieuse dut, chez tous les anciens en général, tendre sans cesse à donner au style une concision énergique ; cette circonstance était la difficulté de multiplier les manuscrits. Même pour l'auteur, la difficulté mécanique d'écrire sur la cire ou le papyrus, l'embarras de porter des tablettes de cire trop étendues, tout entraînait à exprimer beaucoup en peu d'espace.

Nous devons croire que nombre de livres hébreux furent écrits avec ces règles particulières mais diverses, qui, chez toutes les nations, caractérisent ce langage élevé que nous nommons poésie, si différent du langage journalier consacré aux besoins vulgaires. Mais quelles furent chez les Hébreux la mesure, la cadence, les règles de cette poésie ? Voilà les mystères que les savants ne peuvent éclaircir, et sur lesquels nous ne pouvons, dans notre ignorance de l'hébreu, hasarder le plus léger doute. La prononciation fut, disent les érudits, entièrement corrompue dans la captivité de Babylone, et alors se perdit la distinction des longues et des brèves, et l'harmonie et le rhythme qui constituent la poésie. Nous nous bornerons donc ici à juger les idées.

Nous avons présenté les raisons qui expliquent la force de la poésie hébraïque ; celles qui expliquent sa monotonie sont non moins sensibles. La poésie se compose principalement de deux éléments, les sentiments et les images : les premiers devaient être chez les Hébreux pleins de l'énergie du fanatisme; les secondes devaient porter l'empreinte de la stérilité du sol, de l'isolement des Hébreux parmi tous les autres peuples, de leur ignorance de tous les arts. Aussi toutes leurs images sont-elles prises de l'agriculture et de la guerre, les seules choses connues dans Israël.

Après ces réflexions générales sur le style de la Bible, nous allons passer à l'examen particulier de quelques livres des Hébreux.

La forme des chants de David et des prophètes est lyrique. Elle était la plus convenable à des sentiments simples et énergiques; elle était en harmonie avec le climat ardent et le sol nu et rocailleux de la Palestine, avec les mœurs agrestes et guerrières des Israélites.

Ces chants, dans l'idée qu'ils nous donnent de la Divinité, semblent tous modelés sur le cantique de Moyse. Le général loue presque à chaque strophe Dieu du mal qu'il a fait à Pharaon. Il l'invite à traiter ainsi à jamais tous les ennemis d'Israël. Le sentiment de la vengeance, si énergique chez les peuples sauvages, celui de la haine de ses ennemis inspirée par la crainte et la convoitise, respirent dans ce cantique ; et voilà le type de presque tous les chants d'Israël. Là, comme partout, l'homme a fait Dieu à son image.

Il faut en convenir, l'idée de la Divinité s'est agrandie, s'est épurée dans notre esprit par la connaissance de la nature, et par les notions apportées par le christianisme. Notre âme, adoucie par la civilisation et par la sécurité que donne la masse des grandes nations, s'est dépouillée de l'implacable férocité des hordes sauvages des premiers temps, et, par suite de ces heureux progrès, les chants des poëtes modernes sur la Divinité sont plus nobles et plus doux.

Les livres juifs sont l'œuvre de plusieurs mains en divers siècles. La connaissance de ce fait seul donnerait à l'instant à penser qu'ils doivent offrir, dans les diverses parties, une variété saillante. En effet, les différences sont remarquables entre le livre de Job et le cantique de Salomon; entre la grandeur des scènes de l'Exode, et la pastorale de Ruth. Cette pastorale offre des détails charmants de mœurs par leur simplicité. Ce mélange des genres est une des causes de l'intérêt qu'on prend à la lecture de la Bible. Nous avons trop séparé chaque classe de faits et de sentiments; mais on reviendra à imiter, dans les compositions littéraires, la nature qui unit tout avec grâce et harmonie. Tous ces livres, inspirés par les circonstances, en ont les couleurs diverses. Tous, réunis en corps, ont reçu du temps et des événements une empreinte respectable. Pour les incrédules, la Bible sera toujours précieuse comme antique, s'ils ne veulent point l'honorer comme divine. L'histoire des Israélites, même en supprimant les miracles, offre encore de grandes scènes. Les histoires de Joseph, de l'Enfant prodigue, du lévite d'Éphraïm, ont fourni matière à des ouvrages très-intéres sants. La Bible, sous le rapport de la foi, est l'union de l'histoire du ciel avec la partie la plus importante de l'histoire de la terre; c'est le magnifique péristyle du grand temple du Christ. Que de motifs d'étude et de vénération! Sous le rapport de la littérature, c'est le tableau de l'histoire, de l'esprit, des mœurs d'un peuple antique; c'est un des monuments des lettres les plus intéressants. Elle est souvent un modèle de sublime dans l'expression. Longin a remarqué celle qui peint la création de la lumière : « Que la lumière soit, et la lumière « fut. » Elle nous donne une juste idée de la puissance de Dieu. L'action suit immédiatement la volonté. On n'y sent point la succession des instants comme dans l'accomplissement des ouvrages des hommes. Nous trouvons ailleurs : « Les cieux des cieux ne peuvent te « comprendre. » (IIIe liv. des Rois, chap. VIII.) Cette forme donne de la grandeur de Dieu une idée qui, sans être complète, puisqu'il est infini, est du moins grandiose. Les Hébreux, en concentrant sur un seul Dieu toute la puissance, tous les attributs que d'autres peuples divisaient sur plusieurs, ont ainsi souvent dans leurs louanges une grandeur, une pompe, une énergie dignes de l'Éternel. Nous ne pourrions pas épuiser les citations poétiques de la Bible. Nous devons donc continuer notre examen sur les autres parties.

Les mœurs des fils de Jacob dans la vallée d'Hébron, et de leurs descendants dans la vallée de Gessen, furent simples comme celles de tous les peuples à leur naissance. Aussi ne voyons-nous point dans les livres hébraïques, durant longtemps, des tableaux de dissolution. Le zèle de Phinées put être inspiré autant par l'indignation du scandale que par le fanatisme. Mais lorsque les Hébreux furent possesseurs de la terre entière de Chanaan, qu'ils furent puissants sous des rois habiles, alors leurs mœurs devinrent voluptueuses comme celles de toutes les nations fortes et heureuses par l'abondance et la paix. A ces causes se joignaient, pour eux, celle d'un climat ardent, et l'exemple contagieux du trône. L'amant de Bethsabée dut avoir de nombreux imitateurs. Les sept cents concubines de Salomon prouvent que la dissolution avait passé des sens dans l'imagination. Dans ce degré avancé de corruption parut le Cantique des cantiques, poëme érotique alors en harmonie avec les idées et les goûts de la nation. L'attrait réciproque des deux sexes a précédé les lois positives qui souvent le contrarient. L'audace des poëtes érotiques, qui célèbrent des sentiments et des faits qui choquent toutes les institutions des hommes, paraît ainsi excusée par le caractère de la grande loi naturelle dont ils se font les interprètes.

Nous devons juger cet ouvrage en historien et en littérateur, comme l'expression du génie et des mœurs des Hébreux à cette époque. C'est un petit drame produit dans l'enfance de l'art. Les deux acteurs principaux et le chœur paraissent, se taisent, reviennent sans motifs expliqués. On ne peut le concevoir, même dès le début, qu'en supposant que le récit est quelquefois l'exposé d'un songe. Ainsi, après le premier chapitre, dialogue tendre; dans le second, l'amant annonce aux compagnes que sa bien-aimée dort après une extase d'amour, et les prie de ne point la réveiller. Celle-ci parle immédiatement et annonce voir arriver son amant (qui vient de parler à ses côtés), sautant comme un cerf au-dessus des montagnes; il s'approche, lui parle. Cette venue, ce discours, les réponses de la Sulamite, ne peuvent s'expliquer que comme une vision durant le sommeil. Le chapitre III ne semble que la continuation du même rêve. L'amant, qui s'est éloigné durant le sommeil, revient. Les chapitres suivants sont une suite de comparaisons pour exprimer la beauté du jeune homme et de son amie. Le dénoûment est une scène voluptueuse semblable à la première, et où, par l'identité de position, les mêmes expressions sont répétées. Voilà ce que nous croyons entrevoir dans le plan de l'ouvrage, mais bien des choses nous sont encore obscures et inexplicables. Cette obscurité vient-elle de notre ignorance de ces mœurs, de l'altération du texte. Le désordre du plan, l'incohérence des idées, jetaient dans cet ouvrage une obscurité très-favorable aux explications mystiques; aussi est-ce le livre hébraïque que les commentateurs ont le plus chargé, grossi, obscurci de notes.

Pour montrer l'absurdité de ces commentaires et leur danger, nous dirons que le champ des rêveries est infini; qu'un iman pourrait voir avec la même vraisemblance dans le Cantique des cantiques la venue brillante de Mahomet, ses travaux, son triomphe, les plaisirs promis aux élus dans les bras des houris; un prêtre des Parsis pourrait y trouver l'union allégorique de la lumière solaire versée à flots pressés dans le sein de la terre amoureuse et produisant tous les fruits et toutes les délices. Ces vains rapports ne peuvent nous être donnés comme des vérités.

Le style de cet ouvrage est pour nous d'une nudité cynique. Les images ne peuvent toutes nous paraître gracieuses ; la répétition de quelques-unes serait déclarée dans un ouvrage français, fade, oiseuse, traînante. Mais ne jugeons point avec un sentiment national exclusif des formes de style employées dans des lieux et des temps si distants de nous. Une jeune fille israélite pouvait trouver flatteur que l'on comparât son ventre à un monceau de froment entouré de lis ; son nez, à la tour du mont Liban qui regarde vers Damas ; ses cheveux, à des troupeaux de chèvres qui sont montés sur la montagne du Galaad ; ses joues à une moitié de pomme de grenade. La fiancée répond à son bien-aimé par des images semblables. Celles qui nous paraissent inconvenantes ont une couleur locale, un rapport avec les choses simples de l'agriculture, alors familière aux Hébreux; à leurs yeux ce rapport devait donner à ces images un agrément qu'elles n'ont pas pour nous. Mais d'autres peindraient avec charme et énergie, dans tous les temps et à tous les hommes, une vive passion. La fiancée dit : «Je dors, mais mon cœur « veille. Que mon bien-aimé place sa main gauche sous « ma tête, que sa main droite m'embrasse !..... Je suis « enivrée, je languis d'amour. »

Le législateur avait fondu dans son Pentateuque la morale et le dogme. Ces préceptes sont donnés avec cette concision et ce ton altier d'un pontife qui commande la croyance et ne s'abaisse point à discuter. Mais des écrivains postérieurs crurent que toutes les règles de conduite n'étaient point pour des esprits incertains dans les commandements du Décalogue ; qu'il était utile d'analyser ses préceptes si généraux, et qu'ils pourraient, n'étant point revêtus d'un rôle aussi éminent que Moyse, converser avec les hommes. Ainsi parurent les Proverbes, l'Ecclésiaste de Salomon et l'Ecclésiastique de Jésus, fils de Sirach. Le premier ouvrage est un recueil de maximes sans ordre, sans liaison, mais remarquables souvent par leur justesse, et toujours par leur énergique concision. Les grands traits de la nature humaine sont les mêmes dans tous les lieux et dans tous les temps. Salomon recommande, comme les causes du bien de l'homme, les mêmes vertus qui, de nos jours, assurent aussi sa félicité vers les pôles. L'esprit d'un siècle, d'une nation, la physionomie du pays, se décèlent dans tout l'ouvrage. Ce livre de morale pourrait nous donner une idée de la religion, du gouvernement, des sciences, des arts des Juifs, toutes choses qui ne sont point traitées spécialement par le moraliste. L'esprit de la terrible théocratie créée dans le désert de Sinaï se manifeste par la profonde résignation commandée pour le Seigneur et ses décrets. Le despotisme oriental est peint par le respect sans examen voulu pour le prince, par la peinture des effets redoutables de sa volonté, et surtout parce que nulle part le patriotisme n'est présenté comme une vertu; il n'est pas nommé, c'est une idée inconnue. L'idée de l'imperfection des sciences et des arts résulte du silence de l'écrivain, qui ne leur emprunte aucune métaphore, et dans ses jugements ne les indique par nulle allusion. Ses fréquents anathèmes sur les débauchés et les menteurs feraient penser que la dissolution et la fausseté étaient des vices dominants en Israël. Pour la statistique de la Palestine, nous voyons dans les comparaisons favorables du livre des Proverbes qu'elle produisait un miel parfumé, des figues douces, des raisins savoureux. Les éloges des eaux et des ombrages nous font voir le soleil dévorant et le terroir brûlé de la Judée. La physionomie générale des sages, dans ce livre de Salomon, se compose des mêmes traits que celle des sages modernes de l'Orient, la gravité, le silence, l'ordre, l'empire sur la femme.

Un roi comblé des faveurs de la nature, de la fortune et de la gloire, jouit avec excès de tous les plaisirs des sens, tâche d'embrasser toutes les sciences, se sature de l'encens des flatteurs; vieux, ses désirs impuissants ne lui offrent que des déceptions amères, qu'aigrit encore le souvenir poignant des félicités passées. Ses études ne lui ont montré que l'immensité toujours croissante de la science et la faiblesse des moyens de l'homme; d'où résulte un profond sentiment de découragement. Ses courtisans et le peuple l'abandonnent pour se tourner vers le prince qui surgit. Alors, s'il écrit, il médira, pour se consoler, de la vie.

des hommes et de la Providence. Voilà l'esprit de la vieillesse, voilà l'esprit de Salomon dans l'Ecclésiaste ou Prêcheur. Ses organes et son esprit usés lui font dire, comme pensée principale du livre, que tout sous le ciel est vanité et affliction d'esprit. C'est vrai pour lui ; mais son erreur et l'erreur éternelle de la vieillesse, c'est de vouloir imposer son jugement aux autres âges, dont les sensations sont différentes. Le souvenir de la jeunesse empoisonne ordinairement les autres âges. Ces insensés veulent, sous des cheveux blancs, les mêmes plaisirs que dans leur printemps, et ils se consument en vains efforts et en regrets. Ils ne savent pas que la sagesse est de jouir des penchants naturels de chaque âge, sans vouloir que toute la vie soit une jeunesse éternelle. D'après ces réflexions sommaires, l'Ecclésiaste ne nous paraît que la diatribe éloquente d'un vieillard dégoûté, et non la leçon de la sagesse. Il présenterait aux jeunes gens la vie sous un aspect faux. Dans son chagrin, il semble vouloir anéantir aussi l'avenir comme le passé. « C'est « pourquoi les hommes meurent comme les bêtes, et « leur condition est égale. Comme l'homme meurt, les « bêtes meurent ainsi, les uns et les autres respirent de « même, et l'homme n'a rien de plus que la bête. Tout « est soumis à la vanité, et tout va en un même lieu. Ils « ont tous été tirés de la terre, et ils retournent tous « dans la terre (ch. III). » Voilà le matérialisme. Cependant il dit dans ce chapitre et ailleurs que Dieu nous jugera. De même, après avoir méprisé la vie et ses biens, il recommande, en nombre de versets, de boire, de se réjouir, de jouir de l'existence avec la femme que l'on aime (ch. III, v. 12; ch. IV, v. 7, 9). Et voilà ce défaut d'ensemble et de liaison que j'ai signalé dans les livres hébreux. Mais il reste vrai que le sentiment dominant du livre de l'Ecclésiaste est une profonde mélancolie et un dédain des plaisirs et de la science.

L'ordre de composition de ces trois ouvrages n'est point marqué. Si nous supposons d'après les dispositions naturelles, nous verrons parfaitement dans ces trois productions de Salomon l'esprit des trois âges de l'homme. La volupté, âme de la jeunesse, lui a inspiré le Cantique des cantiques; la raison dans l'âge mûr lui dicte le livre des Proverbes; enfin la tristesse, la satiété, la jalousie, compagnes de la vieillesse, lui font péniblement écrire l'Ecclésiaste.

Les prophètes, ainsi que David, exprimant les mêmes sentiments, durent employer la même forme de style. La fougue, qui devait être l'un des caractères de l'inspiration, le désordre de leurs idées, naturel dans une improvisation publique, la nécessité de répéter les traits saillants qui devaient agir fortement sur la multitude, et de braver ainsi toutes les froides règles de la logique: toutes ces circonstances leur firent sans doute adopter ces formes lyriques ou dithyrambiques dont Pindare offrit depuis des modèles en Grèce, si toutefois une forme où règne la passion seule, et où le seul principe est le mépris de toutes les règles, peut vouloir des modèles. J'ai présumé la forme lyrique, car ce n'est pour nous qu'une vraisemblance. Tous les livres de la Bible

CHAPITRE VIII.

sont composés de même, de chapitres divisés en courts versets. Les formes primitives du style ont disparu dans les refontes d'Helkias, d'Esdras, et dans les traductions successives de l'hébreu en grec, et du grec en latin. Le goût antique de l'Asie pour les paraboles, les allégories, les apologues se manifeste dans ces prophètes. Le soleil d'Orient semble avoir quelquefois enflammé leur tête et donné à leurs écrits la même sève et les mêmes parfums qu'aux fruits savoureux du sol. Rousseau a sans doute embelli, par l'ordre des idées et le grandiose des expressions, les chants de David et d'Ézéchias, mais le fond de ces belles odes est bien dans les livres hébraïques. Quelquefois ces prophètes, pleins d'une idée dominante, la répètent à satiété. Ainsi Jérémie dit dans cinquante-deux chapitres ce qu'on pourrait réduire à dix au plus, en supprimant les répétitions. Elles choquent d'autant plus qu'elles ne sont qu'une prodigalité d'injures et de malédictions aux Israélites. Sa fin fut malheureuse, mais il mourut âgé. Pendant une prédication de quarante-cinq ans il anathématisa Israël. Quelle chose doit le plus étonner, ou de sa persévérance, ou de la patience de ses auditeurs ?

Passons à leur examen. Tous ces prophètes, du moins ceux dont les écrits ont été recueillis, ne paraissent en Palestine que dans trois périodes très-remarquables par les événements politiques qui menaçaient le bonheur ou même l'existence de la nation : après la séparation des douze tribus dans les deux royaumes d'Israël et de Juda, durant la captivité, et après le retour à Babylone.

Dans la première, les hommes pénétrants virent quel devait être le résultat de ce schisme politique et religieux, des guerres furieuses entre les deux états frères, leur affaiblissement par le carnage et surtout par le relâchement de la discipline, tout entière dans la croyance à la loi, et enfin pour terme fatal la destruction totale par le fer de l'étranger. Alors, pour arrêter sur le penchant de l'abîme les enfants d'Abraham, ils leur en montrent le fond. Ces orateurs de la tribune d'Israël sentaient que le principal remède était de rallumer le zèle religieux; que les Hébreux ne pourraient être réunis et forts qu'à l'exemple de leurs pères, en se groupant autour de l'arche. Aussi présentent-ils sans cesse les infractions à la loi comme leurs plus grands crimes, et leur retour à la foi comme la cause de toutes les vertus et de toutes les félicités, comme le moyen unique de salut dans la position effrayante où ils sont. Le danger fut plus imminent lorsque la terre d'Israël, rendue vide de ses habitants, laissa Juda à découvert aux coups des puissants Assyriens. Aussi est-ce durant ce temps que les prédictions sinistres prennent un nouveau caractère de force. Enfin ces patriotes juifs, toujours dans la même fin, après ces scènes prochaines de calamités, offrirent aux Hébreux les plus beaux tableaux pour l'avenir, soit par leur retour à la foi, qui les préserverait des malheurs promis par Dieu, soit par le pardon qu'ils obtiendront de l'Éternel après leur châtiment. Ces tableaux se composaient des éléments ordinaires de la félicité des nations, la richesse, la sécurité, une domination glorieuse sur des tributaires sous un chef habile. Dans cette première période parurent Isaïe, Jérémie, Baruch. Isaïe a souvent la force convenable à sa mission et une imagination plus fertile que celle de la plupart de ses confrères. Jérémie est remarquable pas sa monotonie. Il fallait compter sur une grande patience dans ses auditeurs pour se permettre ses éternelles répétitions ; mais son côté le plus extraordinaire est la prédication constante de la trahison. Il sollicite le roi, les Juifs, de se rendre aux Chaldéens, avec la même confiance dans la bonté de sa cause qu'avait Démosthènes, excitant les Athéniens à la défense de leurs foyers et de leur liberté. Était-il un patriote découragé et qui n'espérait ramener les Hébreux à la foi primitive que par la rigueur du joug ?

Dans la seconde période, Ézéchiel, Daniel parurent à Babylone. Comme Isaïe, ils gourmandent la nation et relèvent ses espérances. Tous les deux, et surtout Daniel, plus avancés dans l'Orient, semblent participer davantage de l'influence du sol, et sont plus remplis de visions, d'allégories, de paraboles. Ils doivent être classés dans la seconde période que nous avons indiquée, ou celle de la pénitence générale de la nation sous le joug chaldéen.

Dans la rédaction et la jonction des livres hébreux on amalgama ensemble les douze petits prophètes, quoique distants les uns des autres de plusieurs siècles. Les neuf premiers appartiennent à la première période. Les trois derniers, Aggée, Zacharie et Malachie, sont dans la troisième ou celle de la régénération politique et religieuse de la nation. Ils excitent principalement les Juifs à la reconstruction du temple, comme devant être après le retour, ainsi que sous leurs pères, le pivot, le palladium de la nation. Puis les prophètes se taisent, soit que des prédictions de prospérité publique, d'avénement d'un grand prince, répétées durant quatre cents ans, aient lassé les plus crédules dans Juda; soit que l'exaltation postérieure des Machabées ait paru ce grand événement tant promis.

Nous répéterons pour les prophètes ce que nous avons dit pour les autres livres juifs, que les formes primitives du style ont disparu dans les refontes et traductions successives. Nous devons en sentir des regrets : ces formes devaient être très-variées, par l'effet de la diversité de profession des inspirés. Les uns, près du trône, comme Isaïe, Daniel, devaient avoir l'élégance et la pompe des cours; d'autres, comme le simple berger de Thécué, Amos, devaient offrir ces formes agrestes et rudes des tentes pastorales. Toutes les couleurs originales ont disparu dans le dessin froid et sec du traducteur. Partout la même et monotone division par chapitres et par courts versets.

L'existence de l'homme dut être, dès l'origine des choses, plus facile dans l'Asie méridionale que dans la vaste Sibérie et dans l'Europe. Les premiers besoins, la nourriture, l'habillement, le logement, étaient presque satisfaits par les dons de la nature; des fruits savoureux naissaient spontanément; une douce température rendait suffisants les vêtements les plus simples;

un ciel riant offrait constamment à l'homme un pavillon propice. Aussi des tentes légères, ou les bocages des forêts, ou les grottes des montagnes, lui étaient moins nécessaires comme abri que comme centre des mouvements de sa famille et de ses troupeaux. Par toutes ces circonstances prospères, les premières sociétés apparaissent en Asie. Dans cet heureux loisir qu'offrait à ces hommes une nature bienveillante, ils durent, dès les premières périodes de leur existence sociale, cultiver les sciences et les arts; ainsi l'on nous représente les bergers chaldéens comme astronomes.

Cette chaleur vitale répandue abondamment dans toute la nature, dans ces beaux lieux, imprégna aussi l'homme, et il fut de très-bonne heure pubère, intelligent, et produisit en tous sens des fruits précoces.

Ainsi le germe de toutes les sciences, de tous les arts, se développa promptement en Orient, dès les premières races. Comment l'homme dans ce mouvement rapide a-t-il été arrêté, parvenu au milieu de la carrière? Nous trouverons la solution à ce grand fait dans l'examen des causes suivantes:

Le climat le remplit de ses feux, et il aspira la volupté par tous ses pores. Les princes entassaient autour d'eux un nombreux troupeau de femmes pour leurs plaisirs. Ce luxe devint contagieux, et la polygamie introduite par un penchant naturel au changement, par le caprice de l'imagination, par l'orgueil, devint la première loi civile. Toutes les impressions du climat, tous les attraits de l'exemple entraînèrent l'homme à s'énerver; ce qui lui resta de force morale après ces embrassements réitérés fut consacré aux premiers soins agricoles. Toute sa raison dut être absorbée encore souvent pour régir, faire régner la paix entre ses jalouses et inquiètes odalisques. Quel temps, quelles forces lui restaient pour les profondes études que demandent les sciences après les premiers éléments? Les Asiatiques, comme tous les habitants de la zone équatoriale, sont donc, par l'effet du climat et des habitudes de volupté et de mollesse, doués d'une conception prompte et peu capables d'un long effort.

L'imagination vive des Orientaux les disposait à la crédulité. Des prêtres ambitieux et habiles abusèrent de ce penchant, les plongèrent dans les superstitions les plus absurdes, et quelquefois les plus dissolues, en suivant l'indication du climat. Nous avons vu même que des corps de prêtres s'emparèrent des sciences comme de leur domaine, n'en laissèrent percer que quelques faibles notions, et, ayant atteint leur but de domination, condamnèrent l'esprit humain au repos. Voilà de nouvelles causes de distraction et d'impuissance intellectuelle.

Mais, plus puissant dans ses effets funestes que la sensualité et la superstition, parut le despotisme. La terreur abrutit l'homme; pourrait-il dans le souci continuel des coups du tyran, ou de ceux des nombreux acolytes qui le multipliaient partout, se livrer à l'étude, qui veut pour conditions premières la paix, la sécurité? Dans le repos du prince, il n'offrait à la nation pour maux constants que l'esclavage, la spoliation, la décimation; mais dans la guerre les maux de ce régime ne frappaient point des individus ou des familles isolées, ils tombaient sur des masses. D'abord la nation entière devait s'armer et suivre au hasard le despote, qui, animant cette multitude de son âme, la lançait comme des bêtes féroces sur les peuples voisins. Nous avons vu les guerres d'extermination des peuples de la Syrie par les Ninivites et les Babyloniens; les transplantations des tribus d'Israël et de Juda; l'anéantissement de Tyr et de Sidon; les ravages de Sésostris, des Scythes, des Mèdes, des Perses. Dans cette nullité du droit des gens, dans ce chaos interminable de guerres, que pouvaient devenir les premiers éléments des sciences et des arts, offerts d'abord par des circonstances propices, nés du sol comme des fruits spontanés? Ils ne pouvaient que végéter, c'est-à-dire vivre sans croître.

La liberté dans le nord, plus prospère que le soleil brillant du midi, a produit dans l'homme de plus beaux fruits. Longtemps il fut farouche, errant dans ses antiques forêts. Longtemps il lutta contre une nature marâtre qui lui refusait tout et n'accordait des secours pour ses premiers besoins que par un travail opiniâtre; mais enfin il parvint à avoir des champs ensemencés, des maisons, des vêtements; il apporta dans la rédaction de ses lois cette force de réflexion, cette persévérance qu'il avait dû avoir pour surmonter les maux physiques qui l'entouraient; il appliqua à l'étude des sciences et des arts l'énergie d'une âme trempée par l'exercice, des sens non émoussés par la dissolution, que réprouvaient son climat rude et des lois analogues ; une force de volonté qui par toutes ces causes était chez lui une habitude ; même le retard de la puberté, désavantageux au premier aspect, fut un bien. Il permit à l'être moral de se développer avant que l'attrait le plus puissant l'entraînât à n'être qu'un animal voluptueux. Ainsi, contre les premières apparences, le nord fut plus favorable pour la raison et le bonheur que le midi. Cette végétation hâtive des tropiques semble avoir un terme prompt. L'Asiatique est l'arbrisseau éclos, couvert de fleurs et de fruits dans une saison ; l'Européen est le sapin qui croît lentement, mais durant un siècle, et domine au loin l'horizon. L'expérience des siècles nous montre que la liberté, la raison et les sciences demandent le climat du nord. Les arts, dont les productions sont plus spontanées, qui exigent plus de sentiment que de réflexion, semblent se plaire davantage sous le soleil excitant du midi.

CHAPITRE IX.

COMMERCE ET NAVIGATION.

L'origine du commerce et de la navigation, comme l'origine de toutes choses en Asie, est couverte d'un voile ténébreux. Plusieurs faits nous annoncent que le commerce remonte bien au delà des premiers temps historiques. Dans ce manque déplorable d'annales, nous ne pouvons, pour nous former des idées des relations commerciales des empires de l'Asie, que remonter des effets aux causes, c'est-à-dire préjuger les antécédents de faits historiques constatés.

Des dépositions multipliées attestent qu'au nord de la Perse, dans l'Hyrcanie, la Bactriane, la Sogdiane, existaient des nations nombreuses et riches; que l'isthme entre l'Euxin et la Caspienne était couvert de villes florissantes. L'expédition des corsaires du navire *Argo* eut pour but le pillage : ils furent attirés dans la Colchide par l'appât des richesses. Le merveilleux de leur récit prouve l'opulence de Colchos, qui ne pouvait avoir pour cause que le commerce. Dans les temps postérieurs nous ne voyons plus dans ces lieux que les forêts du Caucase et les savannes herbeuses de la Scythie. La cause de la prospérité antique de ces régions n'était donc point dans le sol; d'autre part, des témoignages respectables nous montrent ces pays comme la ligne du commerce de l'Inde avec l'Europe dans les temps les plus reculés. Voilà la cause fécondante de la population et des richesses de ces pays. Montesquieu[1] explique même l'opulence subite des premiers monarques de Ninive par le pillage de ces nations industrieuses. Il est vraisemblable que cette violence ne dut être qu'un mal subit que l'avidité effrénée d'un sultan assyrien suscita, mais les tributs réguliers imposés à ces nations commerçantes par les puissants Ninivites furent la cause constante de la magnificence de l'Assyrie. Ce commerce cessa. Nous n'avons que des conjectures pour explications, mais, fondées sur l'expérience, elles ont un grand caractère de probabilité. Le luxe, toujours croissant jusqu'à la ruine, rendit les besoins des monarques assyriens plus pressants. Les tributs devinrent plus pesants. Ils accablèrent enfin ces nations industrieuses, et ce vaste mouvement commercial cessa par la compression. La guerre avec sa torche et son sanglant cimeterre put ravager encore ces régions, et couper la communication entre l'Inde et l'Occident. Nous voyons Sémiramis, impatiente de puiser à la source de ces richesses, entraîner une armée immense dans les Indes. Par l'une de ces causes ou par leur réunion, le commerce de l'Inde par le fleuve Icarus, un des affluents de l'Oxus, la Caspienne, le Cyrus et le Pont-Euxin, fut anéanti, et ces contrées redevinrent sauvages.

---

[1] Montesquieu, *Esprit des Lois*, liv. XXI, chap. vi.

CHAPITRE IX. 331

Les conjectures précédentes sur l'existence du commerce entre l'Inde et l'Occident par une ligne transversale du Caucase sont fortifiées encore par les observations de Pallas sur le littoral de la Caspienne et du Pont-Euxin; la disposition horizontale des steppes qui bordent le Don, le Volga, l'Iaïk et joignent la Caspienne au lac Aral, l'identité de leurs couches salines, leur commune stérilité, la nature des coquillages semés sur ce vaste espace, tout fait penser au savant voyageur que jadis les pays signalés étaient une seule mer. La suréminence de quinze toises d'élévation des steppes entre l'Aral et la Caspienne, alors submergés, prouve par l'antique hauteur de cette mer sa vaste étendue. « Les steppes de la « Crimée, du Kouban, du Volga, de l'Iaïk, le plateau « de la grande Tartarie jusqu'au lac Aral inclusivement, « ne formaient qu'une mer qui, au moyen d'un petit « canal peu profond, dont le Manytsch nous offre encore « des traces, arrosait la pointe septentrionale du Cau- « case, et avait deux golfes énormes, l'un dans la mer « Caspienne, et l'autre dans la mer Noire[1]. »

Cette opinion, fondée sur des faits incontestables, coïncide avec celle de Tournefort[2], que jadis les montagnes du Bosphore de Thrace ne formaient qu'une masse qui séparait l'Euxin de la Méditerranée. La première mer, alors beaucoup plus élevée, se déversa à la rupture de la digue dans la seconde, et descendit à un niveau très-inférieur. La Caspienne, privée ainsi de la

---

[1] Voyages du professeur Pallas, tom. VII, p. 218.
[2] Relation d'un voyage au Levant, tom. I, p. 80.

surabondance des eaux de la mer Noire, baissa par l'évaporation, et ne fut plus qu'un vaste lac isolé dans les terres.

Dans le premier état nous voyons une grande facilité pour le commerce de l'Inde par le nord du Caucase, alors baigné par les flots d'une vaste mer.

Dans le second état nous trouvons, par l'interruption soudaine de la navigation de l'Aral aux rives de l'Euxin, une nouvelle cause de la cessation des relations par ces parages du Caucase, du couchant avec l'Inde.

L'antique commerce de l'Inde, par ces régions caucasiennes, est pour nous encore une nouvelle donnée explicative de la marche de la mythologie et des sciences des Indous vers l'Occident, et surtout des rapports du grec et du latin avec le sanskrit. Les productions de l'Inde furent importées en Europe avec les connaissances et peut-être avec des essaims de la population de ces régions fécondes en tous genres.

Mais ce commerce de l'Inde et de l'Occident, fondé sur des besoins réciproques, troublé au nord, dut prendre une autre route. Cherchons un des points principaux qui détermine sa nouvelle ligne. Isaïe, Ézéchiel nous entretiennent sans cesse de la splendeur et des richesses de Babylone. Leurs expressions sont si brillantes, qu'on ne peut attribuer uniquement cette magnificence à son agriculture. Nous trouvons des données encore bien plus positives sur la cause de cette prospérité dans les révélations de saint Jean. « Elle est tombée « la grande Babylone, elle est tombée. . . . . Les

« marchands de la terre pleureront et gémiront sur elle,
« parce que personne n'achètera plus leurs marchan-
« dises. Ces marchandises d'or et d'argent, de pierre-
« ries, de perles, de fin lin, de pourpre, de soie,
« d'écarlate, de toute sorte de bois odoriférants, de
« toute sorte de meubles d'ivoire et de pierres pré-
« cieuses, d'airain, de fer et de marbre, de cinnamome,
« de senteurs, de parfums, d'encens, de vin, d'huile,
« de fleur de farine, de blé, de bêtes de charge, de bre-
« bis, de chevaux, de carrosses, d'esclaves et d'hommes
« libres. Les marchands qui vendent ces choses, et qui
« se sont enrichis avec elles, s'en tiendront éloignés
« dans l'appréhension de ses tourments, et en pleurant
« et en soupirant ils diront : Hélas ! hélas ! cette grande
« ville, qui étoit vêtue de fin lin, de pourpre et d'écar-
« late, couverte d'or, de pierreries et de perles ; et tous
« les pilotes, tous ceux qui sont sur mer, les mariniers
« et tous ceux qui sont employés sur les vaisseaux, se
« sont tenus loin d'elle, et se sont écriés : Hélas ! cette
« grande ville, qui a enrichi de son opulence tous ceux
« qui avaient des vaisseaux en mer, comment se trouve-
« t-elle ruinée ? » (*Apocalypse*, chap. XVIII.)

L'Inde pouvait seule fournir la plus grande partie des marchandises qui sont énumérées dans ce passage. Ce qui met hors de doute que Babylone fut un grand entrepôt entre l'Inde et l'Occident.

Les Juifs, par les raisons les plus évidentes, peuvent être crus, parlant de leurs voisins les Babyloniens. Leurs livres, et notamment ce passage de saint Jean, nous présentent Babylone sous le même aspect. L'existence d'un riche commerce à Babylone nous explique plusieurs grands faits qui seraient autrement obscurs ou rattachés à des causes insuffisantes : 1° La pensée de l'affranchissement de Ninive, sa suzeraine, dut être suggérée à Babylone par les immenses richesses et la vaste population, effets de ce commerce, et la même cause qui donna la pensée donna aussi les moyens de l'accomplir. Par cet ensemble de circonstances s'explique la formation du second empire assyrien à Babylone. 2° Les travaux magnifiques entrepris sous divers règnes trouvent encore leur cause dans les bénéfices de ce grand négoce. La guerre ne produit par les pillages qu'une abondance passagère; elle n'eût pu suffire à ces monuments gigantesques. Un riche commerce, comme une terre fertile, produit des fruits inépuisables, et qui se renouvellent comme les saisons. 3° L'armement de Salomon pour s'emparer de Tadmour ou Palmyre, point important dans le désert par ses deux sources d'eau vive, et surtout par sa position sur la route naturelle de jonction du golfe Persique et de la Méditerranée. 4° Les guerres d'extermination des Assyriens contre les Juifs et les Tyriens, qui déviaient par le désert et puis par la mer Rouge, une partie des richesses que les jaloux Assyriens voulaient concentrer à Babylone.

La Babylonie fournissait à Darius Hystaspes le tribut le plus considérable (il s'élevait à mille talents d'argent), tandis que la satrapie de l'Égypte, de la Libye et de la Cyrénaïque réunies, ne donnait au trésor que la somme de sept cents talents. (Hérodote, liv. III.) Cette quotité supérieure de l'impôt babylonien est une nouvelle preuve du commerce de l'Inde par le golfe Persique. La fertilité des rives de l'Euphrate n'expliquerait pas seule un impôt plus considérable que celui de la féconde et vaste Égypte, dont le sol était, comme celui de la Chaldée, une alluvion.

Mais si le despotisme a son instinct de destruction, l'industrie, pour balancer le mal, a son instinct de création. La cupidité armée avait détruit le commerce de l'Inde par la route de la Caspienne, restreint celui par le golfe Persique; cependant, fondé sur des besoins réciproques, sur l'échange des marchandises les plus précieuses entre les peuples de l'Orient et ceux de l'Occident, ce commerce offrait sans cesse l'appât le plus séduisant. L'opposition des souverains de l'Euphrate et du Tigre força les peuples commerçants de la Méditerranée à chercher une route nouvelle, nouvelle pour eux, car des conjectures fondées sur des faits reconnus, des documents historiques, il est vrai, mélangés de fables, nous montrent la route de l'Inde par l'Océan, ouverte dès longtemps aux vaisseaux arabes et à ceux de l'Égypte. Nous avons vu que les Arabes d'Iémen avaient fait, sous la conduite de Cheddad, avant Ninus, des expéditions à travers l'Afrique jusqu'à l'Atlantique. La conquête de l'Abyssinie, l'expulsion de la race nègre, furent une des conséquences de cette invasion. Un autre résultat non moins grand fut l'établissement d'un commerce immense par caravanes dans le cœur de l'Afrique, dont l'Arabie fournit les facteurs et l'Inde les matières. Les habitants de la haute Égypte participèrent aux avantages de ce riche négoce. Diodore et Hérodote nous apprennent que Sésostris fit équiper une puissante flotte sur le golfe Arabique, et qu'il donna ordre de s'emparer de toutes les îles jusqu'à l'Inde. Cet ordre annonçait donc la connaissance antérieure de l'Inde et de la route sur l'Océan; en effet, nous voyons partout les conquérants ne suivre que les idées géographiques déjà connues. Où le despotisme, dans ses alternatives de fureurs, de sensualités, d'ennuis et de sommeil, prendrait-il une science ignorée? Le despote se traîne donc sur les pas des voyageurs, des commerçants, qui, pleins d'un génie audacieux, semblent créer devant eux des régions, des mers nouvelles. Sésostris ne fit très-probablement qu'indiquer la route que suivaient déjà les vaisseaux de Masuah, de Suakem, de Cosseïr, de Suez et d'Élath. L'existence de ce riche commerce explique cette magnificence merveilleuse des rois thébains, dont autrement nous ne verrions pas la source. Le manque d'une chronologie précise rend l'histoire ancienne pleine d'obscurités, de contradictions, parce que les historiens rapprochent souvent des institutions et des événements qui sont alors disparates, mais qui peuvent être tous véritables lorsqu'on les voit séparés par des périodes de temps; ainsi nous trouvons que chez les Égyptiens l'horreur des étrangers et de la navigation, ou de la mer qu'ils appelaient *Typhon*, était un dogme politique et religieux; d'une autre part, on ne peut mettre en doute les nombreuses colonies égyptiennes : Inachus, Cécrops, Danaüs en Grèce; les Colchidiens, laissés par Sésostris sur les rivages orientaux du Pont-Euxin; les Babyloniens, et notamment les Chaldéens; leurs prêtres, institués sur le modèle des prêtres égyptiens, et conduits, selon Diodore, par Bélus, parti de l'Égypte. Ces migrations eurent lieu dans les temps reculés de l'histoire égyptienne; elles prouvent une surabondance de population, l'indice le plus sûr de l'antique civilisation de l'Égypte. L'interdiction de la navigation fut un des derniers effets de la théocratie, dont le but était d'isoler l'Égypte au milieu de l'univers.

Ainsi l'Inde et toutes les contrées occidentales furent successivement unies, dans les temps anciens, par trois routes commerciales. Le commerce s'avança graduellement vers le midi, et enfin la dernière route ouverte par les Portugais suivit ce mouvement d'ascension vers l'équateur.

La gloire, sous les règnes brillants de David et de Salomon, agrandit toutes les idées des Hébreux. Ils furent amenés des grandes entreprises guerrières aux grandes entreprises commerciales. Ils trouvèrent dans leur alliance avec Hiram, roi de Tyr, tous les secours nécessaires pour une grande navigation. David s'était emparé des ports de l'Idumée, sur la mer Rouge : Salomon les remplit d'une flotte. Elle se dirigea sur Ophir, et rapportait, dans la troisième année, en retour, de l'or, de l'argent, de l'ivoire, des bois précieux, des aromates, des singes et des paons. Ce commerce eût comblé la Palestine de richesses, si les prompts malheurs qui suivirent le règne de Salomon n'eussent forcé de l'abandonner.

Mais dans les documents de l'histoire asiatique il y a toujours des choses indéterminées que l'on ne peut expliquer que par des conjectures. Les rêveries sur la situation d'Ophir et de Tarsis sont multipliées. Quelques-uns ont placé Ophir en Amérique. Calmet, non moins extraordinaire, quoique n'allant pas se perdre si loin, le met aux sources du Tigre et de l'Euphrate. Les auteurs anglais penchent pour la Chine; d'autres pour une des grandes îles de l'archipel indien; mais toutes ces conjectures, ou dénuées de vraisemblance, ou, ce qui est pire, étayées de preuves ridicules, ne doivent point arrêter le critique. Deux opinions se présentent qui, revêtues de raisonnements suivis et calculés, forment deux systèmes également spécieux. Bruce [1] place Tarsis à Mélinde, et Ophir à Sofala. Ses preuves sont les traces, à Sofala, d'anciennes mines d'or d'une vaste exploitation, trouvées et décrites par le moine portugais Juan dos Santos; les noms de plusieurs points de cette côte, qui indiquent, selon lui, les retards et les dangers de cette antique navigation pour des vaisseaux mal construits et privés de la boussole. Enfin, la nature des retours en or et argent le fixe à voir Ophir sur la côte d'Afrique, et non dans l'Inde, où, de temps immémorial, l'or de l'univers a été s'engloutir sans revenir ja-

---

[1] *Voyage aux sources du Nil*, vol. II, chap. IV.

mais. Cette donnée positive des retours en métal avait seule décidé, dès l'abord, Montesquieu pour la côte orientale d'Afrique, à l'exclusion formelle de l'Inde.

Les navires hébreux devaient connaître et employer les moussons qui règnent sur ces mers. Bruce se sert de ces agents pour expliquer son idée. Il marque sur une carte expresse les stations forcées de ces vaisseaux; ces temps de relâche et ceux des trajets par les moussons le long de la côte d'Afrique, et par les vents étésiens qui soufflent alternativement six mois dans le golfe arabique, formaient nécessairement une période de trois ans comme dans la Bible.

Volney trouve sur la côte arabe du golfe persique une ancienne ville ruinée nommée Ophor. Non loin est un grand banc de perles, foyer d'un antique et riche commerce. Dans le même golfe étaient deux îles qui portaient le nom de Tyr et d'Arad, qui, très-vraisemblablement, colonies de la ville de Tyr et de l'île d'Aradus de la Méditerranée, prouvent la présence des Phéniciens dans cette mer lointaine. Toutes ces circonstances lui font voir Ophir dans le local d'Ophor. Il calcule, comme Bruce, la marche des vaisseaux par les moussons, pour ceindre deux fois la péninsule de l'Arabie et revenir à la troisième année, circonstance fixe du livre des Rois et des Paralipomènes, qui doit être une des conditions essentielles de toute explication. Les rêveurs qui plaçaient Ophir dans des mers où règnent des vents variables qui ôtent à divers voyages la régularité du temps, avaient oublié cette condition du problème.

Mais il manque à l'hypothèse de Volney un fait qui donne une grande force à celle de Bruce : c'est la présence à Ophor d'anciennes mines comme à Sofala. L'ivoire ne pouvait de même être abondant sur la côte arabe comme sur celle d'Afrique. Toutes ces circonstances nous font pencher pour Bruce.

Nous devons expliquer l'expression de *vaisseaux de Tarsis*. Salomon, savant et entreprenant, dut faire construire des vaisseaux au chantier le plus parfait. Tarsis, à l'embouchure du Cydnus, par les bois et les métaux qui abondent à son entour, par le génie heureux de ses habitants, paraît avoir joui de cet avantage. Ces vaisseaux, transportés en pièces à Aziongaber et Élath, pour le commerce d'Ophir, durent toujours, comme on le voit dans les prophètes Isaïe et Ézéchiel, conserver le nom de vaisseaux de Tarsis. Salomon ne pouvait en construire à cause de son dénûment de ports et de matériaux. Cette voie d'achat et de transports par l'isthme paraît la plus naturelle pour créer une marine sur la mer Rouge.

Les rivages de cette mer sont dépourvus de bois de construction. Quel que soit Ophir, ce lieu devait être au delà du détroit de Babel-Mandeb. Dès lors les Hébreux ne pouvaient se hasarder sur les vastes flots de l'océan indien avec ces barques de jonc, recouvertes de peaux, qui, primitivement, étaient les seuls moyens de navigation sur le golfe arabique. Les industrieux Tyriens commerçaient avant les Hébreux dans ces parages, et ce peuple entreprenant, qui est en tête de tous les

CHAPITRE IX.

peuples de l'antiquité pour le génie maritime, avait dû employer ce moyen. Le trajet de quarante-cinq lieues du havre d'El Arits à Tor était facile, en soldant les Bédouins accoutumés à ces relations, et qui portaient, avec leurs chameaux, et gardaient ces vaisseaux en pièces. Un mot rend la chose évidente. L'impérieuse nécessité ne laissait, aux anciens comme aux modernes, que ce moyen d'avoir une flotte sur la mer Rouge, à moins de la faire venir par le cap de Bonne-Espérance. Ainsi Elius Gallus, sous Auguste, y fit passer de cette manière, par l'isthme, une flotte de quatre-vingts galères ; Soliman, en 1538, une de soixante-seize bâtiments fabriqués à Constantinople et sur la côte de Cilicie. De ces faits sans cesse renouvelés, Thévenot, Niébuhr, Volney se donnent pour les témoins oculaires.

Après cette période de force, de gloire et de richesses, sous les règnes de David et de Salomon, les longs malheurs qui accablèrent les Hébreux ne leur laissèrent d'autre pensée que celle de leur conservation. Ils abandonnèrent ainsi ce riche négoce d'Ophir, et cessèrent pour toujours d'être une nation commerçante.

Dès longtemps les Égyptiens avaient, par superstition, oublié la route de l'Inde. Leurs divisions intestines avant Psammétichus, et, depuis ce prince, les progrès des Assyriens et subséquemment des Persans, parurent absorber leur attention, et ils ne purent encore, par cette appréhension, songer à ces entreprises commerciales qui demandent la paix et la sécurité.

Les Perses, après avoir envahi l'empire des Babyloniens, ne furent pleins que de la pensée de s'étendre au couchant. Puis les mages, qui concentraient les sciences dans leurs mains, durent encore contribuer à les éloigner de la navigation et du commerce. Ces mages, jaloux des choses grandes et brillantes qui ne se feraient pas par eux-mêmes, eurent assez d'influence, dit-on, pour faire dresser des digues sur les rivières qui communiquaient avec l'Euphrate, et les faire tomber ainsi en cataractes sur divers points, pour les rendre innavigables aux vaisseaux du golfe Persique [1].

Mais un peuple ingénieux, actif, favorisé de ports excellents, du voisinage des bois de construction, dès longtemps habitant de la mer, hôte de tous les rivages du monde connu, profita des malheurs des Hébreux, de la superstition des Égyptiens, de la barbarie des Perses, pour concentrer dans ses ports tout le commerce du Levant. La Syrie, qui liait l'Orient à l'Égypte et à l'Europe, devait, par cette position, offrir le premier peuple commerçant et navigateur. Nous voyons, dans les premiers temps de la Bible, des marchands madianites qui se rendent en Égypte, portant sur leurs chameaux des parfums, de la résine et de la myrrhe; ils achètent Joseph vingt pièces d'argent : voilà une caravane, un système de monnaie et le commerce par troupe, autant par la crainte du pillage que pour résister aux maux de ces parages, la solitude et la stérilité du désert. Les Phéniciens, comme les Carthaginois,

[1] *Voyage aux sources du Nil*, vol. II, chap. v.

CHAPITRE IX. 343

leurs enfants, et tant d'autres grands peuples, n'ont point laissé d'annales, et ne sont connus que par les dépositions des étrangers ; mais si ces étrangers sont des ennemis, nous pourrons alors surtout les en croire pour le bien. Nous devons ainsi regarder comme certain le tableau magnifique du commerce et de la prospérité de Tyr, que trace Ézéchiel au chapitre XXVII : « O Tyr, « vous avez dit en vous-même : Je suis d'une beauté « parfaite ;.... les habitants de Sidon et d'Arad ont été « vos rameurs, et vos sages, ô Tyr, sont devenus vos « pilotes !.... Les Carthaginois trafiquaient avec vous « en vous apportant toutes sortes de richesses, et remp- « plissaient vos marchés d'argent, de fer, d'étain et de « plomb. La Grèce, Tubal (l'Espagne) et Moloch (la « Cappadoce) entretenaient aussi votre commerce, et « amenaient à votre peuple des esclaves et des vases « d'airain. On a amené de Thogorma (l'Allemagne), « dans vos places publiques, des chevaux, des cavaliers « et des mulets. Les enfants de Dedan (Rhodes) ont « trafiqué avec vous. Votre commerce s'est étendu en « plusieurs îles, et ils vous ont donné, en échange de « vos marchandises, des dents d'ivoire et de l'ébène... « Les Syriens ont été engagés à votre trafic, à cause de « la multitude de vos ouvrages, et ils ont exposé en « vente dans vos marchés des perles, de la pourpre, « de petits écussons, du fin lin, de la soie et toutes « sortes de marchandises précieuses. Les peuples de « Juda et d'Israël ont entretenu aussi leur commerce « avec vous, et ils ont apporté dans leur marché le plus

« pur froment, le baume, le miel, l'huile et la résine.
« Damas trafiquait avec vous, et, en échange de vos ou-
« vrages si différents, il vous apportait de grandes ri-
« chesses, du vin excellent et des laines d'une couleur
« vive et éclatante. Dan, la Grèce et Mosel ont exposé
« en vente dans vos marchés des ouvrages de fer poli,
« et vous avez fait un trafic de casse et de cannes
« d'excellente odeur. Ceux de Rhodes trafiquaient avec
« vous pour les housses magnifiques des chevaux. L'Ara-
« bie et tous les princes de Cédar étaient aussi engagés
« dans votre commerce, et ils venaient vous amener
« leurs agneaux, leurs béliers et leurs boucs. Saba et
« Rema (l'Yemen) exposaient dans vos marchés tous les
« plus excellents parfums, les pierres précieuses et l'or.
« Assur et Chelmad (la Médie) vous apportaient des
« balles d'hyacinthe, d'ouvrages en broderies, et des
« meubles précieux qui étaient enveloppés de cordes,
« et ils trafiquaient encore avec vous pour des bois de
« cèdre..... O Tyr, qui, par votre grand commerce
« sur la mer, avez comblé de biens tant de nations diffé-
« rentes, qui par la multitude de vos richesses et par
« l'abondance de vos peuples avez enrichi les rois de la
« terre! etc. »

Isaïe, exhalant aussi en ennemi sa malédiction contre Tyr, est forcé de rendre hommage à sa prospérité. « Tyr, autrefois la reine des villes, dont les marchands « étaient des princes, dont les trafiquants étaient les per-« sonnes les plus éclatantes de la terre. » (Ch. XXIII, v. 8.)

Voilà des renseignements positifs et précieux sur l'étendue et les objets de commerce de Tyr. Nous voyons là leur navigation sur la mer Rouge. Ils avaient précédé les Hébreux sur cette mer, puisqu'ils leur servirent de pilotes. D'ailleurs, selon Hérodote, venus des bords de l'Yemen, ils durent entretenir, autant par sentiment que par intérêt commercial, des relations avec leur première patrie.

L'élément du commerce est la liberté, c'est-à-dire, le règne des lois. Tyr et Sidon sont des exceptions à la longue liste des républiques commerçantes de l'antiquité; mais il faut observer que le gouvernement monarchique n'y fut point permanent, et que, dans le temps de sa durée, contraire à celui des autres états de l'Asie, il fut modéré. Le commerce et la navigation rendent les citoyens riches et hardis; l'or et le courage les rendraient indépendants d'un tyran. Pygmalion voulut être despote, et sa sœur trouva de nombreux mécontents qui la suivirent en Afrique.

Le vaste commerce du petit peuple confiné entre le Liban et la Méditerranée nous surprend; nous voyons là les effets d'une grande population et d'une force militaire imposante. L'énumération des capitales des Chananéens par Josué prouve l'extrême population de l'Asie dans ces temps anciens. Les observations ont constaté que le même terrain peut là contenir quatre fois autant d'habitants qu'en Europe; car les terres ne se reposant point, produisent ainsi le double, et les hommes ne consomment que moitié des Européens. Mais, malgré ces circonstances favorables, le sol étroit de la Phénicie ne peut nous donner l'explication du grand commerce de ses ports ; nous la retrouvons au verset 10 du chapitre xxvii d'Ézéchiel : « Tyr, ville superbe, si-« tuée au bord des mers.... Les Perses, ceux de Lydie « et ceux de Libye étaient vos gens de guerre dans « votre armée, et ils ont suspendu dans vous leurs bou-« cliers et leurs casques pour vous servir d'ornements. » Nous voyons là un système de solde à des guerriers étrangers, semblable à celui qu'employèrent les Carthaginois et, de nos jours, toutes les nations riches et commerçantes, les Anglais, les Hollandais, qui épargnent avec de l'or le sang de leurs concitoyens. De plus, de nombreux essaims d'étrangers, attirés par les appâts du commerce, arrivaient dans les ports de la Phénicie, et sans doute des lois sages, telles qu'a dû les avoir ce peuple ingénieux, facilitaient à ces étrangers venus de rivages amis les moyens de se faire adopter et de devenir citoyens.

Par ces deux grands faits, le soudoiement des mercenaires, et l'adoption comme citoyens de tous les étrangers industrieux, nous concevrons avec facilité la fondation de leurs nombreuses colonies. Les Anglais se sont modelés dans ce système d'adoption sur les Phéniciens pour peupler l'Amérique septentrionale. Les petits états de l'antiquité, livrés à des causes continuelles de destruction, la guerre lointaine, l'invasion, le commerce, furent obligés souvent d'employer, ou d'une manière régulière ou par crises, ce moyen d'adoption pour réparer leur population épuisée. Les tribus sau-

CHAPITRE IX. 347

vages de l'Amérique, mues également par l'irrésistible nécessité, reçoivent quelquefois au nombre de leurs enfants des prisonniers, hier leurs implacables ennemis.

Voilà les beaux aspects des Phéniciens. Nous allons les voir sous des faces odieuses. Ils étaient jaloux de toutes les entreprises commerciales des autres peuples ; ils cachaient leurs découvertes, et si quelquefois, faisant route sur leurs vaisseaux, ils observaient qu'un bâtiment étranger les accompagnait ou les suivait, ils cherchaient à le tromper, ou le conduisaient sur des écueils au hasard de périr eux-mêmes. Ce fait, que rapporte Strabon, montre leur jalousie cruelle. On dit plus, ils attaquaient en corsaires les navires étrangers pour dégoûter de la mer les autres peuples.

Nous retrouvons dans ces traits antiques le caractère perfide et cruel de tous les peuples navigateurs. Analysons la position des marins pour voir comment ce caractère en découle nécessairement. L'habitude de braver un élément terrible leur inspire un courage facile contre les hommes ; l'aisance de faire le mal sans laisser de traces les dispose à la perfidie. Les vaisseaux sont sur mer sans juges de leurs actions, comme les brigands dans un désert, dans une forêt. Ainsi la facilité, la certitude du silence, les entraînent à la rapacité, à la violence sanglante, à la trahison. Leurs crimes n'ont pas même là, dans les solitudes de la mer, les déguisements que leur donnent sur terre les conquérants. L'embarras des captifs dans l'espace étroit d'un vaisseau, le danger de les garder peuvent rendre aux marins la cruauté une affreuse nécessité; mais nous étonnerons-nous de voir les marins barbares envers des étrangers lorsqu'ils le sont pour des frères? Il semble qu'au milieu de la mer, loin de la terre, sa patrie, l'homme est encore dépouillé par le malheur de ses instincts d'humanité et de pitié. Les scènes les plus cruelles nous sont offertes par les désastres des navigateurs, causés par la famine, la submersion des vaisseaux, ou le naufrage sur des côtes désertes. L'homme est destiné par la nature à être berger ou agriculteur. Elle lui fait expier dans un élément étranger sa brillante audace, par des malheurs épouvantables qui dépravent son cœur, et remplacent sa raison par la stupidité. L'âme ainsi s'endurcit; elle contracte l'habitude de l'égoïsme. Cook dans ses récits peint les matelots comme l'espèce la plus brute. Sans aucunes relations d'époux et de père qui attendrissent l'âme, ils vivent au jour le jour, sans propriété et sans dieu, réduits presque aux appétits des brutes. Aussi ce caractère rend-il nécessaire sur un vaisseau une discipline terrible.

On a vu des navigateurs réduits par la famine à se décimer pour trouver, dans ceux que condamnait le sort, une pâture. Ces extrémités où porte la faim ne devaient pas cependant être connues des anciens navigateurs qui ne circulaient guère que dans les bornes resserrées de l'Euxin, de la Méditerranée, ou à vue des côtes de l'Atlantique; leur cruauté venait donc de l'ensemble de toutes les autres causes que nous avons exposées. Ainsi, par l'effet de leur situation physique et morale, le caractère des peuples marins doit se composer généralement d'audace, de perfidie et de cruauté. Le premier qui figure sur la scène a été ainsi le type de tous ses successeurs.

L'audace et la patience firent le succès des longues navigations des Phéniciens; mais l'imperfection des sciences physiques, et surtout l'ignorance de la boussole les retinrent, malgré leur heureux génie, aux premiers éléments de l'art : Hérodote (liv. VIII, § 132) nous signale un fait qui le prouve invinciblement. Les vaisseaux phéniciens dirigés contre la Grèce par Xercès n'osèrent pas avancer vers l'Occident au delà de Samos. Cette île était séparée des premières cyclades, vers l'Orient, Mycone, Ténos, par un canal de vingt-cinq lieues de largeur. Qu'un vaisseau seul n'eût osé tenter de le franchir, cela peut se concevoir; mais réunis, et pouvant se prêter une mutuelle assistance, la suspension de leur marche prouve l'enfance de la navigation et de l'hydrographie.

Diodore nous offre encore dans l'exagération des récits un des traits généraux du caractère des marins. L'ignorance est mère du merveilleux. Les anciens, très-bornés dans leur navigation, ne connaissaient pas les climats éloignés où les productions sont si différentes de celles de l'Europe. Lorsque l'audace ou une suite fortuite d'événements portaient quelques voyageurs vers ces régions nouvelles, leur narration au retour était pleine de prodiges. Nous pouvons supposer que le mensonge n'était pas toujours jonglerie, mais vivacité d'impression, mais écho grossissant chez les auditeurs, et chez l'historien qui recueillait ensuite ces bruits populaires. Ainsi le voyage d'Iambule à l'île de Ceylan, ou dans les îles de la Sonde (Diodore, liv. II, § 31), peint le pays, les habitants, leurs mœurs, leurs lois, sous des couleurs brillantes et nouvelles. Il y a des fables évidentes, puisque les animaux et les paysages de ces climats qui, dans l'époque actuelle représentent les animaux et les paysages du temps d'Iambule, ne sont point comme dit son récit. Ces fables sont semblables, et pour les mêmes raisons, à celles des navigateurs modernes; mais l'imagination grecque d'Iambule ou de Diodore se montre vivement dans le fait suivant: « Ces insulaires, dit-il, ont la langue fendue en deux « dans sa longueur par la nature et par une opération de « l'art, et ces deux parties peuvent entretenir simulta- « nément deux conversations sur des matières diffé- « rentes, et sans aucune confusion. » Il fallait donc ajouter aussi que ces hommes avaient deux cerveaux, pour que chaque système cérébral pût suivre en même temps une série différente d'idées. Les Phéniciens, reconnus par tous les peuples comme les plus habiles marins, furent employés par Nékos pour réaliser son projet d'explorer toutes les côtes d'Afrique. Ils partirent de la mer Rouge, et revinrent la troisième année par le détroit de Gibraltar. Ce fait, rapporté par Hérodote avec des circonstances qui prouvent son authenticité, est la plus grande navigation connue des anciens Asiatiques.

Celle qu'entreprit Scylax, par ordre de Darius-Hystaspes, est moins importante par sa durée et son étendue, mais pouvait avoir de plus grands résultats pour le commerce. Ce navigateur s'embarqua à Caspatyre sur l'Indus, descendit ce fleuve, et dirigeant, après son embouchure, sa proue vers l'Occident, arriva, le trentième mois après son départ, au golfe de Suez[1]. C'était faire connaître ou renouveler la route maritime de l'Inde ; mais les Perses n'étaient ni navigateurs, ni commerçants : cette voie était trop loin du centre de leur empire ; elle eût porté la vie et la fortune sur des frontières peu éloignées, et que l'expérience montrait difficiles à conserver. Le vice radical était ici le despotisme qui ne sait pas vouloir les choses qui demandent un long temps. Montesquieu a raison de présenter ce fait « comme la fantaisie d'un prince qui veut montrer « sa puissance, et non le projet réglé d'un monarque qui « veut l'employer. » Le silence des historiens, sur les suites commerciales pour les Perses du périple de Scylax, prouve bien la justesse de la critique.

Nous trouvons dans Hérodote (liv. V, § 52) un fait qui prouve encore combien le despotisme, même dans ses institutions bienveillantes, est contraire à l'esprit du commerce. Les rois de Perse avaient, sur toute la route de Sardes à la capitale, des stathmes, ou hôtelleries, où logeaient les voyageurs. L'historien ne nous dit point si c'était par spéculation ou hospitalité ; quoi qu'il

---

[1] Hérodote, livre IV, § 44.

en soit, cette action continuelle du prince dans un état prouve le despotisme. Le roi des Perses était donc l'hôtelier unique de l'empire. Ainsi Salomon paraît le seul armateur dans les expéditions à Ophir; ainsi, de nos jours, dans les mêmes régions, Méhémet-Ali est l'unique commerçant en Égypte. Le despotisme est un immense et pesant monopole, et peut se subdiviser en monopoles partiels. Sa tendance constante est l'exclusion de la rivalité. Mais le sentiment de la justice et celui de la résistance à un pouvoir abusif naissent aussi en retour dans l'âme des opprimés. Nous voyons les tribus d'Israël déclarer à Roboam que son joug était pesant, et finir par une révolte permanente; nous voyons la Perse crouler de toutes parts lorsqu'elle est attaquée au cœur. Cette conséquence se présente à la suite de mille faits; il est donc nécessaire, dans l'intérêt de l'ordre et de la paix, ou l'intérêt de tous, de balancer, dans un état, les pouvoirs et les avantages, pour qu'ils se fassent réciproquement contrepoids. Voilà la pondération heureuse des gouvernements représentatifs.

La construction du premier canot fut l'œuvre d'un génie créateur et bienfaisant. Les bords opposés des fleuves, des rivages, des mers, furent dès lors rapprochés. Bientôt le génie du mal convertit ces barques riantes et prospères en asiles effrayants de pirates, et les rivages dévastés devinrent déserts, comme le témoignent Thucydide et d'autres historiens. Enfin, la civilisation faisant croître les peuples en forces et en lumières, les corsaires eurent à combattre sur les côtes, non des familles isolées, mais des troupes de guerriers prévoyants. Alors ils abandonnèrent un métier où les dangers augmentaient et les profits diminuaient sans cesse. Ainsi, toutes les choses humaines, après des fluctuations du bien au mal, tendent à un état fixe où se trouvera la plus grande félicité que l'homme puisse goûter sur cette terre. La navigation, après avoir été l'effroi des rivages de l'Asie et du Pont-Euxin, est ainsi devenue le lien entre les peuples éloignés, le moyen le plus prompt de répandre les richesses, les lumières; le plus sûr pour conserver la liberté contre des hordes dévastatrices, ou l'oppression stupéfiante de la tyrannie ou du fanatisme; le plus fécondant pour des rivages déserts ou peuplés d'une race abrutie. Les voies de la Providence embrassent les siècles dans leur développement; mais leur résultat, après de longues oscillations pour améliorer le sort du genre humain, par les progrès des sciences, des arts, du gouvernement, ne peut être douteux. L'incertitude serait le plus âpre blasphème envers Dieu, et l'expression du dernier mépris envers l'espèce humaine.

CHAPITRE X.

MOEURS.

Le sujet que nous avons à traiter est le plus vaste, le plus intéressant de ceux qui peuvent fixer l'attention d'un historien. Le gouvernement, le sacerdoce, le commerce, la science, tous ces objets sur lesquels a porté déjà notre examen, ne sont que le lot de quelques hommes, de quelques classes. Les mœurs sont les principaux éléments du bonheur de tous les individus d'une nation. Ainsi ce sujet s'offre, dès l'abord, sous un aspect d'universalité qui le montre comme le plus attachant. Il y a plus encore : si le bonheur de tous doit être la fin du législateur, nous verrons que toutes les institutions précédentes que nous avons analysées, n'étaient que des moyens pour ce grand résultat. Mais la foule, qui, dans l'observation d'une machine, ne voit que quelques rouages principaux, sans songer au but de l'ensemble, porte tout son intérêt sur ces pièces, et la pensée fondamentale lui échappe.

Ce sujet si intéressant, les mœurs ou l'histoire de la foule, n'a été qu'effleuré par les écrivains. L'histoire, dès l'origine, semble n'exister que pour les rois. Elle est écrite comme si, dans une région, il n'y avait que des machines et un seul homme. Voilà le fait ; expliquons-le.

Les historiens écrivent pour intéresser. La masse des lecteurs ne peut s'attacher à des choses contemporaines, vulgaires et connues, comme les détails de mœurs. Le genre humain, non encore parvenu à sa maturité, sent et juge en masse comme les enfants. Le tableau des habitudes sociales, des arts de la paix, des mœurs d'une nation heureuse dans son repos, ne touchera point l'ensemble des lecteurs. Il leur faut des rois guerriers, des commotions dans l'état, de vastes et terribles scènes. La tourbe ne regarde point et dédaigne le ruisseau limpide qui coule dans la plaine en silence, en faisant naître sur ses rives l'ombrage, le gazon, les fleurs ; mais tout son intérêt sera pour le torrent qui descend en rugissant de la montagne, précédé de l'épouvante, entraînant les arbres, les rochers, les chaumières dans son cours furibond, et laissant après lui la désolation et d'irréparables ravages. Les écrivains originaux de l'ancienne Asie, hors ceux des Hébreux, nous sont inconnus. Les Grecs seuls nous ont transmis des notions sur ces peuples ; dans leur superbe mépris pour les étrangers, ils ne pouvaient croire intéresser leurs compatriotes par les détails domestiques des Assyriens, des Mèdes, des Perses et de tous ces peuples nombreux de l'aurore. Ils se sont bien trompés pour la postérité. Ces scènes familières nous seraient bien plus précieuses que nombre de folies et de crimes des personnages historiques, lesquels deviennent monotones par leur ressemblance. Mais, cependant, quelques traits de ce genre se sont glissés dans leurs tableaux. La Bible, peinture nationale des Hébreux, en est par cela même remplie. Les poëtes, moins dédaigneux de ces scènes naïves, plus occupés de l'homme, ont suppléé au silence des historiens. Homère nous fait plus connaître l'intérieur des palais et des cabanes des Asiatiques qu'Hérodote et Diodore. Avec toutes ces données nous pouvons nous former un ensemble d'idées.

Voyons rapidement quels sont les principaux besoins de l'homme, pour juger comment les législateurs antiques de l'Asie avaient pourvu à leur satisfaction. La faim, la soif, le vêtement, l'asile, sont les besoins communs de tous les âges. Dans les beaux pays méridionaux la nature semble suffire seule à les satisfaire, et dans les climats moins favorisés, un grossier instinct, semblable à celui des brutes, indique nécessairement à l'homme les moyens les plus sûrs pour sa conservation. Le travail du législateur serait bien simple, s'il devait se borner à être l'interprète de la nature dans l'indication des moyens les plus faciles et les plus convenables pour conserver l'individu. Mais sa pensée doit embrasser la conservation de l'espèce, et régler les rapports des différents membres de la famille entre eux, et les rapports réciproques des diverses familles ou tribus. Voilà où son ouvrage se complique indéfiniment, par la multitude des éléments. L'homme est, dans ses facultés physiques et morales, un être très-flexible. Des sociétés diverses, que nous supposons placées dans les mêmes conditions de terrain, de climat, pourraient ainsi, sous la main de législateurs divers, être façonnées

CHAPITRE X.   357

chacune d'une manière particulière, et offrir ainsi des mœurs différentes. A ces causes, la flexibilité de l'espèce humaine et la diversité d'esprit des législateurs, viennent se joindre, pour établir des variétés entre les peuples, toutes les causes très-agissantes de la diversité des climats, des productions du sol, de la configuration du pays, des moyens de communication par les fleuves, les mers, avec les autres peuples. Nous trouvons déjà dans cet aperçu l'explication de la variété de physionomie des grandes familles humaines. Les modifications qui les différencient peuvent être infinies. Voilà en effet le tableau que nous présentent l'histoire et l'état actuel du globe.

Si la chasse, la pêche suffisent à la nourriture; si le climat revêt d'un air doux, abrite des dômes d'un beau feuillage les habitants d'une contrée riante, le plus habile d'entre eux pourra borner son rôle de législateur à établir quelques cérémonies d'un culte grossier, quelques rapports de subordination, quelques tributs pour les chefs qui surgissent d'eux-mêmes ou sont institués par sa faveur. Ces liens seront précaires; l'homme restera farouche, indépendant comme les fauves de ses forêts. Voilà les tribus de la Nouvelle-Guinée, de la Nouvelle-Hollande, des îles de la mer du Sud.

Mais, dans la même simplicité de la législation, un climat plus âpre donnera au peuple aborigène des mœurs plus dures que celles d'un peuple sauvage, hôte d'une nature hospitalière et bienveillante. Ainsi toutes les habitudes des Scythes sont féroces. Ils buvaient le sang d'un ennemi ; l'écorchaient pour faire de sa peau une serviette ou une housse de cheval ; se servaient de son crâne pour coupe ; se mutilaient pour honorer le cadavre ambulant de leur roi ; immolaient des compatriotes sur sa tombe ; sacrifiaient sur l'autel de Mars des victimes humaines ; crevaient les yeux à leurs prisonniers pour n'en faire que des machines à extraire le beurre. On reconnaît dans cette cruauté l'empreinte sur l'âme d'un long malheur produit par un climat âpre et hostile, par la disette, par des guerres continuelles. Les impressions constantes et extrêmes de souffrance ou d'ennui rendent l'homme stupide ou féroce. Nous voyons les mêmes mœurs et par les mêmes causes chez les tribus des sauvages de l'Amérique septentrionale.

Si le sol, composé d'une savanne herbeuse, semble indivisible, et que tous les divers troupeaux paissent ce commun pâturage et donnent à chaque propriétaire les fruits provenant de la nourrice générale, ces tribus ne pourront jamais étendre leurs vœux au delà de la satisfaction des premiers besoins. Les hommes resteront là simples, égaux ; les nuances de rang qui pourront être établies par la guerre, la prêtrise, etc., n'effaceront jamais l'égalité originelle, à l'idée de laquelle ramène sans cesse l'égalité des besoins et l'égalité des moyens d'y satisfaire. C'est ainsi que s'offrent à nous, dans leurs mœurs, les Arabes de l'ancienne Asie et ceux de nos jours, lorsqu'ils se bornent à être nomades et non des pillards vagabonds. Ce brigandage n'est au reste que pour les tribus sur les frontières. On voit que plus les conditions de l'existence physique sont simples, plus le travail du législateur est facile.

Si le sol, plus favorisé, offre, comme spontanément, une plus grande variété de productions, et invite l'homme à seconder leur reproduction, il sera facile à un chef de tribu, par une distribution égale des portions du terrain, d'assurer à chaque membre de la société, les mêmes jouissances matérielles, la même sécurité de conservation : voilà cette distribution égale des propriétés que nous trouvons en Égypte, en Palestine et dans d'autres régions de l'ancienne Asie ; voilà la cause de l'institution du jubilé des Hébreux, qui tendait à remettre, tous les cinquante ans, les propriétés dans l'état primitif de partage. Le législateur avait eu principalement en vue, dans ce moyen, de maintenir par l'égalité des fortunes et la frugalité la simplicité des mœurs.

Nous avons présenté la cruauté chez les Scythes comme l'effet d'un climat rude et de pénibles privations ; mais nous la retrouvons encore chez tous les peuples les plus riches et les plus civilisés de l'ancienne Asie. Leur histoire nous offre sans cesse des crimes en masse, d'immenses assassinats, des embûches dressées à toute une nation, des milliers de captifs égorgés comme de vils troupeaux. Nous trouvons un trait encore plus hideux de cette cruauté, puisque les victimes ne sont point des ennemis, des hommes qui pouvaient se défendre, mais des êtres faibles, timides et chéris, des femmes. Lorsque les Babyloniens voulurent se révolter contre Darius, chaque homme, indépendamment de sa mère, ne se réserva que la femme qu'il aimait le plus de toutes celles de sa maison ; quant aux autres, les Babyloniens les assemblèrent toutes en un même lieu et les étranglèrent, afin de ménager leurs provisions. Cette boucherie atroce nous est racontée par Hérodote comme un fait simple. Ils auraient atteint le même but par l'expulsion : on ne peut expliquer par la jalousie le rejet de ce moyen, qui s'offrait naturellement à l'esprit; la dissolution, dans le temple de Mylitta, ne nous permet pas de croire à la jalousie des Babyloniens. Nous ne pouvons imputer cet égorgement qu'à la froide cruauté, trait général des peuples de l'ancienne Asie, par les deux causes que nous avons assignées, le despotisme et la superstition. Ils étaient accoutumés à voir couler le sang, à regarder d'un œil fixe des chairs palpitantes de douleur, à suivre tous les degrés de l'agonie, dans les exécutions du despote ou les sacrifices des temples.

Les besoins moraux de l'homme se développent sans terme ; les sociétés ne pourraient, malgré la volonté ou l'incapacité du premier législateur, rester à l'état primitif de civilisation dans les lieux susceptibles des travaux agricoles. La nature enchaîne plus forcément les peuples chasseurs et pasteurs à leur première condition. Des législateurs plus habiles, démêlant plus de facultés dans l'homme, virent, par suite, leur ouvrage se compliquer. Ils songèrent à établir de la manière la plus avantageuse à la société les rapports compliqués de l'homme avec son père, ses frères, sa femme, ses enfants, ses voisins, toutes choses qui constituent essentiellement les mœurs; à remplir par les sciences et les arts le vide que lui laissait le perfectionnement des travaux agricoles; enfin, à élever l'homme par la vertu et l'intelligence au plus haut degré possible. C'est le but que se proposèrent quelques législateurs antiques ou que nous devons leur supposer. Voyons comment ils en approchèrent.

Le fils adulte éprouve un vif besoin d'indépendance; mais presque tous les législateurs l'ont subordonné longtemps après cet âge au pouvoir paternel, soit pour ne point diviser la propriété de la famille, soit pour habituer à l'obéissance envers le prince par celle envers le père, soit par un sentiment personnel d'intérêt pour les cheveux blancs. Ce pouvoir paternel va souvent jusqu'au droit de vie et de mort. Nous trouvons dans quelques états anciens, où cette obéissance filiale était un trait saillant des mœurs, la force et la permanence. On doit croire qu'elle était un des principaux éléments de la force publique. La longue prédominance du pouvoir paternel a produit évidemment dans tous les pays l'agrégation de la famille, l'unité de la propriété, les habitudes générales d'obéissance et de raison chez les enfants, et par suite la sagesse et la vigueur de l'état. L'orgueil et les passions entraînent, par une pente naturelle et facile, le jeune homme à la folie et à tous les excès qui dissolvent la fortune patrimoniale, la famille et l'état. Le pouvoir paternel est l'action tutélaire de la raison et de la tendresse sur la fougue et l'inexpérience. Quelles mains pourraient inspirer plus de confiance pour la direction d'un pouvoir régulateur? La sensibilité d'un père est toujours de moitié dans les jugements de son esprit.

En Égypte le respect filial était une loi fondamentale. Combiné avec les idées religieuses, il allait jusqu'à la vénération pieuse des restes embaumés du père ; sa momie était le gage le plus sacré que pouvait offrir un débiteur. Ce sentiment naturel était comme une école au respect pour les lois, la religion et le prince.

Moyse, se modelant sur les lois des Égyptiens, et en ceci également sur celles de la nature, attache dans son Décalogue l'espérance d'une longue vie au respect filial.

Chez les Perses une postérité nombreuse était regardée comme une bénédiction du ciel : les lois encourageaient à la propagation par des bienfaits aux pères les plus féconds. Cette gratification était très-politique ; elle favorisait l'augmentation de la population. La perfection de la loi serait que cette récompense, qui n'est point spécifiée, eût été seulement pour la race proprement perse. Le prince aura toujours assez de sujets avec des soldats fidèles. Il fallait donc, dans cette extension de la population que donnaient la polygamie et cette loi d'encouragement, revêtir le père d'une grande autorité, pour maintenir l'harmonie dans sa maison : il avait droit de vie et de mort sur ses enfants. Pour les accoutumer au respect dans leurs pensées, on imposait à leur attitude l'expression de la subordination ; aucun ne devait s'asseoir en présence de son père.

Les mêmes sentiments ont une expression bien différente chez divers peuples. Les Mèdes, regardant comme une chose honteuse de mourir dans son lit ou d'être déposé en terre, jetaient les corps de leurs parents et de leurs amis, quand ils étaient à l'agonie, à de grands chiens qui étaient élevés à dévorer ces victimes de la piété filiale ou de l'amitié en délire.

Nous trouvons l'expression de ce sentiment chez les Massagètes, sous une forme encore plus hideuse. Hérodote nous dit formellement que « lorsqu'un homme « est cassé de vieillesse, ses parents s'assemblent et « l'immolent avec du bétail. Ils en font cuire la chair « et s'en régalent. Ce genre de mort passe, chez ces « peuples, pour le plus heureux. Ils ne mangent point « celui qui est mort de maladie, mais l'enterrent et re- « gardent comme un malheur de ce qu'il n'a pas été « immolé[1]. »

Diodore (liv. II, § 31) nous dit que les Troglodites éthiopiens ajoutaient à cette coutume barbare celle de faire aussi mourir ceux qui perdaient quelque membre ou qui tombaient dans quelque maladie incurable : leurs enfants mêmes étaient ainsi en perspective les bourreaux des hommes mûrs. Quelque empire que prennent sur l'homme l'habitude, le préjugé, nous devons croire que

---

[1] Hérodote, liv. I.

souvent, par l'instinct de conservation, les vieillards luttaient contre leurs officieux assassins, et alors quel triste spectacle! L'homme, étouffant les instincts naturels par des idées bizarres, offre ainsi des scènes déplorables. C'est par pitié et mépris pour lui que des législateurs antiques offrent dans leurs règlements tant de minuties; ils mènent partout ce grand enfant à la lisière; ils ne reconnaissent pas en lui l'âge de raison. Nous trouvons un usage semblable chez les Indiens paddéens (Hérodote, liv. III). Le malade niait en vain sa maladie: ils l'égorgeaient impitoyablement et se régalaient de sa chair. Les plus proches parentes d'une femme malade la traitaient de la même manière. Le nom du Gange en sanskrit est Padda : ces peuples étaient donc riverains du Gange. Cette coutume effroyable ne s'accorde point avec la douceur actuelle des Bengalis : tout s'explique par le mot *fanatisme*. Cette folie inspira peut-être d'abord cette anthropophagie, et l'habitude la fit ensuite passer dans les mœurs.

Les habitants de l'île de Ceylan, selon Diodore, se privaient de la vie à un certain âge, en se couchant sur une plante qui les faisait tomber insensiblement dans un sommeil éternel. Le suicide légal ou imposé et le sacrifice des vieillards se retrouvent chez nombre de nations de l'antiquité. Tous ces horribles usages que nous venons de rappeler annoncent un mauvais gouvernement, le plus souvent une religion absurde, et sont les preuves évidentes d'une ébauche vicieuse de civilisation.

La loi d'Israël établissait une union intime entre les

frères, toujours dans la vue de la concentration et de la perpétuité de la famille ; elle imposait l'obligation à un frère d'épouser et de féconder la veuve de son frère décédé. « Il suscitera des enfants à son frère, et donnera le « nom de son frère à l'aîné de ses fils, afin que le nom « de son frère ne se perde point dans Israël [1]. » Il était défendu à la veuve d'épouser un autre que son beau-frère. Cette loi était sage ; elle concentrait le bien de la famille; elle assurait sa durée; elle garantissait la permanence d'esprit, de volonté qu'ont les anciennes races, et par suite elle était une des causes concourant à la durée de la nation.

Mais de tous les rapports de l'homme avec les autres êtres de son espèce le plus important est celui avec la femme, comme amante, épouse, mère : c'est celui qui a appelé le plus l'attention des législateurs, surtout en Asie, où l'union des sexes est la première chose de la vie.

Les hommes, dans les premiers temps d'une société, occupés de pourvoir à leurs plus pressants besoins par la chasse, ou le soin des troupeaux, ou l'agriculture, obligés de laisser souvent la houlette ou la bêche pour prendre les armes contre les tribus voisines, se livrent à l'amour comme à un simple instinct, et se bornent à le sentir, à le suivre sans le raffiner et l'embellir. Si le climat excitateur, si l'imprévoyance des lois facilitent l'union des sexes hors du mariage, ces actes illicites ne

[1] *Deutéronome*, chap. xxv.

sont alors que la simple impulsion de l'instinct et non d'un calcul prémédité. Ils ont, pour ainsi dire, une sorte de naïveté qui les dépouille de l'apparence du vice. Ainsi, lorsque les Hébreux vivaient sous les tentes patriarcales, nombre de faits que nous nommerions adultères, incestes, se passent là et sont racontés avec une franchise et une simplicité qui semblent excuser les acteurs et éloigner d'eux les idées du crime. L'amour alors n'est point un art, il n'est qu'un fait très-simple que le hasard produit le plus souvent : on le goûte comme le fruit sauvage qui s'offre sous la main dans la même forêt.

L'usage des esclaves dut faciliter singulièrement en Asie les plaisirs des sens, et par imitation, analogie dans les choses, rendre la jouissance des femmes libres moins coupable.

La simplicité des vêtements, la communauté des occupations qui multipliait les rencontres, facilitaient encore chez les premiers Hébreux ces actes d'un simple amour physique.

Mais pour eux comme pour tous les peuples, lorsque la société devenue nombreuse vécut dans la sécurité qu'inspire la force, dans l'abondance, fruit d'une administration habile, dans cette oisiveté qui naît du perfectionnement des machines pour les arts, lorsque des classes divisèrent la nation et que plusieurs, riches et inoccupées, n'eurent d'autre souci que le choix des plaisirs, alors le fait simple de l'amour ne put suffire, puisqu'il laissait vide de trop longs intervalles. La première venue ne put alors satisfaire ce qui n'était plus la seule fougue de l'instinct. Alors l'amour devint un choix; il s'embellit d'espérances, de longs désirs, de difficultés à vaincre, et dans ses succès des charmes de la grâce et de l'esprit. La femme ne fut plus alors soumise à l'homme par cette puissance brute qui se manifeste chez les animaux; mais elle se donna au plus beau, au plus aimable, et celui-ci, heureux et fier, chanta son triomphe et sa bien-aimée. Voilà cet état de la société que nous peint le Cantique des cantiques.

Dans l'origine les lois ou l'opinion attachaient à un acte illicite la honte du crime. A présent cet acte est un sujet de gloire. L'amant poëte le célèbre comme une victoire. Les images les plus brillantes sont employées à sa peinture. Il semble croire que le vice est racheté par la grâce; qu'ainsi toute la nation l'honorera comme vainqueur et le remerciera comme charmant ses loisirs par d'aimables tableaux.

Sa croyance n'est pas entièrement fausse. Dans les classes riches et aisées l'amant et sa maîtresse reçoivent du poëte érotique une âme plus tendre, plus délicate, et lui doivent ainsi mille plaisirs qu'ignore le sauvage caressant brutalement sa femelle.

Mais le sage gémit de ces biens fallacieux, et juge ce raffinement comme le premier degré de la corruption des mœurs. Il ne voit plus sous les tentes pastorales ces époux unis d'instinct et d'habitude, dont la pensée ignore le mal; il ne voit plus la nation naissante travaillant avec activité, comme des abeilles. Les scènes galantes du palais ont remplacé les plaisirs simples de la tonte des brebis, de la fenaison, les chants des moissons, les ris des vendanges. L'esprit, la grâce les excusent encore, mais son œil perçant dans l'avenir voit tous ces voluptueux, lassés de ces choses, chercher à ranimer leurs sens et leur imagination dans les écarts les plus monstrueux.

En effet, par toutes ces causes, l'action du climat, les institutions, les religions créées sous sa puissante influence, le débordement des mœurs fut extrême, et l'Asie ne s'offre à nous que comme un vaste lieu de débauche. Il suffit de rappeler les prostitutions publiques des femmes dans le temple de la déesse Mylitta à Babylone, celles du mont Aphac, de Biblos, etc.

La prostitution de toutes les femmes dans le temple de Vénus Mylitta à Babylone est niée par Voltaire. D'un ton léger et tranchant il s'élève contre le tableau qu'en fait Hérodote; mais il ne produit contre cet auteur aucun témoignage historique. Son seul argument est celui-ci: « Ce qui n'est point dans la nature n'est jamais vrai[1]. » Mais nous voyons dans l'histoire que nulle notion morale n'est plus variable que les idées sur la pudeur et sur le prix de la continence des femmes. L'Égypte, si renommée pas sa sagesse, nous offre un exemple pire de dissolution et d'immoralité. Deux rois, Champsinit et Chéops, prostituent chacun leur fille pour avoir de l'argent. Que devaient donc faire de simples particuliers? Aussi les mœurs infâmes de l'Égypte sont-elles citées par nombre d'au-

[1] *Essai sur les mœurs et l'esprit des nations*, tome I, page 52, édit. de Kehl.

teurs. Nous trouvons dans les récits des voyageurs que la plus effrénée prostitution est la nature d'une foule de peuples. Les Lapons sont honorés qu'un étranger veuille se servir de leurs femmes. Bruce nous montre les femmes abyssiniennes d'un haut rang se livrant dans un festin, en présence de tous les convives, à celui qu'élit en elles un désir momentané. Les Arréoys, dans leur association, ont pour première condition que toutes les femmes sont à tous. Les relations des missionnaires anglais, envoyés dans la mer du Sud, nous montrent la reine d'Otahiti se livrant publiquement sans honte à celui de ses porteurs que choisit son caprice [1]. Cette lasciveté est générale à Otahiti et dans toutes les îles australes. Il est étonnant que Voltaire ne se soit pas ressouvenu de mille faits semblables constatés par les dépositions univoques de divers voyageurs.

La communauté des femmes chez les Agathirses et chez les Massagètes est un fait bien plus extraordinaire encore. « Lorsqu'un Massagète devient amoureux d'une « femme, il suspend son carquois à son chariot et en « jouit sans honte et sans crainte. » (Hérodote, liv. I.) Cet usage renouvelait tous les jours chez ces peuples, pour chaque femme, ce qui n'était imposé à une Babylonienne qu'une fois dans la vie. Les historiens et les voyageurs nous présentent la femme comme l'être le plus honoré par l'homme ou le plus méprisé. Nous la voyons une divinité, une maîtresse, une compagne, une bête

---

[1] Voyage des missionnaires à l'océan Pacifique, dans le vaisseau du capitaine Wilson. *Biblioth. Britan.* tome XVIII.

de somme et de labourage, un meuble, une marchandise, une victime expiatoire. Nous pouvons croire sur elle tous les extrêmes.

Les Lydiens, plus rapprochés de la Grèce, et qui pouvaient ainsi être mieux observés, nous offrent dans leurs mœurs, selon le récit d'Hérodote, un trait semblable à celui de la cérémonie dans le temple de Mylitta. La dot des filles se formait en Lydie des produits de leur prostitution. Nous ne pouvons pas nier des témoignages que les contemporains n'ont pas contredits. L'incrédulité de Voltaire sur la prostitution babylonienne est bien certainement une erreur.

Ce qui est aussi évident, c'est le malheur inévitable qui résultait de ce système de mœurs. La fidélité, la chasteté devaient être difficiles en Lydie et à Babylone dans l'hymen, après de tels actes. Dès lors quel intérêt pouvait avoir le mari pour une femme publique? Quel vide de bonheur dans les foyers domestiques! Les Scythes Agathyrsiens, qui admettaient la pluralité des femmes, étaient conséquents. Ils ne voulaient point les contraires, et que la femme fût d'abord une fille dissolue, une courtisane, et puis une épouse chaste. Ils sentaient qu'il fallait admettre ce système de dissolution avec tous ses inconvénients, et se résignaient à n'être au milieu de ces plaisirs faciles ni époux, ni pères.

Si les femmes étaient en commun chez ces peuples, les enfants devaient l'être aussi. Cette communauté des enfants était possible, sans que leur éducation en souffrît. Elle se composait de traits si simples chez ces nomades grossiers, que l'exemple devait suffire, et que les préceptes, qu'aucun homme n'aurait voulu donner, devenaient ainsi inutiles aux enfants. Nous voyons ici comme en tant de choses les extrêmes produire les mêmes effets. La barbarie et la corruption réduisent l'homme à être privé des plus chères propriétés, des plus douces affections domestiques. Les Babyloniens pouvaient-ils plus compter sur le cœur de leurs femmes, sur l'origine de leurs enfants, que ces sauvages de la Scythie? Les animaux, plus heureux, connaissent du moins pour un temps limité ces douces relations du mâle et de la femelle et le charme de la paternité.

Par suite de ce penchant effréné à la volupté aucune barrière ne fut opposée à l'union des sexes. Les mariages furent permis entre le frère et la sœur. Dans les premiers temps cette union fut une nécessité; les époques suivantes l'adoptèrent par imitation, celles postérieures par volupté. La religion la consacra par l'exemple d'Osiris et d'Isis et de tant de couples célestes.

Bien plus l'exemple de l'union du père et de la fille fut donné par plusieurs rois d'Égypte et de Perse, par Mycérinus, par Artaxerce, qui épousa ses deux filles, Amestris et Atosse. Un fait plus monstrueux est celui de l'union de la mère et du fils qu'on nous assure avoir été autorisée sur les bords du Nil, et aussi, selon quelques écrivains, en Perse. La première pouvait être inspirée par l'erreur, l'attrait. L'homme, plus tard atteint par le temps que la femme, peut être encore susceptible de plaire et d'engendrer au même âge où la femme est décrépite et stérile. Ce fait est surtout remarquable en Asie où la prompte vieillesse des femmes est une affliction constante et irrémédiable de la nature. Puis, les liens du père et de ses enfants sont moins intimes que ceux de la mère ; le système de la pluralité des femmes affaiblissait encore nécessairement le sentiment de la paternité, et laissait presque sans entraves l'action du sexe entre un père jeune encore et une fille ignorée dans la foule. Mais le nombre des enfants d'une mère était très-borné ; elle les connaissait tous parfaitement ; mais elle était vieille lorsque son fils était adulte. Peut-on nous présenter comme une action volontaire ce qui ne semblerait que l'ordre d'un tyran lassé de crimes ordinaires, et qui voudrait sentir encore sa perversité en ordonnant les choses les plus antipathiques avec la nature.

Cette disposition des Asiatiques à faire de la volupté la principale et presque la seule affaire de la vie produisit en Orient des institutions cruelles, la polygamie, l'esclavage des femmes, la mutilation des hommes. Développons les causes qui amenèrent à ces institutions ; nous jugerons ensuite leurs conséquences pour le bonheur.

La nature, en ôtant aux femmes, de bonne heure, les attraits et la fécondité, dans le Midi, parut entraîner l'homme, plus longtemps jeune et fécond, à chercher dans de nouvelles épouses ce qu'il ne trouvait plus dans le premier objet de son choix. Ce ciel, qui embrasait le sang, fit de la polygamie une nécessité pour l'homme aux vœux toujours immenses; à ces causes purement physiques se joignirent encore les impulsions de l'orgueil et de l'imagination, qui, livrés à eux-mêmes, sont insatiables. Le nombre des femmes et concubines d'une maison n'eut ainsi de limites que celles du revenu du possesseur.

La polygamie blessait l'orgueil et la sensibilité des femmes; elle tourmentait leurs sens de privations, elle les portait à une haine secrète contre leurs fers, à un désir ardent de liberté et de vengeance. La conséquence la plus immédiate de ce malheureux état de choses fut la clôture impénétrable du harem.

Cette captivité fut le seul moyen d'assurer à l'homme le bénéfice de son injustice envers les femmes dans le système de la polygamie. Les Asiatiques parurent agir là d'après le principe des grands législateurs, qui est de songer à prévenir les crimes pour n'avoir pas à punir. Une raison encore de cette reclusion, c'est que l'époux ne pouvait compter sur l'amour de ses femmes. L'amour, tel que nous le voyons dans les mœurs européennes, est ignoré en Asie : or l'amour est la plus forte garantie de la fidélité; il ne présente le bonheur que dans la possession d'un seul être; la volupté le présente dans celle de tous. Ainsi l'Asiatique ne put croire à la vertu de ses femmes que par la force des verrous.

La polygamie est la plus grande tyrannie que l'homme puisse exercer sur la femme; elle est un des traits de cette loi terrible qui jusqu'ici a régi l'univers, la loi du plus fort. La justice ne semble une nécessité qu'entre des égaux. Les hommes qui ensemencent les terres, qui défendent les frontières, forment essentiellement la société, et furent ainsi entraînés à se croire supérieurs en condition aux femmes; et de là à les parquer comme des troupeaux pour leurs plaisirs, à les charger d'entraves pour empêcher leur fuite ou leur infidélité, la liaison était immédiate et sans scrupules.

Il fallait alors à ces prisons dorées des gardiens qui eussent la force nécessaire pour la compression, et en même temps ne pussent inspirer aucune crainte de séduction au maître. Des hommes n'offraient que la première de ces conditions, des femmes que la seconde; une nécessité terrible se présenta de créer une espèce qui réunît ces deux fins indispensables, et l'on fit des eunuques. La comparaison même que pouvait faire le maître de lui avec cette espèce dégradée flattait son orgueil. Cette coutume remonte si haut dans l'antiquité qu'on ne peut en assigner l'origine : nous la trouvons dans les premiers temps des premiers empires historiques.

L'antique existence des eunuques atteste donc, dès les temps les plus reculés, la polygamie, la clôture du harem, et l'ignorance de l'amour tel qu'il est dans les mœurs européennes; oui, l'amour fut toujours sans morale en Asie. Nous n'avons rien des écrits des Assyriens, des Perses, des Mèdes qui nous retrace leurs mœurs. L'écriture ne fut point connue dans les premiers temps; et, depuis, les Grecs, dédaigneux de tout ce qui n'était point grec, ne nous ont rien transmis de la littérature érotique de ces antiques nations; mais les faits historiques que nous connaissons sur elles nous montrent suffisamment que l'accouplement physique semble avoir été constamment tout en Orient. Le soleil était adoré dans ces régions sous des noms divers, comme l'époux de la terre, le principe générateur. Les Égyptiennes consacrèrent le phallus comme son image. Ces processions où elles le portaient solennellement, en lui donnant un mouvement expressif, nous indiquent assez comment elles entendaient l'amour. Les autres prostitutions dans des temples célèbres, dont nous avons déjà parlé, nous les montrent comme des actes positifs de religion : les mœurs en reçurent une détermination irrévocable. Le Cantique de Salomon peint dans ce sens seul toutes les gradations du désir et les derniers tableaux de sa satisfaction. Ce climat de l'Orient, rendant l'homme plus sensuellement voluptueux, semble lui rendre les caresses brutes suffisantes pour le bonheur; mais ce système est l'éternelle affliction de ces régions, où les biens physiques les plus brillants sont la source des plus tristes destinées. Cette sensualité, plus vive et exclusive, fait l'infériorité du sort et de l'esprit de l'Asiatique, comparativement à l'Européen.

Le harem vers les bords occidentaux est l'asile d'une jalousie calme et profonde, qui ne se fie qu'à des eunuques et à des portes de fer. Nous trouvons dans les régions de l'aurore une tyrannie plus cruelle exercée encore sur la femme. L'homme voulut conserver son empire sur elle même après que ses lèvres glacées ne pouvaient murmurer aucun ordre. La femme fut ainsi forcée dans l'Inde, par l'opinion, ouvrage de l'homme, à suivre son mari dans l'autre monde. La peur contribua peut-être, autant que la jalousie et l'orgueil, à établir ce préjugé. La vie du mari fut encore mieux assurée au milieu de ses femmes dès que leur mort dut suivre la sienne. Le sort de la femme dans la maison semble correspondre à celui de l'homme dans l'état. Le brame, plus que toutes les autres castes de l'Inde, soumis à la superstition, impose à la femme le sacrifice de sa vie sur le tombeau de son époux. Nous trouvons encore l'immolation de la femme la plus aimée chez les Cressoniens, Thraces polygames qui habitaient sur la rive droite du Danube. Le plus proche parent égorgeait sur le tombeau celle que le choix de la famille avait désignée en cette qualité : les autres femmes du défunt étaient affligées de cette préférence [1]. La mort inspire une horreur naturelle; mais chez l'homme, cet être si flexible, ce sentiment d'antipathie peut être surmonté par d'autres sentiments inspirés par la religion, les préjugés, l'orgueil, et alors la mort devient un sujet de joie et de triomphe : nous le voyons ici dans la douleur des épouses survivantes. Ce sacrifice dut être d'abord imposé par la force, et puis rendu plus facile par les moyens moraux indiqués ; ce qui prouve l'origine assignée à ce sacrifice, c'est que nous ne voyons nulle part, dans l'histoire et les

---

[1] Hérodote, liv. V, § 5.

voyages, qu'un époux s'immole, par une détermination imposée par la religion, sur le cadavre ou le tombeau de sa femme. Dans l'Asie, où le despotisme était le premier joug, l'homme esclave d'un homme, pour avoir encore le sentiment de sa force, déploya sur la femme le même pouvoir sous lequel il gémissait. Le sauvage fait de sa compagne une bête de somme ; chez les nomades grossiers, elle est une marchandise ; ainsi, sous un aspect général, les femmes sont les plus intéressées à la civilisation, puisqu'elles éprouvent tout le mal du despotisme, de la superstition, de la barbarie, sans pouvoir exercer la plus légère réaction.

Il est à remarquer que l'usage des eunuques, l'estime pour cette espèce odieuse, ne se trouvent que chez les nations esclaves; là l'homme est confondu dans la poussière avec ces êtres dégradés. Lorsque tous sont avilis, il n'y a plus de hiérarchie. Comme le plaisir est le seul dédommagement ou le seul remède à la servitude, et que les eunuques sont utiles pour cela, on les apprécia : leur aspect flatta l'orgueil de l'homme. Les plus laids ainsi sont les plus estimés : leurs rapports journaliers, leurs infâmes services les font même parvenir souvent à la faveur du prince; ainsi honorés à la cour, ils doivent l'être partout.

Voyons quelles sont les conséquences de ce système pour le bonheur; pénétrons dans l'âme des individus, et nous verrons que toutes ces apparences extérieures si brillantes ne cachaient que des malheureux. Les Orientaux, en sacrifiant uniquement à une volupté grossière, ont toujours ignoré l'amour. Il ne peut exister qu'avec toutes les qualités qui, embellissant la femme, produisent chez l'homme l'estime unie au désir; or, ces prisonnières des harems devaient être pleines d'ignorance et d'une haine permanente contre leur geôlier; aussi le mépris fut le sentiment général de l'homme pour ces êtres qu'il dégradait par toutes les formes flétrissantes: tous les grands faits de l'histoire le prouvent. Darius-Hystaspes, après avoir pris Babylone, y envoie des femmes comme un troupeau de ravitaillement, pour réparer le vide opéré par la boucherie qu'en avaient faite les Babyloniens durant le siège. Nous voyons les femmes immolées, vendues, convoyées comme un vil bétail. L'homme ainsi ne connaissait point pour la femme l'amour, et il était privé du plus puissant et du plus délicieux des sentiments.

Il semble que dans tout le globe la nature ait voulu compenser par les jouissances morales les désavantages physiques. Au premier aspect, l'Européen est charmé du beau ciel de l'Asie, de ce sol fécond où croissent spontanément les fleurs et les fruits, et il serait tenté de croire les habitants de cette région brillante les élus du ciel. Il voit bientôt que le despotisme pèse, avec son sceptre de fer, sur toutes les têtes, depuis les rivages orientaux jusqu'aux bords de la Méditerranée; que le fanatisme abrutit toutes les âmes, et que, dans tous les asiles, depuis le sérail jusqu'à la cabane, par le fait d'un système vicieux de mœurs, la jalousie, l'ennui, le dé-

CHAPITRE X.   379

goût font des infortunés de ceux dont il enviait, au premier abord, les trompeuses jouissances.

Je contemple comme vivante sous mes yeux l'Asie actuelle, et son examen nous fait connaître dans son ensemble l'Asie ancienne. Il semble que l'empire fatal du climat ait jeté tous ces peuples dans le même moule.

Tous les historiens, tous les voyageurs nous peignent le jeune maître d'un harem comme un vieillard précoce, lassé des baisers mercenaires d'odalisques sans grâce, sans esprit et sans pudeur; les confondant bientôt toutes dans un égal mépris; demandant à tous les Européens des aphrodisiaques pour ranimer sa caducité; ne trouvant que par ces moyens violents et désastreux, que par les spectacles de danses, de scènes lubriques, quelques sensations, quelques réminiscences des années à jamais fugitives de son adolescence. Bientôt, oubliant un sexe perdu pour lui, il cherche, dans des écarts monstrueux, à ressentir quelques étincelles de désir, jusqu'au moment prochain où, dans de longues années, il ne reste rien à cet automate, pas même l'imagination. Voilà donc le résultat inévitable de ces plaisirs sans mesure, où l'ont entraîné un climat fallacieux et les mauvais législateurs qui s'en sont rendus les interprètes. Cette enceinte si brillante au dehors, au delà de laquelle l'étranger voit un paradis, n'est donc, en réalité, qu'une monotone prison, où le geôlier ne sent son existence que par la tyrannie, où les victimes, tourmentées par une jalousie réciproque, par l'ennui, le dédain de leur maître, ont tous les maux sans le baume de la plus légère espérance.

La polygamie ne présente qu'un seul côté avantageux : ce système doit nécessairement améliorer la race. Les plus belles esclaves sont achetées de préférence, et procréent des enfants qui leur ressemblent. Ces esclaves, faites par la guerre, la piraterie ou la cupidité des parents, étaient des filles des classes inférieures. Le travail, dans ces classes, produit la force et la santé. Ainsi ces filles, transplantées dans les harems, réparaient dans leur fruit la dégénération du maître, produite par la mollesse et l'orgueil. En effet, dans les historiens, les Perses nous sont présentés comme doués de beauté et d'une stature supérieure à celle des Grecs. Masistius, général de la cavalerie perse, tué dans une escarmouche avant la bataille de Platée, fut porté sur un char dans les rangs des Grecs. Il méritait d'être vu, dit Hérodote, par sa grandeur et sa beauté. Tigrane, général des Perses à Mycale, est présenté comme remarquable par son beau physique. Xercès nous est offert comme le plus bel homme de son armée. Xercès, selon l'observation générale, devait ressembler à sa mère Atosse, qui, par la même raison, était l'image de son père Cyrus. Celui-ci était donc grand et beau, et ce fut peut-être une des causes de son influence sur les Perses, et par suite de ses succès. Les peuples civilisés qui, dans leurs sages institutions, proscrivirent l'esclavage et la polygamie, n'ont point encore trouvé un plan qui concilie les avantages du système oriental pour la

CHAPITRE X. 381

beauté du corps, et celui du système occidental, ou des chrétiens, pour la dignité morale de l'espèce. La suppression totale de la dotation des filles dans le mariage ne pourrait-elle pas être la base de ce plan nouveau? Alors l'hymen ne serait point un commerce où l'homme avide trompe, par un empressement feint et passager, la laideur dorée, ou insulte ensuite à la femme affligée de maladies héréditaires, d'infirmités, d'idiotisme. Les époux offriraient plus d'union, les enfants plus de force et de beauté, l'état plus de calme; ce lien ne serait plus l'objet de l'exécration de tant d'époux et de pères, malheureux du scandale et de l'infortune de leurs enfants. La religion cesserait de faire entendre la plus grande partie de ses reproches et menaces inutiles, les tribunaux de s'occuper de tristes et honteux débats, et le gouvernement pourrait fermer la moitié de ses prisons et de ses hôpitaux ouverts à la folie.

La paternité est, pour l'Asiatique, un sentiment souvent aussi froid que celui de l'hymen. Le nombre des enfants, leur éloignement de ses yeux, l'indifférence pour les mères, expliquent cette tiédeur, quelquefois cet oubli. Un écrivain spirituel, qui, par ses emplois et un séjour de vingt années chez les Turcs, avait appris à les connaître, le baron de Tott, nous montre un Murad-Mollach méconnaissant un fils qui vient le caresser, et ne pouvant, même en l'entendant nommer, se rappeler sa mère. Cette tiédeur de la paternité, effet inévitable de la polygamie, nous explique, de concert avec l'âpre égoïsme du despotisme, les boucheries du palais impérial dans l'ancienne et la récente Asie. Artaxerce-Mnémon, sans aucune pitié, fit massacrer sous ses yeux, dans une cour de son palais, cinquante de ses fils, accusés d'une conspiration. Ce sentiment de paternité est donc bien affaibli par son extension et sa divergence dans la polygamie.

Un autre système, non moins funeste, régit le Thibet. Là, selon Samuel Turner [1], tous les frères d'une famille épousent souvent la même femme. Le Thibet est inconnu dans l'histoire de l'ancienne Asie; mais nous devons penser, par ce caractère de permanence qui se manifeste dans les institutions des peuples asiatiques, que les ancêtres des Thibétains pratiquaient la même coutume. Nous parlerons ainsi de la polyandrie thibétaine comme d'une chose appartenant à l'époque qui nous occupe. Des raisons bien fortes nous font encore présumer cet usage comme antique. Ces raisons sont la supériorité en nombre des mâles, bien constatée de nos jours, dans ce pays, et la stérilité du sol. Ainsi, chaque homme ne pouvant avoir une femme, la convenance inspira cette idée. L'impossibilité à cette terre ingrate de nourrir un grand nombre d'habitants dut faire sentir le besoin d'arrêter l'accroissement de la population, et la polyandrie dut se présenter aux législateurs comme un moyen sûr pour cette fin politique.

Ce système, effet d'une cruelle nécessité, offre des aspects bien malheureux. Dans la polyandrie il ne peut

---

[1] *Ambassade au Thibet et au Boutan*, chap. XVIII.

être d'amour. Ce sont les hommages de l'homme qui le déterminent, et peut-il en accorder à une femme banale? Il n'existe là que la satisfaction passagère du besoin.

Le sentiment de paternité doit y être de même inconnu; affaibli dans la polygamie, on peut encore le ressentir. Les gardes, les verrous, les hauts murs, une discipline sévère, garantissent à l'homme la naissance légitime de ses enfants; mais au Thibet, les co-époux ne peuvent voir, dans les enfants de la maison, que des neveux.

Dans la polyandrie il n'est point de famille; c'est un chef qui la constitue, et il n'en existe point dans cette république de maris. Ainsi l'état doit perdre par le manque des ressorts dans l'homme, qui, s'intéressant peu à sa femme et à des enfants presque étrangers, n'aura point l'activité industrieuse, la constance au travail du vrai père de famille. Il n'y a point dans la maison, pour sa prospérité, une volonté infatigable.

Ce système est contraire à la dignité de l'homme, et peu convenable à la nature de la femme, qui, née faible, aime à sentir sa dépendance et la protection. Elle est là privée de son premier plaisir, d'aimer et d'honorer son époux.

Nous trouvons, dans les premiers temps de l'empire assyrien, un usage que nous revoyons ensuite chez d'autres peuples. Sémiramis fit élever, au-dessus de la tombe de Ninus, dans la plaine de Ninive, un tumulus de neuf stades en hauteur, et dix en largeur. La plaine de Troie offre ainsi les monticules qui couvrent les dépouilles d'Achille, d'Ajax, d'Antiloque et d'autres généraux [1]. Les Germains et les Gaulois élevaient des buttes sur la tombe de leurs chefs. Il est intéressant d'observer les mêmes faits en des temps et des lieux si éloignés. Ce genre de mausolée était le plus durable, car le temps tendait à le conserver en le couvrant d'un tapis de gazon, et l'ennemi, qui, pour le détruire, aurait dû employer le même labeur qu'on avait mis à le former, s'arrêtait à l'idée de ce long travail. Les Égyptiens mettaient encore plus de magnificence à leur dernier asile. Le respect pour les tombeaux semble suivre, en général, les progrès de la civilisation. Il annonce une nation stable, morale, pieuse.

Un manque général de dignité se montre dans les mœurs des anciens Asiatiques, même dans les rangs les plus élevés. Le général de Salomon, Banias, fait, sans résistance aucune à l'ordre du roi, l'office de bourreau, et tue Joab et Séméi. Amasis, général des Égyptiens révoltés, et depuis roi d'Égypte, répond par un vent, et en présence de son armée, à l'envoyé d'Apriès. Des traits semblables s'offrent dans toute l'histoire de l'Asie ancienne; nous pourrions regarder cela comme une trace de la simplicité primitive, encore rapprochée, et, par conséquent, comme une preuve que le genre humain n'avait commencé que depuis peu de siècles; nous pouvons aussi le regarder comme l'effet du manque

---

[1] *Voyage dans la Troade*, par Le Chevalier.

total d'un système aristocratique. La dignité des rangs étant moins marquée chez les Orientaux, n'étant point une condition impérieuse comme chez les modernes Européens, ils connaissaient moins aussi la dignité du caractère, qui en est une conséquence. Un homme sorti de la lie du peuple, et revêtu d'un premier rôle, conservait encore là ses basses inclinations, et ne trouvait point d'action indigne de lui. D'un autre côté les maux d'une anarchie démagogique sont évidents. La longue habitude d'un gouvernement représentatif bien pratiqué peut seule amener au beau résultat de la hiérarchie des rangs, de la facilité de l'ascension sociale par le mérite, et de la dignité générale de l'homme.

Un autre trait général des mœurs des Asiatiques est la mollesse. Que nous trouvions ce culte des sens dans les plaines, où l'abondance des biens de la terre invite l'homme à les savourer et à se reposer, cela ne peut nous surprendre, nous pouvons y voir facilement la liaison de l'effet à la cause; mais tout le midi du Pont-Euxin, de la Caspienne et une partie de la Perse sont des pays montagneux. L'action continuelle de monter et de descendre, la pureté de l'air des hauts plateaux, la stérilité des pentes qui force à la tempérance, l'habitude des dangers dans les passages périlleux, toutes ces choses, dans les montagnes, fortifient le corps et l'âme. Cependant les Arméniens, les Mèdes, les Perses vivaient dans la mollesse. Le despotisme détruisit chez ces peuples l'influence vivifiante de la disposition montagneuse de leur pays. Les Mèdes, soumis au joug perse, tombèrent dans une inaction sensuelle. Une nation qui perd, par l'asservissement, le sentiment de ses forces et son nom, est privée des premiers moteurs de la vaillance. Les Mèdes ne pouvaient combattre sous les étendards étrangers avec intrépidité, puisque la gloire et le butin étaient principalement pour leurs maîtres. Les Perses, pauvres montagnards, conquirent l'Asie ; mais le poison des richesses et de la volupté babylonienne et lydienne énerva leur âme. De plus, leurs chefs imitèrent aussitôt le despotisme indigène dans ces régions. L'engourdissement fut alors général et enveloppa les vainqueurs et les vaincus. La volupté et la paresse sont les biens de l'esclave. Aussi, dans l'épuisement du plaisir des femmes, amené par la satiété momentanée ou par l'âge, nous voyons les Asiatiques de tous les temps employer, pour se donner des sensations, une foule de moyens physiques, comme les boissons chaudes, spiritueuses, l'opium, la succion des plantes d'un goût fort et aromatique. Ils cherchent à se déguiser ainsi l'inertie, en eux, de la pensée et de la volonté. Ils se vouent aux sensations, ne pouvant connaître les jouissances intellectuelles et morales. L'Asiatique moderne, dans la même situation politique et religieuse que l'ancien, contemple stupidement l'ascension des vapeurs en flocons de sa pipe, ou digère son opium, et rumine ainsi toute la portion de liberté et d'intelligence qui lui est laissée. Par ce malheureux système ces nations restent dans un état d'enfance.

CHAPITRE XI.

L'HOMME EXTÉRIEUR.

§ 1.

RACE.

La complication des modes de la propriété, la multiplicité des rapports réciproques des individus, la prodigieuse diversité des institutions, toutes ces choses ont rendu, dans les temps modernes, la science de la législation plus étendue et plus difficile que dans l'antiquité. Aussi les législateurs, absorbés par ces aspects infinis de l'homme intellectuel et sensible, ont perdu entièrement de vue l'homme physique ou extérieur, qui fut tant l'objet des méditations et des règlements des anciens sages. Il semble qu'en avançant dans la science on en ait oublié les premiers principes. Cependant l'homme physique est la base de tous les systèmes idéologiques et moraux. La foule des écrivains et des hommes d'état ne soupçonne pas même la connexion secrète et intime entre les dispositions physiques et les combinaisons les plus hardies de la pensée, les impressions les plus délicieuses du sentiment. Étrangers aux premiers éléments de l'hygiène et de la médecine, ils semblent, dans leurs spéculations, considérer les hommes comme des sylphes. Pour que la fleur se développe avec magnificence, le botaniste ne donne pas tous ses soins au bouton : il s'occupe principalement du sol et de la tige.

Ce n'est qu'à une époque éloignée que toutes les parties de la science de l'homme et de la nature apporteront conjointement leurs tributs à un écrivain : lorsque tous les principes des sciences seront connus, après des millions d'observations et d'expériences, elles deviendront plus simples et plus faciles par le perfectionnement des méthodes, et par une nomenclature lumineuse pour chacune, semblable à celle que Lavoisier a créée pour la chimie; alors les hommes d'une conception forte pourront les embrasser toutes, alors seulement les leçons de l'historien seront complètes.

Où sont les lois hygiéniques pour assainir, embellir la race humaine ? Nulle part. Dans les archives du gouvernement nous trouverons de longs règlements pour améliorer des races d'animaux domestiques, et nous verrons des établissements montés à grands frais dans cette fin; mais on laisse venir l'homme au hasard, quelles que soient les difformités physiques et morales dont il puisse être atteint. Un écrivain, qui ne recevra mission que de son patriotisme, montrera-t-il que cette surveillance d'un gouvernement sur les aliments, le logement, le vêtement, les habitudes gymnastiques, pourrait avoir de vastes conséquences morales et intellectuelles, et une grande influence sur la destinée d'un peuple ; les gouvernants resteront sur cela sourds et aveugles, ou s'éton-

CHAPITRE XI. 389

neront un moment de ces vérités et les oublieront. Cependant tout marche vers le perfectionnement. Espérons.

Nous trouvons dans la vieille Asie les trois races qui partagent l'ancien monde : le Nègre, en Égypte et en Colchide ; la race caucasienne ou blanche, dans l'Asie mineure, la Perse, la Médie et dans l'Inde en deçà du Gange ; la race mongole ou olivâtre, dans la Scythie, dans l'Indo-Chine jusqu'à la mer orientale, avec toutes les modifications que les climats divers, que les dispositions variées du sol et surtout que les institutions plus puissantes que ces premières causes, peuvent leur apporter. Ainsi nous avons vu que les anciens rapports maritimes de l'Inde et de l'Égypte avaient introduit dans cette dernière contrée la race indoue, comme Blumenbach l'a constaté par les dissections anatomiques de momies venues d'Égypte ; il a trouvé également, par la même voie, des métis de ces deux races. Les anciens Éthiopiens, transportés par Sésostris sur les bords du Phase, ont perdu là tous les caractères des peuplades du Nil, pour se transformer en race blanche et à cheveux lisses.

Une question de beauté sur ces trois races ne pourrait jamais avoir qu'une solution locale ; mais si l'on s'enquiert quelle est la plus intelligente et la plus courageuse, tous les faits de l'histoire sont là pour répondre que la domination sur les cinq parties du monde prouve la supériorité de la race caucasienne européenne.

Le système de la polygamie et du concubinage, établi chez les anciens Asiatiques, tendait nécessairement à rendre l'espèce douée de toutes les perfections physiques dont elle est susceptible. Le riche voluptueux recherchait dans les femmes du bazar, soumises à son choix, la santé, un beau visage, de belles formes; et cet examen avait pour résultat la reproduction des mêmes avantages physiques dans ses enfants.

Le concubinage est l'acte brut de la nature transporté dans la société. Le mariage est l'intervention du législateur dans le plaisir et la reproduction. Le législateur doit considérer les impulsions instinctives du premier acte, et les prendre pour base de ses règlements; c'est-à-dire que le mariage doit être un attrait et non une affaire de commerce ou un joug imposé. La perfection sera donc de réunir toutes les précautions qui peuvent le rendre respecté, doux et durable, avec celles qui concourent à l'amélioration physique de la race et avec toutes les sympathies des sens et de l'âme.

Les Grecs, comme nous le verrons plus loin, avaient atteint cette double combinaison ; les Asiatiques étaient restés plus près de la seule impulsion sensuelle. Il semble qu'ils n'aient pris les filles en mariage que pour la même fin que le sauvage sous la voûte de son bananier. Nous ne voyons pas, dans les vestiges de leurs lois, que les filles placées comme épouses légitimes dans les harems fussent dotées d'une part déterminée dans la fortune paternelle : les mots de dot et de polygamie semblent s'exclure. Comment, en effet, pourvoir à la dotation de filles en grand nombre, sans détruire la maison ou la fortune des fils ? Ainsi, comme les filles ne devaient être recherchées que pour leur beauté et secondairement pour leur naissance, les effets de la polygamie étaient identiques avec ceux du concubinage pour la beauté de la race. Ainsi les hommes des hautes classes devaient avoir, par leur fortune et leur position, les plus belles femmes, et, par suite, les plus beaux enfants. Hérodote, qui devait haïr le destructeur d'Athènes, semble se laisser aller à l'admiration, en déclarant (liv. VII, § 187) que la beauté et la haute stature de Xercès étaient des titres à posséder la puissance royale. On reconnaît que ce jugement s'appuie sur le souvenir des temps où la force physique des Hercule, des Thésée, des Achille, leur valait un trône ou l'apothéose.

Nous trouvons chez les peuples modernes de l'Asie le même système et les mêmes effets. Tous les voyageurs nous peignent les Persans comme une race superbe. Les Turcs nous présentent un exemple encore plus notable : on sait qu'ils offraient, dans les premiers temps de leur invasion, toute la difformité du visage et la taille courte et ramassée des Tartares ; ces hideux cosaques, par leur union avec les Circassiennes et les Grecques vendues comme esclaves, ont produit une race remarquable par sa force et sa beauté.

Aux causes déjà citées qui concouraient à la beauté de l'espèce humaine nous devons ajouter l'ignorance, dans les temps antiques, de cette maladie qui attaque la race aux sources de la vie, et flétrit déjà les fruits dans leurs germes ; l'influence d'un climat doux, qui laissait les corps se développer sous des vêtements légers et sans ces liens qui gênent les articulations, ou sans ces corsets baleinés qui, chez les Européens, par une compression absurde, nuisent à la croissance de la charpente osseuse, à la digestion, à la circulation du sang, et sont les principes de graves maladies ; la fréquence des ablutions, qui entretenaient la propreté et par suite la santé; l'action continue de religions voluptueuses, qui faisant du plaisir la cérémonie fondamentale, et de la femme la véritable idole, repaissaient sans cesse l'imagination de belles formes, de physionomies ravissantes. Toutes ces circonstances disposaient ainsi les deux sexes à reproduire dans les enfants la santé et la beauté.

Nous ajouterons à ces causes le moyen politique de parvenir qu'offrait un physique avantageux. L'homme ainsi favorisé du sort et de ses concitoyens devait, par tendresse paternelle, user de toutes les ressources convenables pour reproduire cet avantage dans ses fils. Diodore nous dit « que des peuples d'Éthiopie choisissaient pour « leur chef l'homme du physique le plus imposant. Les « Parthes prenaient leurs commandants parmi les plus « beaux hommes de la nation. » Ces peuples furent contemporains des derniers empereurs d'Occident. Ainsi, depuis Sémiramis, femme d'un simple officier, qui devint reine d'Assyrie par ses charmes, jusqu'aux princes parthes, nous trouvons une période de plus de quinze siècles où le même goût est dominant dans les régions orientales; l'ambition secondait ainsi le penchant de la nature.

Ce même penchant existe toujours. Les dons physiques sont plus appréciés dans l'Asie que dans l'Europe. L'entendement humain, moins développé là dans tous les temps qu'il ne l'est de nos jours en Europe, entrait ainsi pour un plus faible élément dans l'appréciation des hommes. D'ailleurs, une stature élevée, et des formes bien développées, se lient à la force, qualité précieuse partout, mais plus encore dans des régions où elles peuvent, par une résistance efficace, assurer la vie contre les caprices du despotisme ou les désordres de l'anarchie, qui les accompagnent presque toujours. Ainsi, par goût et calcul, les pachas et les émirs, dans l'Asie, s'entourent d'hommes qu'un œil d'artiste aurait choisis. Les grands, par le seul motif de la satisfaction de la vue, ont en Europe la même sollicitude pour le choix de leurs gens; et les rois, mus par le concours des deux motifs précités, pour le choix de leurs gardes.

Le physique et l'âge exigés par Moyse, pour les prêtres, prouvent que le législateur hébreu avait les mêmes idées. A toutes les causes de considération dont il avait doté la race sacerdotale, la fortune, le premier rang, la science, il ajoute pour complément nécessaire celle d'un physique imposant. Les prêtres, élus de Dieu chez les Israélites, par l'adoption qu'il fit de la famille de Lévi, ne devaient pas porter sur eux de signes de sa réprobation, qui auraient atténué l'action de leur ministère. Le législateur fixe par la même raison la durée de leur exercice de vingt-cinq ans à cinquante, âge de la plénitude de la force, et les réduit après ce dernier terme à des fonctions auxiliaires.

Samuel agit par des principes semblables lorsqu'il choisit pour roi des Hébreux Saül, qui dépassait de la tête tout le peuple dans une assemblée, et puis David, dont la beauté est citée comme remarquable.

§ II.

COSTUME.

Le costume est régi par trois circonstances : le climat, la pudeur, le caprice. Le froid contraint le Lapon, le Samoïède, le Sibérien à se vêtir d'épaisses fourrures, immédiatement appliquées comme une peau nouvelle sur leur corps, tandis que les peuples de l'équateur ne se servent que d'étoffes légères ou de frais tissus de jonc ou de feuillage pour voiler le sexe. Dans les contrées boréales, le climat impose un costume épais et chaud, sous peine de mort. Le vêtement y est une nécessité aussi indispensable que la nourriture et la boisson.

Cette exigence terrible du climat diminue de degré en degré en remontant vers l'équateur, tandis qu'une autre la remplace et croît dans une proportion inverse, c'est le goût : celui-ci varie selon cent causes diverses. La nature du midi, douce et riante, ne fait du vêtement qu'une mesure de pudeur, ou qu'une recherche d'orgueil. Vers les pôles, l'homme est plus occupé du confortable que du faste.

L'immutabilité est le caractère général de toutes les institutions, de toutes les coutumes en Orient. Ainsi, les vêtements amples, les robes traînantes, l'éclat des couleurs, la richesse des ornements, la permanence des formes, se montrent dans toute la série des siècles chez les principales nations de l'Asie méridionale. Ce costume est fondé sur leurs dispositions constantes à la mollesse et au faste. Les larges vêtements peuvent se prendre, se quitter avec facilité, et favorisent ainsi le goût de l'inaction, impression constante d'une atmosphère chaude. Ce costume embarrassant est l'effet de la mollesse, et comme cause nouvelle la perpétue. L'ampleur des vêtements seconde encore le goût de la pompe et d'une démarche sérieuse et imposante. La gravité fut de tous les temps le caractère de la physionomie, de l'accent, de l'attitude et de la démarche des Asiatiques méridionaux. Leurs yeux, accoutumés aux vives couleurs des fleurs, des fruits, des oiseaux, et à la splendeur du ciel du midi, recherchent dans les vêtements les couleurs éclatantes. Le rouge et la pourpre étaient ainsi les couleurs les plus employées chez les Phéniciens qui, dans les procédés de leurs arts, suivaient nécessairement le goût des consommateurs. Alexandre imposa à ses courtisans l'obligation de prendre des robes de pourpre, pour imiter les Perses. Le faste est tellement un des traits principaux du costume oriental, que chez les Juifs, qui n'étaient point une nation commerçante et favorisée d'un sol fécond, les opulents jetaient, pour se parer, de la poudre d'or sur leurs cheveux. La Bible se plaît à décrire le riche costume de Judith lorsqu'elle se rend au camp d'Holopherne. Les Perses, d'abord pauvres montagnards, et les Parthes, Scythes réduits au strict nécessaire, s'adonnèrent bientôt au luxe des peuples riches qu'ils avaient vaincus.

Nous ne pouvons mieux nous former une idée juste de la magnificence de l'habillement des Perses que par la description que font Arrien et Quinte-Curce de l'armée de Darius. Les dix mille fantassins de la garde, nommés *les immortels,* et qui marchaient en tête, avaient des colliers d'or et des robes de drap d'or frisé, avec des casaques à manches toutes couvertes de pierreries. Le corps dit *des cousins* ou parents du roi, suivait ensuite, au nombre de quinze mille; ils étaient plus magnifiquement habillés que les immortels. Partout la pourpre, les pierreries et l'or. Les ornements d'argent semblaient vils, et n'être le partage que des derniers soldats.

L'action énervante de l'ampleur des vêtements a été reconnue même par les indigènes. Cyrus contraignit les Lydiens à porter de longues robes pour les amollir et les tenir plus facilement dans la servitude. Il est ainsi probable que les Lydiens se vêtaient, avant leur défaite, de courtes tuniques comme les Grecs. Les robes, en gênant leurs mouvements, leur donnaient une tendance au repos, et préparèrent de la sorte la faiblesse physique, à laquelle se lie plus ou moins intimement la faiblesse morale. Xercès agit de même envers les Babyloniens, qui s'étaient montrés si redoutables à Cyrus et

CHAPITRE XI. 397

à Darius-Hystaspes. Il leur imposa le vêtement long des femmes pour les efféminer et les dégrader par la honte.

Nous venons de voir l'influence du climat et du goût sur le costume; recherchons l'action de la troisième cause assignée, la pudeur. Ce sentiment avait chez les Orientaux un autre principe que dans l'Occident. La pudeur est pour nous la virginité de l'âme, l'ignorance du mal; pour eux, c'était plutôt la pureté du corps, l'éloignement de tout contact étranger. Ces peuples devaient trop mépriser des femmes achetées comme des animaux domestiques, emprisonnées sous des verrous, soumises à la surveillance inquiète de gardes hideux, pour pouvoir croire à leur foi. Ils craignaient en elles l'inconstance, par le triple motif de la bassesse, de la vengeance et du caprice qu'ils soupçonnaient dans leur âme. Ils étaient forcément trop coupables de barbarie et de froideur envers ces femmes pour ne pas être jaloux. Ils les cachaient ainsi à tous les yeux, et dérobaient, par le même sentiment, leurs plaisirs aux regards étrangers.

Mais, je le répète comme trait caractéristique des Orientaux, la crainte, qui est le principal élément de la jalousie, ne se compose pour eux que de l'idée de l'infidélité et non de celle de l'inconstance. La religion, le climat voulaient les nudités, et les mœurs les adoptèrent, parce qu'elles pouvaient se concilier avec le sentiment de la propriété exclusive de la femme. Les Égyptiennes sont, dans les monuments, couvertes d'une toile si légère et si juste au corps, que quelques-unes, par la pureté des contours, semblent être nues ; mais par un examen attentif on voit quelques légers plis. Hérodote nous dit qu'elles ne portaient qu'un vêtement d'une étoffe légère, qui laissait les épaules, la gorge et les bras découverts, et s'attachait sur l'estomac comme un jupon roulé, tandis qu'il flottait dans le bas jusqu'aux pieds, et offrait un ensemble vraiment attrayant et gracieux de nudités et de formes voilées. Ainsi les maris égyptiens ne pouvaient empêcher ni les regards ni les désirs des spectateurs ; mais leur âme était calme, tant que l'agression n'était que dans la pensée ; tandis que cette pensée hostile, si elle était connue ou soupçonnée, serait dans nos mœurs un supplice pour l'amant ou l'époux. La loi était sévère en Égypte contre l'homme et la femme adultères, et cependant elle tolérait aussi cette nudité excitante. Ainsi le costume des Égyptiennes et celui des autres femmes de diverses régions de l'Asie prouve que toute la sollicitude des pères, des maris et des législateurs n'eut d'autre objet que de préserver les filles et les épouses du contact physique.

Moyse, toujours par une profonde étude de l'homme, donna au grand prêtre des Juifs un vêtement magnifique. Sur une robe d'un blanc éclatant, qui descendait jusqu'aux pieds, était une tunique bleu céleste, dont le bas brillait de broderies d'or, de grenades et de sonnettes en or entremêlées. Mais la tunique, plus courte et sans manches, superposée sur les deux premiers vêtements, fixa particulièrement sa sollicitude : elle était d'écarlate entremêlée de fils d'or. Voilà pour l'éclat et la richesse; mais, par une inspiration de sentiment et de haute politique, pour que le grand prêtre fût comme le centre évident de la nation, il le fait revêtir du rational, pièce d'étoffe carrée d'un tissu d'écarlate d'hyacinthe et d'or, fixée par une ceinture sur la poitrine, et sur laquelle étaient douze pierres précieuses, en quatre rangs, portant chacune gravé le nom d'une tribu d'Israël. Les Hébreux devaient donc faire, par le sens de cette image, un tout indissoluble dans le monde, comme leurs emblèmes sur le sein du pontife. Moyse savait que le costume exerce une puissance positive, et par lui charmait à la fois l'œil, l'imagination et la sensibilité des Israélites.

Dans les états bien constitués, les costumes des divers emplois devraient être appropriés à la profession. Ils tendraient ainsi à donner à chaque homme l'esprit, la physionomie, l'attitude de sa profession, et prédisposeraient ceux avec qui il aurait des rapports aux impressions morales qui sont convenables.

Ces vêtements orientaux à plis onduleux et magnifiques, à étoffes soyeuses et éclatantes; ces longues barbes qui donnent aux figures d'hommes un air mâle et austère, et les font contraster avec la fraîcheur, le coloris et l'attrayant sourire du visage des femmes, toutes ces choses font le charme des peintres. Nos vêtements serrés et écourtés, nos mentons imberbes, font leur désespoir.

Il nous serait avantageux d'avoir un costume national. Dans les pays étrangers il serait un moyen de reconnaissance, un signe de parenté, un lien entre des Français. Il préserverait là des choses honteuses par pudeur nationale et pour ne point flétrir ce costume délateur. Sur le sol de la patrie il montrerait l'union des citoyens. Ce costume national devrait être calculé par des médecins, des moralistes et des peintres, pour réunir toutes les conditions de la gymnastique, de l'hygiène, de la décence et de la grâce. Les Orientaux ont atteint ce but par nonchalance : pourquoi n'y viendrions-nous pas par raison? Mais les Français sont vains et frivoles ; comme aux enfants il leur faut toujours de nouveaux hochets. Espérons des formes du gouvernement la maturité de la nation.

§ III.

VÊTEMENT MILITAIRE. — ARMES.

La guerre a rempli plus de la moitié de la carrière du genre humain. Nous ne devons donc pas nous borner au costume de la paix ; à raison même de sa durée, nous aurions dû donner une triste priorité au vêtement militaire.

Nous avons peu de notions certaines sur les grands faits de l'histoire des Assyriens et des Mèdes, et moins encore sur les détails de leurs usages et de leurs armes; mais ces peuples nous sont représentés, sous tous les rapports, par les Perses.

Hérodote nous offre un tableau très-précieux dans l'énumération des divers peuples qui composaient l'armée de Xercès, et dans la description de leur armure :

CHAPITRE XI.

nulle armée n'a offert encore un assemblage aussi varié.

Les Perses avaient des tiares de feutre foulé, des tuniques à manches, des cuirasses de fer travaillées en écaille de poissons, et des anaxyrides ou pantalons qui se nouaient à la cheville du pied. Leurs armes étaient de grands arcs, un carquois, un bouclier d'osier de forme rhomboïdale, de courts javelots et un poignard. Ces vastes tuniques étaient embarrassantes pour le combat; le poids de leur longue chevelure et de leur tiare épaisse devait trop charger la tête, et rendre les Perses peu propres au mouvement : cette chevelure était un lien tout fait pour la main d'un ennemi. Aristogaras, faisant soulever l'Ionie et voulant déterminer Cléomène, roi de Sparte, à seconder la rébellion, présente le costume guerrier des Perses comme devant faciliter la victoire aux Grecs [1] : ce témoignage d'un ennemi est décisif. Le costume militaire des Perses pouvait ainsi être une cause immédiate de la ruine de l'empire. La réflexion doit donc présider à ces choses, que les gouvernements ineptes abandonnent au hasard.

Nous devons nous étonner de voir des peuples aussi civilisés que les Assyriens se servir de la massue, arme des sauvages; d'ailleurs cette arme n'exige que de la force, qui ne semble point la qualité distinctive des voluptueux habitants de l'Euphrate.

Nous retrouvons dans les bonnets pointus des Saces, peuplade scythe, le type des chapeaux coniques des

---

[1] Hérodote, liv. V, § 49.

Kirguis et des bonnets des idoles calmoukes et mongoles[1]. La même cause produit, à de longs intervalles de temps, le même effet dans les mêmes lieux : cette forme fut déterminée probablement pour éviter l'accumulation de la neige ; il en fut pour la coiffure comme pour les toits des Septentrionaux. Les Saces portaient une arme terrible, la hache, qui caractérise leur état sauvage : le maniement de cette arme exige un grand espace, et elle ne peut se concilier avec l'ordre d'une phalange serrée. Ce trait seul nous montre que les Saces combattaient épars.

Les Libyens avaient des javelots de bois dont la pointe était durcie au feu ; la pauvreté de cette armure dénote la stérilité de leur pays pour le fer et la nullité de leur commerce ; mais cette dernière circonstance n'existait point pour les Mysiens sur la côte florissante de l'Asie, lesquels cependant étaient armés de javelots semblables.

Dans les saies ou tuniques des Caspiens, faites en peaux de chèvre avec leur poil, nous trouvons le costume naturel des montagnards. Le Caucase, comme toutes les montagnes, doit nourrir beaucoup de ces animaux sauvages et domestiques.

Les Sarangéens avaient des bottines qui montaient jusqu'aux genoux, et ils nous représentent ainsi les Tartares ; les mêmes causes de climat et de mœurs produisent, à des siècles de distance, une similitude dans le costume.

---

[1] *Voyages de Pallas*, planches 9 et 16.

Dans la coutume des Éthiopiens Nubiens de se frotter, pour le combat, la moitié du corps avec du plâtre et l'autre moitié avec du vermillon, nous voyons l'usage constant des sauvages de nos jours, sur tous les points du globe, de se tatouer, de se peindre le corps, de se couvrir de masques hideux pour effrayer leurs ennemis ; ils semblent reconnaître par ces moyens que l'imagination a une puissance irrésistible.

Cette bigarrure de vêtements et d'armes dans la même armée montre la naissance de l'empire persan. Le temps n'avait pu opérer la fusion de toutes ces formes diverses.

Les Perses les premiers ont pris l'aigle pour bannière ; cet oiseau, par sa rapidité, son courage, sa vue perçante, a été regardé par nombre de peuples comme le plus heureux emblème.

Chez tous ces peuples les armes défensives étaient autant l'objet de leur sollicitude que les armes offensives ; ils pensaient qu'il fallait d'abord éviter le coup mortel avant de songer à frapper l'ennemi ; même, en anticipant par l'entraînement du sujet, nous ferons observer ici que les Spartiates, ce peuple si guerrier, attachaient l'infamie à la perte du bouclier, parce que le soldat négligent exposait ainsi la patrie au plus grand dommage : la perte d'un citoyen. Sans doute il n'est point pour nous d'armure contre le boulet et la bombe ; mais une cotte de mailles sous l'uniforme, soit en fil de métal, soit en tissu serré de chanvre, de coton ou de soie, pourrait être, sans gêner les mouvements du corps et du bras, une arme défensive contre la balle, la lance ou le sabre.

Ce vêtement militaire montrerait la sollicitude paternelle du gouvernement, et serait un motif de sécurité et de courage pour le soldat. L'ours a bien sa fourrure, le rhinocéros sa peau écailleuse et le lion son épaisse crinière.

§ IV.

HYGIÈNE.

Les législateurs furent tous mus par une idée principale, la conservation de la nation ; ils reconnurent bientôt que les moyens les plus sûrs étaient la force et la sagesse ; ils observèrent donc quelles étaient les causes qui modifiaient l'homme en bien ou en mal, et s'appliquèrent à développer les premières et à écarter les secondes.

Toutes les observations des choses capables d'agir principalement sur le perfectionnement de l'homme peuvent se ranger en trois classes distinctes :

Le régime alimentaire, ou le maintien et le développement de la vie organique ;

La gymnastique, ou l'accroissement des forces vitales par un exercice bien dirigé ;

La sagesse, ou la direction des passions et de la pensée.

L'imperfection des sciences médicales se fait remarquer dans le régime alimentaire des Égyptiens. Pourquoi se privaient-ils du froment, de l'orge et des fèves, végétaux sains et savoureux, et si bien appropriés au sol de l'Égypte, que ce pays fut, depuis, le grenier de l'empire romain ? Leurs enfants étaient nourris uniquement de tiges de papyrus rôties sous la cendre, et de racines qui croissent dans les marécages. C'était nécessairement dans l'âge adulte une cause de faiblesse devant l'ennemi.

Mais les prêtres, qui énervaient la nation pour mieux la dominer, furent plus habiles pour leur compte en se restreignant au système, favorable au corps et à l'esprit, de la monogamie, et en se soumettant à des ablutions périodiques et fréquentes, qui sont si salubres dans les climats chauds.

Dans la même vue ambitieuse, ils proscrivirent la gymnastique. Ils semblent avoir connu que la gymnastique n'augmente point seulement la force des muscles, mais aussi celle du sentiment et de la volonté. Ils parvinrent ainsi à convertir l'homme en femme. Mais en donnant à l'épouse les attributions naturelles de l'époux, ils ne purent lui donner une force, un courage mâle, et l'Égypte fut envahie par tous les assaillants.

Moyse, qui impose en tous genres aux Hébreux les règlements les plus minutieux, ne pouvait avoir oublié le choix des aliments. Dans cette interdiction d'un grand nombre de viandes déclarées impures, il les forçait à un régime simple, et dont la monotonie pouvait être une cause salutaire de sobriété. Par cette assimilation constante des mêmes aliments, il donna à la race israélite un tempérament uniforme ; ce régime nutritif tout particulier fut une des causes de la physionomie nationale des Hébreux. Cette empreinte de l'antique législateur se fait encore reconnaître de nos jours dans l'air étranger des

Hébreux chez tous les peuples parmi lesquels ils sont disséminés, et dans la ressemblance de leurs traits et l'identité de famille de leurs physionomies. Ces prohibitions dans le régime alimentaire concouraient encore au but principal de Moyse, isoler son peuple.

Moyse a entièrement négligé la gymnastique. Sans doute la latitude de l'Égypte et de la Palestine est peu favorable à l'exercice à cause de l'épuisement trop prompt, résultat d'une abondante transpiration. La tendance du climat amène au repos. L'imagination, qui sous un ciel enflammé se repaît avec délices de vagues contemplations amoureuses ou mystiques, concourt comme le climat à rendre le mouvement une peine et l'immobilité un charme. Mais les institutions ont ou doivent avoir pour but en tous lieux de corriger la propension souvent funeste du climat; bien combinées elles l'emportent toujours sur la résistance des influences physiques. Ainsi cinq à six mille mameluks, par la vigueur physique et morale qu'ils devaient à l'exercice journalier du gymnase militaire, dominaient de nos jours avec facilité trois millions d'Égyptiens.

Les anciens Asiatiques connurent peu cet état moyen entre l'action et le repos, ou le mouvement par gestation, comme le procurent chez les modernes la voiture, le cheval, le bateau. Si celui-ci ne développe pas les forces, il entretient la vie par la tonicité qu'il donne aux organes.

Pour la troisième partie de l'hygiène, la sagesse, la législation égyptienne et hébraïque nous offrent dans la

CHAPITRE XI. 407

régularité des préceptes imposés, dans la puissance de la sanction divine qui leur est donnée, les éléments de l'ordre et de la moralité dans les actions, et par une conséquence nécessaire le maintien de la santé.

Il est dans Hérodote un passage remarquable sous le rapport hygiénique, c'est le discours d'Amasis sur le besoin de se soulager de la fatigue des affaires par le repos ou le plaisir; ce discours, fondé sur la nature de l'homme, sera toujours vrai et utile.

Un seul peuple, chez les anciens Asiatiques, fut élevé dans les dures pratiques d'un régime alimentaire plein de sobriété; dans les exercices soutenus qui développaient à un haut degré la force musculaire, et en même temps dans les préceptes d'une morale simple et austère. Xénophon, qui nous peint ce peuple dans sa Cyropédie, n'a pu mettre du romanesque que dans le caractère et les actions de Cyrus, mais le fond de ses peintures de mœurs doit avoir pour base la vérité. Nous ne devons point douter des tableaux de Xénophon, par l'examen des Perses fondus avec les Mèdes, les Assyriens, les Lydiens, et amollis, corrompus par eux; il faut les voir dans leur berceau montagneux, livrés à la seule action salutaire et énergique de leurs institutions, pour apprécier ce peuple remarquable sous plusieurs rapports. La conquête de l'Asie fut le prix de cette éducation mâle.

CHAPITRE XII.

CONSÉQUENCES DE L'HISTOIRE DES PEUPLES ASIATIQUES.

Si l'histoire ne devait pas nous rendre plus sages par le tableau des fautes de nos prédécesseurs, elle ne serait, pour les hommes, que comme les spectacles de lanterne magique pour les enfants. Nous devons donc chercher dans les faits du passé des leçons pour l'avenir, c'est-à-dire, examiner quelles furent les causes de la destruction des anciens empires pour éloigner de nos institutions ces germes de mort. Je dis tout par ce mot de destruction, puisque les empires n'ont pu se dissoudre sans que le malheur des peuples ait précédé et suivi ces grandes catastrophes.

Le découragement et le mépris pour les choses humaines, et surtout de fausses analogies déduites de l'examen des choses physiques, ont porté quelques écrivains à regarder comme inévitable la mort des états. Cette idée est triste, puisqu'elle montre vains les efforts de la sagesse. Mais heureusement elle est fausse, et nous devons ainsi la rejeter. Essayons de prouver ce jugement.

Une cause d'erreur est la fausse comparaison faite du corps social avec les corps de la nature; d'une apparence d'identité on déduit des conséquences vicieuses et funestes. On dit : les montagnes de granit s'écroulent, sont charriées par les torrents dans les plaines, vont combler l'Océan ; les rivières changent leur cours ; les vastes forêts qui couvraient de nombreuses régions ont fait place à des champs couverts de moissons ; des lacs où naviguaient des pêcheurs sont à présent couverts d'arbres séculaires. Ainsi, nous ne pouvons nous opposer au torrent des causes qui entraînent tout, et font de cet univers un vaste champ de métamorphoses.

Là, comme dans tous les sophismes, il y a un côté vrai d'où l'on veut déduire une conséquence générale pour en faire une fausse application à des objets différents. L'homme doit, à raison du nombre de combinaisons qu'offrent ses moteurs multipliés, parcourir pour ses œuvres une plus longue série que les animaux sociables, tels que le castor, la fourmi, l'abeille, qui semblent dès longtemps en avoir atteint le point extrême de perfection. Les divers empires que nous offre l'histoire sont comme des essais successifs par lesquels s'élabore la raison humaine. Leur série doit inévitablement amener les nations à un état stable de sagesse et de bonheur. Dans cette longue suite d'expériences, que présentent les annales du genre humain, les plus terribles, les plus désastreuses, sont placées dans les premiers temps. Toutes les causes de malheurs s'affaiblissent à mesure que le lecteur avance vers notre époque. De ce que d'anciens empires ont été bouleversés, détruits, conjecturer qu'il en sera à jamais ainsi des sociétés humaines, c'est une conséquence aussi misanthropique que fausse ; c'est abjurer l'espérance placée dans tous les cœurs généreux comme une prévision ; c'est méconnaître l'action de la Providence sur l'espèce humaine.

Une nouvelle cause d'inquiétude est dans le parallèle que l'on veut établir entre les monuments et les empires. Un déclamateur morose arguera de la destruction des édifices par le temps la destruction du corps social par le même agent.

Ce raisonnement porte sur une conception vicieuse, l'identité entre la matière et l'intelligence; en effet, les états sont le résultat de causes intelligentes qui se perpétuent constamment dans les générations successives. Ces causes ne peuvent passer comme les amas de matières. Les monuments sont une masse inerte qui n'a par elle-même aucune vie, aucune transmission. Le temps en amène la dissolution, tandis qu'il donne un plus grand développement aux causes intelligentes. Rapprocher ainsi la matière et la pensée pour appliquer à la seconde les lois qui régissent la première est un sophisme odieux.

Il est une autre comparaison aussi vicieuse, d'où l'on déduit la même conséquence. On présente un état comme un individu, parcourant toutes les périodes d'enfance, de jeunesse, de virilité, de caducité et de dissolution. L'homme est un être borné dans le temps, mais les sociétés humaines, se renouvelant sans cesse dans leurs éléments, ne sont point destinées nécessairement à subir cette loi irréfragable d'une durée fixe. Cette comparaison, vicieuse dans une considération abstraite, devient dans des applications évidemment

CHAPITRE XII. 411

absurde. Combien de peuples s'écartent de cette série de développements indiqués!

Si la surface de la terre éprouve des modifications, si les monuments humains périssent, si l'homme meurt, ce n'est point une induction que les états doivent nécessairement se dissoudre. Nous venons d'exposer les différences qui nous font espérer des effets contraires. Il faudrait donc désespérer de l'amélioration de tant de nations vieillies dans les abus et les préjugés! leur existence à l'avenir serait donc une décrépitude éternelle! Ne voit-on pas des corps vicieux de magistrature ou d'administration, réformés par un chef habile et ferme, prendre une vie nouvelle et acquérir de nouveaux droits à l'estime publique? Ne peut-on pas attendre les mêmes effets d'un législateur plein de génie sur une nation? ne pouvons-nous pas fonder une espérance sur les progrès des sciences, d'où nous devons conclure avec justesse les progrès présumables de l'art social? Au milieu de ces vastes progrès des sciences et des arts, pourquoi penserions-nous que la législation doit seule rester stationnaire, doit seule être privée de cette vie, de ce développement qui anime, agrandit, perfectionne toutes les autres choses sur lesquelles s'exerce la raison humaine?

Dans ces réflexions nous embrassons l'ensemble des siècles du passé et de l'avenir, sans nous arrêter aux oscillations qui ont paru rendre stationnaire ou rétrograde la marche du genre humain, et qui n'étaient que des circonstances inévitables de l'essence des choses.

Mais ce sont ces aberrations qui, seules, fixent le regard des détracteurs de la civilisation.

Voyons rapidement quelles furent les circonstances générales de subversion pour les anciens empires de l'Asie.

Ces empires croulèrent avec fracas aux premiers coups. Le vulgaire attribue ces révolutions à une puissance occulte, la fatalité : c'est l'explication de l'ignorance. Ce mode magique satisfait à deux dispositions favorites de l'homme : la paresse, qui lui fait paraître la recherche des causes naturelles une fatigue, et l'orgueil, qui lui impose le besoin de juger. Qu'est-ce que la fatalité? En fait-on une fée qui gouverne le monde selon de capricieuses et changeantes volontés? Mais avec les variations et les bizarreries qui constituent son essence, comment aurait-elle pu créer l'univers, où se montrent tant de régularité dans les causes, tant d'harmonie dans les effets? Si elle ne l'a point créé, il est absurde de penser qu'elle est plus puissante que l'intelligence ordonnatrice, et qu'elle puisse intervenir dans ses œuvres et troubler le cours de ses lois. Il y a dans cette idée de la fatalité un reste de l'ancienne doctrine asiatique des deux principes. Ces explications ne résolvent rien. C'est mettre l'imagination à la place que devrait occuper la raison. La sagesse divine, qui a créé l'univers, a donné à tous les animaux des instincts, à toutes les molécules de la matière, des affinités en vertu desquelles s'opèrent tous les mouvements de ce globe sans qu'elle ait besoin d'intervenir incessamment, comme une

CHAPITRE XII.   415

machine d'opéra, pour préparer les événements et les phénomènes. Les premières causes produisent des effets qui deviennent causes à leur tour, et ainsi sans cesse. Des combinaisons singulières engendrent quelquefois ces grands effets de prospérité ou d'infortune qui frappent la foule. Elle nomme dans son ignorance une puissance imaginaire dont elle n'a et ne peut avoir une idée exacte, et, satisfaite de cette apparence de raisonnement, elle s'endort pour se réveiller aux premières catastrophes non prévues, qu'elle fera également l'ouvrage de sa divinité aveugle et terrible, la fatalité.

Mais cherchons par l'analyse les causes de ces grands bouleversements que nous offre l'histoire de l'ancienne Asie.

Partout, des régions de l'aurore aux limites du couchant, nous voyons le despotisme courber sous son joug tous les peuples. La raison du climat doux et voluptueux de l'Asie méridionale, qu'on nous présente comme une cause de la faiblesse morale de l'homme, ne nous semble point expliquer suffisamment l'existence, dans ces régions, du despotisme. Dans les mêmes lieux ont existé, alors et depuis, des peuples enthousiastes de la liberté, pleins d'énergie pour en défendre les droits. Les Grecs de l'Asie mineure résistèrent au grand roi, et paraissaient d'une autre espèce que les sujets persans. Les Phéniciens étaient-ils dans leur doux climat mous et lâches? Les Arabes, qui se montrent indomptés dès l'origine des temps, répondent par leur histoire entière à cette assertion erronée, qui fait du midi la région constante de l'esclavage. Cette théorie de l'influence de la température montre, dans son application pour la servitude et la liberté, trop d'anomalies pour être présentée comme une loi générale.

Les institutions paraissent avoir, pour façonner les âmes humaines, une plus grande puissance que la température et la configuration du terrain ; or, les institutions sont toujours amenées par des idées premières qui déterminent ou favorisent leur établissement. Le despotisme, dès les premiers âges historiques, se montre trop universel en Orient, pour que son introduction, sa permanence, n'aient point été préparées par une disposition générale des esprits, et, pour ainsi dire, par une idée mère, qui, le faisant paraître une chose naturelle, aura disposé les hommes à le supporter comme un de ces maux inhérents à l'humanité et à la terre ; cette idée est l'exemple de la famille et du pouvoir paternel. Le père, fort et expérimenté, a nécessairement sur ses enfants débiles et ignorants un pouvoir absolu ; il en jouit d'abord par sa supériorité incontestable, et puis par l'habitude, la possession des biens et l'appui tacite de tous les autres chefs de famille.

Cette comparaison de l'état avec la famille, d'où l'on veut déduire la légitimité du despotisme, est évidemment fausse. Les enfants doivent au père l'existence et toutes les choses qui longtemps entretiennent leur vie, developpent leur esprit, préparent leur maturité ; mais il n'en est point ainsi des sujets d'un prince. Il n'y a point entre eux, comme entre le père et ses enfants, cette différence naturelle de force et de raison ; il n'y a point, de plus, entre le prince et les citoyens, d'une part, une puissance créatrice et bienfaisante, et de l'autre, l'immense dette de la vie et de l'éducation; ainsi il est absurde de baser le despotisme sur l'identité avec le pouvoir paternel.

Après avoir exposé la cause principale qui put favoriser l'établissement du despotisme en Orient, voyons les causes secondaires qui concoururent à cette fin, et le rendirent indigène :

1° La fertilité du sol. L'abondance rend les hommes paresseux ; les âmes furent amollies de même par la sécurité de la subsistance, du vêtement, du logement, offerts presque gratuitement par la nature. Le fer se trempe sous les marteaux et par la vive impression de l'immersion dans l'eau ; les corps et les âmes se trempent par la fatigue et les soucis de la prévoyance. La force et l'audace durent alors agir plus sûrement sur des hommes qui semblaient assez heureux par les dons de la nature pour ne point désirer les avantages d'un état social perfectionné où leur raison trouvât les plus désirables convenances.

2° Les vastes et fertiles plaines de l'Asie semblent devoir être nécessairement le siége de grands empires. Là les agglomérations se font plus nombreuses, et l'action du centre à la circonférence est plus facile et plus prompte. Le prince, hors de la vue et du contact de ses sujets, n'est souvent en rapport qu'avec des flatteurs, des valets, et il croit facilement avoir sur sa nation les droits qu'ils lui décernent unanimement.

3° Ces états, faibles malgré leur apparence colossale, tombent au premier choc, et le vainqueur, possesseur des palais, des femmes, des trésors, des adorateurs, et, pour ainsi dire, de la divinité du vaincu, se hâte de se livrer aux voluptés, à l'apothéose et à ces jouissances d'orgueil et d'imagination qui naissent de l'exercice d'une grande puissance, jouissances bien inférieures à celles de la vertu et de l'intelligence, mais qui sont les seules que des hommes ardents et ignorants puissent ressentir. Ainsi les peuples successifs de l'Asie ne firent que changer de noms, en conservant toujours les mêmes chaînes.

Les rois ne pouvaient trouver de conseils sages dans ces courtisans avides et voluptueux qui les entouraient. Dans l'histoire? elle naissait, il n'y avait point de passé; dans l'opinion nationale? elle n'existait pas, puisque les hommes n'avaient point à de grandes distances de relations entre eux, et que le manque d'une écriture perfectionnée empêchait la communication des idées; dans l'opinion lointaine? ils ne pouvaient ambitionner l'estime des nations, puisqu'il n'y avait nul moyen d'exprimer, de faire connaître cette estime. Les rois ne connurent, pour jouir de leur position, d'autres moyens que le sentiment de leur force manifestée par la tyrannie, et que les voluptés effrénées, plus destructives encore de l'âme que du corps.

Les causes des malheurs des anciens empires sont palpables; nous les avons développées: il suffit de les

CHAPITRE XII. 417

rappeler sommairement: la fausse imitation de la constitution de la famille; la dégradation de l'homme par la peur, l'adulation, la misère, le débordement de la volupté, l'ignorance, suite inévitable de la nouveauté des sociétés, de la tyrannie et de la dissolution.

Les remèdes seront dans l'action des causes contraires : que des institutions sages et généreuses protégent à la fois la raison, la majesté du chef et la faiblesse, les droits du sujet ; que de grands corps sociaux règlent les rapports, les charges des citoyens, et servent de rempart au prince contre l'anarchie, à la nation contre le despotisme ; enfin que les sciences et les lettres, par leur développement, créent une opinion publique qui sera la salutaire conseillère des gouvernants et des gouvernés.

Enfin je présenterai, comme une cause de malheur non encore indiquée et de la plus haute importance, la trop grande extension des états. Par elle l'action du pouvoir central ne peut arriver aux dernières limites qu'affaiblie, déviée, dénaturée par les agents intermédiaires, qui ajoutent leurs caprices, leurs turpitudes, leur tyrannie à l'action du prince ; par elle les actes de l'administration présentent dans les divers lieux une discordance désespérante ; par elle les frontières, loin du cœur de l'état, sont comme sans vie et ouvertes au premier audacieux ; par elle les peuples sont étrangers les uns aux autres sous le même sceptre, sont sans identité de langage, de mœurs, d'esprit, et conséquemment sans cette union de famille qui fait leur force. Les révolutions ne peuvent leur apporter rien de pire ; elles présentent des chances heureuses. Ainsi, loin de les repousser, ils les appellent, les secondent.

L'expérience de l'histoire montre l'impuissance où est un chef de bien gouverner un trop vaste état. Ses courtisans lui donnent en vain le vaste regard du soleil, le génie de la divinité : sa mémoire, son attention, son temps, ses forces sont bornés à des limites étroites. Si donc il veut gouverner par lui-même, et c'est le seul moyen pour qu'il y ait dans les actes de l'administration unité de volonté et d'action, il faut que l'état n'ait qu'une étendue qui permette au prince d'embrasser l'ensemble des choses. Dans les empires trop vastes, le prince, lassé de ne voir devant lui qu'un horizon sans bornes et un chaos impénétrable d'affaires, se lasse et finit par devenir un sultan. Placé à une trop grande hauteur au faîte d'une immense pyramide, sa faible tête éprouve des vertiges qui dissipent à jamais sa raison. Pour que le prince reste homme et ne devienne pas un Nabuchodonosor, descendu par l'aliénation mentale au rang des brutes, il faut que l'état ait des bornes en rapport avec les facultés humaines. C'est dans l'altération du caractère du prince qu'est la source principale des malheurs des hommes. Les descendants des premiers fondateurs des empires, jouissant tranquillement des travaux de leurs pères, regardent comme superflus, inutiles les talents, les vertus qui servirent à créer la nation. Les hommes qui entourent ces rois, d'après de tristes exemples, finissent par considérer l'adulation

CHAPITRE XII.   419

comme le chemin le plus sûr, le plus prompt pour parvenir aux honneurs et à la fortune, et ils suivent cette route en s'avilissant et avilissant à l'envi le prince. Ou une indignation générale fermente sourdement et sert de levier à des hommes audacieux et habiles; ou des voisins entreprenants calculent la faiblesse de l'état, s'arment, et bientôt éclate une révolution ou une guerre, qui, renversant l'idole aux pieds d'argile, en ensevelit sous ses débris tous les adorateurs. Les révolutions de l'Asie nous présentent ce changement total. Le peuple existant hier semble avoir disparu en entier pour faire place à des hommes nouveaux. Tout meurt des vaincus, jusqu'à leurs dieux.

Ainsi la nécessité de conserver au prince sa raison, au peuple un esprit national, aux frontières une défense prompte et sûre, à l'action en tous genres du gouvernement, une constance et une vigilance salutaires, enfin à l'état la durée et tous les biens qui en découlent, me font regarder un système sage de limites comme un des premiers avantages d'un peuple et le plus sûr garant de son bonheur.

L'Éternel semble avoir pourvu à ce besoin des sociétés humaines, en traçant sur le globe par les mers, les montagnes, les fleuves et les déserts de vastes enceintes, destinées à être la demeure d'autant de peuples divers. Les nations, dans ces limites naturelles, seraient renfermées sur les continents, comme sont les tribus insulaires par l'Océan, et, comme elles, jouiraient des biens inappréciables d'un sentiment doux et vivace de famille, et d'une défense inexpugnable. Les frontières naturelles sont les plus sûrs et les plus durables moyens de conservation pour un peuple. Les Éthiopiens n'ont point été asservis par des conquérants; ils ont partagé cet avantage avec les Arabes, par la même cause. Leurs vents brûlants, leurs sables, leurs rochers étaient pour eux des gardiens éternels et invincibles. Les institutions habiles, qui font la valeur d'un peuple et son indépendance, peuvent être modifiées par le temps, mais les fortifications de la nature sont impérissables. Ainsi l'empire persan, malgré les folles entreprises et les revers de Cambyse, de Darius, de Xercès, malgré les désordres du palais et les vices monstrueux de l'administration générale, reste entier, parce qu'il était doué de fortes limites naturelles, et qu'il était, sous leur abri, concentré en une masse compacte. Il tomba par une combinaison puissante, qui réunit contre lui tous ses ennemis, et parce qu'il fut attaqué au cœur. Nous montrons au début des annales humaines ce système de limites naturelles, indiqué avec une évidence frappante par la main divine, et toute la suite de l'histoire nous prouvera sa nécessité.

Quelle était la folie de ces potentats de l'Asie qui, comme à l'étroit dans ces belles régions, se précipitaient avec une foule armée dans des régions étrangères, pour trouver au loin des ennemis renaissants et une nature qui les repoussaient! Ninus, possesseur des belles contrées de l'Euphrate et du Tigre, se lasse de cet Éden, et trouve dans des expéditions lointaines, par la main d'une épouse, le châtiment de son ambition. La coupable Sémiramis reçoit dans la même route le même salaire. La tête de Cyrus est plongée dans un vase plein de sang; Cambyse survit quelques jours aux folles entreprises de l'invasion des sables d'Ammon et des déserts de l'Éthiopie, mais les mânes de tant de milliers de sujets sont enfin satisfaits par son trépas en Syrie à son retour. Darius-Hystaspes, errant dans les solitudes de Scythie, entre l'esclavage et la mort, est trop heureux de pouvoir revenir cacher à Persépolis ses frayeurs et sa honte. Son fils Xercès rend la royauté ridicule par sa folle invasion de la Grèce. Quelle est donc la folie des princes et des peuples lorsque, dépassant ces limites naturelles où le ciel leur destinait le bonheur, ils vont chercher au loin tous les maux! Combien de si grandes leçons ont été longtemps perdues! Mais la sagesse, après tant de calamités, sera sans doute entendue.

Le système des conquêtes, la seule carrière où les princes asiatiques aient cherché les richesses, la gloire, le bonheur, devait promptement amener la mollesse, avant-coureur de la ruine. Des peuples pauvres, maîtres tout à coup de riches contrées, devaient, par la pente naturelle aux plaisirs, se hâter de jouir. La victoire amène l'abondance, celle-ci la mollesse; la mollesse engendre la corruption. Alors, dans ce vil amas d'hommes dégénérés éclôt un despote; ou bien accourt, comme une bête féroce, un peuple guerrier qui achève l'entière destruction. Ainsi donc des lois somptuaires doivent arrêter ce penchant désordonné au luxe; ainsi des exercices gymnastiques, voulus par le législateur, honorés par des récompenses publiques, doivent entretenir la force et la virilité dans la nation. Une âme forte ne peut être que dans un corps robuste. Cette connexion intime a été trop peu étudiée par les publicistes. Les vertus naissent au Gymnase autant qu'à l'Académie et au Portique.

Par un malheur inhérent à notre condition, des lois sages, des mœurs pures, un gouvernement éclairé, ne suffisent pas pour garantir la vie de l'état ; il faut encore pour sa conservation qu'il soit toujours prêt à la guerre. Un empire n'existe point seul : si des montagnes inaccessibles, des déserts inabordables, des mers terribles, ne le placent hors de toute atteinte, il ne peut être indifférent aux changements qui s'opèrent chez les autres peuples. En vain, dépourvu d'ambition, voudrait-il être oublié des autres peuples comme il les oublie, en vain se croirait-il invulnérable par l'isolement. Ainsi le législateur ne doit point seulement s'attacher aux vertus paisibles, qui assureront dans l'intérieur la permanence et le bonheur de l'empire, mais il doit songer aussi aux qualités militaires, qui assureront son existence au dehors. Ce défaut de courage a mis deux fois la Chine à la merci d'une poignée de Tartares. Ces mêmes nomades, sous le nom de Scythes, ravagèrent plusieurs fois l'ancienne Asie, par la facilité que leur offrait l'amollissement des voluptueux Méridionaux. Il est donc une cause de destruction qui n'est point liée à la marche du temps, c'est l'invasion : cette cause agit brusquement et renverse des empires pleins encore de jeunesse et de vigueur. Les vertus guerrières, fruits de la gymnastique, de la discipline et du patriotisme, ne pourront seules sauver un petit peuple contre une masse de brigands ; il faut qu'il oppose par le nombre une résistance efficace. En vain les Lyciens de Xanthus firent-ils des prodiges de valeur : leur seul résultat fut de mourir avec gloire, jusqu'au dernier, dans les rangs des Perses. En vain Tyr déploya-t-elle un courage surnaturel contre les Assyriens et les Macédoniens : elle succomba deux fois sous des masses trop disproportionnées. Les républiques grecques du Pont-Euxin et de la côte occidentale furent toujours trop petites pour se défendre avec succès contre les vastes armées des Perses. Il ne restait qu'une voie de salut à ces corpuscules, c'était un système de fédération ; mais leurs jalousies, leurs haines empêchèrent cette réunion salutaire. Ces républiques ne purent que compromettre l'existence de la Grèce totale, sans éviter le joug pour elles-mêmes. Un peuple, outre sa force morale, doit avoir encore pour son salut un nombre convenable de citoyens, et il ne peut le trouver qu'en possédant un territoire suffisant en étendue et en produits. Si nous avons montré la nécessité de restreindre les limites de l'état pour donner à l'administration la sagesse, aux habitants le patriotisme, qui feront la prospérité intérieure, d'une autre part, nous montrons la nécessité pour l'état d'avoir une étendue suffisante pour résister par sa masse au choc des peuples agresseurs.

Il est encore une cause puissante des brusques révolutions dans l'Asie ancienne (et nous pourrons dire aussi de l'Asie moderne), c'est l'ignorance ou le mépris du droit des gens, c'est-à-dire de ces règles qui président au rapport des nations dans la paix et dans la guerre, qui tendent à assurer la première par la justice, le maintien des droits reconnus, et donnent à l'autre un caractère de modération par les bornes imposées à la victoire. Loin de là, ces états agissent dans leurs rapports à la manière des brigands, entre lesquels il n'y a ni foi ni loi : leur seule déité est l'occasion propice. Les despotes pouvaient-ils respecter les autres peuples, dans le mépris général que l'esclavage leur donnait pour l'espèce humaine ? Ne devaient-ils pas être irrités de voir, au delà de leurs frontières, des hommes coupables de ne point reconnaître leur droit universel de domination ? Aussi ils semblent agir dans leur attaque comme envers des rebelles, pour qui il n'y a ni préliminaires, ni pardon. La formule d'invasion des monarques persans est connue par leurs rapports avec les Grecs : ils envoyaient demander tout simplement aux peuples la terre et l'eau. D'autres, sans préambule oiseux ou ridiculement atroce, se jetaient sur leur proie comme le lion sur la gazelle : les peuples étaient décimés, exterminés par la conquête, ou transplantés, ou réduits en esclavage. L'histoire est remplie de ces vastes mutations. Les populations entières perdaient leur ciel, leurs foyers, les tombeaux de leurs pères, et marchaient sous le fouet ou le fer meurtrier, comme des troupeaux de bêtes. Les satellites du despote, par le sentiment de leur propre bassesse, accomplissaient sans hésitation ses caprices barbares ; les vaincus mêmes regardaient les plus mauvais traitements comme un droit de la victoire, accoutumés qu'ils étaient à les pratiquer eux-mêmes, ou à les voir endurer. Dans l'abjection commune de l'espèce, ils ne réclamaient pas de leurs maîtres la justice, mais seulement la clémence. Les fureurs du vainqueur se manifestaient quelquefois par la mutilation des vaincus. Ainsi Diodore nous dit[1] que les figures sculptées sur la muraille du second vestibule du monument d'Osymandias représentent les prisonniers faits dans la Bactriane par ce roi, et qu'il avait amenés en Égypte : ils ont les parties naturelles et les mains coupées. Sésostris faisait traîner le char qui l'apportait au temple par les rois vaincus. Si des princes éprouvaient cet odieux traitement du vainqueur, quel devait être le sort des sujets ?

Ces perfidies, ces violences entretenaient dans le cœur des nations asiatiques une haine furieuse. Elles s'épiaient comme font entre elles les féroces tribus de l'Amérique septentrionale pour le même but, l'extermination. Ainsi, une défaite était l'anéantissement de l'état. Les femmes, les enfants n'étaient plus qu'une marchandise souvent plus vile que le bétail. La guerre atteignait même les êtres qui semblent hors du pouvoir des hommes : les dieux du pays vaincu tombaient aussi dans la cendre de leurs temples ou sous la hache du

---

[1] Diodore, liv. 1, section II, § 5.

vainqueur. Nous trouvons dans ces dispositions constantes de haine une nouvelle cause des bouleversements de l'ancien Orient.

A toutes les causes énumérées de destruction se joignait encore une autre cause malfaisante, c'est la superstition.

L'homme, comprimé sur la terre par le fouet et le sabre d'un tyran, ne voyant dans le ciel que des dieux capricieux, méchants ou ridicules, se jeta dans les bras de la volupté, comme dans un refuge, pour se consoler du présent et de l'avenir. S'assimilant de la sorte aux bêtes, il eut alors à envier en elles la supériorité des seules facultés dans lesquelles il plaçait son existence; il dut ainsi se reconnaître leur inférieur. Quelle triste destinée pour celui que la Providence avait placé à la tête de tous les êtres de ce globe! Abruti ainsi par la dissolution et la stupidité, il ne put se former la plus légère idée d'une patrie et des devoirs qu'elle impose. Dès lors les révolutions intestines et la submersion de l'état par l'invasion furent pour lui des choses indifférentes. Tous ses sentiments étaient réduits à celui de l'individualité. Que lui importait alors, dans son abjection, de passer à un autre maître et d'en recevoir un nouveau nom? Voilà une des causes qui nous expliquent la facilité des catastrophes sociales en Asie.

Moyse organisa une théocratie; il y eut ainsi unité d'action dans les moteurs du gouvernement : c'était un puissant moyen de conservation; il ne fut pas suffisant. Les lévites étaient tout, hors d'être soldats : le manque

CHAPITRE XII. 427

en eux de cette fonction majeure fut la cause du renversement du système théocratique, par la domination des Philistins, à plusieurs reprises, durant la période des Juges, et par la révolution qui porta Saül au trône. Ce système n'a manqué que parce que les moyens n'étaient pas assez puissants; mais il y avait unité dans la pensée fondamentale et dans les moyens. Nous avons ainsi résumé nos réflexions sur le système mosaïque; les jugements suivants ne porteront que sur le système religieux des autres nations asiatiques.

Ces systèmes furent vicieux, et ce mal contribua à la ruine des états.

Si, dans chacun de ces états, l'un des monarques puissants que signale l'histoire eût été, pour quelques jours, animé par l'intelligence universelle d'un esprit de prévision, il se serait hâté, dans cet espace de temps, d'établir des réformes salutaires dans le dogme et dans la discipline de la religion.

La grande idée de Dieu est douce et chère à tous les hommes; ils aimeront tous à se reconnaître les enfants de la Divinité, à se reconnaître ainsi frères, à voir de la sorte leur haine réciproque se changer en bienveillance. Pour cela, il faut détacher de cette idée grandiose et féconde les notions fausses, absurdes, barbares, qui l'obscurcissent, la dénaturent. Montrez aux hommes, dans le vrai système de l'univers, une providence toujours active, bienfaisante. Ce n'est pas dire qu'il faille les initier dans le principe, les lois et la fin de la création universelle. Qui pourrait les révéler, qui pourrait les comprendre, hors Dieu ? Mais sans exiger que les prêtres soient doués d'une science complète, ils pourront répandre de saines idées sur les faits physiques, sur l'harmonie universelle ; faire aimer, honorer la Divinité et inspirer de la confiance dans sa justice, et, ce qui est plus conforme à la faiblesse de l'homme, dans sa miséricorde.

Les anciennes religions de l'Asie n'ont semblé voir dans l'homme que deux facultés : la sensualité et l'imagination. Par la première elles le transformaient en un pourceau ; par la seconde elles en faisaient un être qui répugnait à l'examen, qui ne savait que sentir et recevoir au hasard les notions données par la peur et la folie. De la sorte il devenait un être automatique qui, sous l'impression de charlatans, prenait la direction la plus funeste, et ne paraissait plus lié à cet univers, puisqu'il n'y possédait plus le noble rôle que lui avait destiné la Providence.

Après avoir ainsi mis l'idée de Dieu dans l'entendement humain, en rapport avec la merveilleuse harmonie de l'univers, ce monarque que nous avons présenté plein de force et de génie, eût pourvu à la seconde grande réforme en empêchant, dans les prêtres, les excès de l'égoïsme et de l'orgueil.

Il les eût dépouillés du monopole des sciences qu'ils exerçaient dans l'Égypte, la Chaldée, la Perse, l'Inde, parce que ce monopole, qui d'abord peut être puissance bienfaisante, devient bientôt, par les inspirations funestes de l'orgueil, un moyen politique de domination.

Ils n'auraient point formé une race particulière, parce qu'il était à craindre qu'ils fussent tentés d'accroître, de génération en génération, leur pouvoir par la facile et forte influence que leur donne leur ministère.

Pris ainsi dans tous les rangs de la société, mais élus à cause de leur mérite, ils auraient de la sorte, sans danger pour l'état, formé entre eux tous les degrés d'une hiérarchie qui est aussi nécessaire dans l'ordre sacerdotal que dans l'ordre politique.

Ce prince les eût dépouillés de toutes les rétributions éventuelles qui semblent faire un trafic des plus augustes fonctions, et qui empêchent souvent, dans les nécessiteux, l'accomplissement d'un devoir; mais il les eût fait largement rétribuer par l'état, parce que le noble ministère des prêtres doit être préservé de la honte de l'indigence, parce que le malheureux les regardant justement comme son premier refuge, l'aumône est pour eux un devoir impérieux. Guidée par la raison, elle assure au sacerdoce un respect et un amour sans dangers pour l'état, et qui tempère, dans le cœur des classes inférieures, le sentiment permanent d'hostilité qu'elles éprouvent contre les classes plus favorisées par le rang et la fortune.

Toutes les mesures préventives sont plus nécessaires pour le prêtre que pour les autres officiers publics. Le prêtre est homme. La passion la plus indélébile du cœur humain est l'orgueil. Quelle position peut mieux, à l'insu même de l'individu, développer dans le cœur cette passion funeste? Le prêtre est l'intermédiaire entre la terre et le ciel; il voit tous les regards tournés vers lui, tous les hommages déposés à ses pieds. Le monarque tient encore à la terre par son trône, quelque élevé que soit ce siége suprême. Mais le prêtre, à l'aspect de cette foule prosternée devant lui, n'est-il pas entraîné à s'élancer en imagination loin de la poussière qui la recèle, et à se perdre dans le vague d'un espace radieux?

Ainsi, c'est pour le défendre de l'irrésistible séduction qui peut naître des attributions de son ministère, que nous montrons le sage législateur occupé à le circonscrire dans de justes limites. Il agit ainsi autant dans l'intérêt du prêtre que dans celui de la société.

De telle sorte, les prêtres de l'ancienne Asie eussent été seulement les patriarches de la société, les propagateurs de la plus belle science, la morale, les chefs de la prière, les auxiliaires les plus sûrs du pouvoir et de la justice, et ce rôle eût été assez beau pour qu'ils n'eussent point eu à regretter la puissance absolue et fatale dont ils s'étaient investis.

L'exemple de cette Asie où les dons brillants de la nature forment un si frappant contraste avec les institutions les plus funestes sert donc comme d'une grande leçon au genre humain, pour éviter les causes qui ont produit de si longs et si terribles malheurs. Mais nous devons ressentir de ce tableau un plus profond effroi,

CHAPITRE XII. 431

en songeant que le sombre génie de ces régions a failli couvrir de l'ombre de ses ailes tout notre Occident. En effet, l'histoire de l'Asie ancienne se divise en deux grandes périodes : l'une d'accroissement, l'autre de dégradation. Les Perses, héritiers des Assyriens et des Mèdes, accrurent cet immense héritage par de nouvelles conquêtes. Ces peuples, façonnés par des jougs successifs à l'esclavage, étaient sous les premiers monarques persans, plus encore que sous leurs prédécesseurs, disposés à une abnégation plus profonde de leur volonté, de leur dignité, de leurs droits, et à ne recevoir d'impulsion que celle du despote. Par une circonstance qui rendait les monarques perses plus puissants encore, ils n'avaient point à lutter, comme les rois d'Égypte et d'Israël, contre un sacerdoce jaloux et puissant. Aussi ce colosse de la puissance persane, dans l'exubérance de ses forces, se porta vers tous les points de l'immense horizon, pour n'avoir d'autres limites que celles du monde. Au midi, il subjugua l'Égypte, et ne fut arrêté que par les rochers de l'Arabie et les sables brûlants de l'Éthiopie; à l'orient, il envahit les Indes, et ne trouva de terme que dans la lassitude de l'espace; au nord, il vit en frémissant les hordes scythes se dérober à ses fers par la fuite; mais l'expédition en Scythie eut toujours pour résultat la conquête de la Thrace et de l'Illyrie jusqu'au Danube, et de là étaient menacées d'une invasion mieux concertée ces vastes savanes, dont les hôtes errants n'avaient point voulu encore se soumettre au joug préparé pour l'univers; enfin, fort de sa masse et des adorations de cent peuples lointains, ce colosse se grandit encore sur les bords de la mer Égée et, de sa voix menaçante, somme tous ces petits peuples occidentaux de lui apporter la terre et l'eau. A cette superbe injonction répond un refus plus fier encore. La lutte commence; une armée de Perses disparaît à Marathon; mais cette défaite ne fait que convertir l'orgueil du grand roi en une rage profonde, constante, et à cette tentative première et précipitée, comme devaient l'inspirer l'habitude de la victoire et la faiblesse apparente de ses antagonistes, succède un vaste et lent recrutement dans l'univers persan, et l'amas d'une immense flotte. L'Asie tout entière semble se précipiter sur la Grèce, non pour la combattre, mais pour l'ensevelir sous sa masse. Quinze siècles de domination et de gloire avaient préparé d'une part ce formidable armement; de l'autre, tous les ressorts moraux tendus au dernier degré de force avaient rendu invincibles quelques milliers d'hommes. Ils pouvaient recevoir la mort et non des chaînes. La crise qui se préparait depuis tant de siècles s'effectua dans le golfe de Salamine : l'Asie fut vaincue sans retour. La journée de Salamine ne sauva pas seulement Athènes et la Grèce; cette journée, la plus importante peut-être dans les annales du monde, sauva la civilisation, et ses doux fruits, les sciences, les lettres, les arts. Les Grecs vaincus, quelle digue eût contenu la monarchie persane qui, comme une vaste mer, eût débordé sur tout l'Occident? Rome était naissante, ignorée et faible. L'or de l'Asie eût acheté Carthage; le reste des peuples occidentaux n'offrait que des tribus sauvages, faciles à soumettre dans leur isolement et leur dénûment. L'Europe eût été flétrie pour un temps indéterminé par les fers du despotisme oriental. Des combinaisons malheureuses d'événements ont pesé depuis sur elle; mais elle a ignoré du moins cette lâche et tranquille servitude des peuples asiatiques.

Dès la journée de Salamine commença cette seconde période d'affaiblissement, dont le terme inévitable devait être l'asservissement de l'Asie par la Grèce. Alexandre ne fit que consommer ce qui avait été préparé par deux cents ans de victoires. Agésilas, avec une poignée de Spartiates, jeta l'épouvante dans l'Asie, et montra aux Grecs le chemin de Persépolis; les dix mille, parvenus jusqu'auprès de Babylone, traversèrent l'empire dans leur retraite, sans que le vainqueur de Cyrus le jeune pût entamer leur bataillon. Les aventuriers grecs à la solde des satrapes faisaient toute la force de leurs armées. Il était facile de prévoir que les Grecs, reconnaissant leur immense supériorité, voudraient l'exercer autrement que comme auxiliaires, et qu'ils combattraient un jour dans les mêmes lieux pour leur compte. Les divisions intestines de la Grèce suspendirent le coup fatal, longtemps après la victoire de Salamine; mais dès la réunion des Grecs sous un seul chef, la pythonisse pouvait, sans crainte de se tromper, prédire la chute de l'empire persan.

La confiance et la fierté, qui font la force nationale, furent perdues pour les Asiatiques dès la honteuse et solitaire fuite de Xercès. Il serait absurde d'attribuer tous les succès des Grecs à leur gymnastique ; les barbares des bords de la mer Caspienne étaient alors comme aujourd'hui endurcis et robustes : c'est l'âme qui triompha sur la force aveugle.

Cet éclat du ciel et des paysages dans l'Asie méridionale est une donnée fallacieuse pour juger du sort de l'homme dans ces régions. Les germes brillants des sciences et des arts n'eurent dans ses mains qu'un faible développement. Le despotisme et la superstition l'abrutirent, le climat séducteur l'entraîna exclusivement aux plaisirs fougueux et passagers des sens, plaisirs qui, comme un feu destructeur, ne laissent de l'homme qu'une vile cendre, qu'un automate à charge à lui-même et aux autres. La dissolution des mœurs amène la dissolution de l'âme; il ne resta plus alors en ces lieux, après l'invasion d'Alexandre, que des troupeaux d'esclaves à la merci du premier peuple assaillant. En effet, nous voyons depuis les conquérants macédoniens, romains, arabes, croisés, mongols, turcs, se succéder sur ce sol qui semble malheureusement dévoué à la servitude, et le peuple indigène est sans cesse mutilé, englouti dans ces transformations violentes.

Hâtons-nous de nous consoler de ces impressions pénibles et d'élever notre âme par la contemplation de cette Grèce, où nous trouverons, dans les paysages les plus variés, les plus enchanteurs, la plus belle race humaine, parlant la plus belle langue, douée à la fois d'une âme de feu, d'un corps de fer ; où brillent dans leur plus vif éclat la vertu, l'héroïsme, les talents; peuple extraordinaire, précepteur, par ses institutions et ses arts, de tous les peuples subséquents; et qui, ainsi jusques à nos jours, est celui qui a joué le plus grand rôle sur la scène du monde, et a eu la plus grande influence sur les destinées du genre humain. Le souffle pur et frais, exhalé de ces rivages pittoresques, le spectacle animé de ces peuples fiers et spirituels, ravivent l'historien, dont la poitrine est oppressée de l'air brûlant de l'Asie, et plus encore du silence et de l'immobilité de l'esclavage oriental.

FIN DU TOME PREMIER.

SOMMAIRES.

DISCOURS PRÉLIMINAIRE.

L'histoire est la plus belle science de l'homme.

L'étude de l'histoire est éminemment nécessaire aux rois, aux ministres, à l'artiste, au littérateur, au philosophe, au publiciste, au simple citoyen. Les fruits de l'histoire sont pour ce dernier, un esprit dégagé de préjugés, la soumission facile aux lois, le contentement d'un sort médiocre.

Elle lui sert à faire de bons choix dans les diverses élections où l'appellent ses devoirs dans le gouvernement représentatif.

Elle est surtout nécessaire aux Français pour corriger la légèreté fatale de leur caractère.

La manière de beaucoup d'historiens est malheureusement encore pleine de vices. Les causes principales en sont: l'adulation, la superstition, l'ineptie, la jeunesse, le rang, la profession, les erreurs des écrivains originaux.

Les anciens n'ont point connu, comme les modernes, la dignité de l'histoire, et son but principal, le perfectionnement de l'espèce humaine.

L'histoire pourrait se diviser en deux cours, l'un de vérités et l'autre de mensonges.

Un homme affranchi de toutes les circonstances funestes précitées qui vicient l'entendement est donc seul dans une position convenable pour écrire l'histoire.

Le grand nombre de connaissances requises rend nécessairement très-difficile de bien écrire l'histoire; cependant cette impossibilité apparente peut être surmontée par les secours des hommes qui ont traité spécialement les différentes parties dont se compose l'histoire.

L'homme, en avançant dans la carrière, profondément saisi par le sentiment de la brièveté de la vie, sent la nécessité de se fixer sur toutes les choses, malgré les dépositions contradictoires.

Le scepticisme en histoire qu'enseigne Volney serait funeste. Une adoption *de choix* entre les partis politiques devrait être une loi fondamentale des états.

Celui qui se sent animé de philanthropie et de l'amour de la vérité peut se croire digne d'écrire sur l'histoire.

S'il erre, c'est de bonne foi, et ses erreurs méritent l'indulgence.

L'histoire n'a été présentée jusqu'à présent que comme un récit. Ici ce récit est décomposé par l'analyse.

Le degré de bonheur est le terme que l'on doit chercher dans l'étude des institutions d'une nation. L'examen des peuples vivants montre combien le sort des hommes s'est amélioré depuis les premiers empires, et combien le système d'un perfectionnement de l'espèce est aussi juste que brillant.

CHAPITRE Ier.

ORIGINE DES PEUPLES ASIATIQUES.

L'Asie inspire dès l'abord le plus vif intérêt.

Les conjectures sur l'origine des peuples, souvent purement spéculatives, émanent du besoin inextinguible de l'homme de connaître les causes des grands faits et d'agrandir son existence en la rattachant à une haute antiquité.

Ces recherches n'ont encore produit que peu de résultats positifs.

L'investigation des Anglais sur les monuments indous ne pourra offrir des conséquences certaines sur l'Asie que par l'exploration simultanée des monuments du même genre dans les autres régions orientales.

Des témoignages divers ont induit Bailly à penser qu'une nation savante, souche des peuples asiatiques, a vécu dans le nord de l'Asie ; mais cet auteur n'appuie point ses assertions sur des faits positifs.

Les circonstances défavorables de la position géographique du plateau de la grande Tartarie sont une objection contre le système de Bailly.

Elle prend une nouvelle force par les dépositions de l'histoire sur la permanence de l'ignorance et de la férocité des Scythes.

Les monuments dits *cyclopéens* de l'Italie paraissent appartenir à l'époque qui précéda immédiatement l'époque chronologique, et avoir eu pour auteurs les Pélasges.

Les Tchouds, qui ont laissé des traces de leur industrie sur les bords de l'Irtisch et de l'Énisseï, sont regardés comme une émigration des Parthes.

Les Égyptiens sont le premier peuple qui se présente sur la scène de l'histoire.

Les monuments et les papyrus égyptiens, par le défaut d'interprétation, n'ont point encore suppléé au silence ou aux discordances des historiens de l'antiquité sur le peuple du Nil.

Les ruines égyptiennes sont une forte leçon pour l'orgueil des nations.

Le berceau des Égyptiens semble avoir été à Axum.

C'est par une interprétation forcée d'un passage d'Hérodote que Volney affirme que les anciens Égyptiens étaient de race nègre.

Williams Jones et Langlès font venir les Égyptiens de l'Indoustan.

Les dissections anatomiques des momies égyptiennes, par Blumenbach, ont aussi montré la race indoue mêlée à une race indigène sur le sol de la vieille Égypte.

Les conjectures des érudits perdent tout crédit sur l'esprit par leur opposition réciproque.

Les empires de la haute Asie semblent offrir toujours le même peuple sous des noms divers.

L'épisode des amazones est une fable, quoiqu'il soit répété par plusieurs historiens.

Les colonies de l'Asie comme les nations mères n'offrent que des fables et des ténèbres à leur origine ; mais au détriment de ces antiques nations trop vantées, le jour pur qui éclaire l'abord des Anglo-Américains dans le nouveau monde prouve le perfectionnement de la civilisation.

Nous devons nous consoler de notre ignorance sur le début des choses, parce que les fruits de l'étude d'une nation sont indépendants de la connaissance de son origine.

CHAPITRE II.

SYSTÈME DE MOYSE SUR L'ORIGINE DE LA TERRE ET DES NATIONS.

Les systèmes précédents, dénués de l'appui des faits physiques, manquent des caractères les plus frappants de la certitude.

Les Hébreux présentent, dès le début de leurs annales, le système le plus complet sur les origines.

La gravité des matières, la fixité de son œuvre, défendaient de parler de Moyse avec légèreté.

Les découvertes de la science ont été d'accord avec les dépositions de la Genèse.

La coïncidence de la révélation avec l'histoire naturelle est surtout frappante dans le grand fait du déluge.

La science, dans Moyse, n'a pu être que l'effet de l'inspiration.

Un autre caractère évident d'une mission divine est dans la simplicité des moyens de sa narration.

La durée de son œuvre prouve encore la mission divine.

La profonde sagesse de Moyse ne semble pas de même pouvoir appartenir naturellement à un homme de son époque. *Ibid.*

Après un vaste exorde, Moyse expose l'histoire des Hébreux et l'origine des autres nations ; il s'inscrit ainsi d'avance contre la haute antiquité qu'on leur attribua depuis.

SOMMAIRES. 441

Deluc a prouvé que l'époque de l'émersion de nos continents se raccorde avec l'ère de Moyse depuis le déluge.

Les caractères de l'enfance se montrent chez les Orientaux longtemps après Moyse.

CHAPITRE III.

CHRONOLOGIE.

Les Européens ont commencé à lever les voiles qui couvraient la mystérieuse Égypte.

Hérodote assigne une grande antiquité aux Égyptiens, mais ses récits sont évidemment mélangés de fables.

Diodore répète, comme le précédent historien, les assertions des prêtres égyptiens sur la haute antiquité de la nation, mais avec une modification atténuante.

Manéthon affirme une plus longue durée.

Des écrivains postérieurs ont resserré dans des cadres étroits tous les calculs des anciens auteurs originaux mentionnés, ou les ont niés entièrement.

Marsham imagina le système conciliatoire et ingénieux des dynasties collatérales en Égypte.

Les archives des prêtres égyptiens durent être infestées d'erreurs par la nécessité de les recomposer de mémoire après l'incendie des temples par Cambyse.

Condillac rapetisse les capitales des anciens empires de l'Asie, pour faire entrer leur histoire dans des cadres chronologiques.

Ainsi l'homme impartial voit dès l'abord qu'il n'existe nulle part un système satisfaisant de chronologie.

Nous pouvons attribuer les premières périodes mentionnées dans les auteurs originaux à la nation éthiopienne qui peupla l'Égypte, et voir dans Menès, environ deux mille ans avant J. C., le conducteur de la colonie.

Les faits à l'appui de ce système sont : la maturité de la nation dès les premiers temps, la bibliothèque d'Osymandias, le caractère uniforme des monuments égyptiens.

La translation du trône prouve la tendance constante de la nation à augmenter ses rapports avec l'Europe et l'Asie.

Sésostris ne peut être le Sézac de l'Écriture.

L'histoire égyptienne n'est sans mélange de fables qu'à Psammétichus.

Après Psamménite, il n'est plus de nation égyptienne.

L'histoire ancienne d'Égypte peut se diviser en six groupes de faits principaux.

Les auteurs anglais nient à tort l'histoire d'Assyrie de Ctésias.

Sans preuves suffisantes, ils présentent Phul comme le premier roi des Assyriens.

Cette origine récente des Assyriens est contraire à l'existence antérieure de Ninive et de Babylone, constatée par la Bible; elle est contraire encore à la mention de Chusan-Rhasataïm, roi de Mésopotamie, dans le livre des Juges, comme aussi à l'assertion positive d'Hérodote.

Pour se tirer d'embarras, ils donnent une double histoire d'Assyrie, l'une selon les Grecs, l'autre selon les Hébreux; mais en croyant à un fond de vérité dans Ctésias, il faut convenir que la léthargie des trente successeurs de Ninias est inexplicable.

La transformation des noms d'une langue à l'autre est une des causes de l'obscurité de l'histoire asiatique, de même l'incertitude des limites géographiques.

Bossuet croit que les historiens du premier empire d'Assyrie n'ont eu en vue que l'antiquité de Ninive.

Babylone, d'abord vassale de Ninive, s'affranchit par plusieurs causes puissantes.

La concentration paraît avoir été le système des Chaldéens.

Voltaire admet pour expliquer cette obscure histoire que les princes assyriens résidaient tantôt à Ninive, tantôt à Babylone.

Dans un système vraisemblable de jonction, on peut voir dans Phul le Sardanapale des Grecs.

SOMMAIRES. 443

Les historiens varient sur la chronologie des Mèdes.

Le despotisme qui surgit tout à coup dès l'origine de la monarchie des Mèdes dans Hérodote est invraisemblable.

Une pareille obscurité règne sur l'origine de l'empire persan.

Des usages semblables indiquent l'identité des Perses et des Scythes.

Hérodote et Xénophon diffèrent sur Cyrus, mais tout porte à croire préférablement Hérodote.

Les historiens originaux doivent être soupçonnés d'expliquer souvent les faits par leur imagination.

Par la lutte des Perses avec les Grecs s'agrandissent les scènes de l'histoire asiatique.

L'empire des Perses tombe aussi rapidement qu'il s'était élevé.

Une nouvelle histoire de l'Asie par les Orientaux jette un nouveau trouble dans les esprits déjà si incertains.

Les Grecs, les Hébreux nomment quatre empires, et les indigènes deux.

Dans un système conciliatoire, il faut montrer les choses semblables des trois narrations, et surtout les causes de leurs différences.

Plusieurs princes sont les mêmes sous des noms divers.

Les Orientaux indiquent un moindre nombre d'invasions de l'ouest, parce qu'elles étaient secondaires pour eux.

Le Chusan-Rhasataïm des Hébreux est ignoré de tous les autres historiens.

Les auteurs anglais placent à faux, comme époque principale, l'invasion de Phul sept cent soixante et onze ans avant J. C.

Les invasions de ses successeurs anéantissent Israël sept cent vingt-quatre ans avant J. C., et Juda six cent six avant J. C.

Les Occidentaux ont décrit soigneusement ces guerres comme les plus importantes pour eux.

La diversité des capitales sous différents princes jette du trouble dans les chroniques orientales.

SOMMAIRES.

La transformation des rôles des personnages est encore une des causes de la divergence des historiens.

L'observation des capitales d'Iran montre une sorte de coïncidence de l'histoire orientale avec les histoires grecques et juives.

Plusieurs faits de l'histoire de l'ancienne Asie, comme ceux des temps modernes, offrent le nord conquérant du midi.

Les chroniques orientales déterminent les auteurs anglais à croire à Ctésias contre tous leurs jugements précédents.

L'adhésion des Parsis et des historiens arabes est un nouveau témoignage en faveur de ces chroniques.

M. Williams Jones nous offre de nouveaux documents en présentant l'existence d'une dynastie mahabadienne qui aurait précédé en Perse toutes celles qui ont été précédemment citées.

M. Bailly donne aux Chaldéens une origine et une chronologie différentes de celles exposées déjà.

Il fait également peupler ou conquérir la Perse par une colonie du peuple savant de la Tartarie, sous la conduite de Diemschid.

Le lecteur désirerait que le système attrayant de M. Bailly fût étayé par des faits et non par des conjectures ingénieuses.

On ne peut pas même hasarder une hypothèse sur la chronologie des Scythes et des Éthiopiens. Les historiens ne pouvaient avoir des renseignements sur ces peuples.

Il reste encore deux sources de découvertes pour la chronologie asiatique : la connaissance complète des fastes indous, chinois, et l'exploration de l'Égypte par une nation européenne.

Le merveilleux s'affaiblit dans l'histoire à mesure que les historiens se rapprochent de nous.

En résumé, le plus vaste examen laisse dans le doute sur les faits et les principales époques de l'histoire de l'ancienne Asie. P. 76.

CHAPITRE IV.

PRINCIPALES ÉPOQUES CHRONOLOGIQUES DES HÉBREUX.

La chronologie hébraïque peut être divisée en neuf périodes.

La simplicité de la narration de Moyse prouve qu'elle n'est point une invention.

Les explications de quelques-uns des faits extraordinaires sont écloses de nos jours par les découvertes de la science.

La Genèse nous donne la solution d'une haute question d'idéologie, la formation du langage et celle de la multiplicité des langues.

Un moyen d'apprécier le génie de Moyse, c'est de faire abstraction de sa mission divine.

Le Pentateuque examiné sous ce rapport nous montre les connaissances les plus vastes pour l'époque et la plus haute sagesse.

Le séjour de quarante ans dans le désert fut nécessaire pour établir une discipline sévère et aguerrir les Hébreux.

Le rapport des espions sur le Chanaan fut un moyen puissant d'excitation.

Le choix de la Palestine comme l'apanage des Hébreux prouve les connaissances statistiques de Moyse.

La politique de Moyse fut d'épargner les combats avant le passage du Jourdain.

L'épisode de Balaam était un moyen puissant d'excitation pour les Israélites.

Pour fixer encore plus les Hébreux en Chanaam, Moyse défend le retour en Égypte.

Il sauve son génie de la fatalité des événements en prédisant lui-même la destruction de son œuvre.

Moyse serait, sous le rapport indiqué, semblable aux Lycurgue, aux Numa, aux Mahomet; mais la coïncidence de la Genèse avec les faits physiques connus seulement de nos jours entraîne à la croyance d'une révélation.

CHAPITRE V.

GOUVERNEMENT.

Les historiens ont manqué de l'ensemble des connaissances qui seul peut faire écrire dignement l'histoire et la rendre la science la plus salutaire.

Tous les moteurs de l'homme ne sont point dans la pensée : c'est dans l'instinct que nous devons chercher les grands traits de la nature indélébile de l'homme.

Ainsi donc les instincts qui ont rapport à l'état de l'homme en société doivent être la base de toute constitution politique pour qu'elle soit stable.

L'observation de la justice est aussi salutaire aux gouvernants qu'aux gouvernés.

Le premier trait de l'homme éclos des mains de la nature est l'amour de la liberté.

L'influence d'une longue servilité semble effacer cet instinct; mais il se réveille souvent.

La flexibilité à l'esclavage est en rapport direct avec le degré de lâcheté et de stupidité.

Le second instinct est celui de l'équité.

Il se manifeste d'une manière saillante chez les peuples naissants.

La liberté raisonnablement définie est l'indépendance du citoyen du caprice du magistrat.

L'égalité est le droit de la capacité

La fausse interprétation de ces mots est la première cause de nos malheurs politiques.

Tant que ces instincts ne seront pas respectés dans l'organisation des sociétés, le monde sera bouleversé par des révolutions politiques.

L'instinct le plus fécond en bien est celui de la sociabilité. Par lui, la société est fondée sur l'amour, base plus vraie et plus forte que celle de la propriété assignée par quelques publicistes, ou que celle de la peur des bêtes féroces, présentée par Diodore.

Rousseau s'est donc étrangement trompé, en présentant la vie sauvage comme l'état naturel et la fin de notre espèce.

Le noble développement des facultés humaines dans la société est la preuve que la civilisation est l'état que la Providence destinait à l'homme.

Cependant, malgré toutes ces directions salutaires dans l'âme humaine, l'ancienne Asie n'offre que les tableaux hideux du despotisme.

Au début de l'histoire, ce régime prouve une longue dégradation antérieure.

Les antécédents ignorés peuvent s'expliquer par l'imitation, d'abord douce, du pouvoir paternel, puis par celle de ses abus ;

Par la réunion de plusieurs tribus ;

Par l'action sur le chef des flatteries des courtisans, des éloges mercenaires ;

Par l'imitation de l'esclavage domestique.

Les conséquences de ce concours de causes furent d'abord l'exaltation de son orgueil : de là son invisibilité, ses titres ridicules, le cérémonial servile qu'il exige.

Le despotisme dans la haute Asie ne fut que l'abus simple de la force, et aucune intervention des dieux ne fut là inventée pour légitimer ses excès odieux.

Le despote, plein de crainte, devait être cruel d'abord envers sa famille.

En Assyrie, Ninus, Sémiramis massacrés.

La Perse est plus féconde en crimes et fixera davantage nos regards.

L'émulation de l'atrocité va croissant dans le palais impérial jusqu'à Ochus, qui laisse bien loin derrière lui tous ses prédécesseurs.

La religion des Perses était douce, et le despotisme seul doit être inculpé des forfaits de ces princes.

La plupart meurent de mort violente.

L'esquisse de ces révolutions prouve assez la nécessité d'une convention solennelle entre le prince et le peuple pour l'intérêt de tous.

Dans les rapports du prince avec son peuple nous trouverons le despotisme non moins odieux.

La création d'une garde est une nécessité pour le despote.

Par ce système d'une garde, le prince était fort contre son peuple, mais souvent impuissant contre ses satellites.

Le despotisme se montre faible pour exercer la justice envers les grands coupables.

Il se montre inhabile en Asie pour la chose la plus essentielle, la formation de l'armée.

Il se ramifie avec le même esprit jusqu'au dernier employé.

Le despote fait éprouver à ceux qui l'entourent le dernier degré d'avilissement par l'habitude des choses odieuses.

Xercès semble présenté par les historiens comme le type d'un despote inepte, lâche et cruel.

Le sort des esclaves du despotisme est pire que celui des plus vils animaux.

La terreur change tellement dans ce système la nature de l'homme, qu'on le voit oublier devant le despote l'instinct le plus inhérent, celui de conservation.

Les princes d'Orient, si cruels envers leur famille et leurs sujets, ne pouvaient qu'être plus terribles encore pour les peuples vaincus.

Par l'effet du despotisme, le sort de l'univers peut être à la merci d'un fou ou d'un cretin. Ainsi tous les peuples doivent vouloir en tous lieux sa destruction comme celle d'une peste qui les menacerait.

Le despote est l'âme des satellites qui l'entourent, et leurs bras sont impitoyables comme sa pensée et son regard.

Le despotisme fait ainsi rétrograder la civilisation.

Le règne des femmes en Orient est une chose douteuse. La puissance souveraine ne fut dans leurs mains qu'un dépôt.

Les femmes ne règnent point en Asie de nos jours : cela nous fait croire à un semblable système dans le passé.

Les mœurs anciennes de l'Orient, qui avilissaient les femmes, étaient en contradiction manifeste avec l'exaltation de celles-ci comme reines.

Le règne des femmes est contraire à leur nature, à celle de l'homme et au salut de l'état dans le danger.

Les exploits des femmes, chez les poëtes et les historiens, sont des chimères.

Montesquieu, en approuvant ce régime, est en contradiction manifeste avec d'autres chapitres de son ouvrage.

C'est par l'appréciation de leur nature douce et faible que nous les excluons du trône.

Dans un état pacifique par sa position, le sacerdoce dominera toujours : telle fut l'ancienne Égypte.

Le régime théocratique serait le meilleur, si les prêtres conservaient la vertu ; mais la puissance les corrompt, et l'état n'est que vices, faiblesse, et tombe au premier choc : c'est l'histoire du vieux Nil.

Les prêtres égyptiens laissèrent la nation dans l'ignorance et la superstition pour la mieux dominer.

Le roi même fut enlacé dans une foule de pratiques imposées, qui n'en faisaient qu'un fantôme.

Les prêtres voulurent encore affaiblir le peuple par un régime débilitant et la privation de la gymnastique.

Ils lui interdirent le commerce et la navigation.

Mais cet égoïsme tourna contre eux. Ils livrèrent, par cette faiblesse, l'Égypte au premier assaillant, sans avoir prévu qu'ils supporteraient le joug commun.

Les Hébreux, par imitation de l'Égypte, durent nécessairement avoir pour gouvernement une théocratie.

Moyse perfectionna ce système en supprimant le roi ;

En concentrant le pouvoir dans les mains des lévites, par la dîme ;

Par la fonction exclusive de rassembler les tribus au son de la trompette ;

Par la dispersion des lévites dans tout Israël ;

Par l'inspection qu'il leur donne sur la santé et la morale publique ;

Par la puissance d'un physique avantageux pour les prêtres, et en fixant la durée de leur ministère à la période de la plus grande force morale de l'homme.

Ces soins prévoyants redoublent pour le grand prêtre dans le choix de son costume, dans la cérémonie imposante de sa consécration.

Néanmoins, prévoyant la chute de la théocratie, il réserve encore au grand prêtre le choix du roi.

La théocratie serait inébranlable, si la même main se servait de l'encensoir et de l'épée.

Mais malgré les premiers succès du gouvernement royal chez les Hébreux, l'état périt par le défaut d'une charte entre le prince et la nation.

Enfin, après le spectacle dégoûtant des grands empires de l'Asie, l'œil se repose avec plaisir sur les côtes occidentales.

La Phrygie semble offrir l'exemple le plus ancien du gouvernement de plusieurs.

La Lycie présente évidemment le premier type d'un gouvernement représentatif.

Le despotisme oriental fut forcé en Phénicie de s'adoucir par l'influence du commerce.

Les faits honorables de l'histoire des Phéniciens prouvent l'existence de bonnes lois sur ces rivages

CHAPITRE VI.

LOIS.

Le gouvernement est la forme d'administration qui résulte des lois fondamentales; mais, dans l'ordre que nous avons suivi, nous avons déféré aux faits, qui, dès l'abord, n'offrent dans l'Asie en général que la force exécutrice n'ayant pour lois que les caprices et les passions.

Les animaux semblent partout éclore d'un même moule, tandis que les causes physiques diverses font des peuplades humaines comme autant de races différentes.

Le but de quelques législateurs semble avoir été de mettre les lois en harmonie avec ces causes physiques locales, pour que leurs institutions agissent dans le même sens que la nature.

D'autres ont voulu neutraliser l'action des puissances physiques, et faire ainsi du genre humain, par la ressemblance de tous les individus, une seule famille.

Le gouvernement est l'agent chargé de l'exécution des lois.

Ainsi les lois doivent dominer les mandataires publics, mais un despote supporte à peine de croire Dieu son supérieur; dès lors on voit que le despotisme et la loi ne peuvent exister ensemble.

Néanmoins, en observant les vestiges de la législation en Asie, nous trouverons que :

Les lois civiles ne semblent avoir été là que des coutumes.

Les lois sur la propriété devaient être encore moins précises, puisqu'elles eussent contrarié le droit universel du maître sur tous les êtres vivants et sur tout le sol.

Les lois commerciales chez les Phéniciens font une exception ; elles durent être bonnes, puisqu'ils prospérèrent.

La jurisprudence ne semble avoir été alors, comme aujourd'hui, que le résultat de la sagesse improvisée du pacha et du cadi de ces temps anciens.

Les lois financières furent également dictées par l'arbitraire et la violence.

Les lois militaires dérivaient du principe fondamental du despotisme, de s'arroger la possession entière de tous les hommes de l'empire à titre d'esclaves.

Néanmoins, il paraît que les monarques d'Orient choisirent encore des étrangers pour auxiliaires.

Mais ils éprouvèrent que les auxiliaires ne sont fidèles qu'à la victoire, et jamais au malheur.

Les arrêts du prince pour punir devaient moins encore être soumis aux formes gênantes de la loi.

Ainsi les supplices ordonnés en Orient par la passion aveugle et brutale nous frappent par leur cruauté.

L'irrévocabilité était, chez les Perses et les Mèdes, le caractère des lois. Un examen approfondi fait découvrir le rapport intime de cette irrévocabilité avec l'esprit du despotisme.

Le climat fut le législateur permanent des Arabes.

Deux peuples nouveaux se présentent, et diffèrent de ceux de la haute Asie autant par leurs codes que par leur gouvernement théocratique.

Le législateur égyptien doit être, dans le sens le plus entier, rangé dans la première des deux classes que nous avons exposées. Il fit tout pour mettre en harmonie son peuple avec le ciel, le sol et le fleuve de l'Égypte.

La théocratie naquit en Égypte de l'assemblage des fonctions astronomiques avec le pouvoir politique.

Pour assurer la théocratie, le législateur interdit la polygamie aux prêtres.

Il pénétra les esprits de la grande idée de l'immortalité de l'âme, et la rendit pour ainsi dire présente, en environnant les vivants de tombeaux et de momies.

Il perpétua le même état dans la même famille.

Il interdit le commerce et la navigation.

Il proscrivit l'éloquence des tribunaux.

Il força chaque individu à donner une note précise de ses moyens d'existence.

Des disparates sont dans le code égyptien. Une loi autorisait l'existence de bandes de filous, et semblait légitimer le vol. *Ibid.*

La proscription des gardiens de pourceaux est encore un préjugé injuste qui accuse la nation égyptienne.

Ce système n'étant point basé sur le développement des facultés de l'homme, fit la faiblesse relative du peuple égyptien et le rendit ainsi l'esclave de tous les assaillants.

Quelles sont les circonstances qui sont le plus favorables pour l'établissement des lois nouvelles.

Chez un peuple restant dans ses foyers, les souvenirs, chez beaucoup d'individus, repoussent, lors d'une révolution, les lois nouvelles.

Chez un peuple vieilli, le moyen du merveilleux, auxiliaire de la sagesse, ne peut contribuer à une régénération.

Un peuple trop simple ne pourra comprendre le génie.

Que faut-il donc? Supposez le malheur, mais encore le même sol. Le peuple, néanmoins, se jettera avec confiance dans la voie nouvelle qu'offre le législateur. C'est Sparte.

Un peuple guerrier, après les premiers travaux de sa fondation, sent le besoin de lois et se livre à un sage. C'est Rome.

Ajoutez au malheur et à l'absence des lois, la proscription de la terre paternelle et le salut par un chef habile, voilà les circonstances qui peuvent le mieux rendre l'action du législateur, sur son peuple, forte, intime et éternelle. C'est Israël.

Par la force des événements, le désordre fut dans le Pentateuque.

Les lois de Moyse peuvent se diviser en trois grandes classes : religieuses, politiques, morales.

Les premières comprennent les priviléges des lévites et les rites.

Les lois politiques ont pour objets principaux :

La santé générale (animaux défendus, impureté des cadavres, des femmes au temps de leurs menstrues et des couches; propreté du camp, du corps et des maisons);

La sûreté générale (le talion, principe fondamental des lois pénales; son excès fut neutralisé par l'établissement des villes de refuge);

La propriété (institution de l'année sabbatique et du jubilé).

Les lois morales ne sont point dans les codes des modernes; on a laissé aux prêtres seuls cette partie de la législation.

Le Décalogue ordonne la piété filiale sous peine de mort.

Moyse n'a point cru nécessaire de tracer les devoirs des pères. Ce silence prouve pour cette partie des anciennes mœurs.

La supériorité des droits est accordée à l'homme.

La longue proscription des crimes de sodomie, de bestialité, de l'inceste, prouve le débordement des Hébreux.

Le Pentateuque offre de doux préceptes de bienfaisance, même envers les animaux.

Moyse empêche son peuple de se fondre dans d'autres nations, en lui inspirant mépris, haine pour les peuples étrangers.

La Bible ne peut être donnée, dans son ensemble, comme le code parfait de la morale. Les faits sont trop contraires aux préceptes.

CHAPITRE VII.

RELIGION.

L'homme n'établit des relations avec l'univers que lorsqu'il est adulte; l'idée de Dieu est le résultat de cet examen général.

Cette idée est donc inconnue à l'enfant.

De l'idée de Dieu découlent les idées d'ordre et de bienfaisance.

L'histoire nous montre souvent les religions sources de malheurs chez un peuple, et de divisions entre les peuples divers.

Les causes en sont :

1° Les fausses notions sur la Divinité;
2° L'égoïsme des prêtres.

Dans l'analyse du système religieux des Égyptiens nous trouvons que leur première croyance fut le sabéisme.

Ce culte s'altéra par deux causes : le peuple changea dans sa pensée les génies des astres et des constellations en êtres historiques.

Il fit plus mal encore. Les végétaux, les animaux servaient comme symboles aux astronomes thébains pour désigner les astres avec lesquels ils avaient des rapports d'apparition. Le peuple, dans son penchant à matérialiser les idées des savants, prit les symboles pour les dieux mêmes.

La première déviation des idées astronomiques fut adoptée par les Grecs; la seconde, plus honteuse, caractérise le peuple d'Égypte.

Les prêtres, par ambition, favorisèrent ce penchant du peuple à la superstition.

Leur doctrine secrète, fut le reste de la croyance des premiers colons abyssiniens et thébains.

L'idée de l'immortalité de l'âme s'exhala cependant du sanctuaire, les Égyptiens lui durent leurs belles institutions.

L'apparition de Moyse sur le Sinaï, comme hiérophante, est une grande et forte scène.

Sous cette nouvelle forme se montre toujours en lui sa pensée principale, la *concentration d'Israël*.

Ses moyens religieux sont : un seul temple, un corps isolé de prêtres intéressé à son œuvre, la proscription de tout novateur, la soumission inspirée par les préceptes, l'exemple de la résignation d'Abraham dans le sacrifice de son fils.

Un des traits du génie de Moyse est la répulsion formelle des augures, songes, oracles.

Il fait de l'autel le dépositaire des poids et des mesures

Les fêtes des Hébreux furent toutes religieuses.

Par toutes ces causes, l'empreinte de Moyse sur son peuple dure encore.

A présent, voici la part de la critique.

Le grand dogme de l'immortalité de l'âme manque à la doctrine de Moyse.

Les malheurs d'Israël prouvent que ses institutions furent vicieuses sous plusieurs rapports.

L'égoïsme des lévites se manifeste dans la dispendieuse multiplication des sacrifices.

La doctrine des deux principes, base du système de Zerdust, est une preuve de l'ignorance des sciences physiques à cette époque.

En vain, pour en rendre l'origine touchante, la fait-on émaner de la bonté de l'homme. C'est toujours ramener à la démonstration de son ignorance.

Les moyens d'adoption du culte persan furent très-simples.

Le culte des Perses est un des plus purs qu'offre l'histoire.

Les dogmes de l'âme et d'un autre avenir font Zerdust un homme très-éminent.

A la pureté des dogmes se joignit, par un nouveau bonheur dans cette religion, l'impuissance des prêtres pour le mal.

La religion des Indous, grande et noble dans ses premières conceptions, a été modifiée par une foule de rêveries entées sur les dogmes primitifs.

Cette subdivision de la Divinité nous offre, dans l'Inde, les types des dieux de la Grèce et de l'Égypte.

Dupuis assigne le sabéisme comme la religion unique de tous les premiers peuples historiques.

Ce système a ses faces séduisantes et probables, mais nombre de divinités des Asiatiques et des Grecs ne peuvent avoir cette origine.

Le matérialisme est le vice saillant du système de Dupuis. Le matérialisme semble vrai au premier instant, mais tout dans l'homme le dément ensuite.

Pour anéantir la Divinité, il la subdivise dans toutes les puissances de la nature.

Son système repose sur une base fausse, la jeunesse éternelle, l'immutabilité du monde.

On trouve dans les religions des anciens Asiatiques une foule de dieux d'origine terrestre dont le culte fut la prostitution, la folie, la terreur.

Les sacrifices humains ont leur principe dans un égoïsme poussé à un degré effrayant, et dans l'intérêt des prêtres.

Ces religions semblent évoquées de l'enfer.

Les divagations de ces théogonies nous ont prouvé que l'homme ne peut concevoir Dieu.

Les principaux attributs que la raison nous montre dans la Divinité sont la prescience, la justice et la bonté.

L'existence simultanée des idées sur Dieu et sur le libre arbitre ne peut être qu'en admettant comme intermédiaires les grandes lois primordiales qui régissent l'homme et le globe.

De l'impossibilité de comprendre Dieu nous devons conclure qu'il faut nous abstenir de le mettre en action dans nos compositions folles et lilliputiennes : autrement nous lui prêtons notre inconséquence et nos passions.

La poésie peut s'embellir de fictions, mais l'histoire ne doit être que vérité.

Les faveurs exclusives que tous les hiérophantes attribuent à leur peuple sont contraires à l'idée de la justice divine.

Ceux d'Égypte établirent cette distinction privilégiée pour plusieurs classes de la nation.

Les brames furent plus absurdes et plus cruels dans la proscription des parias.

L'idée de la bonté méconnue dans les volontés qu'on suppose à la Divinité.

La plus grande partie de ces fausses notions fut introduite par les vulgaires successeurs des premiers pontifes.

Ces erreurs ont été la source principale du malheur des hommes.

Le christianisme, en fondant le culte sur l'amour, se montre comme la religion la plus bienfaisante, et la seule susceptible d'être le lien de tous les hommes.

CHAPITRE VIII.

SCIENCES ET ARTS.

Les sciences et les arts viennent jeter un jour nouveau et des fleurs dans cette carrière naguère si absurde et si aride.

Les monuments de l'antique Asie, offerts à notre examen, sont le terme de l'art chez ces vieilles nations, et ne peuvent nous fixer sur la série d'ébauches antécédentes.

Les savants et les artistes tournent en tous lieux leurs regards vers l'Égypte, comme leur mère patrie.

Les Égyptiens reçurent l'empreinte des trois causes suivantes, le ciel, le sol, les institutions primitives; et le caractère de leurs ouvrages fut, par analogie, la force, l'étendue et la simplicité.

La poésie, la musique, la peinture, la sculpture, se sont manifestées chez les nations antiques par des ébauches comme de nos jours chez des peuplades sauvages.

L'architecture semble, dans le degré d'importance de ses monuments, offrir l'image de l'ordre hiérarchique de la société.

Les défauts des Égyptiens sont la monotonie des formes, la grossièreté des ébauches de peinture et de sculpture.

Les Égyptiens sont restés aux éléments de la peinture et de la sculpture, par la bizarrerie de leur mythologie, et par leur isolement domestique et national.

Les proportions gigantesques furent également le caractère de la sculpture.

Nous devons présumer qu'ils eurent des instruments supérieurs aux nôtres pour l'exploitation des carrières.

Nous ne pouvons croire à la perfection de leur musique.

Nous nions de même leur haute sagesse et leur science profonde, qui semblent cependant des dogmes reçus.

Une nouvelle cause de l'état stationnaire des sciences en Égypte fut le caractère idéographique de leur écriture.

L'Égypte nous offre dans son ensemble une foule de contrastes dont la solution est encore impossible dans l'état actuel de nos documents.

Les absurdités sur les Scythes peuvent provenir en partie de l'ignorance des historiens grecs.

Ninive périt tout entière par la conquête, mais Babylone, mieux connue, nous représentera dans ses sciences et ses arts les Assyriens du haut Tigre.

L'astronomie fait le beau côté de la science babylonienne.

L'architecture des Babyloniens nous est mieux connue que leurs autres sciences.

Trois époques principales se présentent pour la construction de ces monuments : Bélus, Sémiramis et Nabuchodonosor.

Les Mèdes, peu connus, nous sont représentés par les Perses avec lesquels ils furent agrégés comme alliés.

Les Perses sont plus intéressants par leur liaison avec l'histoire grecque.

Les mages s'approprièrent le monopole de la science.

Il paraît que Zerdust prit son savoir chez les Indous.

La Perse nous offre les ébauches des télégraphes et des postes.

La gravité est le caractère des écrits des Orientaux.

Le despotisme produisit chez eux l'apologue.

L'agriculture fut honorée chez les Perses.

Les ruines de Persépolis nous offrent des formes colossales comme celles des Égyptiens, et des sculptures, emblèmes religieux.

Les contes impudents de Ctésias sur la géographie et l'histoire naturelle de l'Inde prouvent l'ignorance des Grecs et leur amour du merveilleux.

Les ruines de Mavalipouram montrent une architecture et une sculpture, qui ont les mêmes caractères que celles de Persépolis et de l'Égypte.

La magnificence de l'arche est le plan d'un objet projeté, et non l'image d'un fait.

L'état misérable des sciences et des arts des Hébreux, à l'époque de leur plus grande gloire, prouve encore que ce luxe du récit est imaginaire.

Salomon ne put faire construire un temple et une flotte par ses sujets.

L'état continuel de guerre et de servitude, sous Josué et les Juges, devait empêcher tout développement intellectuel.

La longue simplicité de leurs mœurs est une nouvelle preuve de leur ignorance.

Les faits de leur histoire dans le désert et postérieurement ne peuvent même s'expliquer que par leur ignorance.

La musique fut animée des idées qui dominaient la nation, les idées religieuses.

La danse eut le même caractère.

La poésie, indépendante du degré de civilisation et de fortune d'un peuple, exista chez les Hébreux à leur enfance.

Elle eut pour âme la foi, et fut forte et monotone.

La difficulté de multiplier les manuscrits était une cause de concision et d'énergie.

La stérilité du sol, l'ignorance des sciences et du commerce, voilà les causes de sa monotonie.

Les Psaumes de David sont la peinture fidèle du moral des Hébreux.

Les poëtes modernes, par l'effet d'une civilisation perfectionnée et de mœurs plus douces, nous donnent de la Divinité des idées plus pures et plus nobles.

Les livres juifs doivent nous inspirer, sous plusieurs rapports littéraires, le plus vif intérêt.

L'apparition du cantique érotique de Salomon prouve la corruption des mœurs à cette époque.

Ce poëme est, par le désordre du plan, rempli d'obscurités.

SOMMAIRES.

Les commentateurs se sont plu à y voir mille choses extraordinaires.

Les Proverbes de Salomon sont la leçon de la sagesse, et comme le commentaire nécessaire du Décalogue.

L'Eclésiaste est l'ouvrage d'un vieillard chagrin.

David et les prophètes, par la nature de leurs sujets, durent employer la forme lyrique ; mais les formes primitives du style ont totalement disparu dans les refontes et les traductions successives.

Tous ces prophètes paraissent dans trois périodes remarquables : durant la séparation d'Israël et de Juda, durant la captivité de Babylone, et, au retour, pendant les premières années de la régénération de la nation.

Ceux de la première période eurent pour fin politique de rendre à la nation la force de son apogée, par un retour à la foi primitive ; ceux de la seconde, de montrer la captivité comme la pénitence imposée pour leurs fautes ; ceux de la troisième, d'exciter les Juifs à la reconstruction du temple.

La diversité des caractères et des états dut donner à ces prophètes des tons variés, mais la disparition de toutes les formes originales ne laisse plus pour nous dans la traduction que la monotonie.

Dans le midi paraissent les premières sociétés humaines et les premières notions des sciences et des arts.

Mais nous voyons avec étonnement les sciences et les arts, après ce prompt début, rester stationnaires.

Les causes en sont : la sensualité, la superstition, le despotisme.

Malgré les apparences trompeuses de la nature riche et brillante du midi, le nord est plus propice pour le bonheur.

CHAPITRE IX.

COMMERCE ET NAVIGATION.

Toutes les origines nous manquent, de même celle du commerce.

SOMMAIRES.

La vaste population de la Bactriane, les richesses de la Colchide, nous montrent ces pays comme l'ancienne ligne d'un commerce entre l'Inde et la Méditerranée.

Les dépositions de Pallas et de Tournefort constatent une antique jonction de la Caspienne et de l'Euxin.

Des guerres entre ces états, ou la rapacité des sultans de Ninive, firent cesser le commerce sur cette ligne, et il se porta, par le golfe Persique, sur Babylone.

L'industrie des Phéniciens et des Juifs le fit dévier dans la mer Rouge.

Les Juifs furent amenés sous Salomon aux grandes entreprises commerciales.

Les deux seules opinions vraisemblables sur Ophir sont celles de Bruce et de Volney.

Bruce fixe Ophir à Sofala; Volney, avec moins de vraisemblance, à Ophor, sur la côte arabe du golfe Persique.

L'expression biblique de vaisseaux de Tarsis ne désigne que le chantier de construction en Cilicie, et non un port lointain et inconnu.

Le manque de matériaux sur les bords de la mer Rouge forçait alors, comme aujourd'hui, à faire passer, de la Méditerranée par l'isthme, les vaisseaux en pièces, pour les monter à Élath ou à Aziongaber.

Le commerce, abandonné par les Égyptiens, les Hébreux et les Perses, se concentra dans les mains des Phéniciens.

Un passage d'Ézéchiel offre une magnifique peinture du commerce et de la prospérité de Tyr.

La Phénicie fournit à la vaste consommation d'hommes faite par sa navigation, et à la formation de ses nombreuses colonies par le soudoiement de soldats mercenaires et l'adoption des étrangers.

Les Phéniciens furent envers les navigateurs des autres nations perfides et cruels.

Diodore nous offre, dans le voyage d'Iambule à Ceylan, le type des narrations mi-fabuleuses des navigateurs.

La circum-navigation de l'Afrique, conçue par Nékos, exécutée par les Phéniciens, est le fait maritime le plus remarquable des anciens Asiatiques.

La route de Scylax, depuis l'embouchure de l'Indus jusqu'à Suez aurait pu avoir des résultats commerciaux très-importants.

La navigation a produit avec le commerce la piraterie; mais enfin le bien a prédominé sur le mal.

CHAPITRE X.

MŒURS.

Le sujet de ce chapitre est le plus intéressant, puisqu'il traite du bonheur de l'universalité des citoyens.

Les historiens ont trop négligé ces détails de mœurs; les poëtes nous en offrent davantage.

Le sol, la latitude, les communications variées avec d'autres pays, donnent aux peuples des physionomies différentes. La diversité d'esprit des législateurs agit encore dans le même sens que ces causes naturelles.

Le travail du législateur est bien simple pour les peuples chasseurs.

Les peuples pasteurs ont quelques institutions de plus; mais tout ramène chez eux à l'idée de l'égalité primitive.

Les peuples agriculteurs, aux premiers jours de la division des propriétés, ont pour but, dans leurs institutions, le maintien de la répartition primitive.

La cruauté est un trait général des mœurs des peuples anciens.

Les sociétés se développant sans cesse, les législateurs ne peuvent plus laisser l'instinct régler seul les rapports des divers membres de la famille, et leurs institutions durent s'occuper spécialement des mœurs.

Le jeune homme veut être libre, le père veut rester maître; le second a pour lui l'intérêt de la société. Presque tous les législateurs ont adopté la cause du dernier.

Hermès fit du respect filial une vertu religieuse.

Moyse ordonne, au nom de Dieu, la piété filiale.

La loi de Zerdust était semblable.

Les mêmes sentiments ont, chez divers peuples, une expression bien différente. Les Mèdes et les Massagètes, par respect filial, faisaient mourir leurs vieux parents.

Les Troglodites faisaient, de plus, mourir les mutilés d'un membre et les incurables. Sur les bords du Gange, les femmes égorgeaient leurs compagnes malades et les mangeaient.

A Ceylan, l'opinion forçait au suicide à un âge fixé.

Les Perses faisaient dévorer les corps de leurs parents par les bêtes carnassières ou les oiseaux de proie.

Moyse établit l'union la plus intime entre les frères.

De tous les rapports de l'homme, le plus important est celui avec la femme.

L'union des sexes fut favorisée, dans le premier temps des sociétés, par le souvenir de l'état de nature, l'imprévoyance des lois, l'usage des esclaves, la simplicité des vêtements.

Mais l'âme se développant par la civilisation, le plaisir brut ne put plus suffire. Le Cantique des cantiques nous peint cette seconde période de l'amour.

Les poëtes érotiques rendirent alors les plaisirs plus délicats ; mais ce raffinement est un premier degré de corruption.

Les conséquences furent la prostitution des Babyloniennes dans le temple de Mylitta.

La communauté des femmes exista chez les Agathirses et chez les Massagètes.

La dot des filles en Lydie fut formée par leur prostitution.

L'union fut permise entre le frère et la sœur, le père et la fille, la mère et le fils.

La polygamie était de fait dans cette dissolution générale. Ainsi l'exemple universel et la voix du peuple dictèrent aux législateurs cette institution.

L'esclavage domestique des femmes dut suivre nécessairement, ainsi que la clôture du harem.

Dans ce système, il fallut des gardiens qui réunissent la force musculaire à l'impuissance virile, et l'invention des eunuques résolut cette difficulté.

La tyrannie envers les femmes des brames fut plus cruelle encore, puisqu'elles furent condamnées à se brûler sur le bûcher de leur mari.

La considération pour les eunuques n'est que dans les états despotiques, où la faveur du prince fait seule le prix des esclaves.

Les effets de ce système de dissolution sont la vieillesse précoce de l'homme, et le dégoût de l'hymen et de la paternité.

Le seul côté avantageux de la polygamie est l'amélioration de la race pour la beauté.

L'accord des effets physiques avantageux de la polygamie et des effets moraux de la monogamie serait dans la suppression de la dot des filles.

Le nombre excédant des femelles a déterminé l'usage de la polygamie dans l'Asie méridionale. Un système encore plus funeste, la polyandrie, a lieu dans le Thibet par une raison contraire.

Ses conséquences sont l'ignorance de l'amour, l'apathie des co-époux pour les intérêts domestiques, et le manque du caractère naturel à la femme.

Les tumulus en usage chez les Germains, les Gaulois, les Grecs, se trouvent antérieurement chez les Assyriens.

Un manque général de dignité se montre dans les mœurs des anciens asiatiques, même dans les rangs les plus élevés.

Un autre trait constant est la mollesse.

CHAPITRE XI.

L'HOMME EXTÉRIEUR OU RACE, VÊTEMENTS, ARMES, HYGIÈNE.

§ 1.

Race.

Les législateurs modernes ont perdu de vue l'homme physique.

Nous trouvons de longs règlements pour améliorer quelques espèces d'animaux, mais, sous ce rapport, l'espèce humaine est oubliée.

Les trois races principales, la blanche, l'olivâtre, la noire, se montrent en Asie.

Les systèmes de la polygamie et du concubinage étaient favorables à la beauté.

A ces causes nous devons ajouter, comme causes de même nature, l'ignorance du syphilis, la douceur du climat, l'action de religions voluptueuses.

Les historiens nous montrent, dans les dehors avantageux, un moyen d'ascension politique.

Le physique et l'âge exigé par Moyse pour les prêtres prouvent dans le législateur hébreu les mêmes idées.

Saül et David furent choisis par Samuel à cause de ces avantages.

§ II.

Costume.

Le costume est régi par trois circonstances, le climat, la pudeur, le caprice.

La mollesse et l'orgueil sont exprimés dans les vêtements larges et magnifiques des Orientaux

SOMMAIRES. 467

Les vêtements amples furent imposés en Asie à des peuples vaincus pour les efféminer.

Le faste est le but des méridionaux, et le confort des septentrionaux.

Les asiatiques dérobaient, en quelques pays, leurs femmes sous des voiles épais, par sentiment de propriété et de jalousie.

La nudité du costume des Égyptiennes et de femmes d'autres Asiatiques nous montre que les Orientaux n'avaient d'autre pudeur que la crainte du contact physique.

La magnificence des vêtements du grand prêtre des Juifs était un moyen puissant d'action sur le peuple.

Les costumes de tous les fonctionnaires publics devraient être divers et appropriés au caractère de leur emploi.

§ III.

Vetement militaire, armes.

Le tableau d'Hérodote où sont représentés les peuples qui composaient l'armée de Xerxès, nous offre les traits les plus précieux pour nous fixer sur le costume guerrier et les armes des peuples asiatiques.

Le vêtement des Perses était peu favorable à la guerre. Il fut ainsi une des causes de la ruine de l'empire.

Nous trouvons de la ressemblance dans le costume de quelques peuples de l'ancienne Asie, et dans celui de leurs successeurs actuels.

Cette bigarrure de vêtements, d'armes et les modes divers de ces peuples pour combattre, prouvent que l'empire persan était à sa naissance.

Les Perses les premiers ont pris l'aigle pour bannière.

§ IV.

Règlements hygiéniques.

Les législateurs anciens prescrivirent des réglements hygiéniques.

Les choses, qui tendent au perfectionnement de l'homme, peuvent se ranger dans trois classe, le régime alimentaire, la gymnastique et la sagesse.

Les prêtres égyptiens imposèrent aux Égyptiens une nourriture débilitante, et proscrivirent la gymnastique.

Le régime alimentaire, prescrit par Moyse, est une des causes principales de la physionomie nationale des Hébreux.

Le climat de l'Orient n'est pas favorable à la gymnastique.

Les Asiatiques pratiquèrent peu l'exercice par gestation.

Le troisième moyen, la sagesse, se trouve à un haut degré dans les législations égyptienne et hébraïque.

Les Perses seuls, parmi les Asiatiques, ont uni, dans l'origine de leur nation, la tempérance, la gymnastique et la sagesse.

CHAPITRE XII.

CONSÉQUENCES DE L'HISTOIRE DES PEUPLES ASIATIQUES.

Le but de l'histoire est le perfectionnement de la raison humaine, d'où suit comme un effet le bonheur des hommes.

La mort des états a paru inévitable à quelques esprits chagrins qui se sont fondés sur de fausses analogies.

La première est la similitude que l'on établit entre les empires et les corps de ce globe.

La seconde est celle entre les états et les monuments humains.

La troisième est celle entre les nations et les individus.

Les progrès des sciences doivent nous faire espérer ceux de la civilisation.

Les révolutions des empires ont été attribuées à la fatalité. C'est l'explication de l'ignorance.

Une des causes principales de la subversion des anciens empires d'Asie, c'est le despotisme.

Son existence ne peut être attribuée exclusivement à la douceur de la température.

SOMMAIRES. 469

Le despotisme semble avoir, pour cause principale, l'imitation du gouvernement du père dans la famille.

D'une comparaison fausse on déduit des conséquences fausses aussi.

Les causes secondaires de l'établissement et de la permanence du despotisme en Asie furent :

La fertilité du sol, la configuration du terrain en grandes plaines, les révolutions par les conquêtes.

Les remèdes seront dans de sages institutions, et dans le développement des sciences et des lettres.

Une nouvelle cause de ruine fut la trop grande extension de l'empire sans limites naturelles.

Les limites naturelles contrarient l'orgueil du prince et de la nation. Mais l'orgueil est la source la plus féconde des folies et des malheurs des hommes.

L'Éternel a tracé lui-même ce système sur le globe, par les mers, les fleuves, les montagnes, les déserts.

Les malheurs des entreprises démesurées des anciens potentats prouvent la nécessité de ce système. La suite entière de l'histoire le prouvera aussi.

Le remède au luxe destructeur sera dans des lois somptuaires;

A la mollesse, dans les exercices du gymnase;

Aux invasions, dans la pratique des vertus guerrières, dans une armée toujours disponible, et surtout dans un territoire d'une masse convenable pour une résistance efficace.

Une cause de ruine fut encore l'ignorance ou le mépris du droit des gens.

La perfidie et la cruauté souffertes, tour à tour, excitaient entre toutes les nations une haine constante et furieuse.

La superstition fut la seconde cause des malheurs de l'ancienne Asie.

Le remède à ce mal eût été dans une organisation contraire de la prêtrise.

Suppression du monopole de la science d'une caste particulière pour le sacerdoce.

Interdiction de rétributions éventuelles.

Les mesures préventives sont plus nécessaires pour les prêtres que pour les autres officiers publics.

Dans une telle organisation, les prêtres n'eussent été que les bienfaiteurs de la société.

L'histoire de l'ancienne Asie se divise en deux périodes d'accroissement et de décadence, dont le point de séparation est à la journée de Salamine.

Le dégoût de tant de vices et de malheurs fait étudier avec empressement le tableau de la Grèce libre, fière et spirituelle.

FIN DES SOMMAIRES.

TABLE

DU TOME PREMIER.

Discours préliminaire............................ Page   1.
Chapitre I. Origine des peuples asiatiques..................   1.
    II. Système de Moyse sur l'origine de la terre et des nations................................ 20.
    III. Chronologie............................... 28.
    IV. Principales époques chronologiques des Hébreux... 77.
    V. Gouvernement........   .... 87.
    VI. Lois...................................... 153.
    VII. Religion................................. 202.
    VIII. Sciences et arts......................... 257.
    IX. Commerce et navigation..................... 329.
    X. Mœurs..................................... 354.
    XI. L'homme extérieur......................... 387.
    XII. Conséquences de l'histoire des peuples asiatiques... 408.
Sommaires... 437.

www.ingramcontent.com/pod-product-compliance
Lightning Source LLC
Chambersburg PA
CBHW050608230426
43670CB00009B/1321